Darogah Haji Abbas Ali

An illustrated historical album of the Rajas and Talluqdars of Oudh

Darogah Haji Abbas Ali

An illustrated historical album of the Rajas and Talluqdars of Oudh

ISBN/EAN: 9783742867179

Manufactured in Europe, USA, Canada, Australia, Japa

Cover: Foto ©ninafisch / pixelio.de

Manufactured and distributed by brebook publishing software
(www.brebook.com)

Darogah Haji Abbas Ali

An illustrated historical album of the Rajas and Talluqdars of Oudh

AN

ILLUSTRATED HISTORICAL ALBUM

OF

THE RAJAS AND TAALUQDARS OF OUDH,

COMPILED AND ILLUSTRATED

BY

DAROGAH HAJI ABBAS ALI,

Government Pensioner,

Late Municipal Engineer, Lucknow.

ALLAHABAD:

NORTH-WESTERN PROVINCES AND OUDH GOVERNMENT PRESS.

1880.

TO

THE HON'BLE SIR GEORGE EBENEZER WILSON COUPER, BART.,
K.C.S.I., C.B., C.I.E.,

LIEUTENANT-GOVERNOR, NORTH-WESTERN PROVINCES,

AND

CHIEF COMMISSIONER OF OUDH

Whose firm and consistent policy it has been

to strengthen and support

that loyal and enlightened aristocracy,

the Taaluqdars of Oudh,

these Memoirs are, by permission, respectfully dedicated

by

the Author,

ABBAS ALI.

CONTENTS.

		A.D.
1.	Introduction	
2.	Early History of Oudh	
3.	Saadat Khan, Burhan-ul-Mulk	1720-39
4.	Abul Mansur Khan, Safdar Jang	1739-56
5.	Shuja-ud-daula	1756-75
6.	Asfádaula	1775-97
7.	Mirza Ali, *alias* Wazir Ali	1797-98
8.	Saadat Ali	1798-1814
9.	Ghazi-ud-din Haidar	1814-27
10.	Nasir-ud-din Haidar	1827-37
11.	Muhammad Ali Shah	1837-42
12.	Amjad Ali Shah	1842-47
13.	Wajid Ali Shah	1847-55
14.	Annexation of Oudh	1856
15.	Government of the Hon'ble East India Company from Annexation to the Mutiny	1856-57
16.	The Mutiny and the occupation of Oudh	1857-58
17.	From the Mutiny to the Amalgamation	1858-77
18.	The Amalgamation of Oudh with the North-Western Provinces ...	1877
19.	Conclusion.	

PREFACE.

INTRODUCTORY CHAPTER.

The compiler of these Memoirs had a twofold object in his undertaking. First, it was his wish to collect all interesting details regarding the ancestral and present history of each individual taaluqdar in Oudh; and, secondly, to trace and chronicle the several circumstances of the past which have led to the existing prosperity of the province, and which have gradually secured for the taaluqdars themselves the high influential position which they now hold in the country. For this purpose he found it necessary to divide this work into two parts—the one, general, bearing on the history of Oudh, and the other, personal, on that of its baronial proprietors. It was not possible to gather anything like a continuous history of the province from the family records of individual taaluqdars. The circumstances attending the advancement of each to his present position vary in nearly every instance. A large number of them (or rather their ancestors) came from other parts of India, and many of them have acquired their possessions by purchase, or by adoption, or more recently as a reward for services rendered during the Mutiny. As a whole, the present aristocracy of Oudh cannot be said to have come in lineal descent from chiefs and nobles who held any prominent place in the early annals of the country. On this account it has been deemed advisable to keep the "Province" distinct from its "Land-owners," and to give a succinct account of both in separate parts of this volume.

It is as well, in passing, to say a few words regarding the photographic portraits attached to this work. A likeness of every taaluqdar in the province has been secured at a great expenditure of time, labour, and money, and photographs have been given in preference to any other kind of pictures as giving more correct portraitures. The compiler has introduced these additional attractions, first, because he thinks that the friends and relations of the subjects of the Memoirs will prize them; and, secondly, because it may be gratifying to posterity to have by them correct representations of the faces and forms of those to whom they are indebted for their wealth and position. There is no doubt, too, that portraits of this nature are not only gratifying, but also give those who come after very good ideas for forming an estimate of the character of those who have gone before. And here the compiler gratefully acknowledges the very great assistance given to him in this work by Major Dodd, B.S.C., who has very kindly revised the English version of the Memoirs.

With these prefatory remarks it is proposed to trace very briefly the earlier history of Oudh, and then to give a short account of the reigns of the several kings that ruled over the province from the earliest days to the annexation by the British Government, the annexation itself, the mutiny, and the subsequent circumstances which led to the present constitution of the country.

CHAPTER I.

EARLIER HISTORY OF OUDH.

OUDH, in old days, that is, upwards of 2,500 years ago, was called Koshalah, and its capital town was Ayodhya. There is, strange to say, great etymological similarity between this Koshalah and Kausham, the ancient name for the famous city of Kanauj. The rulers of Kanauj, no doubt, at one time held great power over the province of Oudh, but so little about them and other people connected with the early annals of the country has been translated into European languages, that our information on the subject is very limited.

As a matter of fact, Oudh has no early history as a distinct province. The city of Oudh, called Ayodhya, is a place of very great antiquity, and the legends of Rama give one some idea of the different races that held sway from time to time in that part of the country. The Aryan race were in possession apparently from a very distant period, and before them, the Bhars. Very little, however, is known of these Bhars, except that they appear to have been a civilized people, and to have been extirpated by the Muhammadan conquerors in the early part of the fourteenth century. Sultanpur was their capital, but it did not receive that name till it was taken by Allah-ud-din, Sultan of Delhi, or at least by one of his generals.

Another large tribe in those days were the Pasis, of whom almost numberless families still reside in Oudh. Their hereditary profession is robbery, and it is said that whenever disorder prevailed in the country they were quite ready to serve without any salaries, on the chance of making large profits by plunder. Many of these Pasis are known now as Rajputs, chiefly from acquiring great wealth, and so being in a position to give their daughters in marriage to influential members of the Rajput class. The pride of caste among these Rajputs was so great, that the difficulties in the way of approved marriages led to the terrible prevalence of infanticide, for which Oudh, till recently, has held an unenviable notoriety.

But till 1720 A. D., Saadat Ali Khan's time, we know little or nothing of the province of Oudh beyond the record of occasional conquests by invaders. Mahmud, the great Ghazni chieftain, took Kanauj in 1018. In 1195 the then Emperor of Delhi, Kutb-ud-din Aibak, through one of his generals, conquered nearly the whole of Oudh. In 1528 Babar led an army and drove all his opponents out of the province. The Afghan chieftain Baban, however, shortly afterwards succeeded in obtaining a footing in the country and captured Lucknow. When Babar died, Baban tried to raise an insurrection in Oudh, but Prince Humayun promptly quelled it. In 1559, taking possession of Jaunpur and the Doab, he also secured Oudh for himself.

From this time till Saadat Ali Khan took over the government of the province nothing of historical interest occurred.

CHAPTER II.

NAWAB SAADAT KHAN, BURHAN-UL-MULK, JANG BAHADUR, VAZIR-UL-MUMALIK.

THIS nobleman was the son of Mirza Nazir Sayyid Shams-ud-din, Neshapuri, Hussein, Musai, his father, being a descendant of Mirza Kazim. In 1118 Hijri his father went to Bengal and took with him his other son, Mir Muhammad Baqar. The two settled at Azimabad and were under the protection of the then Nazim of Bengal, Shuja-ud-daula. Shortly afterwards, in the year 1120 Hijri, Mir Muhammad Amin (the name by which Nawab Saadat Khan was called at his birth) also set out on a journey to Azimabad, in hopes of seeing his father, who, unfortunately, died before his arrival. After his father's death, accompanied by his elder brother, he went to Shahjahanabad, at which place his illustrious career first commenced. He is described as having been a brave, courageous man, a good scholar, and an able administrator (and, withal, an ambitious man also). Through the kindly assistance of Sayyid Abdulla Khan and Kutb-ul-Mulk, and as much also by his own zeal and ability, he rapidly rose from very minor appointments to that of Subadar of Hindon and Bagan in 1121, and subsequently received from Muhammad Shah the name and title at the head of this notice, *i.e.*, Saadat Khan Burhan-ul-Mulk. He was at one time the leader of the Shia sect, but afterwards he joined the Sunnis and assisted in the massacre of his former co-religionists. In those times the Sayyids were great favorites with the emperors, and consequently were at enmity with the old noblemen of the country, chiefly the Nizam-ul-Mulk, Muhammad Amir Khan, and the Etmad-ul-Mulk. These noblemen naturally thought that if Sayyid Abdulla Khan and Sayyid Hussein Ali became masters of the position, there would be an end of the Iranis and Duranis. The latter nobleman therefore awaited his opportunity for finding Sayyid Hussein Ali off his guard and killing him. For the execution of this foul work, however, he could find no reliable friend. At last Saadat Khan and Mir Haidar Khan, Kashgari, agreed to cast lots with Etmad-ul-Mulk for the office of murderer. The lot fell to Mir Haidar Khan, and he killed the Sayyid.

On the 3rd November, 1720, corresponding with 1134 Hijri, Muhammad Shah's army defeated Abdulla Khan, and in the rejoicings over this victory the title of Bahadur Jang was added to the other titles enjoyed by Saadat Khan, and he was also appointed Subadar of Agra. The great friend of the Sayyids was Raja Ajit Singh, Governor of Guzerat and Ajmere, between whom and the reigning emperor a war shortly broke out. Saadat Khan, Burhan-ul-Mulk, Bahadur Jang, was called to the command of the troops, and every preparation for a severe contest was duly made, but owing to a conflict of opinion no further action was taken. Shortly afterwards, Saadat Khan, besides holding his Subadarship of Agra, obtained that of Oudh also, and he went to Oudh to take up the management of affairs. It was from the time of Saadat Khan's resumption of this new Subha that Oudh dates as a separate dynasty. At the time of this assumption an incident occurred which might have changed Saadat Khan's plans. On leaving Akbarabad (Agra) to take up his appointment as the Chief of the Government of Oudh, he nominated one Rai Nil Kant as his deputy in the former post. But Rai Nil Kant was shortly afterwards shot by a Jat while he was out riding. Saadat Khan was so wroth and grieved at this that he was anxious to return to Agra at once and avenge his assistant's death, but fortunately for Oudh, a substitute was forthcoming in the person of Raja Jey Singh Sawai, who was an old enemy of the Jats. He was appointed Rai Nil Kant's successor, with the twofold object of revenge and future good administration, and Saadat Khan was consequently enabled to remain at his post.

He, however, was not very long in his new charge before troubles began to threaten him. The Mahratta chief, Baji Rao, was at the time gradually extending his powers and possessions in the direction of Delhi. During these exploits, Mulhar Rao, in command of his army, advanced as far as, and commenced to plunder, the towns of Saadabad and Jalesar. Saadat Khan, who was then on a tour through that part of the world, accompanied by his army also, heard of this and resolved to withstand the aggressive prince. A severe battle ensued, the result of which was the defeat of the Mahratta horde and their dispersion from the country. The effect of this was so great and so widespread that all the Mahrattas were driven to a hurried flight to the Deccan. When Baji Rao heard of the discomfiture of his army, he organized preparations on a very extensive scale against the Emperor of Delhi. Saadat Khan received intelligence of the probable arrival of Baji Rao's army at Dholepore and repaired to the spot in hopes of an encounter, but on arrival he could find no trace of either Baji Rao or his forces. He then prepared to cross the Chambal in hopes of engaging the enemy in that part of the country, but while these preparations were going on he received a most urgent request from Khan Daura Khan to stay proceedings until he (Khan Daura Khan) could arrive with his army, and they could make a combined attack. Some delay, however, occurred first in Khan Daura Khan's arrival, and afterwards in feasting and entertaining, and in the meantime Baji Rao made forced marches, which brought him unopposed to Kalka, near Delhi. Saadat Khan reached Delhi shortly afterwards, and Baji Rao retired back to the Deccan. This was in 1737 A.D., corresponding with 1149 Hijri.

The next we hear of Saadat Khan was in connection with the battle-field of Panipat, where Nadir Shah was doing battle with Muhammad Shah. He arrived at the scene with a splendid force of artillery, which attracted a great deal of admiration and caused no little fear. But there was some jealousy among the troops. Nadir Shah's men did not wish to be allied with Saadat Khan's force, and as a result of this difference a fight ensued. Shortly afterwards Nadir Shah and Saadat Khan made them friends, and from that time forth till Saadat Khan's death Nadir Shah's admiration for him knew no bounds. Saadat Khan eventually, by paying two crores of rupees, obtained the appointment he had all along quietly coveted, *viz.*, that of Amir-ul-issa, Vizier of Delhi. But the attainment of his ambition brought out his worst qualities, though fortunately for his former reputation and for those brought under his influence, his career of oppression and cruelty did not last long. His treasonable advice to Nadir Shah mainly led to Nadir's disgraceful work of spoliation at Delhi. All the treasure and jewels of the Imperial Court were taken, and every one who did not make a clean breast of his wealth was tortured most unmercifully. In this work of spoliation Saadat Khan took part, but his days were happily cut short, some say by a carbuncle or cancer which formed on his back, but more than probable by poison administered either by himself or by some one of the many thousands who groaned under his ruthless treatment.

Thus ended the life of the famous Saadat Khan, a man who had risen to his distinguished position as the first founder of the dynasty of Oudh solely by his own ability and great courage. This latter quality in his character is proverbial, his own personal bravery equalled his great military skill. Even his Hindu foes have recorded with awe "how he slew in single combat Bhagwant Singh Khichi, and how his troops, when almost beaten, rushed again to the combat when the long white beard of the old chief was seen in the thick of the battle."

Saadat Khan was succeeded in Oudh by Abul Mansur Khan, better known in history as Safdar Jang, whose memoir now follows.

CHAPTER III.

Abul Mansur Khan, Safdar Jang.

Safdar Jang was both nephew and son-in-law of his predecessor, Saadat Khan. Not much, if anything, is known of his early days. The first event of note in his career was his joining Mirza Ahmad at the time when hostilities were going on between Shah Abdali and Muhammad Shah in Sirhind. It is said that it was chiefly owing to the very effective service of Safdar Jang's guns that Shah Abdali was defeated three times. On the way back from Sirhind Mirza Ahmad heard of the death of his father, Muhammad Shah, which led to his succession to the throne. He immediately appointed Safdar Jang his Vizier, and the appointment thereafter became hereditary in Safdar Jang's family. It was soon after his appointment as Vizier that he became involved, chiefly by his own doings, in one of those complications which were so frequent in those days. Safdar Jang always had an ill feeling against the Rohillas, principally on account of their somewhat dangerous proximity to his jurisdiction. In course of time Ali Muhammad Khan, the chief of the Rohillas, then styled Ruler in Rohilkhand, died, whereupon Safdar

Jang wrote to Qaim Khan, son of the ruler of Farukhabad, and instructed him at all risks and cost to prevent any of Ali Muhammad's sons coming into their father's possessions and government. In obedience to these instructions and also from personal avarice, Qaim Khan attacked Saad-ulla-Khan (Ali Muhammad's son) in the fort at Budaun. Saad-ulla Khan sued for peace, but none of his entreaties were regarded by the enemy. At last, in a fit of desperation, he made a sortie with the whole of his forces, and not only drove back the invaders, but also succeeded in killing Qaim Khan himself. Safdar Jang at once turned the tables, marched to Farukhabad and secured possession of all Qaim Khan's country, leaving only Farukhabad itself and a few villages for the support of the deceased's widow and mother. He then left as his Assistant in charge Newal Rao, an Oudh man, who came and settled there and made Kanauj his capital. Among the spectators of Safdar Jang's conduct was one Ahmad Khan, Qaim Khan's brother, a member of Safdar Jang's service. The treatment of his father and brother so exasperated Ahmad Khan that he deserted the Vizier and attacked, and eventually killed, the new Assistant, Newal Rai. This was in 1163 Hijri, corresponding with the Christian year A. D. 1750. This occurrence roused Safdar Jang into action against the Pathans, but he was defeated by them and also wounded. After this defeat he went to Delhi, but found his position there as Vizier in an exceedingly critical condition, and it was only by extensive bribery he was enabled to maintain his footing there at all. In the meantime Ahmad Khan had followed up his victories and had taken possession of Allahabad and of Oudh also. Safdar Jang, after re-establishing himself at Delhi, immediately set to work to wipe off the stain of the severe defeat he had met with at Ahmad Khan's hands. He procured the assistance of the Mahrattas, and with their help fought and gained the battle of Hussenpore in the year 1751. It is estimated that quite 10 or 12,000 Pathans lost their lives in this action; anyhow the result was so decided that the Mahrattas, in consequence, became possessors of the country from Jalesar to the Himalaya. The behaviour of the Mahrattas and that of Safdar Jang became so oppressive that, in a state of despair, the Pathans made peace with them.

After this followed a period of favour and disfavour with the Emperor of Delhi. At first it was all favour, repeated interviews, and promises. Then came the interference of the favourite, Khwaja Serah (the eunuch), the friendly invitation to dinner, the cowardly assassination, and in consequence, the displeasure of the Emperor. Safdar Jang ultimately received the royal permission to go to Allahabad and Oudh, but when the time came to start, he hesitated, hovered about the city, and in the end, finding no hope of better things, but, on the contrary, a chance of meeting with violence and possibly death also, he decided on making a stand. He summoned whatever chiefs he could find, and the war, if it may be called a war, commenced. The old quarrel of Iran and Duran between the Shias and Sunnis was raked up, and Ghazi-ud-din

Khan, commanding the opposition forces, despatched a distinguished messenger to the camp of the Rohillas to persuade them to come over to the Emperor's side; indeed, the messenger had barely started when an appeal was made to the men of Safdar Jang's army on the subject of their regard for the Sunnis, which was responded to at once by the whole of the Pathans going over to the Emperor. In addition to this, Ghazi-ud-din Khan also sent to Holkar for assistance, but Holkar declined, first because he did not like to attack his co-religionists, the Jats, and also because he had some scruples about joining against his friend Safdar Jang. All these appeals and overtures caused delay, nearly six months being wasted with mere personal, or at most small encounters, and no decisive action being taken. At last peace was made. Safdar Jang submitted, and went, after all, apparently satisfied, to his Subadhari of Oudh and Allahabad.

A short time after in 1107 Hijri (A.D. 1754) Safdar Jang died and was succeeded by his son, Shuja-ud-daula. Safdar Jang had the reputation of being an able statesman.

CHAPTER IV.

NAWAB SHUJA-UD-DAULA.

SHUJA-UD-DAULA (or as he should be more properly called Tillah-ud-din Haidar) seems to have inherited much of the character of his father, and perhaps, in a more marked degree, that of his grandfather. He was a statesman of no mean ability, but he is chiefly remarkable for his manliness and great courage. His enemy even describes him as active, passionate, and ambitious, and as second to none of his predecessors in valour and strength. The first we read of him is in connection with the great conflict which was going on at the time between the Mahrattas and the Abdalis. Ahmad Shah sent Najib-ud-daula (the then Vizier of the King of Delhi) to summon Shuja-ud-daula to the scene of action. The summons was obeyed and Shuja-ud-daula started with 10,000 cavalry, but at the same time he did not discontinue his correspondence with the Mahrattas. In fact, all along he was a sort of link between the contending parties, the Mahrattas suing for peace through him, and the Abdalis making him the channel for communicating their intentions to fight to the bitter end. A decided victory for Ahmad Shah's army shortly followed, on which occasion Ali Gauhar (who, by the way, was not at Delhi at the time) was crowned Emperor of Hindustan and Shuja-ud-daula was made Vizier; this occurred at the beginning of 1761. Shuja-ud-daula then started to take charge of his possessions at Allahabad and in Oudh, reaching the former place in safety after defeating the garrison at Jhansi *en route*.

Two or three years after this came about the most remarkable event of Shuja-ud-daula's career. He found himself doing battle for the first time in his life, in fact for the first time in the history of Oudh, with British troops. This event came about as follows:—It appears that about the middle of 1763, Mir Kasim, the Nawab of Bengal, was forced into hostilities with the British Government by certain actions which led to the seizure of Patna. Mir Kasim was defeated and so utterly routed that he had to seek protection in Oudh, at the hands of Shuja-ud-daula and the Emperor Shah Alam, who happened at the time to be encamped at Allahabad. Shuja-ud-daula espoused the Nawab's cause and at once made a demonstration with his army, with a view to recovering Patna, but in this undertaking he was driven back with heavy loss. Then followed some little cessation from hostilities, owing first to mutiny among the British troops, and subsequently to the setting in of the monsoons. However, after a time, the English army under Major Munro commenced an advance and shortly afterwards encountered the Oudh army at Buxar, which it repulsed with serious sacrifices to itself, but with still more extensive damage to the enemy. On this defeat Shuja-ud-daula deemed it advisable to try and come to some terms with his opponent, but as he wished for the separation of Behar from the jurisdiction of Mir Jafar, which stipulation the English declined to accept, and as his opponent demanded the surrender of Mir Kasim, Shamru and others, which he refused to effect, negotiations came to nothing and the war was in consequence renewed. But while Shuja-ud-daula was unable to come to terms, his ally, the Emperor, conceded a great deal in order to secure British favor and support. He gave up Gházipur, a portion of the territory of the then Raja of Benares; the English, on the other hand, promising the Emperor to put him in possession of Shuja-ud-daula's dominions. The British forces marched into Oudh, and Shuja-ud-daula withdrew his family and his treasure to Bareilly. After this, several attempts were made to secure peace, first through Major Munro, and subsequently by the personal intervention of Captain Staples, but so long as the condition was the surrender of Mir Kasim, Shuja-ud-daula remained firm and declined to relent. But the time occupied by him in attempting to make these negotiations also gave him time to seek for aid elsewhere, in the event of their failure. He tried many, the chief of whom were the Mahrattas and the Afghans. The Afghans promised assistance, but gave none. The Mahratta chieftain, Mulhar, accepted the invitation and sent a force to his support. But Shuja-ud-daula's forces, combined with the Mahrattas, could not withstand the British. On the 3rd of May, 1765, General Carnac routed them near Kora in Oudh, and subsequently near Allumpur. Shuja-ud-daula, after the second defeat, sought refuge with Ahmad Khan Baksh in Farukhabad. By Ahmad Khan Baksh's advice, he made overtures of peace, a few months afterwards, with General Carnac. Peace was eventually concluded in the following terms:—(1) Shuja-ud-daula had all his territory restored to him except Allahabad and Kora, which was given to the Emperor; (2) he had in return to contribute a good sum towards the expenses of the war; (3) give up the fort of Chunar; (4) levy no duty on the East Indian Company's goods passing through his territory; (5) was not to receive Kasim Ali or any of his followers into his (Shuja-ud-daula's) service; and (6) he was in no way to interfere with the British ally, Balwant Singh.

Shuja-ud-daula's administrative ability, as displayed after the conclusion of this treaty, was such as to secure much admiration, so much so as to raise a feeling of jealousy in the British Government. He placed his finances on a sound footing; he paid off all the debts of his property; with European (generally supposed to be French) assistance he re-organized his army and made it thoroughly efficient, and so rapid and sound was his progress that the English Government were obliged by a fresh treaty to curtail the strength of his forces. This strength was fixed at some 35,000 men, and none of the force were to be equipped and drilled like English soldiers. At first Shuja-ud-daula was disgusted at this act of the British, but three or four years afterwards he had reason to be grateful for the help the English afforded him. In 1772 a powerful force of Mahrattas had overrun Rohilkhand and had seized nearly all the possessions belonging to his old friend, Ahmad Khan Baksh of Farukhabad. The Rohillas, in their despair, entreated Shuja-ud-daula to procure British aid and offered to pay a handsome sum for its support. The aid was procured, the Mahrattas had to retire, but the Rohillas were not faithful in the execution of their promises. Here Shuja-ud-daula threw them over, some assert unjustly, after all the assistance they had rendered him in his days of distress. For a comparatively insignificant sum these people were sold to him by the British, who also made over to him Allahabad and Kora, the property, as noted above, of the Emperor. Rohilkhand was not invaded by Shuja-ud-daula, but he dealt badly and cruelly with the Rohillas after the conquest He appears, from Colonel Chapman's report, to have behaved badly throughout the action. However, he not only secured British support, but also that of the Emperor, Shah Alam. He did not long survive his ill-gotten gains, for an abscess that had formed on his thigh compelled him to retire to Fyzabad, where he died in 1775, at the comparatively early age of 46. He was succeeded by his son, Mirza Amani, who assumed the title of Nawab Asfadaula.

CHAPTER V.

NAWAB ASFADAULA, *alias* MIRZA AMANI.

ASFADAULA's career differed greatly in almost every respect from those of his predecessors. His father and grandfather were both men of battle; they delighted in military exploits, were always ready for aggression, and never willing to surrender a concession without a struggle. Nawab Asfadaula, on the contrary, was a man fond of home and ease; he was indolent and sensual, and rather than risk the loss of the pleasures of his Court life, he was prepared to concede any point to his would-be aggressors (chiefly the English). Some maintain that no intelligence or money, not even such as his father and grandfather possessed, would have sufficed to thwart the ambitious designs of the British in those days, but still there is no doubt that Warren Hastings and others made the most of their opportunity and profited considerably from the extreme weakness of this chieftain.

He had hardly taken his seat on the throne before it was declared to him that all the engagements made with Shuja-ud-daula had become null and void by his death, and that if he intended to secure the services of the English Government, he must acquiesce in more stringent terms than those which had been accorded to his father. Barely six months after his father's death, Asfadaula attached his signature to a sanad, by which he ceded to the British Benares, Jaunpur, and Gházipur, as well as Raja Chait Singh's *ilaqa*, and he also consented to pay Rs. 2,60,000 monthly for the maintenance of a brigade of English troops. In return, the Kora and Allahabad property, which was sold to his father, was given to him. The Nawab, however, found that he was not equal to the payment of the Benares revenue, which he had guaranteed, and he had resort at last to oppression to act up to his promises. But this was not his sole financial difficulty, for the British Government, in their impecuniosity, drew enormous sums of money from Oudh, besides from time to time imposing on the unfortunate Nawab the expense of maintaining large numbers of additional troops. Affairs went on in this ruinous way for some little time, when at last Asfadaula grew desperate and appealed to the Governor-General for protection. On this appeal, Warren Hastings met the Nawab at Chunar, September, 1781, and by the treaty signed there he was relieved of nearly all the charges he had met hitherto, but on the condition, discreditable to both parties, that he plundered his grandmother, the Bahu Begam, and his mother, of all their money. It will be remembered that this condition made by Warren Hastings formed one of the most serious subjects in connection with the impeachment of that statesman by Mr. Burke.

Shortly after this a fresh difficulty besetted Asfadaula's path. Under the treaty of 1781 all the troops had to be withdrawn from Oudh, a movement which at once suggested disaster. It was highly probable that, seeing the country denuded of all military protection, the neighbouring enemies, especially the Mahrattas, always on the alert for an opportunity, would at once invade the province. In his embarrassment he had resort to Faizulla Khan, who, it may be remembered, was allowed by Shuja-ud-daula to hold Rohilkhand. Asfadaula applied to him for 5,000 cavalry to replace the British troops that had been withdrawn, and on his intimating his inability to comply with the requisition, Asfadaula took measures to despoil him.

Matters went on in the usual unsatisfactory way from this period to the close of the Nawab's career—exorbitant money demands from the British Government, then the expense of maintaining new cavalry regiments, all raised from loans which Asfadaula was quite unable to meet. All the time from the conclusion of the treaty of Chunar, 1781, to the day of his death in 1797, things went from bad to worse. Lord Cornwallis did something towards ameliorating his sad condition, but he was far from completely remedying the evil, while Sir John Shore's subsequent action led to oppression as wide-spread as it was before.

We have already recorded Asfadaula's character at the commencement of this Memoir. His love of home and ease had one good result: it led to the establishment of one of the most beautiful cities in India,—Lucknow. When Asfadaula first took up his residence there, Lucknow was merely a village. By the time he died, it possessed all those elegant buildings (palaces, mosques, bridges, *imambaras*) for which now it is so famous. He was very liberal with his money, so liberal that it used to be said in his praise—

"Jis ko na de Maula,
Usko de Asfadaula."
"To whom God does not give, Asfadaula will give."

But unfortunately for the people, his liberality was secured from others' money, and the province was ruined by these whims. His life on the whole must have been a miserable one. The only two bright points were his succession to the Viziership of Delhi and the satisfaction of being able to lavish money on undertakings, such as the buildings at Lucknow and his son's wedding, that pleased him.

CHAPTER VI.

NAWAB MIRZA ALI, *alias* WAZIR ALI KHAN.

THE reign of Mirza Ali was a short one, and by no means a bright or happy one. He was said to be the son of Asfadaula, and as such laid claim to succession to the throne. But there was a powerful faction against him. Saadat Ali Khan, as eldest surviving brother of the late Nawab, protested against Mirza Ali's succession, on the ground that Asfadaula really had no legitimate offspring, and the then Governor-General was called upon to decide on the claims of the disputants. Asfadaula's mother and widow were both desirous that Mirza Ali should obtain the place, and so also was the population generally. The result was that Sir John Shore gave the case in favour of Mirza Ali, and he was recognized accordingly as heir by Government.

But he had not many months of the sweets of Court life. Ilmas Ali Khan, a man of high standing in Oudh, and withal a cordial hater of the British Government, set to work to undermine Mirza Ali's position. While the Governor-General was in Lucknow, the young Nawab was laid up with an attack of measles, and the opportunity was taken to form conspiracies against him. Sir John Shore himself encountered great difficulties in connection with these intrigues. Strong evidence was adduced to show that Mirza Ali was not the son, not even the illegitimate son of Asfadaula; that his mother's husband was still alive; that the mother was a nurse in the late Nawab's household; and that when Mirza Ali was born, Asfadaula purchased him for Rs. 500. It was further shewn that it was not an unfrequent freak on the part of the late Nawab to bargain with pregnant women, and to bring up their children as his own. After a short time, Sir John Shore was convinced that these statements were substantiated by facts, and he made up his mind in consequence to depose him in favour of Saadat Ali Khan. Mirza Ali was sent to Benares, from whence Saadat Ali Khan had come, and a lakh and a half was granted to him as a pension. He subsequently killed the Resident, Mr. Cherry, and broke out into open rebellion, but he was eventually given up to the English, and was sent as a prisoner to Calcutta, where he died in 1817. Nothing much is known of young Mirza Ali's character, except that he was a man of impracticable temper.

CHAPTER VII.

Nawab Saadat Ali Khan.

As had hitherto been the case with his predecessor, the accession of Saadat Ali Khan to the throne was the occasion for the signing of a fresh treaty, such treaties, oftener than not, involving increased payments to the English Government. In Saadat Ali Khan's case the payment was increased to 76 lakhs a year and the surrender of the Fort at Allahabad. He had further to maintain a British force of a minimum strength of 10,000 men; he had, too, to pay the pension allotted to his predecessor, Mirza Ali, and to see that his (Mirza Ali's) relatives were tolerably well provided for. In return, the British Government undertook to protect Saadat Ali Khan from all foreign aggression and to assist to keep his rebellious subjects in order. So great were the demands made upon him that Saadat Ali at one time seriously contemplated abdication. Lord Wellesley, who was then Governor-General, would gladly have acceded to his wish, had the abdication been in favour of the British Government, but Saadat Ali was not prepared for this, even in his greatest extremities, and so that question was not mooted further.

Shortly afterwards in 1801, the Governor-General wrote and warned Saadat Ali Khan that Jani Shah had crossed the Indus, and would in all probability invade Oudh; warning him at the same time that such an invasion would be an easy matter, as the Rohillas were against Saadat Ali Khan, and that, after all, the Nawab had only a rabble force wherewith to defend himself and his possessions. The Nawab admitted all this, and offered even to proceed at once on an indefinite pilgrimage, provided his rule met with no opposition. A lengthy correspondence followed, in which it is said Saadat Ali Khan considerably distinguished himself by his statesman-like proposals and arguments; but the whole ended only in a fresh treaty, according to which so much of the Doab yielding a revenue over Rs. 1,00,000 was made over to the British, the Nawab's force was reduced considerably, and free navigation of the Ganges and other rivers was to be permitted.

Nothing historical is recorded of Saadat Ali Khan from the time this treaty was signed, the 14th November, 1801, to the day of his death, 11th July, 1811. The opinions regarding Saadat Ali Khan's administration during this interval, and of his character generally, are varied. He is acknowledged by all to have been a parsimonious man, and a wise man in his generation; but while some native accounts comment severely on his tyrannical habits, his extortions and oppression, some European historians assert that these 13 years were marked by an administration characterized by prudence, self-denial, and conspicuous ability such as has not been equalled in the history of native government. In fact, it is said that it was by his judicious management and sound enterprise that Oudh obtained in his reign the title it has since ever held as the "Garden of India." Commencing his career in bankruptcy, it is believed that at his death his treasury contained no less than 14 million pounds sterling. He was succeeded by his eldest son, Nawab Ghazi-ud-din Haidar.

CHAPTER VIII.

NAWAB GHAZI-UD-DIN HAIDAR.

THIS Nawab's career was comparatively an uneventful one. It is chiefly distinguished on account of the amount of money the British Government was enabled to borrow from his treasuries, and the circumstance that during his reign Oudh was formed into a distinct territory and the title of King was conferred on Ghazi-ud-din Haidar and his successors.

On the Nawab's accession, a treaty was drawn up between him and the Governor-General, in which all the engagements made by Saadat Ali Khan were held to be binding on him and on the English Government. The first thing Ghazi-ud-din Haidar did was to carry out the promises of his predecessor to give Lord Wellesley a crore of rupees. Lord Wellesley demurred to taking the money as a gift, and so in lieu he accepted it as a loan at 6 per cent. In 1815 more money was required by Lord Moira towards meeting the expenses of the war with Nepal. This sum was duly paid, and in return the British Government made over to the Nawab the marshy forests of the Terai, which, far from being a profitable acquisition, was a source of annoyance and danger, from the fact that it soon became the refuge for all the rebels and dacoits of that part of the country.

Ultimately, in return for these money loans and many other substantial acts of pecuniary assistance, but really, it is believed, with a view to stir up a useful jealousy between the Courts of Delhi and Lucknow, the Nawab was permitted to assume the title of King. This was in 1818. In 1825 another loan (these, as a matter of fact, were perpetual loans) of a crore of rupees was borrowed from Ghazi-ud-din Haidar. The following year another loan of half a million was obtained, it was said at the time, for a period of two years only. Ghazi-ud-din Haidar died in October, 1827, having lent, or rather given, the British Government four out of the 14 millions he found in the treasuries on his accession to the throne. He is said to have been an enlightened and a popular man. His career would no doubt have been a more successful one had he not been surrounded by a body of fraudulent men, chief among whom was the unscrupulous Agha Mir, his minister.

CHAPTER IX.

NASIR-UD-DIN HAIDAR.

NASIR-UD-DIN HAIDAR, or as his real name was Sulaiman Jah, was the eldest son of Ghazi-ud-din Haidar. He came to the throne under very fair auspices. The treasuries were full, and the young Nawab seemed anxious to lay out his money to the best advantage. His first request was that the interest on the money lent by his father, and also on the further 12 lakhs then lent, should be settled on the ladies of his household and their followers, but the British Government would not accede to the proposal. He also tried to make Agha Mir refund the money he had misappropriated during his father's reign, but in this matter also the British Government thwarted the designs of the young King by covering the traitor's retreat to Cawnpore. After a ten-years' uneventful reign Nasir-ud-din Haidar died, some assert, by poison. His character, though at first it gave signs of being good, was evidently a weak one, for ill-advised, or not advised at all, by the British Resident, and surrounded by courtiers of the vilest description, he soon gave way to sensuality and commenced to neglect all the reforms which at one time seemed probable of accomplishment under his rule. He had the makings of a second Saadat Ali Khan, but he failed under the bad influences of those about him.

CHAPTER X.

MUHAMMAD ALI SHAH.

MUHAMMAD ALI SHAH's accession to the throne was not unattended with difficulties. He was the uncle of Nasir-ud-din and brother of Saadat Ali Khan, and according to the Muhammadan practice his title to the kingdom was indisputable. But there was opposition in the way in the person of Badshah Begam, the widow of the late Nawab. It appears that Nasir-ud-din had a son called Munna Jan by a lady named Afzal Mahal, but he had disowned him out of enmity to the Badshah Begam, whom he greatly disliked in the latter years of his life. On the occasion of the proclamation of Muhammad Ali Shah, the Begam went to the palace, at the same time, with an armed multitude of followers and had Munna Jan proclaimed instead. Colonel Low, then Resident, took timely action in the matter, and making some excuse for leaving the scene of these rival claims, he obtained a small armed force and arrested Munna Jan, who was pronounced illegitimate by the English Government and sent to Chunar. It is said that upwards of 100 persons were killed in this emeute.

There was nothing worthy of record in Muhammad Ali Shah's reign. He promised to adhere to the treaty with his predecessors, but he failed to fulfil his side of the agreement. The East India Company were obliged, under the circumstances, to conclude another less favourable treaty with him. He was no longer permitted to keep up an army of his own, but in lieu to maintain one, consisting of not less than two cavalry and five infantry regiments, to be officered by Europeans, and involving to him a regular annual payment of 16 lacs of rupees. This treaty he of course accepted with great reluctance. In May, 1842, he died. He had a character for prudence, but otherwise he was not remarkable for any particular qualities, either good or bad.

CHAPTER XI.

AMJAD ALI SHAH.

MUHAMMAD ALI SHAH was succeeded on the throne by his second son, Amjad Ali Shah. Nothing good, bad, or indifferent is recorded of this King. The government of the country during his reign, though perhaps not so bad as in the days of his successor, was about as bad as it well could be. There was little short of anarchy throughout the whole of Oudh. He was only five years on the throne, dying in February, 1847. He was succeeded by Wajid Ali Shah, the last King of the province.

CHAPTER XII.

Wajid Ali Shah.

Wajid Ali Shah's career will be chiefly remembered by the annexation of the province during his reign, and by his deeds of misrule which ultimately forced this action on the British Government. Wajid Ali Shah himself is described as a man of some literary attainments, but utterly devoid of all business habits and all governing powers. On his accession he found Oudh practically under the control of the barons of the country, and he had not sufficient authority to hold his own, not even in the matter of procuring a reasonable amount of revenue from them. In fact each baron or taaluqdar was really the king of his own particular ilaqa, plundered his people in order to erect fortresses for his own protection, and acted in any way he wished, independently of the laws of the land or of the edicts of the King. From all this arose the question of annexation, to the history of which the following chapter is devoted.

CHAPTER XIII.

The History of the Annexation.

The beginning of the end of Oudh as a separate Native Government commenced with Lord Hardinge, who was Governor-General of India when Wajid Ali Shah came to the throne. Lord Hardinge did his best to secure some improvement. He took all the trouble of going to Lucknow on purpose to confer with the King on the subject. He then pointed out to him all the details of his maladministration, and the serious results to him personally if remedial measures were not immediately adopted, concluding with the grant of two years' grace to carry out the reforms that were necessary. By the close of these two years Lord Dalhousie had received charge of the Government of India. He called upon Sir William Sleeman to make a tour through the province, and afterwards to report fully on the condition of affairs, in the light of the instructions given to the King by Lord Hardinge. Sir W. Sleeman's report was about as unfavourable as it well could be. He described the King as a "crazy imbecile" completely in the hands of eunuchs, fiddlers, and utterly unscrupulous ministers; and added that "what the people of Oudh really want and most earnestly pray for "is that the Government should take upon itself the responsibility of "governing them well and permanently." But with all his pitiable description Colonel Sleeman did not express himself as an advocate for complete annexation, but only for the supersession of the corrupt native agency, by the exercise of a general control by European officials.

In 1854 Colonel Sleeman was compelled by ill-health to take leave, and his successor was nominated in the person of Colonel Outram. On assumption of office Colonel Outram found everything very much the same as his predecessor had reported. He, too, was called upon by the Governor-General to institute careful enquiries and report as fully and as quickly as possible his views on the condition of affairs. Four months after he furnished a most elaborate memorandum, dealing with every point that had come under his notice, or on which he had been able to procure information from the records left by those who had been deputed on a similar undertaking. The conclusion Colonel Outram arrived at was that affairs in Oudh were, if possible, worse than they were in Colonel Sleeman's time; that the King had made no attempt whatever to carry out the improvements peremptorily demanded by Lord Hardinge seven years ago; and that he felt compelled, much against the principles he always advocated with regard to our policy with Native States, to recommend recourse to extreme measures as the only means of securing to five millions of people such a system of government as would be "conducive to their prosperity and calculated to secure them their lives and property." Colonel Outram's Minute was supplemented by an equally strong one by Colonel Low, who was then Member of the Governor-General's Council, and whose experience of the state of Oudh was invaluable at that particular time in its history. He pointed out that Lord Hardinge had distinctly given the King only two years in which to carry out reforms; that seven had passed with results which showed that things were worse instead of better; and that now, in his opinion, to avoid resort to extremities was no longer incumbent on the Indian Government.

These powerful records against the effete and incapable dynasty of Oudh were laid before Lord Dalhousie, who, in "an able and elaborate State paper," submitted the whole subject for the consideration of the Court of Directors. Before the end of the same year (1855) the order had gone forth for the annexation of the province.

The execution of this difficult and delicate task was entrusted to Colonel Outram. Military preparations were at once made to carry out the plan, and on the 30th January, 1856, the Prime Minister was distinctly informed of the intention of the Government of India to take possession of the country. Three days' grace was allowed to the King to acquiesce in the proposals made by the Governor-General, which proposals, briefly stated, amounted to the transfer of the administration of the government of Oudh into the hands of the East India Company, the King's title, honours, rank and dignity being carefully preserved, and His Majesty's authority being absolute so far as his own palace and his own household were concerned. The three days passed and Wajid Ali Shah still expressed his unwillingness to attach his signature to the treaty, and so Colonel Outram had no alternative but at once to carry out his instructions. Accordingly, on the 7th February, 1856, he issued the Proclamation announcing that the British Government "had assumed to itself the exclusive and permanent administration of the territories of Oudh." No disturbance followed the execution of this difficult work. Civil officers were appointed to the charge of all the divisions and districts, and a thorough re-organization in every department of the public service was commenced. To all matters, even to those of the minutest detail, Colonel Outram gave his closest attention. The process of assumption under the circumstances could not fail to create a certain amount of dissatisfaction among those who had profited from the extravagance and imbecility of the King's rule; but, on the whole, whatever view may be held regarding the soundness of the policy which dictated the movement, it is readily allowed, by all acquainted with the delicate nature of the undertaking, that Colonel Outram carried out his part in the annexation with a firmness and care deserving of all praise.

CHAPTER XIV.

FROM THE ANNEXATION TO THE MUTINY.

THE measures adopted for the general administration of the province of Oudh by the British Government were very much the same as those which had been carried out with such marked success in the Panjab. Judicial and Financial Commissioners were appointed, also Commissioners of the Revenue Divisions and Deputy, Assistant, and Extra Assistant Commissioners of districts; Colonel Outram's own title being changed from Resident to that of Chief Commissioner of Oudh and Agent to the Governor-General. All public buildings were taken possession of, police control was organized, jails and charitable dispensaries were started, a Public Works Department was formed, Civil and Criminal Courts were established. It was further determined that the settlement should, in the first instance, be made with persons actually in possession, village by village, but their proprietary right, either formal or indirect, was not recognized by the Government. This settlement was to last for three years certain. On one point the Government of India were very explicit. They declared it to be their intention to deal only and solely with the actual occupants of the soil—that is to say with village zemindars, and on no account to allow the interposition of middle men, such as taaluqdars, farmers of the revenue and such like. The claims of these latter class, if they had any, were to be investigated and settled individually by the Civil Courts.

As regards the King himself certain concessions were made which doubtless would have been even more favourable to him had he signed the treaty presented to him just immediately before the annexation took place. On account of his refusal to comply with the wishes of the Government of India in the matter, he placed himself in entire dependence on the future will and pleasure of the British Government. Lord Dalhousie, under the circumstances, was not prepared to give any guarantee or any promise of hereditary succession to the Royal title. Apart from this, however, the Government dealt liberally with Wajid Ali Shah. It allowed him a stipend of 12 lakhs a year, it arranged for the maintenance of the families of the former rulers of Oudh, and it directed that all deference and respect and every Royal honour should be paid to him during his lifetime.

But much as a vast number of the people welcomed the introduction of the reforms of the British Government, there is no doubt that by the changes many were thrown out of employment and were, in consequence, greatly discontented. Not calculating the thousands who earned a livelihood formerly by their evil deeds, there were others also, a large number of artists, workmen, soldiers, and even civil officials, whose occupation was now gone. The work, for instance, which formerly devolved on upwards of 300 administrators of high rank was now performed by 12 Deputy Commissioners. This, doubtless, produced ill-feeling among many men. Again, the taaluqdars were not likely to accept with cheerful submission their deprivation of influence and other means of amassing money. It was held by them, and, it may be added, by other unprejudiced persons also, that this wholesale degradation was a great mistake on the part of the then Government of India, which, however, it was soon to be one of the results of the mutiny to correct.

CHAPTER XV.

The Mutiny in Oudh.

So much has been written on the subject of the mutiny, and also particularly of the mutiny in the newly acquired province of Oudh, that it is proposed in the following record to give a more cursory review of this the greatest event in the History of India.

Sir Henry Lawrence was appointed to the Chief Commissionership of Oudh in March, 1857. A month later, rumours began to prevail throughout the country regarding the composition of the cartridges issued to the Native Army. It was as well for the province that so able and so sympathetic a statesman as Sir Henry Lawrence was at the head of affairs during this critical period. He found himself surrounded by discontent, in many instances amounting to sedition. The taaluqdars, of course, were wroth, thousands of discharged sepoys crowded the city, and as many Court followers and unemployed professional men in all directions were harbouring enmity to the British rule. The province also was under the great disadvantage of containing, it is said, the families of upwards of 40 or 50,000 soldiers, while at Lucknow itself were located several disaffected regiments of infantry and cavalry. The 71st Native Infantry were the first to mutiny, and they invited the 7th Bengal Cavalry, 48th Native Infantry, and others to join them, till gradually all except those who remained faithful to the end joined in opposition to British authority. Sadder and sadder news in the meantime reached Sir Henry Lawrence from all sides, both in his own province and from all parts of India, and it became necessary to take immediate steps to take up some place of defence and to store ammunition and supplies against a protracted siege. At first it was hoped that both the Muchee Bhawan and the Residency could be held by the garrison, but ultimately the former was given up as untenable, its walls being unable to resist artillery, and the drains under it affording a too favourable means for mining. Then followed all the terrible events of those days—universal mutiny, massacre, flights and privations, the unfortunate reverse at Chinahat, the concentration of the remnant of the English people for the siege, the melancholy death of the good and great Sir Henry Lawrence, and further, all the anxiety and danger to which this brave little garrison was exposed, till relieved by the arrival of reinforcements under General Havelock and General Outram. The reinforced garrison had still to hold their own for two months more, within the defences of the Residency, till the final relief was effected by Sir Colin Campbell in November. The retreat which followed the relief is perhaps one of the most perfect military combinations on record, a model of discipline and exactness. So well arranged was the movement that the whole garrison, men, women, and children, was withdrawn from the heart of the city of Lucknow to its very outskirt, not only without molestation from the enemy, but even without the enemy, some 50,000 or so, being aware of its taking place.

After this retreat had been accomplished, it was held that, though the British force was not strong enough to hold Lucknow altogether, the total withdrawal of the English troops from Oudh would have an unfavourable effect at that time. So the Alam Bagh was occupied, and a small army left there under the command of Sir James Outram to keep the city in check, while Sir Colin Campbell and the main body of the army moved back to Cawnpore. This force was constantly harrassed by the enemy for upwards of three months, but was as constantly successful in repulsing all attacks that were made upon it. Eventually in March, 1858, Sir Colin Campbell, with a large body of troops and a heavy siege train, arrived from Cawnpore, to relieve the garrison at Alam Bagh and to capture the city of Lucknow. With comparatively trifling loss of life this purpose was completely effected before the close of the month. The great stronghold of that part of India being now in possession of the British Government, it was a mere matter of time, and numberless small engagements, to clear the whole province of rebels and to restore English rule and supremacy from one end of the country to the other. In less than two years, all the terrible storm of almost universal rebellion and disaster that had burst upon Oudh had completely cleared away, and peace and security reigned to a much greater extent than it ever did before in every village and every house in the province.

CHAPTER XVI.

From the Mutiny to the Amalgamation.

(With special reference to the Taaluqdars).

On the British occupation of Lucknow it became necessary for the English Government, through the Governor-General, Lord Canning, to make known the policy it proposed to adopt in regard to the future administration of the country. Lord Canning lost no time in enunciating his views, which were embodied in the celebrated Oudh Proclamation, and which probably aroused more interest and comment than any proceeding of the Government during the mutiny. The Proclamation in question involved nothing more or less than the confiscation of all land property in Oudh, with the exception of that in the possession of six of the chieftains named below :—

Raja Digbijai Singh of Balrampur.
Raja Kalwant Singh of Padwala.
Rao Hardeo Baksh, Taaluqdar of Kathari.
Rao Kashi Parshad, Thakur, Sakedi.
Zuhar Singh, zemindar, Gopal Kheri.
Chandan Lal, zemindar, Morawa.

It was further added that such taaluqdars as would give up their arms to the Chief Commissioner and cease to be rebels would receive pardon on condition that they had not been parties to the murder of any Europeans. This Proclamation was received with great concern by many of the Oudh officials, but by none more so than by Sir James Outram, whose views and influence in the matter carried no little weight with the Home authorities. The end, however, was that the Proclamation, with certain modifications from the Board of Control at the time presided over by Lord Ellenborough, did come into force shortly after its issue by the Governor-General. Its issue at first created great consternation, but afterwards, on further reflection, men came to see that they had too hastily condemned it, and its results would not be so severe as at one time they had anticipated. In the meantime Sir James Outram had made over his office to Sir Robert Montgomery, and in June, 1858, the taaluqdars were summoned to Lucknow, and were told distinctly the conditions under which they would be allowed to retain possession of the land they held before the annexation. The result was that two-thirds of the taaluqdars made their submission to the British Government, and eventually through them all the revenue of the province was paid into the treasury. Sir Robert Montgomery was succeeded by Mr. Wingfield, who carried out the policy of Government with still greater earnestness. Under him the country gradually came under a thorough system of organization. The population was disarmed, the police had a certain military training, and Oudh gradually was converted from a warlike province into one of the most peaceable and contented countries in India. It is said that no less than 1,562 fortresses were destroyed, and that 720 pieces of cannon, 192,307 firearms, 579,554 swords, and 694,060 miscellaneous arms, or a total of 14,66,641 weapons of sorts, were destroyed.

From that time the position and dignity of the taaluqdar in Oudh have been steadily on the ascendant. He is no longer the worst enemy the people have, the bitter opponent of the Amils, always at feud with his neighbours and the Government, but he has become a link between the rulers and ruled, a loyal, peaceful, enterprising subject ot the Throne. Such taaluqdars number some 3 or 400 men, and at Lord Canning's durbar in 1860 no less then 177 of them were present. Many of these have since become Honorary Magistrates and some Assistant Commissioners, thus taking an active part in the general administration of the country. Subsequently, in Lord Lawrence's time, some attempt was made to modify matters in favour of the tenantry; but, on the whole, the rights of the taaluqdars were maintained on much the same footing as that on which they were in the first instance placed by Lord Canning.

In Oudh, now, there are about 25,842 villages, each village being on an average one mile square. Out of these villages, 15,553 have 410 owners, and each of these owners pay a Government demand to the extent of Rs. 5,000 and upwards. The owners of the remaining 10,290 villages are 9.650 shareholders. The old taaluqdars were owners of three-fifths of the land.

In many respects Oudh has made great strides in the way of general improvements. The Civil and Judicial Courts have effected much good and other departments also have left their lasting mark. But with reference to no matter, perhaps, has such a change been effected as in education. There are now numberless schools scattered over the province, in which whoever cares can receive a sound education. The Canning College, too, has borne good fruit, while Munshi Nawal Kishore's Press has contributed much towards the diffusion of wholesome and useful knowledge among the people. Added to the above, the taaluqdars have formed themselves into an Association, where much advantage is gained by themselves and by the Government, by a periodical interchange of thoughts and sentiments among the aristocracy of the province.

CHAPTER XVII.

THE AMALGAMATION OF OUDH WITH THE NORTH-WESTERN PROVINCES.

FOR some time rumours had been circulated to the effect that the Government of India intended to amalgamate the province of Oudh with the North-West, and in January, 1877, the measure was really adopted

The occasion was an opportune one, for Sir George Couper, the Chief Commissioner of Oudh, had just been appointed to officiate as Lieutenant-Governor of the North-Western Provinces. The chief changes have been in departments only. The law of Oudh and the position and rights of the people have not been affected by the union. For many reasons Allahabad was preferred as the seat of Government, though the Lieutenant-Governor was invited to remain two or three months of the year at Lucknow.

Many thought at first that the amalgamation scheme would alter the position and injure the interests of the taaluqdars, but, happily, these anticipations were ill-founded. In March, 1877, Lord Lytton dispelled all these ideas in open durbar. He told the taaluqdars that they need harbour no feelings of uneasiness on the score of the amalgamation, that it would in no way change their rights and privileges, and that all the laws and rules that previously governed Oudh would remain exactly as they did before.

CHAPTER XVIII.

Conclusion.

We cannot conclude this History of Oudh, so far back as its history is known up to the present day, without congratulating the province on the share of Government favour and Government attention it has invariably secured from the earliest period of its existence. In old times Government felt itself bound to interfere with the affairs of Oudh, but time and experience has shown that, almost in every case, the interference has been for the real good of the country. Before the influence of England ever found its way to this province, we well know how things and people fared ; no security from the invasion of an outside foe, no protection from the oppressive Chiefs, not even safety from the intrigues of one's household and immediate friends. Men went fully armed to till the ground, and they returned in fear and trembling to their homes, night after night, not daring to think what might have happened in their absence. Now all is different. The Government, by being kind and considerate towards the taaluqdars, have led them to be kind and considerate towards their tenants ; there is no oppression, no uncertainty of the present or the future, and every sense of injustice is appealed to the British authorities, through the medium of the Civil and Criminal Courts. Five and twenty years ago there was no province in India where there existed such malversation, misrule, insecurity of life and property, and such wretchedness, and now probably there is no province in the country so conscientiously governed, so prosperous, and so contented.

List of Taaluqdars of Oudh, arranged by districts.

Page of illustration.	Darbar number.	Name of taaluqdar.	Name of estate.
		LUCKNOW.	
75	232	Muhammad Husain ...	Ghazipur.
11	42	Raja Chandar Sikhar ...	Sisendi.
66	200	Qutub-un-Nisa	Gauriya kalan.
12	47	Rani Sitar-un-Nisa ...	Salempur.
6	23	Raja Jagmohan Singh ...	Raipur Yakdariya.
43	129	Babu Jadunath Singh ...	Mahganw.
60	148	Muhammad Ahmad Khan ...	Kasmandi khurd.
44	131	Muhammad Nasim Khan ...	Sohla Mau.
75	233	Mirza Jáfar Ali Khan ...	Bihta.
63	192	Saiyad Nazir Husain ...	Ahman Mau.
		UNAO.	
36	109	Thakur Baldeo Bakhsh ...	Pursaini.
18	56	Makrind Singh	Rampur.
18	57	Kunwar Harnam Singh ...	Manager of Baundi.
74	230	Saiyad Muhammad Ali Khan ...	Unchganw.
74	...	Saiyad Husain Ali Khan ...	Ditto.
58	174	Mahip Singh	Kantha.
14	52	Har Prashad	Maurawan.
14	52	Ram Charan, partners ...	Bihta.
14	52	Bisheshar Prashad ...	Thalendi.
15	52	Madho Prashad	Daretha.
15	52	Debi Dayal	Amawan.
15	52	Sheo Dayal	Deomi Kandawan.
15	52	Ram Narain	Lusinghan Khera.
16	52	Balmakund	Atwat.
16	52	Kalka Prashad	Bachhrawan.
16	52	Chandka Prashad... ...	Ditto.
16	52	Mohan Lal, and 5 others ...	Asrenda.
17	52	Beni Prashad	Birwakalan Talenda.
20	61	Mahant Harcharan Das ...	Maswasi.
47	142	Fateh Singh *alias* Fateh Bahadur.	Sarausi.
28	84	Nau Nihal Singh	Muhammadabad.
47	140	Balbhaddar Singh ...	Gaura.
47	140	Darshan Singh	Husainabad.
76	235	Mahpal Singh	Malauna.
58	175	Sultan Singh	Galgalha.
61	183	Saiyad Ramzan Ali ...	Unao.
13	49	Raja Daya Shankar Dichhit ...	Parenda.
66	203	Daya Shankar Bajpai ...	Kardaha.
86	...	Beni Madho Bakhsh ...	Akbarpur.
64	195	Mahesh Bakhsh	Patanbihar.
64	195	Arjun Singh	Ditto.
14	52	Babu Ram Sahai	Maurawan, &c.
73	225	Shekh Wasi-uz-zaman ...	Miyanganj.
86	...	Mahpal Singh	Jaja Mau.
84	...	Raja Sheo Nath Singh ...	Bihtar.
83	261	Sheo Gobind Tiwari ...	Bihta Bhawani.

Page of illustration.	Durbar number.	Name of taaluqdar.	Name of estate.
		BARA BANKI.	
61	185	Girdhari Singh	Gokalpur aseni.
74	231	Shams-un-nisa	Jismara Malikpur, &c.
75	234	Shekh Talib Ali	Dinpanah.
...	...	„ Karim Bakhsh ...	Ditto.
62	186	„ Mansab Ali ...	Sidahar.
...	189	„ Muhammad Amir ...	Shahabpur.
63	...	„ Gulam Abbas ...	Ditto.
51	152	Sahib-un-nisa	Kharka.
5	16	Raja Farzand Ali Khan ...	Jahangirabad, &c.
40	123	Qazi Ikram Ahmad ...	Satrikh.
42	128	Hakim Karam Ali ...	Gotya.
59	177	Pande Sarabjit Singh ...	Asadamau.
51	153	Mir Bunyad Husain	Bhanmau.
51	153	„ Amjad Husain ...	Suhailpur.
50	151	Thakur Sheo Sahai . ..	Samrawan.
36	108	Shekh Ahmad Hussain ...	Gadya, &c.
...	...	„ Wajid Husain ...	Ditto.
76	236	Rukman Kunwar	Tirbediganj, &c.
59	178	Shekh Inayat-ul-lah ...	Saidanpur.
...	...	„ Ikram Ali ...	Ditto.
60	...	„ Inam-ul-lah ...	Ditto.
46	134	„ Nawab Ali Khan ...	Maila Raiganj
38	114	Kazim Husain Khan ...	Bhatwamau, &c.
11	43	Raja Sarabjit Singh ...	Ramnagar.
71	219	Dan Bahadur Singh ...	Muhammadpur.
...	217	Har Prashad	Lilauli.
76	237	Shekh Muhammad Nasir-ud-din.	Mirpur.
65	199	„ Riyasat Ali ...	Shekhpur.
20	63	Chaudhri Murtaza Husain ...	Bhilwal, &c.
...	63	Hafezwuz-zaman *kaimmukam* Bech-un-nisa.	Sikandarpur.
17	54	Babu Mahpal Singh ...	Surajpur.
7	25	Raja Narindar Bahadur Singh,	Harha.
40	120	Rai Ibram Bali	Rampur.
43	130	Shekh Mahbub ur-rahman ...	Barai, &c.
...	...	„ Inayat-ur-rahman ...	Ditto.
...	...	„ Abd-ur-rahman ...	Ditto.
44	...	„ Fazal-ur-rahman ...	Ditto.
47	141	Saiyad Raza Husain .	Narauli
62	188	„ Muhammad Abid ...	Purai.
63	191	Shekh Ihsan Rusul ...	Amirpur.
6	21	Raja Bhagwan Bakhsh ...	Pakhra Ausari.
76	238	Thakur Pirthipal Singh ...	Ramnagar.
77	239	Babu Lal Bahadur ...	Akhyapur.
63	190	Gulam Qasim Khan ...	Usmanpur.
65	197	Bhaya Autar Singh ...	Rani Mau.
66	201	Muhammad Husain Khan, son of Nisar Ali Khan	Banaura.
77	240	Wazir Ali Khan	Barauli.
77	241	Babu Kishun Datt ...	Pali.
77	242	Diwan Kishun Kunwar ...	Yaqubganj.
		SITAPUR.	
62	187	Sita Ram Khattari ...	Bhagupur, &c.
39	117	Thakur Jawahir Singh ...	Basi Dih, &c.
39	119	Thakur Maharaj Singh ...	Kanh Mau, &c.

Page of illustration.	Darbar number.	Name of taaluqdar.	Name of estate.
		SITAPUR—(*concluded*).	
40	121	Mirza Ahmad Ali Beg ...	Qutub Nagar, &c.
39	128	Thakur Durga Bakhsh ...	Nil Ganw, &c.
38	113	Mirza Muhammad Ali Beg ...	Urangabad.
45	136	Seth Raghbar Dayal ...	Muiz-ud-dinpur, &c.
45	136	" Sita Ram	Ditto.
22	68	Thakur Pratab Rudr Singh ...	Rampur, &c.
39	116	" Fazal Ali Khan ...	Akbarpur.
83	Without number.	Nawab Muhammad Baqar Ali Khan.	Kunwankhera.
12	44	Raja Shamshir Bahadur ...	Saadatnagar, &c.
29	88	Thakur Sheo Bakhsh Singh ...	Katesar, &c.
48	143	" Anand Singh ...	Rampur, &c.
48	...	" Jagan Nath Singh ...	Ditto.
48	...	" Hardeo Bakhsh ...	Ditto.
48	..	" Ganga Bakhsh ...	Ditto.
38	115	" Hari Har Bakhsh ...	Saraura.
3	10	Raja Muhammad Amir Hasan Khan.	Mahmudabad, &c.
6	20	Raja Muhammad Kazim Husain Khan.	Paitepur, &c.
68	209	Thakur Ganga Bakhsh ...	Ramkot and Hajipur.
68	209	" Kalka Bakhsh ...	Ditto.
84	Without number.	Raja Jagar Nath Singh ...	Wazirnagar.
49	146	Chaudhri Ram Narain ...	Mubarakpur.
44	132	Mir Muhammad Hasan Khan,	Rajapara, &c.
57	171	Mirza Abbas Beg... ...	Baraganw.
78	243	Maulvi Mazhar Ali ...	Mahiwa.
78	244	Thakur Kalka Bakhsh ...	Saadatnagar.
78	245	" Raghuraj Singh ...	Rajpur.
		HARDOI.	
2	6	Raja Tilak Singh... ...	Katyari, &c.
5	18	" Randhir Singh ...	Bharawan, &c.
29	86	Chaudhri Khaslat Husain ...	Kakrali, &c.
29	87	Thakur Bharat Singh ...	Atwa, &c.
37	111	Saiyad Wasi Haidar ...	Bhigetyapur.
37	1·2	Chaudhri Muhammad Ashraf,	Asafpur, &c.
37	112	Muhammad Zain-ul-ab-din ..	Bhagyari.
37	112	Muhammad Fazil... ...	Durgaganj.
38	112	Saiyad Muhammad Abrar ...	Dhundhpur.
40	122	Maulvi Fazal Rasul ...	Jalalpur, &c.
35	105	Thakurain Dalil Kunwar ...	Luhrasatpur.
51	154	Deb Singh	Sujpur Sakran.
36	110	Thakur Lalta Bakhsh ...	Khajrahra, &c.
10	39	Begam Amanat Fatima ...	Basti Nagar.
31	90	Wazir Chand	Sarawan Bara Ganw.
31	90	Durga Prashad	Ditto.
78	246	Thakur Sarabjit Singh ...	Pawayan, &c.
56	166	Imtiyaz Fatima	Gopa Mau.
56	Without number.	Bhag Bhari	Baram Bhola.
79	247	Safdar Husain Khan ...	Bhanapur.

Page of illustration.	Darbar number.	Name of taaluqdar.	Name of estate.
		Kheri Lakhmipur.	
8	31	Rani Sahib Jan, widow of Musharraf Ali Khan.	Bahadur Nagar, &c.
44	133	Saiyad Fida Husain Khan ...	Atwapiparya, &c.
72	222	Muhammad Sher Khan ...	Raipur, &c.
23	72	Raj Milap Singh	Shahpur Majhgain.
23	72	Guman Singh	Ramnagar Daulatpur.
23	72	Gobhar Dhan Singh ...	Bichhwanighasan.
23	72	Dalip Singh	Bichauriya Jagdeopur.
72	221	Fazal Husain, son of Chand Bibi,	Kutwara, &c.
83	262	Widow of Niamat-ul-lah Khan,	Mirzapur, &c.
7	24	Raja Krishen Datt, son of Raja Anrud Singh.	Oel, &c.
13	51	Thakur Balbhaddar Singh ...	Mahewa, &c.
10	38	Raja Narpat Singh ...	Khamra, &c.
17	55	Thakur Ranjit Singh ...	Isa Nagar, &c.
11	41	Raja Muneshar Bakhsh Singh,	Mallanpur, &c.
10	37	„ Indar Bikrama Sah ...	Khairigadh, &c.
54	160	Rai Ram Din Bahadur ...	Pela, &c.
85	Without number.	Alexander Douglas ...	Aira, &c.
85	...	Pauline Annie Orr ...	Nagra, &c.
85	...	Louisa Fanny Orr ...	Jirabojhi, &c.
84	...	L. D. Hearsey	Kiman Buzurg, &c.
		Fyzabad.	
1	3	Lal Pratab Narain Singh ...	Mihdauna, &c.
24	73	Babu Udres Singh ...	Maopur Lhirwa.
24	73	„ Chandres Singh ...	Ditto.
70	214	Gaya Din	Mudera.
70	214	Sabhjit Singh	Ditto.
24	75	Saiyad Gazaffar Husain ...	Pirpur.
25	75	„ Baqar Husain ...	Ditto.
72	224	Mir Ashraf Husain ...	Katariya.
25	76	Babu Ugardat Singh ...	Bihti, &c.
29	85	„ Mahindradat Singh ...	Khajrahta.
32	94	Thakur Bisheshar Bakhsh Singh.	Sahipur.
31	91	Thakur Anand Bahadur Singh,	Khapradih.
49	145	Babu Azam Ali Khan ...	Deoganw, &c.
34	102	Lachmi Narain, son of Babu Kishan Parshad Singh.	Barhar Chandipur.
35	104	Shamshare Bahadur, son of Babu Sheo Pragash Singh.	Barhar Raj, Sultanpur.
34	103	Babu Hardat Singh ...	Barhar Chandipur Haswa.
35	106	Sheodist Narain Singh, son of Babu Mahape Narain Singh.	Barhar.
49	147	Babu Pirthipal Singh ...	Tigra.
28	82	Malik Hidayat Husain ...	Samanpur.
79	248	Lala Anant Ram	Rasulpur.
		Bahraich.	
8	28	Raja Mahindar Bahadur Singh,	Payagpur.
5	17	„ Jang Bahadur Khan ...	Nanpara.
7	27	„ Sitla Bakhsh Singh ...	Gangol.
5	19	Son of Raghu Nath Singh ...	Rihwa.

Page of illustration.	Darbar number.	Name of taaluqdar.	Name of estate.
		BAHRAICH—(*concluded*).	
33	97	Bhaya Udepratab Singh ...	Bhinga, &c.
67	205	Thakur Fateh Muhammad ...	Tiparha.
67	206	" Nirman Singh ...	Ainchapur, &c.
49	144	Thakurain Jaipal Kunwar ...	Mustafabad, &c.
59	176	Shekh Niwazish Ali ...	Ambhapur, &c.
60	181	Mir Zafar Mahdi	Ali Nagar.
61	182	Saiyad Kazim Husain ...	Dera Qazi.
32	96	Niwazish Ali Khan ...	Nawabganj Aliyabad.
73	227	Sardar Hira Singh ...	Jamdan.
74	229	Saiyad Sardar Ali ...	Sisai Salon, &c.
73	228	Baghhale Singh	Bhanghia.
85	Without number.	" Jagjot Singh ...	Charhari, &c.
86	Do.	Lachhman Kunwar ...	Ditto.
1	1	Raja Rajgan Jagat Jit Singh Bahadur, Maharaja Kapurthala.	Baundi, &c.
		GONDA.	
1	2	H. H. the H. Sir Drig Bijai Singh Bahadur, K.C.S.I.	Balrampur and Tulsipur.
9	32	Shambudat Ram, *kaimmakam* of Raja Kishndat Ram.	Singha Chanda.
9	34	Rani Saltanat Kunwar ...	Mankapur.
9	33	" Janki Kunwar ...	Paraspur.
12	46	Raja Sher Bahadur Singh ...	Deoli, &c.
41	125	Thakur Mirtunja Bakhsh Singh,	Shahpur, &c.
41	124	" Raghbir Singh ...	Dhanawan, &c.
45	135	Thakurain Iklas Kunwar ...	Paska, &c.
45	134	Babu Sukhraj Singh ...	Ata.
65	198	Bhaya Har Ratan Singh ...	Majhgawan, &c.
79	250	Pande Har Narain Ram ...	Akbarpur, &c.
57	169	Ude Narain Singh ...	Bhumni Pair.
12	45	Raja Mumtaz Ali Khan ...	Bilaspur, &c.
57	170	Lal Achal Ram, husband of Brij Raj Kunwar.	Birwa.
		RAE BARELI.	
1	4	Raja Sheopal Singh ...	Murar Mau, &c.
4	12	" Surpal Singh ...	Tiloi, &c.
4	14	Rana Shankar Bakhsh Singh ...	Thalrai Khajurganw, &c.
32	93	Babu Bishan Nath Singh ...	Katgadh.
6	22	Rai Bisheshar Bakhsh, son of Raja Jagmohan Singh ...	Harsinghpur, &c.
7	26	Raja Rampal Singh ...	Kori Sudauli.
8	29	" Jagmohan Singh ...	Atra Chandapur, &c.
21	64	Thakurain Sheopal Kunwar ...	Simri, &c.
21	65	" Darya Kunwar ...	Simarpaha.
21	66	Thakur Chandarpal Singh ...	Koriharsitawan.
21	67	Thakurain Achal Kunwar ...	Gaura Kasithi.
27	81	Thakur Shankar Bakhsh ...	Pahu Gulariya.
33	99	" Bishan Nath Bakhsh...	Hasanpur, &c.
3	8	Raja Lal Madho Singh ...	Amethi.
33	100	Babu Sarabjit Singh ...	Takari, &c.
46	137	Musammat Daryao Kunwar, widow of Bishan Nath Singh.	Narindpur Charhar.

Page of illustration.	Darbar number.	Name of taaluqdar.	Name of estate.
		RAE BARELI—(*concluded*).	
46	137	Thakur Ajudhiya Bakhsh ...	Narindpur Charhar.
46	139	Thakurain Ude Nath Kunwar,	Hamir Mau Kola.
52	156	Muhammad Zaman Khan ...	Amawan.
52	156	" Said Khan ...	Ditto.
52	156	" Sultan Khan ...	Ditto.
53	157	Zulfiqar Khan ...	Pahra Mau.
53	157	Karam Ali Khan	Ditto.
53	157	Shahamat Khan	Ditto.
53	157	Asad Ali Khan	Ditto.
54	158	Thakur Bhagwan Bakhsh ...	Udrehra, &c.
54	159	Mithan Kunwar, widow of Balbhaddar Singh.	Bahrauli, &c.
60	170	Mir Fakhr-ul Husain ...	Banauhra.
69	210	Thakur Jagmohan Singh ...	Deogana Girdharpur.
69	211	Jagraj Kunwar	Hardaspur.
80	251	Babwain Anand Kunwar ...	Ausa.
80	252	Maharaj Bakhsh	Palkha.
80	253	Sita Ram	Sihganw.
80	254	Balbhaddar Singh ...	Kahjuri.
81	255	Thakur Bakhsh	Kesarwa.
81	256	Babu Bakhtawar Singh ...	Dihli.
81	257	Ganga Bishun	Mainharkhera.
67	207	Fateh Bahadur Khan ...	Bahwa.
13	50	Raja Sukh Mangal Singh ...	Shah Mau, &c.
71	2·8	Sheo Ratan Singh ...	Pinhauna.
65	196	Babu Madho Singh ...	Nur-ud-din-pur.
69	212	Mahpal Singh	Bara.
25	77	Rudr Pratab Singh ...	Seoni Siwan.
60	180	Subhan Ahmad	Azizabad.
84	Without number.	Shahzada Shahdeo Singh ...	Bhandri Ganesh.
18	58	Captain Gulab Singh ...	Bhira Gobindpur.
18	58	Sardar Atar Singh ...	Khoreti.
19	58	" Narain Singh ...	Bela Bhela.
33	98	Babu Bhunranjan Mukarji ...	Shankarpur.
58	173	Mir Ahmad Jan	Raghupur.
70	216	Saiyad Farzand Ali Khan ...	Kathwara.
83	Without number.	Major A. P. Orr	Lodhwari.
81	258	Saiyad Muhammad Muhsin ...	Alipur Chakai.
82	258	" Muhammad Shafi ...	Ditto.
82	259	Beni Prashad	Mahgan, &c.
		SULTANPUR.	
52	155	Babu Ashraj Singh ...	Meopur Dihla.
79	249	Sheo Raj Kunwar ...	Sultanpur, &c.
3	9	Raja Muhammad Ali Khan ...	Hasanpur.
4	13	Rani Kishan Nath Kunwar, widow of Madho Pratab Singh.	Kurwar, &c.
56	165	Ilahi Khanam	Maniyarpur.
55	163	Lachhman Prashad ...	Buhdniyan, &c.
55	163	Bishun Nath Singh ...	Ditto.
66	202	Thakurain Daryao Kunwar ...	Garabpur.
82	260	Sheo Shankar Singh ...	Pratabpur.
82	260	Arjan Singh	Ditto.

Page of illustration.	Darbar number.	Name of taaluqdar.	Name of estate.
		SOLTANPUR—(*concluded*).	
28	83	Anant Prashad	Rampur, &c.
28	83	Bikarmajit Singh	Ditto.
2	7	Raja Rudr Partab Singh ...	Dihra, &c.
172	58	Bijai Bahadur Singh ...	Shahgadh.
17	53	Iwaz Ali Khan ...	Mahona.
69	213	Dargahi Khan	Unchganw.
8	30	Rani Har Nath Kunwar ..	Katari.
27	80	Ganesh Kunwar, widow of Jagarnath Bakhsh.	Jamau.
55	164	Sripal Singh	Barauliya.
67	204	Jagesar Bakhsh Singh ...	Bahwan Shahpur.
35	107	Ganesh Kunwar, widow of Arjun Singh.	Rehsi.
27	79	Jagannath Singh, *kaimmakam* of Babu Hardat Singh.	Simratpur.
55	162	Jahangir Bakhsh	Gangeo, &c.
32	95	Babu Lalu Sha	Meopur Dihla, &c.
54	161	„ Sitla Bakhsh ...	Nana Mau, &c.
24	74	„ Amres Singh ...	Meopur Baraganw.
		PARTABGARH.	
2	5	Raja Hanwant Singh ...	Kalakankar.
2	5	Rampal Singh	Rampur Dharupur, &c.
3	11	Raja Bijai Bahadur Singh ...	Bihlolpur.
4	15	Rani Dharamraj Kunwar ...	Parhat, &c.
10	36	Raja Mahesh Bakhsh Singh ...	Khetaula.
13	48	„ Ajit Singh	Sarwal, &c.
19	59	Rai Jagmohan Singh ...	Raipur Bichaur.
19	59	Bisheshar Bakhsh ...	Ditto.
19	60	Rai Madho Prashad Singh ...	Adharganj.
20	62	Lal Sarabjit Singh ...	Bahdri, &c.
22	69	Diwan Ran Bijai Bahadur Singh,	Patti Saifabad.
22	70	Thakurain Ajit Kunwar ...	Ditto.
22	71	„ Janki Kunwar ...	Pawansi Dahgos.
25	78	Sitla Bakhsh	Madhpur.
26	78	Lal Bahadur Singh ...	Ditto.
26	78	Kalka Bakhsh Singh ...	Ditto.
26	78	Udat Narain Singh ...	Ditto.
26	78	Nageshar Bakhsh ...	Ditto.
27	78	Chauharja Bakhsh Singh ...	Ditto.
30	89	Thakurain Baijnath Kunwar...	Kandrajit.
30	89	Chhatarpal Singh... ...	Ditto.
30	89	Surajpal Singh	Ditto.
30	89	Chandarpal Singh ...	Ditto.
31	92	Dan Bahadur Pal Singh ...	Dandikachha.
41	126	Har Mangal Singh ...	Utiya Dih.
41	127	Bhagwant Singh	Daryapur.
42	127	Jagmohan Singh	Ditto.
42	127	Bisheshar Bakhsh Singh ...	Ditto.
42	127	Arth Singh	Ditto.
50	149	Babu Mahesh Bakhsh Singh ...	Dhaysnwan.
50	150	Sarabjit Singh	Shekhpur Chauras.
56	167	Babu Hanuman Bakhsh Singh,	Dumepur.
57	168	„ Hardat Singh ...	Pirthiganj.
16	184	„ Bajrang Bahadur Singh,	Baispur.

Page of illustration.	Darbar number.	Name of taaluqdar.	Name of estate.
		PARTABGARH—(*concluded*).	
64	193	Babu Balbhaddar Singh ...	Sujakhar.
64	194	Umed Singh	Asanpur.
68	208	Thakurain Sagu Nath Kunwar,	Dasrathpur.
68	208	" Kharak Kunwar ..	Ditto.
70	215	Babu Sarab Dan Singh ...	Utwamarnpur.
71	220	Drig Bijai Singh	Athganwan.
72	223	Mahpal Singh	Amrar.
9	35	Raja Chhatpal Singh ...	Nurpur, &c.
34	101	Sitla Bakhsh Singh ...	Dahngadh, &c.
34	101	Shankar Singh	Ditto.
73	226	Sheo Ambar Singh ...	Rajpur.
11	40	Raja Jagat Bahadur ...	Amri.

SHORT MEMOIRS

OF

EVERY TAALUQDAR IN OUDH

WHOSE PORTRAITS ARE GIVEN IN THIS VOLUME

(Arranged in the same order as the photographs.)

No. 1.

RAJA RAJGAN SIR JAGET JIT SINGH, *of Kapurthala, of Sikh descent, Maharaja, Taaluqdar of Baundi, Parsauli, and Bhatauli.*

THIS Maharaja is the chief of Kapurthala territories situated in zila Jallandar, Panjab. The loyalty of His Highness's family to the throne of England has always been conspicuous. This loyalty was exhibited in a marked degree by the present Maharaja's grandfather, Randhir Singh Bahadur, G.C.S.I., during the mutiny in 1857. When the mutiny was at its height, he rendered to Colonel Abbott, Deputy Commissioner of Hoshiarpur, services of the most important nature, which had a very marked effect on that part of the country. His Highness afterwards promptly responded to a call made on him by Colonel Abbott and Mr. Robert Montgomery, Chief Commissioner of Oudh, and placed himself at the head of a large force organised and maintained entirely at his own expense. With this force he reached Lucknow *viâ* Dehli, and from thence took part in a series of operations which reflected the highest credit on his own personal valour as well as on the discipline of his troops. In return for these eminent services, and in recognition of his steady loyal adherence to British authority in those trying times, Maharaja Randhir Singh Bahadur received from the Viceroy a gift of the *taaluqs* of Baundi, Parsauli, and Bhatauli (situated in zilas Gonda, Bahraich, and Kheri), yielding an annual public revenue of Rs. 2,00,478-13-1. His Highness died at Aden on his way to England, and was succeeded by Maharaja Kharag Singh Bahadur. The present chief succeeded to the *gaddi* of Kapurthala on Kharag Singh's death. The Kapurthala estates in Oudh are under the management of Kunwar Harnam Singh, uncle of the now ruling Maharaja.

No. 2.

MAHARAJA SIR DRIG BIJAI SINGH BAHADUR, K.C.S.I., *Janwar, Taaluqdar of Balrampur, Tulsipur, Chardah, and Barawan Kalan.*

THIS well-known Oudh taaluqdar is a descendant of Maharaja Nainsukh Deo of Japaner, in the province of Guzerat, whose sixth son,

Bariar Sahi, in the *sambat* year 1325, came to Delhi and entered the service of Emperor Tajudin Shah Ghori. Following his new master to parganah Ekonah, in zila Bahraich, on a combined visiting tour and shooting excursion, Bariar Sahi was entrusted with the duty of reducing that turbulent part of the country to order, a work which he is said to have carried out with much success. For the tact and ability displayed by him on the occasion he was rewarded by the Emperor with the gift of the parganah in question, where he took up his permanent residence. Raja Madho Singh, sixth in descent from Bariar Singh, went over to Ramgarh Gauri (in the same parganah) and established himself there, giving away Ekonah to his brother Ganesh Singh. Balram Sah, second son of Raja Madho Singh, had a somewhat distinguished career. It was in those days that the name Ramgarh Gauri was changed to Balrampur in his honour. The fifth descendant, Raja Newal Singh, on succeeding to the estate, fought and won twenty-two battles with the neighbouring rajas and taaluqdars. After his death the estate fell to Raja Arjun Singh, who in turn was succeeded by Raja Narain Singh. In sucession to this last chieftain the present Maharaja came to the *gaddi* in the *sambat* year 1893, commencing his career by successful actions against the Rajas of Atrauli, Bhinga, and Tulsipur. His Highness, under orders from the Emperor, and with the consent of the British Resident, subsequently marched at the head of his troops against the then Raja of Tulsipur, Drig Narain Singh (who had forcibly possessed himself of the estate from his own father). Surrounding the latter, he compelled him to fly, and placed Drigraj in charge of the *ilaqa*, reserving to himself a *chauth* or quarter share of its income. By this latter engagement the Maharaja established so great a reputation for himself that no taaluqdar ventured to oppose him ever afterwards, and since then His Highness's good name and good fortune has been steadily on the ascendant. Shortly after the English occupation of the Province of Oudh, Mr. (now Sir Charles) Wingfield, Commissioner of Fyzabad, made him a present of a gun in return for his good and loyal services. For ever afterwards great mutual friendship and cordiality continued between the Maharaja and the British Government.

As soon as the Maharaja heard of the mutiny of 1857 (1264 fasli), he at once, at the peril of his own life, marched with his troops to Sikrauri and safely conducted the chief local officers back to Balrampur, where he gave them shelter and amply provided for all their needs and comforts during their stay there, a few days afterwards arranging for their safe escort to Calcutta. About this time His Highness himself was besieged in the fort of Batohan, and although the mutineers made three daring attempts to take the place, the Maharaja eventually escaped and the enemy were dispersed. After the suppression of the mutiny, His Highness, in return for his good and faithful services, received from the English Government a reward of the proprietary right of *ilaqa* Tulsipur and others, of a *khilat* of great value and high rank, of a considerable sum in cash, of the powers of an Honorary Magistrate, and of the free gift of two additional guns. As a further recognition His Highness's name was ordered to be placed at the head of the five select taaluqdars of Oudh prominently mentioned in Government records for their valuable services and conspicuous loyalty.

At a durbar held in Agra in 1866 the title of K. C. S. I. was conferred on this illustrious chieftain, and, as a special favour, a reduction of 10 per cent. on the assessed revenue was allowed in his favour at the recent thirty years' settlement, with the additional concession of no enhancements in any future settlements. He is exempt from attendance in civil courts. His Highness's relatives, dependants, and servants were also freed from the operation of the Arms Act, and he himself was appointed a Member of the Viceregal Council. The well-known enactments, *viz.*, Acts XVII., XVIII., XIX., and XXVI., applicable to the Province of Oudh, were passed at his instance and mainly through his intelligent exertions. At the Delhi Proclamation on 1st January, 1877, the Maharaja's tent was pitched in a conspicuous spot specially set apart for the purpose, and his reception was on a par with that of the highest independent chiefs present on the occasion. A salute of nine guns was fired in his honour, and the same honour has since been accorded to him for his lifetime. His Highness's acts of beneficence and public-spiritedness are numerous. Among these are several charity houses, where paupers are fed without charge, and many hospitals, where the suffering poor obtain medicines free. He is the owner of houses throughout the province, and in Lucknow itself has a large and splendid hospital, a ganj, a sarai, and buildings, such as the "Wingfield Manzil," and others, all which are well worthy of a visit. The "Moti Mahal" is especially entitled to notice. Here *raieses* arriving from other stations find a ready reception, as also every comfort in the way of food and lodging at the Maharaja's expense (each according to his own position and rank). Managements are under the superintendence of a manager assisted by a competent staff especially kept up for the purpose. The *Dasahra* festival is celebrated with unusual *eclât* at Balrampur, and on the occasion of it, thousands of *fakirs* annually arrive at the place from long distances, stay there for about four months, are fed at His Highness's expense, and on leaving for their homes receive substantial presents in cash. His Highness is a good rider and an enthusiastic sportsman, and, both by himself as well as in the company of English gentlemen, is constantly in *jungles* after tigers, elephants, or any other game that is to be found in his rich preserves. Several caged elephants are to be seen in the vicinity of his palace. Literary, scientific, and sporting men of every kind and class find a ready patron and supporter in the Maharaja. He has also established a museum in Balrampur which is of great interest to thousands of his subjects. The comfort and happiness of his people occupy the Maharaja's closest attention, and their health, needs, and condition generally are constantly under his consideration. That this attention and concern are really appreciated by the people may be judged by the fact that they have raised a large sum of money by voluntary subscription among themselves for a lasting memorial in honour of His Highness. To him is indebted the *Anjuman-i-Hind* for its very existence, and to him the taaluqdars of Oudh owe much of their prosperity and influence.

The Maharaja of Balrampur owns 812 villages and 3 *pattis* situated in zilas Gonda, Bahraich, and Lucknow. These yield to Government an annual revenue of Rs. 5,34,724-14-5. In this family the practice obtains of a single succession to the *gaddi* by right of heirship or appointment, the estate not being divisible collaterally.

No. 3.

LAL PRATAB NARAIN SINGH, *Brahmin, Taaluqdar of Mahdauna, Bahrauli, Ahiar, Oehera, Tulsipur, Bisambharpur, and Mahdauna.*

THIS taaluqdar is a Sangaldipi Brahmin, and his estate and position date from Raja Bakhtawar Singh, who received the title from Nawab Saadat Ali Khan of Oudh. His younger brother, Raja Darshan Singh, was in charge of the Nizamat during the Nawabi *régime*. For his good services the title of Raja Bahadur, and subsequently that of Saltanat Bahadur, was conferred on him. Latterly, Sir Maharaja Man Singh Kaim Jang, son of the said Raja Darshan Singh, rendered some valuable assistance to the English during the mutiny, and was also instrumental in saving the lives of some European gentlemen. Man Singh was rewarded for these services with the titles of Maharaja and K. C. S. I. and the gift of the taaluq of Bisambharpur. He was held in much esteem among the taaluqdars of Oudh. After his death, his widow, Maharani Sobha Kunwar, succeeded to the estate, and recognized the heirship of Lal Triloke Nath Singh, son of Raja Raghubar Dayal Singh, a brother of Man Singh. But this recognition was set aside by a decision of the Privy Council, resulting in the estate being assigned to Lal Pratab Singh, grandson (by his daughter) of the late Maharaja. The Kunwar has followed the footsteps of the Maharaja, and he is like him in many respects.

Estate, 669 villages and 124 *pattis* in zilas Fyzabad, Gonda, Nawabganj, Bara Banki, Lucknow, and Sultanpur. Government revenue, Rs. 4,79,348-7-10.

In this family the same practice obtains of succession to the *gaddi* as has already been mentioned in reference to the Balrampur estate.

No. 4.

RAJA SHEOPAL SINGH, *Bais, Taaluqdar of Morarmau, Alluvion land Sangrampur. Title of "Raja" hereditary.*

THE clan of *Bais* owes its origin to Raja Salbahan (*Chattri*), who about nineteen centuries ago defeated (Panwar) Raja Vikramadyta and obtained his daughter in marriage. About this time dates the era known by his name and which he proclaimed in supersession of that hitherto called after the vanquished chief. The foundation of Sealkot and Mungi-pátan was also laid by him about this time. In his twentieth generation were born Raja Abhai Chand and Prithi Chand. These brothers on one occasion went with troops to Sheorajpur, in zila Fatehpur, to bathe in the Ganges, and there found the beautiful wife of Raja Argil of Fatehpur (who had also gone to Fatehpur for a similar purpose) a prisoner in the hands of the Subadar of Allahabad (Prag), acting under orders from the Emperor of Dehli. Receiving intimation of the fair captive's anxiety to be liberated from her captivity, they attacked the vile instrument of imperial lust and tyranny with their forces. Prithi Chand was killed in the battle that ensued, but the victory of the day was won by the surviving brother. Abhai Chand escorted the liberated *Rani* to her husband, and in reward for his act of gallantry was honoured with the hand of his daughter and large estates as a dowry. He then returned to Sheorajpur, and getting the better of the *Bhars* in battle possessed himself of their *ilaqas*. These acquisitions form the basis of the present taaluq which is called Baiswara (*i.e.*, *bis* or twenty), from the fact of its founder having been of the twentieth generation from the original ancestor, Raja Salbahan.

In the tenth generation from Abhai Chand came Raja Tilok Chand, who had two sons, Harhar Deo and Raja Prithi Chand. Tilok Chand was taken dangerously ill one day, and Harhar Deo being absent at Delhi at the time, the former declared Prithi Chand his heir to the raj. Harhar Deo, however, returned shortly after, and at a subsequent period went to reside in Sehbasi, which gives its name to his descendants comprising the following "Sehbasi" houses:—Nos. 14, 65, 67, 137, 210, and 255.

Harhar Deo, some time after his return from Delhi, was installed into his father's *raj*, as will appear on reference to No. 14.

One of these descendants, Karn Rai, leaving Sehbasi, went to reside in Nahatha, and hence the distinction of "Nahatha Bais," by which are known taaluqdars Nos. 26, 64, 99, 140, 158, 195, and 235.

Fifth in order of succession from Prithi Chand was Raja Narsingh Deo, who, reclaiming the site of Morarmau from *jungle*, built on it the village which gives its name to the present taaluq.

Twelfth in inheritance from Raja Narsingh Deo came Raja Drig Bijai Singh, who for loyal services rendered during the mutiny received, in addition to the permanent recognition of his title of "Raja," the distinction of C. S. I. and the gift of taaluq Narsinghpur. The present Raja succeeded him in the estate.

This estate is one of the five "loyal taaluqs" and enjoys the benefit of a permanent settlement. It comprises 114 villages (inclusive of the Government gift) situated in zilas Unao and Rae Bareli. Revenue payable to Government, Rs. 56,471. The custom of inheritance to the *gaddi*, as in the case of Balrampur, &c., before alluded to, also obtains in this family.

No. 5.

RAJA HANWANT SINGH *and* RAMPAL SINGH, *Bisain, Taaluqdars of Rampur (Dharnpur), (Kala Kanker), and Aunajebma. Title of "Raja" hereditary.*

THESE taaluqdars claim descent from Rai Homepal of the Chattri caste (gót Bais), a younger brother of Raja Jay Chand of Kanauj.

About six hundred years ago, the said Rai, who was then residing at Majhauli, zila Gorakhpur, made a pilgrimage to the junction of the holy waters at Allahabad. From there he accompanied Raja Manik to the latter's own *ilaqa* at Manikpur, and shortly after, having married his daughter, obtained from him the present of certain zamindaris. The descendants of Homepal by this union are known as Bisain Thakurs. In course of time and by degrees the said zamindaris came to be divided among posterity, and these divisions were subsequently raised to the position of taaluqs, comprising Nos. 62, 71, 89, 101, 149, and 150. The taaluqdars above are also among the descendants referred to.

The faithful services of Raja Hanwant Singh rendered during the mutiny were rewarded with the gift of taaluqs; the sanad of which however, at his request, was made out in the name of his daughter's son, Rampal Singh. The Raja some time ago sold the Government gift of Bhagalpur in zila Bahraich.

Rampal Singh is an English scholar and has imbibed the manners and customs of the West by a long residence in England. He is in the prime of life and holds a distinguished place among the nobility of the province.

Estate, 198 villages in zila Partabgarh and Rae Bareli. Government revenue, Rs. 86,568-8-0. In this family also prevails the custom of inheritance as in Balrampur, &c.

No. 6.

RAJA TILAK SINGH, *Katyar, Taaluqdar of Katiari, Daulatpur, Murwan, and Fatehpur.*

THIS taaluq was formed, on the basis of zamindaris formerly owned by the Dhanuk and Manihar clans, by Deoramdat, who came with a large retinue from Tom'r Katar (in Gwalior) to Singhi Rampur (in zila Farukhabad) to bathe in the Ganges. Seizing the opportunity of the mutual dissensions and quarrels then prevailing between the said clans, he espoused the cause of the more powerful Manihars and rendered them material help in defeating the rival Dhanuks. He next turned his arms against the friendly Manihars, and in a short time so completely got the better of both the clans that hardly a member of either retained his former possessions. He then established his own authority over their ilaqa and laid the foundation of the taaluq which has since formed the inheritance of his descendants. Among these, in later generation came Hardeo Baksh, who, for signal services rendered to the British Government during the crisis of 1857, obtained the gift of Daulatpur, &c., and also the title of C. S. I. After death he was succeeded by the taaluqdar (his brother) who now represents the family. This nobleman is the recognized head of the Katiari house, so called after (Tom'r Katar) the place from which the founder, Deoramdat, came.

This is among the five "loyal taaluqs" of the province and has the benefit of a permanent settlement.

Estate, 64½ villages, 4 *pattis,* in zila Hardoi. Government revenue, Rs. 59,974. *Gaddi* system prevails in this family.

No. 7.

RAJA RUDR PARTAB SAH, *Rajkumar, Taaluqdar of Dehra Amahat, Dhanao, Dih, Madunpur, Puniar, Ramunagar, Kishnpur, Kumai, and Purasi. Title of "Raja" hereditary.*

ABOUT five centuries ago Raja Bariar Singh came to the Province of Oudh from Sambhal (Moradabad), and defeating the Bhars, occupied their possessions at Bhadaiyan and other villages in zila Sultanpur. He had four sons—Rasal Singh, Khokhay Singh, Ghotam Deo, and Raj Bhabhut Singh.

Baryar Singh was a descendant of the Chauhan family who at one time reigned supreme on the throne of Delhi. Apprehending the consequences to them of Emperor Ala-ud-din Ghori's determination to exterminate their house, the said son of Baryar Singh, gave up the hereditary family title of Chauhan, and Khokhay Singh assumed that of "Rajwar," to which belong taaluqdars No. 260.

The three others became known as *Bachgotis.* To Raj Bhabhut Singh were born three sons—Raja Bhup Singh, Raja Chukr Singh, and Raja Ishri Singh. From the first two of these are descended taaluqdars Nos. 13, 40, 59, 60, 69, 70, 76, 78, 79, 83, 85, 126, 127, 194. 208, 215, and 220.

The descendants of Raja Ishri Singh are known by the name of "Rajkumars," and they comprise the house heading the present notice, and Nos. 73, 74, 95, 155, 161, 163, 202, 214, and 249.

The Raja who is the subject of this memoir comes lineally from Jadu Rai (descended from Raja Ishri Singh), who, leaving the original ancestral seat of Bhadaiyan, came to reside in Dehra, a village which he himself built on a site originally covered with jungle, and by subsequent acquisition of other estates laid the foundation of the present taaluq bearing that name.

In his latter days Raja Rustam Sahi rendered good service to the Government during the mutiny, and received a reward of 118 mauzas, inclusive of Amahat and others.

This estate (including Government gift) comprises 187 villages and 183 *pattis,* situated in zilas Sultanpur, Fyzabad, and Rae Bareli. Government revenue, Rs. 1,02,914-11-1. The *gaddi* system also prevails in their family.

No. 8.

RAJA MADHO SINGH, *Bandalgoti, Taaluqdar of Amethi. Title of "Raja" hereditary.*

IN A.D. 1326 (during the reign of the Emperor Jalal-ud-din Akbar Shah) the first ancestor of this taaluqdar came to the Province of Oudh for the purpose of chastising the turbulent Bhars, whom he reduced to order and several of whose villages (situated in zila Gonda) he occupied. The estate continued in the hands of descendants in successive generations for a period of about three hundred years, until Raja Madho Singh made it over to Babu Sarbjit Singh of Tikari, No. 100.

Taaluq No. 172 is a branch of this taaluq.

Estate, 318 villages and 3 *pattis* in zila Sultanpur. Government revenue, Rs. 1,91,217-11-0.

No. 9.

RAJA MUHAMMAD ALI KHAN, *Bachgoti, Khanzada, Taaluqdar of Hassanpur, Jaisinghpur, Mungra, and Hatgaon. Title of "Raja" hereditary.*

IN a later generation from Bariar Sah (*vide* No. 7) came Tiloke Chand, who, becoming a defaulter in the matter of Government revenue, embraced the Moslem faith in the reign of Emperor Babar Shah and assumed the name of Tatar Khan. He had two sons, Bazid Khan and Jalal Khan. Husen Khan, son of the former, received the title of "Raja" from the said Emperor, and also the privilege of conferring similar titular honour by affixing the *tika* on the recipients after obtaining presents from them. He also established and gave his own name to the *kasba* (collection of villages) after which the taaluq Hassanpur is called. In his twelfth generation comes the present taaluqdar. Nos. 162 and 165 are branches of this taaluq.

Estate, 104 villages and 7 *pattis* in zilas Sultanpur and Fyzabad. Government revenue, Rs. 52,532-7-0. The *gaddi* custom is also observed in this family.

No. 10.

AMIR-UL-DAULA, SAIED-UL-MULK, RAJA MAHOMED AMIR HASAN KHAN, BAHADUR, MUMTAZ-JANG, *Honorary Assistant Commissioner of Mahmudabad, Taaluqdar of Mahmudabad in the Sitapur District, of Konwan Danda in the Bara Banki District, of Basha in Lucknow, and of Mitauli and Kusta-ub-gawan in the Kheri District.*

WAS born at Belhera on the 23rd of Rajab 1265 H. Succeeded his father while a minor on the 9th of Ramzan, 1274. Was educated at Sitapur School, at Queen's College, Benares, and Canning College, Lucknow. The taaluqa was under the Court of Wards up to the 6th of March, 1867, when, the Raja becoming of age, it was restored to him. At the early age of 16 he was nominated a member of the Executive Committee of the Provincial British Indian Association. In 1871 he was selected successor of the late Maharaja Sir Man Singh, Bahadur, K.C.S.I., to the vacant post of the Vice-Presidentship of the above Association, and thus it devolved on him to take an active and leading part in the discussions and deliberations of measures and matters of public good affecting the political and social welfare of Oudh. For services which the Raja thus rendered to the Crown and the public he was publicly thanked in the Administration Reports (Revenue Report, 1869, page 32, and Administration Report, 1869): and as a mark of especial recognition was presented with a sword—an addition to his dress of honour—by the late Lord Lawrence in His Excellency's durbar at Lucknow. Again, Sir Henry Davies in his official letter No. 546, dated the 2nd February, 1871, to the Government of India, while expressing his own approval of the Raja's services, recommended him for the form of honorary address of "Amir-ul-daula, Saied-ul-mulk, Mumtaz-jang," and the Government of India authorized the Chief Commissioner to address the Raja in the terms recommended by Sir Henry Davies.

Further, the Deputy Commissioner of Sitapur, while reporting the liberality and generosity of the Raja in respect to the sufferers from the famine of 1878, wrote as follows:—" Raja Amir Hasan Khan was extremely lavish in the gratuitous relief—a fact of which I have satisfied myself while in the camp." His Honor Sir G. Couper, &c., &c., &c., Lieutenant-Governor, North-Western Provinces, and Chief Commissioner of Oudh, appreciated the behaviour of the Raja, and presented the Raja with a dress of honour in a public durbar.

Lineage.

The Raja is a descendant of Aboubakar Siddieke, the first Khalifah of the Prophet of Islam: the family are "Sheikh Siddiekees." The ancestors of the Raja came to India from Bagdad while kings of the Ghorian dynasty were ruling and settled at Amroha, a town in the North-Western Provinces. For four generations they were Qazis of the said locality; later on, in about 1226 A.D., Qazi Nasrut-ullah, *alias* Sheikh Nuthan, accompanied Prince Nasir-ul-din to Oudh in his famous invasion of this province, and overthrew the principalities of the Bhars and Bhats then ruling Oudh. The monarch of Delhi appreciated his services and granted him the villages now forming the major part of the taaluqas of Mahmudabad, Belhera, Paintipur, and Bhutwa Mow, the zamindaris of Bishanpur, Mahamadpur, Sirouli, Babupur and Kutri, Achaicha, Ral Bhari and Mitoura. Niamutpur, Bhiuri and Sudrawan, which are up to this date in the possession of his descendants. Sheikh Nasrut-ullah died at Belhera and was succeeded by his son Sheikh Nizam, who was after his death succeeded by Gholam Mustapha, his eldest son, who was succeeded by his son Daood, who was also a General in the armies of the Mogul Emperor Akbar, and was raised to the honorary distinction of "Khan Bahadur." From this date the surname of the family was changed from Sheikhzadas to that of Khanzadas, *i. e.*, the descendants of the Khan. Daood Khan valiantly fell in the battle of Rintamhour, at the very gates of that impregnable fortress, while leading an assault. Mahmud Khan, his son, succeeded his gallant father to his property in Oudh and as well in the North-Western Provinces, also to the command of the brigade of the army. He founded Mahmudabad after his own name, and died at Jounpur while foujdar (governor) of Jounpur. He was succeeded by his son Bayazied Khan, who divided the ancestral property between his kinsmen, Pahar Khan and Saied Khan, giving Bhutwa Mow to the former and Paintipur to the latter, and holding himself the estates of Mahmudabad and Belehra. He entered the service of the Emperor Jahangir, was governor of Jounpur and of other divisions of the empire, was presented by the Emperor with a sword bearing the name of Emperor Jehangir, which is still in the possession of the Raja. He was also honoured with the titles of "Ghazzufur-ul-daula, Umdat-ul-Mawali, Bayazied Khan, Bahadur, Muzuffer-jang" He died at Belehra, and was succeeded by his three sons, who divided the property amongst themselves.

Enayet Khan got Belhera, Fathai Khan Sudrawan, Hidayet Khan got Mahmudabad, of whom presently ; he was the youngest son of Bayazied Khan, and fixing his residence at Mahmudabad, founded Khudaganj.

He was fond of sport and died by a fall from his horse, and was interred at Mahmudabad.

Khalel-ul-Rahman Khan, the only son of the former, succeeded him and was married to the daughter of Marhamat Khan, grandson of Enayet Khan of Belhera, and had only one son, Hidayet-ullah Khan, who succeeded him at his death.

Hidayet-ullah Khan was a kinsman of Nawab Mouiz-ud-din Khan, Bahadur, of Lucknow, the historic defender of Oudh. Hidayet-ullah Khan co-operated with the abovenamed chief in the expulsion and overthrow of the Bangashes, and recovered Oudh from them for Nawab Safdar Jang, the Governor of Oudh and Vizier of the Mogul Emperor of Delhi (the Imad-us-Saadat and the Sair-ul-Muta Akhareen.) He also met the Raikwar Raja of Ramnagur at the famous battle of Chenlaha ghat, and with the co-operation of the Sheikhzadas of Lucknow under the renowned Nawab Mouiz-ud-din Khan, Bahadur, the taaluqdars of Belhera, Bhutwa Mow, and Jahangirabad, and other Mahomedan chiefs of renown and influence, defeated the opposite side with great slaughter—(*vide Oudh Gazette*, Vol. I., pages 257, 258). Hidayet-ullah Khan was himself slightly wounded, but he never left his saddle, though strongly advised by his bosom friends and loving relatives.

Hidayet-ullah Khan died without any male issue, and was succeeded by his cousin and son-in-law, Mahomed Ikram Khan, a grandson of Marhamat Khan, and great-grandson of Enayet Khan, who was married to the youngest daughter of Hidayet-ullah Khan.

Mahomad Ikram Khan had two sons, Sarfraz Ali Khan and Musahib Ali Khan,

Sarfraz Ali Khan succeeded his father Ikram Khan. After the death of the latter, was Nazim of Sundilah and Bangur Mow, now the districts of Hardoi and Unao. He was afterwards deputed by Nawab Asfadaula in the capacity of Nazim of the trans-Gogra districts, and was made an honorary commander of artillery, a distinction which continued till the days of annexation. He distinguished himself in the Rohilla war. Sarfraz Ali Khan died a bachelor, and was succeeded by his only brother, Musahib Ali Khan, who, like his elder brother, succeeded in rendering valuable services to his ruler. Nawab Saadat Ali Khan, Vizier of Oudh, paid a visit to Mahmudabad and was a guest of Musahib Ali Khan. It is said that all the wells of Mahmudabad, owing to the extraordinary consumption of water by the hosts of Nawab Saadat Ali Khan, ran short in their supply of the liquid with the exception of only one well, which has since been named and which still bears of "Dul Thumban," *i. e.*, "Lasting to supply an army of 10,000,000." The Nawab, as a memorial of his visit, bestowed a dress of honour and the estates now known as Feel Khana, formerly the elephant stables of the rulers of Oudh.

Musahib Ali Khan died without leaving any issue. He was much loved by his tenants, and his memory is much cherished. The ignorant Mahomedans and Hindus do him honour by adoring his tomb. Hindus call him a *daiuta*, and the Mahomedans look upon him as a saint.

Musahib Ali Khan was succeeded by his widow, who adopted Nawab Ali Khan, son of Amir Ali Khan, grandson of Muzhur Ali Khan, great-grandson of Mahomed Imam Khan, and great-great-grandson of Marhamat Khan, who was heir-presumptive of Musahib Ali Khan, to succeed her.

Nawab Ali Khan when he succeeded to the *gaddi* was only 20 years of age. He was a scholar and a soldier, also a poet. His poetical works have been published. He took active part in the politics of the province. Was employed by the Nazims Raja Darshan Singh and Nawab Baha-ul-daula in the reduction and overthrow of a good many refractory chiefs, notably those of Nanpara, Mitauli, Bhinga, Oel, Kataisur, Rampur-Muthra, Easa Nagur Saroura, Bohyeah, Jhalyapara, Kasimganj, and Behtai. The Court of Lucknow by letters patent ordered Nawab Ali Khan to join in the pursuit of the notorious highway robbers Fazl Ali and Ram Bux, and also in the overthrow of the fanatical leader Moulvi Amir Ali of Raudouli.

For his services the Court of Lucknow first honoured Nawab Ali Khan with the title of "Raja Nawab Ali Khan, Bahadur," and some time after with the title of "Mukim-ul-daula, Raja Nawab Ali Khan, Bahadur, Kiam-jang." The mother of Nawab Ali Khan was a niece of Nawab Moniz-ud-din. Nawab Ali Khan was married to a grand-daughter of Nawab Moniz-ud-din Khan, and was succeeded by his only son, the present Raja.

No. 11.

RAJA BIJAI BAHADUR SINGH, *Sombansi, Taaluqdar of Bahlolpur. Title of "Raja" hereditary.*

FEAR of Shaikh Taki and Roshan Kamil, two notorious enemies and oppressors, who resided at Jhusi, in the Allahabad district, and had troops at their command, compelled Raja Bir Sibti, forefather of this taaluqdar, to leave his home about six hundred years ago and to settle at Soral, now called Partabgarh. His son, Lakhan Sibti, at one time discovered a considerable amount of some hidden treasure, and was by this means able to entertain the services of a good number of retainers. With the help of these men he got the better of the Bhars and became possessed of an estate. The title of Sah was shortly after bestowed on him by the then Government of Oudh. In course of time the estate came under partition among his various heirs, each of whom represented a separate branch of the family. These branches comprise Nos. 35, 48, 92, 167, 168, 184, and 193. Raja Bijai Bahadur, on coming to his inheritance, sold a portion of his own share to Raja Ajit Singh (No. 48).

Estate, 81 villages in zila Partabgarh. Government revenue Rs. 29,231-2-8. The *gaddi* system also obtains in this house.

No. 12.

RAJA SURPAL SINGH (*Thakur*), *Kanpuria, Taaluqdar of Toloi, Bhoalpur, Kutawan, Mustafabad, Surtagarh, Rastamau, Chatra Buzurg, and Pirhi. Title of "Raja" hereditary.*

ABOUT seven centuries ago, Raja Manik (of the Thakur *Gaharwar* caste) made a gift of his whole estate to an only daughter on her marriage with a Brahmin. Of this union was born a son called Raja Kan, from whom is descended the clan of Thakurs called "Kanpurias."

Raja Kan had three sons—Rahas, Sohas, and Rodan.

From the first of these came Jugga Singh, Madan Singh, and Man Singh.

In the family of Jugga Singh was one Balbhaddar Sah and Mitrjit.

From the former of these (generations after) came four brothers—Pahara Mal, Salbuhan, Tribhuwan Sahi, and Raj Sah.

The descendants of the first of these is now represented by taaluqdar No. 30, of the second by No. 107, the third by No. 204, and the fourth by Nos. 80 and 164.

From Mitrjit the descent of the taaluqdar noticed in No. 100 can be traced.

Madan Singh (from Rahas) was the forefather of Nos. 29 and 77.

Man Singh (the third of the brothers coming from Rahas) was the forefather of the taaluqdar who forms the subject of No. 196.

Houses Nos. 36, 223, and 226 are derived from Sahas, the second son of Raja Kan ; Rodan, third son of the latter, had no descendants.

The subject of this and of notice No. 50 claim for their latest progenitor Balbhaddar Sah above referred to.

In later days Raja Mohan Singh, grandfather of the taaluqdar heading this memoir, made large and valuable accessions to the original taaluq of Oel by means and resources of his own, and after death was succeeded by his son, Raja Jagpal Singh, from whom came to the inheritance the present Raja.

Estate, 100 villages in zilas Sultanpur, Partabgarh, and Rae Bareli. Government revenue, Rs. 95,964-6-6. *Gaddi* system prevails with regard to this estate.

No. 13.

RANI KISHAN NATH KUNWAR (*widow of the late Raja Madho Pratab Singh*), *Thakur, Bachgoti, Taaluqdar of Kurwar, Majais, Maighat Kora, and Hatgaon. Title hereditary.*

FULL family details of the origin and history of this family are recorded in No. 7. The deceased Raja was sixteenth in generation from Prithipal (a descendant of Chakr Singh), who laid the foundation of this taaluq, to the succession of which the present Rani came after the death of her husband, the said Raja. Taaluqs Nos. 76 and 85 are branches of this family.

Estate, 136 villages and 20 *pattis* in zilas Sultanpur and Fyzabad. Government revenue, Rs. 59,870-2-0. The custom of *gaddi* obtains.

No. 14.

RANA SHANKAR BAKHSH SINGH (*Sehbasi*), *Bais, Taaluqdar of Thalrai, Khajurganw, Ibrahimganj, and Kardahia. The title of " Rana" hereditary.*

HARHAR DEO, son of Tilok Chand (*vide* No. 4), some time after his return from Delhi, was installed into the Raj of his father, in supersession of his younger brother, Prithi Chand. He also received the title of " Rana," and in later days founded the village of Khajurganw (so called from the fact of abundance of *khajur* or date trees originally growing on the site), which gives its name to the present taaluq.

In the third generation came Rana Shankar Singh, who had three sons—Rana Daman Deo, Rudh Sah, and Alam Sah—who shared the family inheritance as follows: the first receiving Khajurganw under notice, the second Sunarpaha (No. 65), and the third Karihar Sataon (No. 66).

At a partition of the family inheritance between the eight sons of Rana Daman Deo, taaluq Khajurganw fell to the share of the eldest of them, Ajit, his brothers receiving only small estates for their maintenance. The subject of this memoir counts eleventh in descent from the said Ajit Mal. The other descendants of Daman Deo comprise houses Nos. 67, 81, 93, 252.

The taaluqdars descended from Rudh Sah are Nos. 139 and 254.

The present Rana is an Honorary Magistrate and Assistant Collector, and enjoys a marked reputation for the efficient management of his estate and for his love of justice. During the severe scarcity in the province (fasli year 1285) he spent large sums of money from his own pocket for the relief of the suffering people. He also gave material assistance to the deliberations which resulted in the legislative enactments lately passed in the interests of Oudh. He is one of the six taaluqdars who received medals of honour in the Imperial assemblage of Delhi in 1877. For the relief which he gave to the poor during the famine of 1878, he received a testimonial in the durbar held at Lucknow. He is the Vice-President of the Provincial British Indian Association.

Estate, 130 villages in zilas Lucknow, Kheri, and Rae Bareli. Government revenue, Rs. 1,14,169-8-7. The *gaddi* custom prevails in this family.

No. 15.

RANI DHARM RAJ KUNWAR (*widow of Raja Mahesh Narayan Singh*), *Drigbans, Taaluqdar of Parhat, Raipur, Bichaur Mangoli, and Tonk.*

ABOUT four centuries ago, one Drig Sahi, who on account of domestic quarrel left his native place, Kalangarh in Jaipur, came to Delhi, and under orders from the Emperor marched against the Bhars, whom he fought and defeated. He then established his own authority over their possessions and laid the foundation of this estate, receiving at the same time from the Court of Delhi the title of "Raja." His descendant, the husband of the Rani above alluded to, deserved well of the British Government for loyal services rendered during the mutiny of 1857, and was rewarded with the grant of taaluq Mangoli and the title of "Raja" as a personal distinction. After him comes the present owner of the estate.

Estate, 30 villages in zilas Sultanpur, Partabgarh, and Rae Bareli. Government revenue, Rs. 12,251-9-0. The *gaddi* custom prevails in this family.

No. 16.

RAJA FARZAND ALI KHAN, *Shaikh, Kidwai, Taaluqdar of Jahangirabad, Ahgaon, Runni, and shares in villages. Title of "Raja" hereditary.*

SHAIKH RAZAQ BAKSH, whose ancestors orginally founded this estate in the name of Emperor Jahangir, having no heir of his own, made a gift of it (fasli 1258) to the present taaluqdar. The title of "Raja" was conferred on him by the late *Saltanat* of the province.

Subsequent to the late thirty years' settlement, he made considerable additions to the estate by acquiring the zamindaris of Osmanpur, Simrawan, and others, which are not included in the *sanad* granted to him by the Government.

Estate, 81 villages and 34 *pattis* in zila Bara Banki. Government revenue, Rs. 78,118-14-7. The custom of inheritance to the *gaddi* is observed in this family.

No. 17.

RAJA JANG BAHADUR KHAN, *Pathan (Tawa), Taaluqdar of Nanpara. Title of "Raja" hereditary.*

IN the *fasli* year 1193, Rasul Khan, ancestor of this Raja, came as a "kiladar" to Bahraich, in the reign of Emperor Shah Jahan, and for his services in effectually subduing the *Banjaras* was rewarded with the proprietary gift of a tenth share of pargana Salon. In a subsequent generation (*fasli* 1215) the grant of taaluq Garganj was made to Madar Baksh by Nawab Saadat Ali Khan. In later days (*fasli* 1260) Karam Khan built a *garhi* (fort) in Nanpara, where he came to reside, and about this time he received from the reigning Nawab, Shuja-ud-daula, the titular honour of "Raja" and the gift of a *jagir* consisting of taaluqs Sangha, Bahraich, and Kaluwapur, &c. Since then has been in existence the estate now held in inheritance by the subject of this memoir.

Estate, 325 villages and 1 *patti* in zila Bahraich. Government revenue, Rs. 1,66,994-1-6. The *gaddi* custom prevails in this family.

No. 18.

RAJA RANDHIR SINGH, *Bais, Taaluqdar of Bharawan, Basantpur, and Marhapur. Title of "Raja" hereditary.*

THIS nobleman is descended from one Ram Chandr, who came to reside in Bharawan after his marriage with a daughter of the family of *Gaurs* who formerly owned this estate. The *Gaurs*, however, subsequently put the said Ram Chandr to death on a suspicion of their probable supersession by him in their possessions. His three sons who survived were Athsukh, Ruttibhan, and Lakhan, the first and third of whom won golden opinions during their service under the Emperor of Delhi. In lieu of an offer of *jagir* and other distinctions made to them by the Emperor, they asked for the supply of an adequate force to avenge the murder of their deceased parent, and their request being complied with, they marched against the *Gaurs*, whom they defeated and compelled to yield possession. This was about six centuries ago. In later days Raja Murdan Singh succeeded to the inheritance by right of adoption, and for services rendered during the mutiny of 1857 obtained from Government the gift of taaluq Marhapur and a *sanad* of the estate. After him came to the inheritance the present owner.

Estate, 45 villages and 4 *pattis* in zilas Unao, Hardoi, and Lucknow. Annual Government revenue, Rs. 34,629. The custom of inheritance to the *guddi* prevails in this family.

No. 19.

The unnamed son of RAGHU NATH SINGH, *Raikwar, Taaluqdar of Rahwa.*

SALLEO and MALDEO, descendants from Partab Sah and Dhunda Sah (two Surjbansi Rajput natives of Raika, in Kashmir, who came to Oudh some centuries ago), laid the foundation of this estate by defeating and killing in battle the *Bhar* Raja Dip Chand and taking possession of village Bamhnoti in his *ilaqa*. In a subsequent generation, Gajpat Singh, about a century and half after, secured the title of "Raja." In later days came Raghu Nath Singh, whose death brought to the succession his surviving infant son yet unnamed. The taaluq owes its present name of Rahwa to the fact of the washerman's clay "rehu" being plentiful in its vicinity.

Taaluqdars Nos. 43 and 68 come from this stock.

Estate, 55 villages and 4 *pattis* in zila Bahraich. Government revenue, Rs. 34,835. The *gaddi* custom prevails in this family.

No. 20.

RAJA MUHAMMAD KAZIM HUSAIN KHAN, *Khanzada, Taaluqdar of Paintipur and Belhera. Title of "Raju" hereditary.*

THE BELHERA ESTATE IN THE BARA BANKI DISTRICT.

Vide No. 10. This house and property date from Enayet Khan, who was the eldest son of Bayazid Khan, and succeeded him to this estate. He had five sons, *i. e.*, Kaim Khan, Asalat Khan, Moazzam Khan, Ghazaufar Khan, and Aolya Khan. The present zemindars of Mahumadpur are the descendants of Aolya Khan. None of the descendants of Moazzam Khan and Asalat Khan are now living, while those of Ghazaufar Khan, though still living, possess no estates. Kaim Khan, who took possession of the Belhera estate, left one son, Marhamat Khan. He won a complete victory over Bakhtawar Singh, a Raikwar chieftain of renown.

Marhamat Khan had four sons, of whom the first was Bedar Bakht Khan, whose descendants are the present zemindars of Bishanpur. His second son, Ghulam Husain Khan, *alias* Meyan

Sahib, was the progenitor of the present zemindars of Mitoura and Kutri and Bhinri. From Walajah Khan now remain no male line in existence. His fourth son, Mahomed Imam Khan, on the partition of the hereditary estates, received the Belhera estate, and co-operated gallantly with Nawab Mouiz-ud-din Khan against the Afghans of the Bangash, and lately against the combination of several Hindu chiefs under the Raja of Ramnagar. Mahomed Imam Khan had two sons, Mahmud Akram Khan and Mazhar Ali Khan. The former, on the death of his father-in-law, Hidayet-ullah Khan, obtained possession of the Mahmudabad estate, and the latter took possession of his paternal estate of Belhera. Mazhar Ali Khan was succeeded by his son Amir Ali Khan, who fought bravely under Nawab Asafadaula against the Rohillas. His eldest son, Raja Ibad Ali Khan, succeeded to the Belhera estate, and in 1269 H. received the title of "Raja Ibad Ali Khan Bahadur" and the robes of honour from the Court of Oudh. In addition to his hereditary estate of Belhera, he received the Paintipur estate as a gift from the daughter of Khadim Ali Khan, the chief of that estate. His younger brother, Raja Nawab Ali Khan, the father of the present Raja of Mahmudabad, succeeded Musahib Ali Khan in that estate. Raja Ibad Ali Khan Bahadur was succeeded in the Belhera estate by his son, Raja Kazim Husain Khan, who is both paternal and maternal cousin to the present Raja of Mahmudabad.

Estate, 83 villages and 10 *pattis* in zilas Sitapur and Bara Banki. Government revenue, Rs, 48,326. The *gaddi* custom prevails in this family.

No. 21.

RAJA BHAGWAN BAKHSH, *infant son of Raja Umrao Singh, Amathia, Taaluqdar of Pokhra Unsari. Title of "Raja" hereditary.*

ABOUT seven hundred years ago, Raja Prithi Chand, the original founder of this clan, came from Shiupur to Narkangri, and after a visit for bathing purposes to Ayodhya went to Amethi, where he established himself. His descendant Raja Dingur Sah, a General, marched against and defeated the Bhars, and taking possession of their *ilaqa* laid the foundation of this estate. Subsequently Pokhra Unsari (formerly called *Lahi*) became the property of the victorious General's brother, Ram Singh, with whom his third brother, Dipak Rai, went to live, Dingur Sah continuing to reside in Shiurajpur. Eleventh in succession from Ram Singh came Umrao Singh, whose son now occupies the *gaddi*. In consequence of the under age of the present owner the management of his possessions is just now in the hands of the Court of Wards. This nobleman and taaluqdars Nos. 22, 238, and 239 are scions of the same house.

Estate, 23 villages and 4 *pattis* in zila Bara Banki. Government revenue, Rs. 25,280-11-9. The *gaddi* custom prevails in this family.

No. 22.

RAJA BISESHAR BAKHSH, *Amathia, Taaluqdar of Narsingpur, Kumrawan, Sikandarpur, and shares in villages. Title of "Raja" hereditary.*

Vide No. 21. The ownership of this estate can be traced back to one Araru Singh, a descendant of Prithi Chand. In a later generation from the former came Raja Jagmohan Singh, predecessor of the nobleman above, and whose title received the recognition of *sanad* from the British Government. Taaluqdars Nos. 251 and 256 are from this stock.

Estate, 28 villages in zilas Lucknow, Bara Banki, and Rai Bareli. Government revenue, Rs. 22,159-8-2. The *gaddi* custom prevails in this family.

No. 23.

RAJA JAGMOHAN SINGH, *son of Ratan Singh, Panwar, Taaluqdar of Raipur, Yakdariya, and Itaunja. Title of "Raja" hereditary.*

NINETEEN generations back, one Deo Rudh Rai, a native of Dharanagar in Gwalior, came to Oudh in the service of the Emperor of Delhi. Taking advantage of his brother's employment under the Kurmi proprietor of Mahona, he, in concert with the former, expelled the latter out of his possessions. He had three sons, Dankar Deo, Bahlan Deo, and Karn Deo, among whom at a partition his acquisitions were divided.

From Dankar Deo comes the nobleman above, from Bahlan Deo taaluqdar No. 129, and from Karn Deo Nos. 115 and 118.

Estate, 51 villages and 1 *patti* in zila Lucknow. Government revenue, Rs. 33,194. The *gaddi* custom prevails in this family.

No. 24.

RAJA KRISHON DAT SINGH, *Janwar, Taaluqdar of Oel, Baragaon, Bijauli, Mailani, Rasulpanah, Bhanwanpur, Barausa, Gharthannia, and Harrya. Title of "Raja" hereditary.*

FOR the first possession of the above taaluq Oel this family is indebted to Raja Buniad Singh, who founded it about three hundred years ago. His descendant Mehma Sah, having no issue of his own, sent for his daughter's son, Udip Sah, from Jaipur and adopted him. About a hundred and fifty years ago, disputes arose between Raja Katesur and Udip Sah, and the latter fled to Muttra. The estate was thus lost to the family. Subsequently however, in 1175 fasli,

Pitam Singh, a descendant of Udip Sah, managed to recover possession of Oel, and his successors now form the two separate houses of Mahewa (No. 51) and Oel. The *sanad* of this taaluq was first granted by the English Government to Raja Anrud Singh, father of the subject of this notice.

Estate, 160 villages and 10 *pattis* in zilas Kheri and Sitapur. Government revenue, Rs. 1,06,656. The *gaddi* custom prevails in this family.

No. 25.

RAJA NARINDAR BAHADUR SINGH, *Surajbans, Taaluqdar of Haraha. Title of " Raja" hereditary.*

IN 783 fasli, one Bisram Singh first obtained possession of this estate in lieu of moneys advanced by him for payment of revenue due to the Government of Emperor Timur Shah, and for which payment he had stood security for their former owner. He gave to this acquisition the name of Dhurwah, which in course of time has been corrupted into Haraha. In his eighth generation came Lachhmi Narayan Singh, who, depriving his brother Gular Sah of his joint share in the estate, allotted to the latter a separate share of it, now represented by taaluqdar No. 197. Raja Narindar Bahadur Singh comes ninth in descent and in inheritance from the said Lachhmi Narayan.

Estate, 50 villages and 16 *pattis* in zila Bara Banki. Government revenue, Rs. 53,796. The *gaddi* custom prevails in this family.

No. 26.

RAJA RAMPAL SINGH (*Nabatha*), *Bais, Taaluqdar of Kori Sudauli. Title of " Raja " hereditary.*

Vide No. 4. Karn Rai had three sons—Harsingh Rai, Narsingh Rai, and Birbhan. The first continued to reside in Nahatta, the second went to Narsingpur, and the third settled in (Bihar *khas*) No. 195.

Fourth in descent from Harsingh Rai, Aubai Chand resided in the taaluq above, and Mansuk Rai removed to Simri, No. 64.

In the fourth generation from Abhai Chand came Sidaq Singh, who obtained the title of " Raja" from the Imperial Court of Delhi, and fifth in succession to him came the Raja now in possession. Taaluq No. 99 is a branch of this.

Estate, 22 villages in zila Rae Bareli. Government revenue, Rs. 29,983. The *gaddi* custom prevails in this family.

No. 27.

Raja Sitla Bakhsh Singh, *Thakur, Janwar, Taaluqdar of Gangol and Jairainjot. Title of "Raja" hereditary.*

About 1325 *sambat*, one Bariar Sah, with the help of some troops supplied under orders of Emperor Firok Shah, ousted the Bhars from their possession of *Raj* Ekonah, in the district of Bahraich, and himself became master of it. Having shortly after obtained the title of "Raja," he remained in undisturbed exercise of authority for a period of thirty-seven years.

Several generations after was born Bhaia Pratap Singh, to whom was allotted for his share of the ancestral estate taaluq Gangawal, without, however, the title of "Raja." Fourth in descent from Bhaia Pratap Singh was Ganesh Prasad Singh. This last, under circumstances not clearly known, acquired the title of "Raja," and from him in lineal descent comes the present representative of the house, whose right and status have the recognition of a *sanad* from the British Government.

Estate, 54 villages and 6 *pattis* in zilas Gonda and Bahraich. Government revenue, Rs. 35,336. The *gaddi* custom holds in this family.

No. 28.

Raja Mahindar Bahadur Singh, *Thakur, Janwar, Taaluqdar of Payugpur. Title of "Raja" hereditary.*

The original founder of this house, Chaudhri Shyam Singh, about four hundred years ago, came from Guzerat to Delhi, and having been appointed a Resaldar in the army, obtained proprietary gift of the village Balapur Patra in Oudh, the reigning Vizier of which was then Nawab Saadat Ali Khan. He was succeeded by Payag Singh, on whom was bestowed the zamindari of Payagpur by the Delhi Emperor. Fifth in descent from Payag Singh came Bakht Singh, who obtained the title of "Raja" from the *Saltanut* of Oudh, and from the said Bakht Singh comes the present owner of the property.

Estate, 150 villages and 4 *pattis* in zila Bahraich. Government revenue, Rs. 74,989-4-9. The *gaddi* custom holds in this family.

No. 29.

Raja Jagmohan Singh, *Kanpuria, Taaluqdar of Atra, Chandapur, and Behikhori. Title of "Raja" hereditary.*

The origin of the house to which this nobleman belongs has been escribed under No. 12. In the reign of Emperor Alamgir, Raja

Madan Singh came to Simrota from Manikpur, zila Partabgarh, and, having defeated the Bhars, erected a "koti." He also cut down a dense forest and called the place Chandapur (after the moon), in commemoration of light having taken the place of darkness. To the west of Simrota is parganah Hardoi, which was formerly known as Byalis. In this parganah lived the Bhars. Raja Madan Singh further took from the Bhars parganah Hardoi, and here he erected a large building which is called Atra. Since then the ancestors of the present taaluqdars have been in possession and always rendered material assistance to Subahdars from Delhi when they came for political purposes. For this service 27 villages in parganah Simrota were given as reward in *muafi*. After some generations came Raja Jagraj Singh, who assisted the Subahdar of Oudh in defeating the Bhars and made such arrangements as prevented highway robbery, dacoity, &c. For this the Government of Delhi conferred a valuable *khilat* on him, and 148 villages in parganah Simrota were given in zamindari and 5 villages in parganah Hardoi in *muafi*. Subsequently, Zorawar Singh, a scion of the family, was allowed by the Government at Delhi a khilat, salute of guns, and the use of "*danka*." After him Raja Dig Bijai Singh established almshouses and gave pecuniary assistance to a number of poor people to enable them to get their daughters married. When Raja Sheo Darshan came in possession, he made his nephew, Raja Har Parshad, the father of the present taaluqdar, his heir. Raja Har Parshad, however, having died immediately afterwards, Raja Sheo Darshan Singh made the present taaluqdar his heir. Raja Jagmohan Singh is a loyal subject of the British Government, and in a durbar was presented with a valuable khilat and a sword. He is an Honorary Magistrate and has been invested with the powers of an Assistant Commissioner. He is one of the six select taaluqdars who were specially honoured at the Imperial assemblage of Delhi in 1877 and received medals. It was through his exertions along with that of others that Acts XVI., XVII., XIX., and XXVI. were enacted. For the relief which he granted to the famished people in 1877 he received a robe of honour in the durbar at Lucknow.

Estate, 30 villages in zila Rae Bareli. Government revenue, Rs. 34,056-6-10. The *gaddi* custom holds in this family.

No. 30.

RANI HAR NATH KUNWAR (*widow of Raja Sarnam Singh*), *Thakur, Kanpuria, Taaluqdar of Katari. Title of "Raja" hereditary.*

Vide No. 12. This branch house was founded by Paharamal at the time a partition of the ancestral estate was effected between him and his three brothers, sons of Balbhaddar Sah, a descendant of Raja Manik.

Estate, 13 villages in zila Sultanpur. Government revenue, Rs. 10,403-4-0. The *gaddi* custom holds in this family.

No. 31.

RANI SAHILJAN *(widow of Musharaf Ali Khan), Sayyid, Taaluqdar of Bahadurnagar, Narsinghpur, Ahmadnagar, Magdapur, Bankagaon and Mansurnagar. Title of "Raja" hereditary.*

THIS estate comprises a jagir bestowed in the year 1605 by Emperor Jahangir on Nawab Sadr Jahan, founder of the family. After his death, and during the reign of Emperor Aurangzeb, it passed for some time into the hands of the Ahbans. The property, however, subsequent to the fasli year 1252, reverted to the family in the person of Ashraf Ali Khan, father of Raja Musharaf Ali Khan, the deceased husband of the widow above.

Estate, 54½ villages in zilas Kheri and Hardoi. Government revenue, Rs. 24,497-9-6. The *gaddi* custom holds in this family.

No. 32.

RAJA KISHN DAT RAM PANDE, *Brahmin, Taaluqdar of Singha Chanda. Title of "Raja" personal.*

WHEN in the year 1738 A.D. Nadir Shah invaded Hindustan Newazi Ram (original founder of this family) advanced to Nawab Saadat Khan Burhan-ul-mulk, Subahdar of Oudh, a loan of several lakhs of rupees to meet the pressure of the invasion. Subsequently his son, Baldi Ram Pande (coming from Delhi), demanded repayment of this loan from Abul Mansur Khan, son-in-law of Saadat Khan, after the latter's death, and Abul Mansur made over to Baldi Ram the taaluq of Gonda, &c., in *jamogh.** Some time after a grandson (by daughter) of Baldi Ram, at the request of Raja Sheo Prasad of Gonda, accommodated the latter with an advance of Rs. 3,00,000 to meet the provincial Nazim's demand of Government revenue, and the Raja's inability to clear this loan ultimately resulted in the cession of certain villages by him to the creditor, which villages formed the foundation of the present taaluq Singha Chanda. Considerable additions to this taaluq (both by purchase and *nankar*†) were made by Mardan Ram, a predecessor of the present owner.

Estate, 324 villages and 78 *pattis* in zila Gonda. Government revenue, Rs. 2,09,760-6-6. The *gaddi* custom holds in this family.

---

* A process sanctioned under native rule, by law or custom, by which the lessor of a village or estate, not having confidence in the lessee, might send his own servant to collect the rents, an account being kept of the same, the lessee being entitled to the profit or liable for the loss accordingly as the collections exceeded or fell short of the sum for which the village had been leased.

† An allowance or deduction from the rent of land made to the person who engaged for the revenue in the nawábi; it was at once an acknowledgment of his proprietary right and an allowance to him for managing the village.

No. 33.

RANI JANKI KUNWAR (*widow of Mahipal Singh*), *Kulhans, Taaluqdar of Paraspur. Title of "Raja" hereditary.*

IN 739 Hijri, or about five hundred years ago, Sahaj Sahai (a descendant of Raja Bharjeo of Baglana) left his own country, Ghamoj, and marching at the head of a large number of troops took possession of the parganah of Kuransa, now called Gonda. At this time the throne of Delhi was occupied by Emperor Nur-ud-din Jahangir. From Sahaj Singh descended one Nahal Singh, who had three sons—Dula Rai, Ram Singh, and Madni Mal. At a partition of the family inheritance among these last, the taaluq above fell to the share of Ram Singh and Madni Mal, whose latest representative survives in the person of the taaluqdar heading this memoir. From Dula Ram come taaluqdars Nos. 46, 124, 134, 135, and 169.

Estate, 27 villages and 22 *pattis* in zila Gonda. Government revenue, Rs. 29,435. The *gaddi* custom holds in this family.

No. 34.

RANI SALTANAT KUNWAR (*widow of Raja Prithipal Singh*), *Baisain, Taaluqdar of Mankapur.*

THIS is one of the oldest estates in Oudh and was once owned by Nowal Sah of the Bandalgoti caste. His descendant Raja Chandra Sen died without issue, and the widow, Rani Bhagwani, adopted one Azmat Singh, son of Raja Dat Singh of Gonda. Azmat Singh succeeded to the estate in the year 1681 fasli, and since then it has remained in the family. Raja Prithipat Singh (latest representative) died in 1873 and his widow, Rani Saltanat Kunwar succeeded him.

Estate, 160 villages and 13 *pattis* in zila Gonda. Government revenue, Rs. 28,650-0-6. The *gaddi* custom holds in this family.

No. 35.

RAJA CHHATPAL SINGH, *Sombansi, Taaluqdar of Nurpur (Chatpalgarh). Title of "Raja" hereditary.*

Vide No. 11. The present taaluqdar is a lineal descendant of Lakhan Sibti, after whose death this estate was established separately. For some time after his death it remained escheated to the Nawabi Raj owing to the recusancy of some of his successors, but it was in 1250 fasli restored to a member of the family, one Meherban Singh, on whom at the same time was bestowed the title of "Babu" by the then Government of Oudh. The title of "Raja" was subsequently conferred.

Estate, 15 villages in zila Partabgarh. Government revenue, Rs. 5,980. Succession to this house is governed by the law of primogeniture.

No. 36.

RAJA MAHESH BAKHSH SINGH, *Thakur, Kanpuria, Taaluqdar of Khetaula. Title of "Raja" hereditary.*

Vide No. 12. This branch of Kanpuria house comes from Sahas, a descendant of Raja Manik.

Estate, 30 villages in zila Partabgarh. Government revenue, Rs. 16,099. The *gaddi* custom is prevalent in this family.

No. 37.

RAJA INDAR BIKRAMA SAH, *Rajput, Pahari (Surajbans), Taaluqdar of Khairisadh, Kafura, Majhra, and Dubela.*

TAALUQ KHAIRISADH, along with Kanchanpur and others, was received as a marriage gift by Raja Trilokipal from Raja Sichapal, a Himalayan chief, whose daughter was married to Trilokipal in sambat 472. The estate remained in undisturbed possession of Trilokipal's heirs up to 922 sambat, and passing subsequently into the hands of the *Banjaras*, it was in possession of the latter for a period of about 30 years, after which it reverted to Raja Ganga Ram (a descendant of the said Trilokipal), whose proprietary right received the recognition of a *sanad* from the *Shahi* Government of Oudh. The title of "Sah" was the Emperor Akbar's gift to the family. At the settlement made by the British Government the *sanad* of estate was conferred on Raja Randhij Sah, father of the present nobleman.

The population of this taaluq consists largely of *Tharus* and *Bots*, who originally emigrated to the province of Oudh from Chitorgarh. At Khairagarh the ruins are still to be seen of an old fort built in sambat 1402 by Emperor Ala-ud-din Shah Ghori.

Estate, 107 villages in zila Kheri. Government revenue, Rs. 37,633. The *gaddi* custom is prevalent in this family.

No. 38.

RAJA NARPAT SINGH, *Thakur, Janwar, Taaluqdar of Khamra and Saukhra. Title of "Raja" hereditary.*

HALDEO SAH, a Chauhan nobleman from Jaipur, was deputed by Emperor Humayan to recover the affairs of this estate from the great confusion and disorder which prevailed while they were in the possession of Raja Mohma Singh. He met with considerable opposition at the outset, but after a protracted quarrel and occasional fighting for about thirteen years successfully accomplished the work of his mission. Soon after the completion of this work followed his marriage with a daughter of the said Raja Mohma Sah, who, having no male heir, sought permission of the Emperor to make over his *ilaqa* to Haldeo Sah, but the latter dying before such permission was obtained, the Raja conferred the inheritance on Udip Sah, son of the said Haldeo Sah, in sambat 1590, having previously received imperial sanction to the measure.

Several generations after and during the possession of Ajab Singh the estate passed into the hands of Nawab Sadr Jahan, on whom it was bestowed in *jagir* by the Emperor Jahangir ; but this arrangement was of short duration, for not long after Nawab Saadat Ali Khan resumed the grant and retained it in *kham tahsil.*

About a century ago, the estate reverted to the family in the person of the said Ajab Sah on his return from Jaipur, where he had gone after being dispossessed of it. Having no heir of his own, he during his lifetime gave away the possession to his cousin, Jodha Singh.

Nobleman above comes in succession to the said Jodha Singh.

Estate, 35 villages and 4 *pattis* in zila Kheri. Government revenue, Rs. 26,375. The *gaddi* custom holds in this family.

No. 39.

BEGAM AMANAT FATIMA, *widow of Nawab Husain Ali Khan, Pathan, Taaluqdar of Basitnagar. Title hereditary.*

THIS estate originally consisted of the gift of a *jagir* bestowed by Emperor Alamgir on Nawab Dilar Khan, but during the possession of his heirs was brought under the conditions of a zamindari holding by Nawab Saadat Ali Khan. The Government *sanad* of this taaluq was granted to Nawab Dost Ali Khan, who was succeeded by Nawab Husain Ali Khan. After the latter's death the present Begam inherited the property.

Estate, 29 villages and 2 *pattis* in zila Hardoi. Government revenue, Rs. 21,036. The *gaddi* custom holds in this family.

No. 40.

RAJA JAGAT BAHADUR SINGH, *Bilkharia, Taaluqdar of Amri. Title of "Raja" hereditary.*

Vide No. 7. Raja Bariar Singh, being compelled to leave his native land of Chittorgarh from fear of Emperor Ala-ud-din Shah Ghori, came to Allahabad, and taking service under Raja Ram Deo of Bilkharia, was appointed commander of his troops. On the accession of the Raja's son, Dalip Singh, to power, the new commander showed his base ingratitude by putting to death the son of his patron, annexing his *raj,* and marrying his daughter. In course of time the estate thus acquired became divided and sub-divided among the descendants of this union, and these several divisions, and subdivisions are comprised in Nos. 59, 60, 69, 70, 78, 126, 127 194, 208, 215, and 220.

Estate, 9 villages in zila Partabgarh. Government revenue, Rs. 3,600. The *gaddi* custom holds in this family.

No. 41.

RAJA MANESHAR BAKHSH SINGH, *Raikwar, Taaluqdar of Malanpur, composed of Firozabad, Malanpur, and Bihipur. Title of "Raja" hereditary.*

THIS *ilaqa* (originally a gift of Emperor Jalal-ud-din Akbar to Shahzada Firoz Shah) in A.D. 1707 came into the possession of one Madan Shah during the reign of Emperor Aurangzeb. The recipient, however, was soon after dispossessed and put to death by Raomal Kurmi, a taaluqdar of notoriety as a dacoit. As a consequence of this fatal reverse the wife of Madan Singh fled for protection to her father at Bahraich, where, about three months after, a son was born to her, whom she called Ratan Singh. This son in after years, with the help of his grandfather, recovered his possessions from Raomal Kurmi, whom he put to death. In his ninth generation Rao Basti Singh (in fasli year 1182) obtained the recognition of his title to the heritage from Nawab Saadat Ali Khan, and since then it has been in his family, the present representative holding a Government *sanad* of title.

Estate, 128 villages and 9 *pattis* in zilas Kheri, Sitapur, and Bahraich. Government revenue, Rs. 63,675. The *gaddi* custom holds in this family.

No. 42.

RAJA CHANDAR SIKHAR, *Brahmin, Taaluqdar of Sisendi, Cheolaha, and Dadalha.*

THIS is a taaluq of comparatively modern institution. Sisendi was originally obtained in *theka* (1226 fasli) by Amrit Lal, Pathak, Nazim of Baiswara, and in fasli 1231 it was bestowed in absolute right on his grandson, Shankar Prasad, by Rani Basant Kunwar, widow of Raja Digpal Singh. This was on the occasion of Shankar Prasad's investiture with the sacred Brahminical thread. The estate continued as the inheritance of Shankar's descendant up to fasli 1262. In the year following that it came into the hands of Raja Kashi Prasad, son-in-law of Mohan Lal, and son of the above-mentioned Amrit Lal.

Raja Kashi Prasad distinguished himself by loyal services to Government during the mutiny, and received as his reward the taaluqs of Cheolaha and Dadalha.

This forms one of the five "loyal taaluqs" and the component of 28 villages and 4 *pattis*, which make up its hereditary possession, and enjoy the benefits of a permanent settlement.

The present nobleman has nominated Raja Kashi Prasad as heir and successor of the estate.

Estate, 53 villages and 7 *pattis* in zilas Unao, Rae Bareli, and Lucknow. Government revenue, Rs. 57,042-10-0. The law of primogeniture governs inheritance in this family,

---

No. 43.

RAJA SARABJIT SINGH, *Raikwar, Taaluqdar of Ramnagar. Title of "Raja" hereditary.*

Vide No. 19. About two centuries ago, one Ram Singh, descended from Sal Deo, founded in his own name taaluq Ramnagar Dhamari, an *ilaqa* originally called Dharm Mandi, and obtained from the Court of Delhi the title of "Raja." In descent from him came Gharib Singh, who built a large tank and a temple with buildings attached at Mahadeva, near Bairamghat, and dedicated the latter to the Hindu god *Mahdeva*, distinguished by the name of "Lodheswar."

Besides this tank and temple various other places of trade, resorts for travellers, &c., in different localities, stand as monuments to the present day of the charity and munificence of successive generations of the family now represented by the subject of this memoir.

Estate, 195 villages and 72 *pattis* in zila Bara Banki. Government revenue, Rs. 1,24,287-3-4. The *gaddi* custom holds in this family.

No. 44.

RAJA SHAMSHIR BAHADUR, *Mogul, Taaluqdar of Sadatnagar and Jalalpur Deoria. Title of "Raja" personal.*

A HUNDRED and thirty years ago, one Muhammad Ali Beg, a *Resaldar* in the service of the Emperor of Delhi, came to Oudh and founded this taaluq. At a partition of the estate, effected in the fasli year 1223, between his two sons, Bandeh Ali Beg and Akbar Beg, taaluq Deoria Tarnagar fell to the share of the former and taaluq Sadatnagar to that of the latter. On Akbar Beg was, for the first time in 1263 fasli, conferred the present family title of "Raja" by the then Nawab of Oudh. After death he was succeeded by his son, the present taaluqdar.

Estate, 33 villages and 4 *pattis* in zilas Sitapur and Hardoi. Government revenue, Rs. 17,790. The *gaddi* custom holds in this family.

No. 45.

Raja Mumtaz Ali Khan, *Pathan, Taaluqdar of Bilaspur (Atrauli). Title of "Raja" hereditary.*

In the year 1551, when Emperor Jalal-ud-din Akbar sat on the throne of Delhi, Ali Jan with a number of followers came down from the hills and committed a raid on Atrauli, which at the time was owned by Utra Kunwar of the *Bhar* clan. The invader established his authority over the estate and declared himself Raja. The Emperor, enraged at this unauthorized assumption of power and title, expressed a desire to have this intruder chastised. This desire becoming known to Shajan Khan and Ghalib Khan (sons of Ali Jan), they cut off their father's head, and, in hopes of ingratiating themselves with the Emperor and continuing in possession of the property, carried it as a present to Delhi. The Emperor was greatly pleased, and as a mark of his pleasure gave away the estate to the assassins. Ghalib Khan afterwards returned to his own native country, and Shajan Khan returned to Atrauli, where he took up his residence. Since then the estate has formed the inheritance of his descendants.

Estate, 70 villages and three *pattis* in zila Gonda. Government revenue, Rs. 27,335-12-3. The *gaddi* custom holds in this family.

No. 46.

Raja Sher Bahadur Singh, *Kalans, Taaluqdar of Deoli, Barauli, and Kamiar. Title of "Raja" personal.*

Vide No. 33. This is a branch of the Paraspur taaluq, and it was founded by Dula Rai, from whom comes the nobleman noted above. Taaluq No. 144 forms a branch of this.

Estate, 59½ villages and 11 *pattis* in zilas Bahraich and Bara Banki. Government revenue, Rs. 34,833-9-1. The *gaddi* custom holds in this family.

No. 47.

Rani Sitar-un-nisa *(widow of Raja Nawab Ali Khan), Sayyid, Taaluqdar of Salempur and Adampur-Bhatpurwa. Title of "Raja" personal.*

Shaikh Abdul Husain (Sunni) of Medina, with a number of his own clansmen and other followers, came to Delhi, and for successfully reducing to order the refractory *Amethias*, obtained from the

Emperor gift of Amethi (which forms the nucleus of this estate) and of the title of "Shaikh-ul-Islam." His descendant, Shaikh Salim, the founder of Salimabad, had two sons, Shaikh Adam and Shaikh Kasim, the former of whom gave his name to Adampur above, and the latter to Kasimpur, a village.

In the tenth descendant from Shaikh Abul Husain, a daughter of the family was married to one Hidayat Ali, a *Shia* resident of Kakori. From this marriage were born two sons, Sadat Ali and Mansur Ali, who inherited the estate of their maternal grandfather and went to reside at Salimpur. At a later period Nawab Ali came to the estate as grandson of Sadat Ali, and the Rani, the subject of this memoir, now owns it as the widow of the former.

Estate, 30 villages and 2 *pattis* in zilas Lucknow and Bara Banki. Government revenue, Rs. 38,980-8-0. The *gaddi* custom holds in this family.

No. 48.

RAJA AJIT SINGH, *Sombansi, Taaluqdar of Tiraul, Chamiani, Harauli, Kutabnagar, and Aurangabad. Title of "Raja" personal.*

Vide No. 11, of which this is a branch. The Raja deserved well for his loyal services during the late sepoy rebellion, and was honoured with the gift of *ilaqas* out of the estate of the rebel taaluqdar Gulab Singh, forfeited to Government.

Estate, 185 villages in zilas Partabgarh, Unao, Hardoi, and Kheri. Government revenue, Rs. 72,307-13-7. The *gaddi* custom holds in this family.

No. 49.

RAJA DAYA SHANKAR, *Dikhit (Brahmin), Taaluqdar of Parenda. Title of "Raja" hereditary.*

ABOUT four hundred years ago one Panna Mal, the first of this family, came from Raniapur and founded the village of Parenda, from which the present taaluq derives its name. This Raja is the recognized head of his own caste.

Estate, 9 villages in zila Unao. Government revenue, Rs. 6,061. The law of primogeniture rules inheritance in this family.

No. 50.

RAJA SUKH MANGAL SINGH, *Thakur, Kanpuria, Taaluqdar of Shahman and Dhanipur. Title of "Raja" personal.*

Vide No. 12. This is a branch of the Tiloi house derived from Balbhaddar Shah, a descendant of Raja Manik.

Estate, 30 villages in zilas Rae Bareli and Sultanpur. Government revenue, Rs. 27,229-0-8. Inheritance in this family is governed by its own established custom in the event of the owner dying without making any distinct disposition of his estate.

No. 51.

THAKUR BALBHADDAR SINGH, *Janwar, Taaluqdar of Mahewa and Jahangirabad.*

THIS estate has been in existence from the fasli year 1175 and forms a branch of the house of Oel (No. 24). The present taaluqdar is a lineal descendant of Pitam Singh, mentioned in No. 24, and is second in succession from Gajraj Singh, on whom was bestowed the Government *sanad* of the *ilaqa.*

Estate, 133 villages and 10 *pattis* in zilas Kheri and Sitapur. Government revenue, Rs. 79,155. The *gaddi* custom of inheritance is prevalent in this family.

No. 52.

BABU RAM SAHAI, *Khetri, Taaluqdar of Maurawan, Jabrauli, and Banthra.*

THE original ancestor of this house was a famous shroff (sahukar), who held the office of chakladar under the Government of Oudh. His descendant, Chandan Lal, purchased this taaluq, and the latter was succeeded in its possession by his second son, Gauri Shankar, on whom the title of " Raja " was conferred for faithful services rendered during the mutiny, as also a *sanad* of the estate by the Government of India. This is one of the five taaluqs honourably mentioned in the Government rolls, and the portion of property which comprises the hereditary estate enjoys immunity from future enhancement of revenue. Up to the *régime* of Kanhya Lal, fourth son of Chandan Lal, the family property continued joint and undivided; but after his death, disputes arising among the descendants of Chandan Lal and other rightful heirs in the family, a partition of it was effected. The present taaluqdar comes lineally from Ganga Prasad, a younger brother of the said Chandan Lal.

Estate, 83 villages and 11 *pattis* in zilas Lucknow and Unao. Government revenue, Rs. 75,457-0-6. Inheritance governed by custom in the family in default of distinct disposition of the estate by the owner.

The subdivisions of this house consists of the taaluqdars of—

(1) Behta and Thalendi, now owned by Ram Charan, Shiu Prasad, and Bisheshar Prasad. Estate, 15¼ villages in zilas Unao and Rae Bareli. Government revenue, Rs. 14,325-4-3.

(2) Daraita and Amawan, now owned by Madho Prasad and Debi Dayal. Estate, 24½ villages, and 1 *patti* in zilas Unao and Rae Bareli. Government revenue, Rs. 16,227.

(3) Deomi and Kandawan, now owned by Shia Dyal. Estate, 14⅓ villages in zila Rae Bareli. Government revenue, Rs. 14,535-9-7.

(4) Lowa Singhan Khera, Tauli, &c., and Ranbhi, now owned by Ram Narayan. Estate, 14½ villages and 1 *patti* in zilas Unao, Rae Bareli, and Bara Banki. Government revenue, Rs. 14,514-1-4.

(5) Atwat, &c.. and Bachhrawan, now owned by Balmukand, Kalka Prasad, and Chandika Prasad. Estate, 5½ and $\frac{1}{16}$th villages in zilas Unao and Rae Bareli. Government revenue, Rs. 7,492-12-10.

(6) Asrenda, &c., and Haunsera, now owned by Mohan Lal and five others. Estate, $2\frac{1}{20}$ and ½ villages in zilas Unao and Rae Bareli. Government revenue, Rs. 3,249-2-5.

(7) Barwa Kalan and Talenda, now owned by Beni Prasad. Estate, $4\frac{1}{20}$ villages in zilas Unao and Rae Bareli. Government revenue, Rs. 3,686-5-0.

No. 53.

EWAZ ALI KHAN, *Bhale Sultan, Khanzada, Taaluqdar of Mahona.*

ABOUT four centuries ago Raja Narwand Singh, *alias* Rao Barhar, came from Baiswara and attacked and defeated the Bhars and took possession of parganah Jasauli. Several generations after came Pahan Deo, who went to Delhi and embracing the faith of the Prophet was honoured with the title of "Raja." About two centuries after, his descendant, Raja Aladad Khan, acquired the proprietary right of *ilaqa* originally made up of possessions comprised in this and separate taaluqs, Nos. 145 and 213, derived from it. The taaluqdar above is descended lineally from the said Raja Aladad Khan, and he is the recognized chief of his own clan.

Estate, 25 villages and 2 *pattis* in zila Sultanpur. Government revenue, Rs. 22,145-11-7. Inheritance governed by *gaddi* custom.

No. 54.

BABU MAHPAL SINGH, *Baralia, Taaluqdar of Surajpur.*

IN Hijri 964, Raja Bali Ram Singh came to Oudh from Kanauj as an Imperial Resaldar. His son Bhikham Singh, under orders from Emperor Jalal-ud-din Akbar Shah, put to death Zor Khan, the owner of taaluq Surajpur Barala, and in reward for his services obtained the gift of seventy-one villages, inclusive of Surajpur, which gives its name to the present estate. This gift has since formed the inheritance of Bhikham Singh's descendants, the latest of whom is Babu Mahpal Singh, who also is the recognized chief of the Baralia clan.

Estate, 61 villages and 7 *pattis* in zila Bara Banki. Government revenue, Rs. 58,963-10-0. *Gaddi* custom holds in this estate.

No. 55.

THAKUR RANJIT SINGH, *Jangre, Rajput, Taaluqdar of Ishanagar, Amethi, Duriana, Mangauria, and Madhwapur.*

IN the time of Emperor Jahangir, one Akhraj Singh (of the Sangadha Chauhan clan) left Ajmere and went to Oudh, under orders from the Emperor, to introduce a reformation in its government. At a subsequent period his grandson (by daughter), Chatarbhuj Das, was deputed by the same Emperor for an invasion of the Dekhan. Returning to Delhi after the successful execution of his mission, Chatarbhuj found his Imperial patron dead and his son Shah Jahan on the throne. His services, however, did not go unrewarded, for the reigning king bestowed on him the gift of certain *ilaqas*, as also of the title of "Raja Changez-Khakani." Jaungra, the name by which the clan to which this house belongs is known, is a subsequent gradual corruption of the said titular epithet "Changez."

Chatarbhuj Das had five sons, from the second of whom, Shamalji, comes lineally the present taaluqdar, whose title has the recognition of a *sanad* from the Government of India.

Estate, 60 villages in zilas Sitapur, Kheri, and Bahraich. Government revenue, Rs. 39,206. *Gaddi* custom governs inheritance in this estate.

No. 56.

MAKRIND SINGH, *Bais, Taaluqdar of Rampur, Bichhauli (Nandhauli), Kaithauli.*

ABOUT seven hundred years ago, Dudu Rai, an inhabitant of Mainpuri, while passing through the then *Bhar* possession of this taaluq at the head of a bridal party destined for Itaunja Mohana, was attacked, and a cart loaded with goods belonging to the procession was plundered by the robbers, and some of their party were severely wounded. He returned to his own country after the marriage, and subsequently marching with an armed gathering to the scene of the outrage, avenged himself on the aggressive *Bhars* by overthrowing their power and taking possession of their property.

In the fasli year 1253 this taaluq passed into the hands of Raja Sabbha Singh as repayment of a loan advanced by him on its mortgage to the descendants of Dudu Rai. Its present owner is a nephew of Raja Sabbha Singh.

Estate, 16 villages and 2 *pattis* in zilas Lucknow and Unao. Government revenue, Rs. 10,203-9-7. Law of primogeniture governs inheritance in this family.

No. 57.

KUNWAR HARNAM SINGH, *Sikh, Manager of Taaluq Boundi.*

Vide No. 1. The Kunwar is a descendant of the Kapurthala house.

No. 58.

CAPTAIN GULAB SINGH, SIRDAR AVATAR SINGH, *and* SIRDAR NARAYAN SINGH, *Sikh, Taaluqdars of Bhiragobindpur, Khorepatti, and Bayla-bahayla.*

THESE are descended from a distinguished branch of the Panjab nobility, and the property originally owned by Rana Beni Baksh and forfeited to Government for his conduct during the mutiny of 1857 was bestowed on them in recognition of the exemplary loyalty displayed by them in those trying times.

Estate, 32 villages in zila Rae Bareli. Government revenue, Rs. 28,474.

No. 59.

RAI JAGMOHAN SINGH *and* RAI BISHESHAR BAKSH, *Bachgoti, Taaluqdars of Raipur-bichor. Title of "Rai" personal.*

THESE are descendants of Chakr Singh (*vide* Nos. 7 and 40). Several generations after Chakr Singh came Prithipal Singh, who obtained from Government a *sanad* of this estate, of which during his lifetime he made a disposition in favour of his two sons, Drigbijai Singh and Rai Bisheshar Baksh. After his death, a partition of the property was effected between the two brothers. Rai Jagmohan Singh now holds by right of inheritance from the said Drigbijai Singh, and Bisheshar Baksh holds by his own right.

Estate, 56 villages in zila Partabgarh. Government revenue, Rs. 33,285-5-1. *Gaddi* custom holds in this estate.

No. 60.

RAI MADHO PRASAD SINGH, *Bachgoti, Taaluqdar of Adharganj, Dillippur. Title of "Rai" personal.*

Vide Nos. 7 and 40. This taaluqdar is also a descendant of Chakr Singh. Property No. 208 comes from this *ilaqa.*

Estate, 127 villages in zila Partabgarh. Government revenue, Rs. 50,699-1-7. *Gaddi* custom holds in this estate.

No. 61.

MAHANT HARCHARAN DAS, *Nanakshahi, Taaluqdar of Maswasi, Hemraj, Anji, Basantipur, Ranipur, Akbarpur, and Kakrai.*

THIS taaluqdar succeeded to the *gaddi* of his predecessor, Mahant Gur Narayan, a follower of the great Nanak and the founder of the estate, which by his will he bequeathed to the present owner. The Mahant during his minority was under the guardianship of the Court of Wards and received an English education in Canning College.

Estate, 187 villages and 36 *pattis* in zilas Unao, Lucknow Gonda, Bahraich, Hardoi, Sitapur, and Kheri. Government revenue, Rs. 78,433-3-8. *Gaddi* custom holds in this estate.

No. 62.

RAI SARABJIT SINGH, *Bisain, Taaluqdar of Bhadri.*

Vide No. 5. This nobleman is a lineal descendant of Rai Homepal, founder of the *Bisain* clan of Thakurs.

Estate, 96 villages in zila Partabgarh. Government revenue, Rs. 75,393-2-7. *Gaddi* custom holds in this estate.

No. 63.

CHAUDHRI MURTAZA HUSAIN *and* BECH-UN-NISA, *Shaikh, Taaluqdars of Bhilwar and Sikandarpur.*

BHILWAR, according to tradition, is called after one Bahela, a *Pasi,* who obtained possession of its site from the *Bhars* about 700 years ago. It was originally one of forty-two villages given in reward for good services rendered by Malik Adam, founder of the family, in bringing to order the refractory Bhars, of whose insubordination and enmity to the government of the country in days of Muhammadan rule mention has been made in previous memoirs. Several generations after Malik Adam came Chaudhri Lutf-ullah, who was succeeded by Chaudhri Sarfaraz Ahmad, his son-in-law. (The chaudhri had a distinguished place among the taaluqdars of Oudh). On the latter's death the estate, after protracted litigation between the present owners (the first of whom is younger brother, and the second, surviving widow of Chaudhri Sarfaraz Ahmad), was divided among them. The share of the widow, however, constitutes a life estate, as by a will made by the said Chaudhri Sarfaraz Ahmad, the succession to it was bequeathed to his grandson (by daughter), Rafi-ul-zama, whose portrait is given in its proper place. Chaudhri Murtaza Husain, the younger brother of Sarfaraz Ahmad, for his favouring the British cause during the period of the mutiny, was taken and retained a prisoner at Boundi by the mutineers. But when order was restored, his severe sufferings and faithful services found compensation in the gift to him, by the British, of the taaluq of Sikandarpur, consisting of seven villages, yielding an annual revenue of Rs. 4,821.

Estate, 42 villages and 8 *pattis* in zilas Bara Banki and Rae Bareli, including the villages awarded by Government. Government revenue, Rs. 39,046-8-0. *Gaddi* custom holds in this estate.

No. 64.

THAKURAIN SHEOPAL KUNWAR *(widow of Thakur Jaggannath Baksh) Nabatha Bais, Taaluqdar of Simri and Patnadasi.*

Vide No. 4. Mansuk Rai, separating from taaluq No. 26, founded the original village of Simri (on site formerly overgrown with jungle) and raised on it the present taaluq bearing that name. The present taaluqdar is his descendant in the ninth generation.

Estate, 39 villages and 1 chak in zilas Rae Bareli and Unao. Government revenue, Rs. 32,438-8-0. *Gaddi* custom holds in this estate.

No. 65.

THAKURAIN DARYA KUNWAR *(widow of Thakur Basant Singh), Bais, Taaluqdar of Simarpaha.*

Vide Nos. 4 and 14. The site of Simarpaha, after which this taaluq is called, consisted originally of waste land allotted to Rudh Sah (second son of Saukat Singh) on his separation from Khajurgaon. Makund Sai (his co-sharer of a moiety), who improved the waste, introduced sites in it and eventually became master of the newly-formed estate. To the inheritance of this estate subsequently came Prithiraj, one of his two grandsons; the other, Hindu Singh, going to Hamermau Kola, No. 139.

In the ninth generation from Prithiraj was born Lalji Singh, whose name is associated with the establishment of a large bazar in the vicinity of Simarpaha. He had two sons, Vikramjit and Fateh Bahadur, both of whom died childless.

In the fasli year 1242 the widow of Vikramjit adopted Raja Basant Singh, who succeeded to the estate, and after him came the subject of this memoir.

She has adopted Shomeswar Bahadur for her son and heir, but at present she retains the possession and management of the *ilaqa* in her own hands.

Estate, 43 villages in zila Rae Bareli. Government revenue, Rs. 37,962. *Gaddi* custom holds in this estate.

No. 66.

CHANDARPAL SINGH, *Bais, Taaluqdar of Korihar station.*

Vide Nos. 4 and 14. About three centuries ago, Pahar Singh (descended from one Alain Singh) received this estate as his own personal possession on leaving the joint family, and since then it has formed the inheritance of succeeding generations in his house.

Estate, 32 villages in zila Rae Bareli. Government revenue, Rs. 30,453. *Gaddi* custom prevails in this estate.

No. 67.

THAKURAIN ACHAL KUNWAR (*widow of Shiupal Singh*), *Bais, Taaluqdar of Gaura Kasaiti.*

Vide Nos. 4 and 14. In the fasli year 1097 this estate was founded by Dula Rai (a descendant of Rana Daman Deo) when he separated from the joint house of Khajurgaon. Sixth from him in succession was Ram Baksh. After several generations came Thakur Shiupal Singh, the deceased husband of the present Thakurain, who holds the property by her right as his widow. No. 137 is a branch of this taaluq.

Estate, 45 villages in zila Rai Bareli. Government revenue, Rs. 31,388. *Gaddi* custom holds in this estate.

No. 68.

THAKUR PRATAB RUDR SINGH, *Raikwar, Taaluqdar of Rampur, Muthra, and Bhikhampur.*

Vide No. 19. Daswant Singh, a descendant of Shaldeo, received this possession at a partition of the family inheritance. Several generations after him came Kirat Singh. In consequence of the latter's death without issue, his widow, in the fasli year 1221, adopted one Madho Singh. Madho Singh was succeeded by Goman Singh, whose title received the recognition of *sanad* from Government. On his death the present taaluqdar came into the property.

Estate, 56 villages and 6 *pattis* in zilas Sitapur and Bara Banki. Government revenue, Rs. 34,728. *Gaddi* custom holds in this estate.

No. 69.

RAN BIJAI BAHADUR SINGH, *Bachgoti, Taaluqdar of Patti Saifabad* ($\frac{11}{20}$*th share*). *Title of "Diwan" hereditary.*

Vide Nos. 7 and 40. This taaluqdar is descended from Chakr Singh, the original founder of the Bachgoti house.

In later days came in succession Omar Singh, who, however, after remaining in possession for some time, made over the hereditary estate to his younger brother, Zabar Singh, and himself retired from the management of it. On the death of both the brothers, Surbdiwan Singh, son of Omar Singh, came to the *gaddi*. Surbdiwan Singh dying without issue, disputes arose between Thakurain Gulab Kunwar and Thakurain Bilas Kunwar, surviving widows of the said Omar Singh and Zabar Singh, and their disputes did not terminate until a partition of taaluq Saifabad (which had hitherto continued one joint undivided estate) was effected among them in proportion of $\frac{11}{20}$th and $\frac{9}{20}$th shares. The two widows adopted Ranjit Singh and Randhir Singh respectively, and made them heirs to their own respective possessions. Ran Bijai Bahadur, the now taaluqdar, holds the inheritance from the said Ranjit Singh, and the subject of the following notice (No. 70) is the widow and heiress of the other adopted son, Randhir Singh.

Estate, 170 villages in zila Partabgarh. Government revenue, Rs. 59,352. Succession governed by law of primogeniture.

No. 70.

THAKURAIN AJIT KUNWAR (*widow of Diwan Randhir Singh*), *Thakur, Bachgoti, Taaluqdar of Patti Saifabad* ($\frac{9}{20}$*th share.*)

Vide Nos. 7 and 40. Full account of this taaluqdar and her inheritance is given in the preceding No. 69.

Estate, 116 villages in zila Partabgarh. Government revenue, Rs. 51,768-5-4. Succession is governed by law of primogeniture.

No. 71.

THAKURAIN JANKI KUNWAR, *Bisain, Taaluqdar of Pawans (Dhigwas).*

Vide No. 5. Thakurain comes in succession to her mother, Kailas Kunwar, who received Government *sanad* of the estate, and now occupies the *gaddi* in this branch of Rai Homepal's descendants.

Estate, 94 villages in zila Partabgarh. Government revenue, Rs. 43,487-13-6. *Gaddi* custom holds in this estate.

No. 72.

RAJA MILOP SINGH, *Rajput, Jangre, Taaluqdar of Shahpur and Majgami. Title of "Raja" hereditary.*

THE ancestry of this taaluqdar can be traced to one Mauj, who with his brother Bhanji (both descended from Akhraj Singh, mentioned in No. 55), received a gift of the *ilaqa* from Emperor Shah Jahan for effectually suppressing and expelling from their possessions the refractory *Bachils.* The gift has formed the inheritance of the said recipient's family ever since, and latterly their title received the recognition of Government *sanad* during the ownership of Raja Ganga Singh, Sadhu Singh, Bariar Singh, Ahlad Singh. After their death the estate was divided into four equal shares, the taaluqdar Milop Singh inheriting one of them, consisting of—

Estate, 38 villages and 4 *pattis* in zila Kheri. Government revenue, Rs. 21,063. Inheritance governed by custom in the family in default of testamentary disposition of estate.

The other three shares comprise the following:—

(1) Guman Singh, Jangre Rajput, taaluqdar of Ramnagar and Daulatpur, consisting of estate, 24 villages and 3 *pattis* in zila Kheri. Government revenue, Rs. 15,987. Inheritance as above.

(2) Gobardhan Singh, Jangre Rajput, taaluqdar of Bigna and Nighasan, consisting of estate, 28 villages and 5 *pattis* in zila Kheri. Government revenue, Rs. 14,898. Inheritance as above.

(3) Dilipat Singh, Jangre Rajput, taaluqdar of Bijauria and Jagdeopur, consisting of estate, 37 villages and 4 *pattis* in zila Kheri. Government revenue, Rs. 18,303. Inheritance as above.

No. 73.

BABUS UDRES SINGH *and* CHANDRES SINGH, *Rajkumar, Taaluqdars of Maopur Dhaurua (and Mundayra.)*

THE history of the Rajkumar family is fully recorded in No. 7. From their ancestor, Bariar Singh, came Ishri Singh, from whom descended Dul Singh. Among the grandsons of this last were

Sangram Singh and Pahlwan Singh, who, about 80 years ago, came to a share of the family inheritance. Sangram Singh had two sons—Ranjit Singh and Sarbdawan Singh. From the former comes the two taaluqdars above, and from the latter the subject of the next following No. 74. Houses Nos. 95 and 155 are descendants of the said Pahlwan Singh.

Estate, 109 villages and 109 *pattis* in zilas Fyzabad and Sultanpur. Government revenue, Rs. 58,301-11-0. Inheritance according to law of primogeniture.

No. 74.

BABU AMRES SINGH, *Rajkumar, Taaluqdar of Maopur Baragaon.*

Vide preceding No. 73. This nobleman is a descendant of Sarbdawan Singh, one of the two sons of Sangram Singh in the above family.

Estate, 15 villages and 30 *pattis* in zilas Sultanpur and Fyzabad, Government revenue, Rs. 11,301. Inheritance by law of primogeniture.

No. 75.

MIR GHAZAFFAR HUSAIN *and* MIR BAQAR HUSAIN, *Sayyids, Taaluqdars of Pirpur.*

ABOUT a century and a half ago, during the reign of Nawab Suraj-ud-daula, one Mirza Muhammad Ali Beg came from Khorasan to Fyzabad, and afterwards, while employed under Nawab Asafadaula, purchased the villages of Pirpur, &c., which shortly after was formed into a taaluq. About this time one Chaudhri Muhammad Hafiz, taaluqdar of Saidawan, died, leaving no heir to his property, except a grandson (by daughter), named Mir Kasim, only four years old. The Chaudhri's widow gave away the estate to Mirza Muhammad Ali Beg, and with the estate she gave him in adoption the infant Kasim Ali. The Mirza formed the whole of his estate (both original and acquired by gift referred to) into one taaluq, and after remaining in possession of it for some time died and was succeeded by Kasim Ali. On the latter's death in fasli 1224, his widow entrusted the management of the estate to her son-in-law, Mir Kalb Husain, who continued in charge up to 1260 fasli. The following year found the subjects of this memoir in possession of the estate. The first is also a son-in-law of Kasim Ali, the second is a son of Mir Kalb Husain.

Estate, 176 villages and 78 *pattis* in zilas Sultanpur and Fyzabad. Government revenue, Rs. 92,001-10-0. Inheritance governed by law of primogeniture.

No. 76.

Babu Ugardat Singh, *Thakur, Bachgoti, Taaluqdar of Bhiti and Binaikpur.*

Vide No. 7. This taaluqdar is a descendant of the house noticed in No. 13. A century ago, Babu Bal Sah, one of the ancestors of the estate, separated from the family and received the present taaluq for his support. Additions to it were subsequently made.

Estate, 57 villages and 74 *pattis* in zilas Sultanpur and Fyzabad. Government revenue, Rs. 34,872-4-0. Law of primogeniture governs inheritance in this family.

No. 77.

Rudr Pratab Singh, *Thakur, Kanpuria, Taaluqdar of Seoni (Siwan).*

Vide No. 12. In A. D. 1364 Raja Madan Singh by force of arms obtained possession of this taaluq from its original owners of the Bais and Raghbansi castes. After him came Mandhata Singh and Jaswant Singh, between whom a partition of the estate was made. The former was ancestor of the Chandapur family, and the latter of the subject of the present memoir.

Estate, 16 villages in zila Rae Bareli. Government revenue, Rs. 15,117-6-0. The *gaddi* custom is prevalent in this family.

No. 78.

Sitala Bakhsh, Lal Bahadur Singh, Kalka Bakhsh Singh, Udat Narain Singh, Nageshar Bakhsh Singh, *and* Chauharja Bakhsh Singh, *Bachgoti, Taaluqdars of Madhpur.*

Vide Nos. 7 and 40. This is a *patti* of taaluq Saifabad. After Debi Singh's death his brother Dhana Singh divided his *ilaqa* among his six sons named above, but the possession continues joint and undivided.

Estate, 83 villages in zila Partabgarh. Government revenue, Rs. 25,794. Family custom governs inheritance in default of testamentary disposition.

No. 79.

Babu Hardat Singh, *Thakur, Bachgoti, Taaluqdar of Simratpur, Chakmawaya, and Simratpur.*

Vide No. 7. This is a branch of taaluq Kurwar in No. 13 mentioned, and was founded by a descendant of Chakr Singh.

Estate, 37 villages and 10 *pattis* in zilas Sultanpur and Fyzabad. Government revenue, Rs. 22,828-12-0. Inheritance governed by law of primogeniture.

No. 80.

GANESH KUNWAR *(widow of Jagarnath Baksh), Kanpuria, Taaluqdar of Jamu.*

Vide No. 12. This taaluq was constituted by Raj Sah, youngest and fourth son of Balbhaddar Sah, and was handed down from generation to generation till it came into the possession of Jagarnath Baksh, whose widow now holds it. Taaluq No. 164 is a branch of this.

Estate, 17 villages in zila Sultanpur. Government revenue, Rs. 14,966-4-0. The *gaddi* custom holds in this family.

No. 81.

THAKUR SHANKAR BAKHSH, *Bais, Taaluqdar of Pahan and Gularya.*

Vide Nos. 4 and 14. This taaluqdar is a descendant of Mitrjit (third son of Rana Duma Rai), who founded the estate on his separation from the rest of his family about eight centuries ago. The present owner inherited it from his father, Bhup Singh (coming lineally from the founder), in whose name the summary settlement was made.

Estate, 13 villages in zilas Unao and Rae Bareli. Government revenue, Rs. 23,820-8-0. The *gaddi* custom holds in this family.

No. 82.

MALIK HIDAYAT HUSAIN, *Shaikh, Taaluqdar of Samanpur.*

THE possession of this estate can be traced to one Ahmad Katal, who is said to have founded it about five centuries ago. Several generations after him came one Tafazzul Husain, in whose name the Government *sanad* was granted at the settlement. Tafazzul Husain died without issue, and was succeeded by his younger brother, taaluqdar Hidayat Husain, Shaikh.

Estate, 181 villages and 26 *pattis* in zila Fyzabad. Government revenue, Rs. 86,243. The *gaddi* custom holds in this family.

No. 83.

BIKARMAJIT SINGH *and* ANANT PRASAD, *Bachgoti, Taaluqdars of Rainpur, Mukundpur, and Sadipur Kotwa.*

Vide No. 7. About 250 years ago, one Amar Singh, separating himself from the rest of his family, founded this estate, which since then has been in the possession of his descendants. The Government *sanad* was granted to Kalka Bakhsh, who was succeeded by the present owner.

Estate, 42 villages and 32 *pattis* in zilas Sultanpur and Rae Bareli. Government revenue, Rs. 17,477. Inheritance according to family custom in the event of the estate being left intestate.

No. 84.

NAU NIHAL SINGH, *son of Gopal Singh, Batam, Taaluqdar of Muhammadabad (Gopalkhera).*

THIS is one of the oldest estates in Oudh, and its former owners (ancestors of the present taaluqdar) held the distinguished position of *kanungos* and *chaudhris* under the Native Government. Muhammadabad, after which the taaluq is called, was subsequently purchased by Mohkan Singh from some Pathan proprietors. In later descent, one Chaudhri Gopal Singh received the highly valued appointment of Honorary Magistrate of the 1st class and Assistant Collector in his own *ilaqa;* he also obtained the Government *sanad.* His son and successor, who now holds the estate, also has jurisdiction as an Honorary Magistrate and Assistant Collector within the limit of his own property.

Estate, 22 villages in zila Unao. Government revenue, Rs. 14,582. Law of primogenture governs succession.

No. 85.

BABU MAHINDRADAT SINGH, *Bachgoti, Taaluqdar of Khajurahat.*

Vide No. 7. This is another branch of taaluq No. 13. One Shankar Singh, separating himself from the Kurwar house, received as his share certain villages which, with subsequent acquisitions, he consolidated into the present taaluq. His descendants have been in undisturbed possession of it to the present day.

Estate, 38 villages and 35 *pattis* in zila Fyzabad. Government revenue, Rs. 16,420. Law of primogeniture governs succession.

No. 86.

CHAUDHRI KHASLAT HUSAIN, *Shaikh, Taaluqdar of Kakrali, Arwi Rahmanpur Asaish, Chaina, Tikatganj, and Gundemau.*

THE original ancestor of the above nobleman came from Arabia to Fariab, and from thence accompanied Emperor Timur Shah to Sandila, of which place he was nominated Chaudhri.* His descendant, Shaikh Firoz, received the title of "Khan" from Emperor Akbar and also the rights and privileges of Chaudhri, which latter honours were continued to the family up to the beginning of the reign of Nawab Saadat Ali Khan, who converted them into a fixed annual payment of Rs. 10,000 and the absolute gift of certain villages *nankar.*

In later days the grandfather of the present taaluqdar distinguished himself among the nobility of the province by investing extensively in land and by asserting his rank as a taaluqdar of Oudh. During the mutiny of 1857, his son, Chaudhri Hashmat Ali Khan, materially helped the British Commissariat with the resources of his estates in pargana Sandila, and with his own troops took a prominent part in fighting the mutineers and stamping out the rebellion. He also used his own personal influence and prevailed on many of his brother taaluqdars, who had fled, to return on condition of the safe protection of their possessions. Many were induced by him to replace themselves under our care and Government. Besides these services, Chaudhri Hashmat Ali Khan assisted the authorities by much useful advice towards the restoration of peace and order. A magnificent and tasteful Kothi and Mahalsarai belonging to him was completely destroyed by fire by the rebel leader Ahmad-ulla Shah. To compensate for this loss, which amounted to several lacs of rupees, Government bestowed on this loyal Chaudhri the proprietary right of taaluqs Asaish and Arwi Rahmanpur, comprising 43 villages and one patti, and also a *khilat* of honour of considerable value. After him succeeded the subject of this memoir.

Chaudhri Khaslat Husain is a man of great ability, and in recognition of his talents and influence an offer was made to him of the Secretaryship of the (Oudh) Anjuman-i-Hind, which he at once accepted, inasmuch as it placed within his reach the means of promoting the interests and well-being of his brother taaluqdars in the province. He is an Honorary Magistrate and Assistant Collector in his own *ilaqa.* His son and heir, Chaudhri Muhammad Azim Sahab, has passed the pleadership examination, and is well known for his legal learning and various other accomplishments. He, too, is an Honorary Magistrate within the local limits of pargana Mallauwan, which forms a part of this taaluq.

Estate, 85 villages and 11 *pattis* in zilas Hardoi, Unao, Lucknow, and Sitapur. Government revenue, Rs. 72,640-5-3. The *gaddi* custom holds in this family.

---

* A favoured nominee entitled from Government to 1 per cent. on revenue during both *rabi* and *kharif* crops, besides 4 annas from each landholder at time of payment of revenue and nazar of the landholder.

No. 87.

THAKUR BHARAT SINGH, *Nikormi, Taaluqdar of Atwa and Nasirpur*

THE ancestor of this taaluqdar originally came from Alwar Tajara. and settled in Suajpur, *ilaqa* Sandi, among the then inhabitants of which were certain of his own relations. He released and restored to liberty the raja of the place, who about this time was living under surveillance of the troops under orders from Delhi, and as a reward for his services received from the relieved raja the grant of *ilaqa* Palia. In sambat 1755 Shiupal Singh, a later descendant, made considerable additions to the family estate, a partition of which was made by and between four brothers—Newaz Sah, Govind Rai, Gaja Singh, and Kishn Singh. In the fourth generation from Shiupal Singh came Newaz Sah and Kishn Singh, who went to settle in Barda; the remaining brothers continued to reside in Atwa. The subject of this memoir is a lineal descendant of Govind Rai. He received Nasirpur in gift from Government, in recognition of loyal services rendered during the mutiny.

Estate, 40 villages and 5 *pattis* in zila Hardoi. Government revenue, Rs. 43,160. The *gaddi* custom of succession rules in this family.

No. 88.

THAKUR SHEO BAKHSH SINGH, *Gaur, Taaluqdar of Katesar and Khanipur.*

DURING the reign of Emperor Alamgir, when revolt and disorder prevailed throughout the empire, Digpal and Tribhuban Sahi, ancestors of this taaluqdar (in 1119 Hijri), cut off the heads of certain Brahmins who then owned Chadupur and buried the bodies. They then settled on the possessions of their victims, and building a fort on the spot where the bodies were buried, gave the *ilaqa* the name of Katesar, signifying the murderous deed committed on it. From this period dates the foundation of this house and estate. Subsequently a partition of the joint possession was effected between Digpal and Tribhuban Sahi, and from the former of these, lineally, comes the subject of this notice.

Estate, 95 villages and 17 *pattis* in zilas Sitapur and Kheri. Government revenue, Rs. 77,493. The *gaddi* custom holds in this family.

No. 89.

THAKURAIN BAIJ NATH KUNWAR, CHHATARPAL SINGH, SURUJPAL SINGH *and* CHANDARPAL SINGH, *Baisani, Taaluqdars of Kundrajit.*

Vide No. 5. This estate fell to the share of the founder of this branch of Rai Homepal's house at a partition of the family inheritance among the descendants of the latter. The Government *sanad* was originally granted in the name of the Thakurain, but she of her own free will caused a division of the estate into four different shares, reserving one of these to herself and giving away the remaining three to the present co-owners (her near relatives), whose titles subsequently received State recognition.

Estate, 68 villages in zila Partabgarh. Government revenue, Rs. 43,331. Inheritance governed by family custom in default of testamentary disposition.

No. 90.

DURGA PRASAD *and* WAZIR CHAND, *Kayesth, Taaluqdars of Sarwan, Baragaon, Sirsaw-Bilhara, and Taalhi-Laharu.*

THE village of Sarwan was originally built by one Thakur Sarman Singh, of the *Raikwar* clan. About a century ago, Rai Jaisukh Rai (descended from an ancestor who held a permanent appointment of *chakladar* during the former Government of Oudh), received it along with other estates in gift from the Government of Oudh and laid the foundation of the taaluq known by that name. The other taaluqs comprised in the estate were Government grants bestowed on his descendants, Dhanpat Rai and Fateh Chand, for services rendered during the crisis of 1857. After their death the present nobleman came into possession. An amicable partition of the joint family estate was made between them some time ago. Wazir Chand is in possession of his own share, and that belonging to Durga Prasad is under the management of the Court of Wards.

Estate, 68 villages and 6 *pattis* in zilas Hardoi, Kheri, and Unao. Government revenue, Rs. 46,659. The *gaddi* custom of succession holds in this family.

No. 91.

ANAND BAHADUR SINGH, *Gargbansi, Taaluqdar of Khapradih, &c.*

ABOUT a century ago, Nahal Singh and Ganga Prasad (recognized heads of their own clan), purchased the taaluqs Khapradih and Sihipur. The former made some additions to the joint acquisition, which, during the life of himself and his partner, continued undivided. After their death, taaluq Sihipur, &c. (No. 94), went to Raghnath Kunwar, widow of Nahal Singh; and Khapradih, &c., to Ramsarup, a great-grandson of Ganga Prasad. The present representative is the son and heir of Ramsarup.

Estate, 88 villages in zilas Sultanpur and Fyzabad. Government revenue, Rs. 44,561-3-6. Succession by law of primogeniture.

No. 92.

DAN BAHADURPAL SINGH, *Sombansi, Taaluqdar of Dandi-kach.*

Vide No. 11, of which this is a branch. Government *sanad* of the estate was granted to Sripat Singh, who, by his last will and testament, bequeathed it to his son-in-law, the present taaluqdar.

Estate, 31 villages in zila Partabgarh. Government revenue, Rs. 14,849. The *gaddi* custom of inheritance holds in this family.

No. 93.

BABU BISHAN NATH SINGH, *Bais, Taaluqdar of Katgarh.*

Vide Nos. 4 and 14. This taaluqdar is a paternal uncle of Rana Shanker Bakhsh of Khajurgaon, and he obtained the estate (originally forming part of the forfeited *ilaqa* of the rebel taaluqdar Beni Madho Bakhsh) as reward for good services rendered during the mutiny.

Estate, 11 villages in zila Rae Bareli. Government revenue, Rs. 7,156. Law of primogeniture governs succession in the family.

No. 94.

THAKUR BISHESHAR BAKHSH SINGH, *Gargbansi, Taaluqdar of Sihipur, &c.*

Vide No. 91, of which this taaluq forms a branch. The taaluqdar above holds it in inheritance from Raghnath Kunwar, widow of Nahal Singh (*vide* No. 91 mentioned).

Estate, 100 villages and 78 *pattis* in zilas Sultanpur and Fyzabad. Government revenue, Rs. 48,312-15-11. Primogeniture governs succession.

No. 95.

BABU LALU SAH, *Thakur, Rajkumar, Taaluqdar of Meopur Dehla Kaomi, Madhuban, one-third share (held jointly with Ishraj Singh, No.* 155) *of Sahrapur and Meopur Sharnkati.*

Vide Nos. 7 and 73. This nobleman is one of the sons of Pahlwan Singh, and holds a share of the ancestral estate allotted to the latter on its partition between him and his brother Sangram Singh, the other share of such allotment being held by taaluqdar No. 155.

Estate, 11 villages and 45 *pattis* in zilas Sultanpur and Fyzabad. Government revenue, Rs. 12,778-11-6. Primogeniture governs succession.

No. 96.

NIWAZISH ALI KHAN, *Kazalbash, Taaluqdar of Nawabganj (Aliabad).*

IN the days of Nadir Shah, one Sardar Ali Khan came from Turkistan and was appointed Hakim of Kandahar. His son, Sardar Hidayat Khan, left Kandahar and went to reside in Kabul during the reign of Ahmad Shah Durrani. During the first Kabul war, the sons of Hidayat Khan—Muhammad Husain Khan, Muhammad Hassan Khan, Haji Muhammad Khan, Ali Raza Khan, Muhammad Raza Khan, and Muhammad Taki Khan—afforded valuable assistance to Government, and Ali Raza Khan accompanied the British on their return to India after the close of the campaign. In recognition of his excellent services, Ali Raza Khan was granted an allowance of Rs. 800 a month from the Government of India. He (as also one of his brothers) did very good service for Government at the Kangra outbreak of 1846 and at the battle of Ferozshahr.

Muhammad Taki Khan was killed and Muhammad Raza Khan was wounded in a battle with the rebels during the mutiny at Kasganj. As compensation for his wound, the Government of India conferred on the latter a monthly pension of Rs. 200.

The services of Ali Raza Khan were rewarded by the title of "Khan" and the gift of the present taaluq, which formerly belonged to the escheated rebel estate of Charda. In succession to him came the subject of this memoir.

Estate, 51 villages in zila Bahraich. Government revenue, Rs. 28,463-15-7. Law of primogeniture governs succession.

No. 97.

BHAYA UDEPRATAB SINGH, *Bisain, Taaluqdar of Bhinga, and Deotaha.*

THIS was originally one of the oldest estates belonging to the Janwar family, and was once owned by one Lallit Singh. His sister was married to Bhawani Singh, younger brother of the Raja of Gonda. When the *Banjara* subjects of Lalit Singh proved refractory, and declaring against their chief dispossessed him of the *ilaqa*, the latter made over his right and interest in it to his brother-in-law, Bhawani Singh, who at once repaired to the scene, fought with the intruders and compelled them to fly. He then settled on the estate and became its owner. Since those days the property has been in the possession of his family, the present representative of which is the subject of this notice.

Estate, 118 villages and 4 *pattis* in zilas Gonda and Bahraich. Government revenue, Rs. 85,367-8-3. The *gaddi* custom of succession holds in this family.

No. 98.

Babu Bhunranjan Mukarji, *Bengali Brahmin, Taaluqdar of Shankarpur.*

Among the grants bestowed on taaluqdars and *raieses* for loyal services rendered to Government in Oudh during the crisis of 1857 is the above gift. With it also was bestowed the title of "Raja" to Babu Dukhinaranjan Mukarji, paternal grandfather of the present owner. This taaluq originally formed part of the confiscated estate of a late rebel zamindar of the province, Rana Beni Madho Bakhsh.

Estate, 14 villages in zila Rae Bareli. Government revenue, Rs. 7,562. Succession governed by law of primogeniture.

No. 99.

Thakur Bishan Nath Bakhsh, *Bais, Taaluqdar of Hasanpur and Bahadurnagar.*

Vide No. 4. This is a branch of taaluq No. 26, and it was founded about a century and a quarter ago by Ajab Singh (from Karn Rai), who received it on his separation from the house of Kori Sadauli. In fasli 1244 Thakur Bakhsh succeeded to the property, and after him came the taaluqdar heading this notice.

Estate, 21½ villages in zila Rae Bareli. Government revenue, Rs. 9,602. The *gaddi* custom of succession holds in this family.

No. 100.

Babu Sarabjit Singh, *Kanpuria, Taaluqdar of Tikari, Bhagapur, Ateha, Pura-Jamai, and Amethi.*

Taaluq Tikari above mentioned was in the sambat year 1850 allotted to Raja Gulab Sah by the then Raja of Tiloi, and it has since then continued in the possession of the family, of which the present taaluqdar is a lineal descendant. The latter distinguished himself by loyal services to the British Government during the mutiny, and was rewarded with the grant of taaluq Bhagapur. He also in later times obtained a gift of the Amethi estate from its owner, Raja Madho Singh (*vide* memoir No. 8).

Estate, 353 villages in zilas Rae Bareli, Partabgarh, and Sultanpur. Government revenue, Rs. 2,14,840-1-3. Succession governed by law of primogeniture.

No. 101.

SITLA BAKHSH SINGH *and* SHANKAR SINGH, *Bisain, Taaluqdars of Dhangarh.*

Vide No. 5. This is part of the Dhigwas family, originally derived from one Homepal.

Estate, 45 villages in zila Partabgarh. Government revenue, Rs. 15,929-3-9. Family custom governs succession in default of testamentary disposition.

No. 102.

BABU KISHAN PARSHAD SINGH, *Panwar, Taaluqdar of Birhar (Chandipur Birhar).*

ABOUT 500 years ago, one Sukhraj Deo from Azamgarh entered service under the *Raj* of the Rajehrans. He soon acquired great influence, and gradually availing himself of the declining power and prestige of his masters, brought into his possession 302 villages belonging to them, to which he also made subsequent additions by acquisitions of territory from time to time. Several generations after came Lashkari Singh and Paltan Singh, between whom, about two centuries ago, was divided the hereditary estate comprising the said 302 villages and the several subsequent acquisitions referred to. The present taaluqdar and his kinsmen of the next following number are from the said Paltan Singh, and Nos. 104 and 106 are lineal descendants of his co-sharer, Lashkari Singh.

Estate, 30 villages and 316 *pattis* in zila Fyzabad. Government revenue, Rs. 40,455. Law of primogeniture governs succession.

No. 103.

BABU HARDAT SINGH, *Ponwar, Taaluqdar of Birhar (Chandipur Haswa).*

Vide No. 102. This nobleman comes from Paltan Singh (a descendant of Sukhraj Deo), and owns the estate allotted to the latter at the partition noted in the said No. 102 mentioned.

Estate, 24 villages and 320 *pattis* in zila Fyzabad. Government revenue, Rs. 39,982. Succession by law of primogeniture.

No. 104.

SHAMSHERE BAHADUR, BABU SHEO PRAGASH SINGH, *Ponwar, Taaluqdar of Birhar (Raji Sultanpur).*

THIS is a branch of taaluq No. 102. Nobleman above owes this property to his descent from Lashkari Singh, coming from Sukhraj Deo.

Estate, 69 villages and 200 *pattis*. Government revenue, Rs. 37,044. Succession by law of primogeniture.

No. 105.

THAKURAIN DALIL KUNWAR (*widow of Chandika Prasad*), *Bais*, *Taaluqdar of Lahrastpur.*

THIS estate comprises several thousand bighas of waste land originally (about two and half centuries ago) bestowed by the then Emperor of Delhi on the founder of the house. The latter cleared his grant of land of the jungle which stood on it, built Birwa, so called from the fact of large and numerous trees of *bair* (a native fruit) that once grew there. This name has since been changed to Lahrastpur. Chandika Prasad, the husband of the present owner, came eventually into the property and received from Government the recognition *sanad*. His widow now holds it by her own right.

Estate, 11 villages and 3 *pattis* in zila Hardoi. Government revenue, Rs. 15,795. The *gaddi* custom of inheritance holds in this family.

No. 106.

SHUDAST NARAIN SINGH, *son of Babu Mahhape Narain Singh*, *Ponwar, Taaluqdar of Birhar.*

THIS is another offshoot of taaluq No. 102. The Babu represents a collateral branch tracing from Lashkari Singh, a descendant of Sukhraj Deo. Some time ago he allotted to his five sons the major portion of possessions paying an annual Government revenue of Rs. 32,987, reserving to himself only 2 villages and 15 *pattis*.

Estate, villages in zila Fyzabad. Government revenue, Rs. 1,318. Succession governed by primogeniture.

No. 107.

MUSAMMAT GANESH KUNWAR (*widow of Arjun Singh*), *Kanpuria Taaluqdar of Rehsi.*

Vide No. 12. This house and estate are traceable from Salbahan, second son of Balbhaddar Sah.

Estate, 10 villages in zila Sultanpur. Government revenue, Rs. 6,790-14-0. The *gaddi* custom of succession holds in this family.

No. 108.

SHAIKH AHMAD HUSAIN *and* WAJID HUSAIN, *Taaluqdars of Gadia, Goela, and Bastauli.*

THESE taaluqdars inherit their property from their father, Shaikh Madni Zain-ul-Abdin, who in fasli 1250 succeeded to this estate as heir to his maternal grandfather, a descendant of Qazi Ala-ud-din Ansari. This last person in the Hijri year 599, came from Medina and acquired it from the Bhars by force of arms.

These taaluqdars belong to the clan of *Qidwai,* so called from their ancestor Qazi Qidwa. The first of them (Ahmad Husain) is a tahsildar in the employ of the British Government.

Estate, 14 villages and 8 *pattis* in zilas Lucknow and Bara Banki. Government revenue, Rs. 25,225. Family custom governs inheritance in case of property being left intestate.

No. 109.

THAKUR BALDEO BAKHSH *(son of Sardar Jhabba Singh), Janwar, Taaluqdar of Pursaini (Akbari Gopalkhera), Pursaini Gaunaha, Chak Phara Ranipur.*

THE original founder of this house owned the small taaluq of Pursaini only, and to it was subsequently added Akbari Gopalkhera (part of the confiscated *ilaqa* of Hindpal Singh), received in grant, from the British Government, together with the title of " Sardar Bahadur," by Jhabba Singh above named for services rendered during the mutiny. This taaluq ranks among the five distinguished loyal estates of Oudh, but Pursaini alone possesses the privilege of exemption from enhancement in any further settlement. Thakur Baldeo Bakhsh is an Honorary Magistrate and Assistant Collector within the limits of his own property.

Estate, 12 villages and 1 *patti* in zilas Unao, Lucknow, and Rae Bareli. Government revenue, Rs. 18,932-11-0. Succession governed by law of primogeniture.

No. 110.

THAKUR LALTA BAKHSH, *Gaur, Taaluqdar of Khajrahra and Bahrawa.*

ABOUT eleven centuries ago, Raghunath Singh, then residing in Narkalinjar, came to the province of Oudh and was appointed amil (sub-chakladar) in the service of Raja Jai Chand of Kanauj. His son, Ekanga Singh, succeeded his father in that appointment, and under orders from the Raja expelled the refractory Thateras, who originally owned this taaluq, and himself took possession of it. Since then the estate has come down to the family in order of succession, receiving from time to time accessions to it by various mortgages and purchases. The Government *sanad* of this *ilaqa* was granted to Thakur Dal Singh, predecessor of the present representative.

Estate, 25 villages and 6 *pattis* in zilas Hardoi and Sitapur. Government revenue, Rs. 27,739. Succession governed by law of primogeniture.

No. 111.

WASI HAIDAR, *Sayyid, Taaluqdar of Bhogetapur.*

IN 614 Hijri, Muhammad Soghra, ancestor of the present owner, leaving his native country, accompanied Emperor Shamsh-ud-din to Hindustan. He defeated Raja Sri of Srinagar (now called Bilgram) and obtained an imperial gift of villages situated in that pargana. A later descendant in his family founded village Bhogetapur (having cleared the jungle originally covering its site), after which the present taaluq is named. The Government *sanad* of the estate was granted to and in the name of Sayyid Muhammad Ibrahim, in accordance with whose will his younger brother, the subject of this memoir, holds possession.

Estate, 21 villages and 1 *patti* in zila Hardoi. Government revenue, Rs. 19,458. The *gaddi* custom of succession holds in this family.

No. 112.

CHAUDHRI MUHAMMAD ASHRAF, MUHAMMAD ZAIN-UL-ABDIN, MUHAMMAD FAZIL, *and* MUHAMMAD ABRAR, *Sayyid, Taaluqdars of Asifpur (Asifpur, Bhagiari, Durgaganj, and Dhunpur). Title of "Chaudhri" personal to the first of these.*

THESE taaluqdars come from the same stock as their kinsman of the preceding memoir. Asafpur, the name by which taaluq is known, was originally a village established by Sayyid Asaf, a forefather of the subject of this notice, but it has since ceased to exist. In 1227 fasli, under orders from Nawab Ghazi-ud-din Haidar, was built on its site the present village Rafatganj, called after Rafat Ali Khan (one of the sons of the Nawab), better known as Nawab Nasir-ud-din Haidar. But the taaluq of which Rafatganj forms a part still bears the name of Asafpur, the original village. For a period of about thirteen years the new village remained in the *khas* possession of Government, and in 1240 fasli a gift of it in *muafi* was made to Moulvi Qazim Husain Khan, a *safir* (vakil deputed to foreign

Courts) of the Oudh Government. Since then it has formed the inheritance of the Moulvi's descendants, among the latest of whom come the present taaluqdars. Government *sanad* of this taaluqa stands in the joint names of the owners above named, but they are in separate possession of it, as shown below :—

Chaudhri Muhammad Ashraf owns taaluq Ashrafpur, comprising 11 villages, paying an annual Government revenue of Rs. 9,697;

Muhammad Zain-ul-Abdin—taaluq Baghari, comprising 8 villages, paying to Government Rs. 4,507;

Muhammad Fazil—taaluq Durgaganj, consisting of 3 villages and 2 *pattis*, paying a Government revenue of Rs. 3,276-8-0; and

Muhammad Ibrar—taaluq Dhundpur, comprising 7 villages and 3 *pattis*, paying a Government revenue of Rs. 3,569.

For loyalty displayed during the crisis of 1857 these taaluqdars were rewarded by Government with the gift of the *ilaqa*.

The whole joint estate comprises 29 villages and 5 *pattis* in zila Hardoi. Government revenue, Rs. 21,049-8-0. Succession governed by law of primogeniture.

No. 113.

MIRZA MUHAMMAD ALI BEG, *Mogul, Taaluqdar of Aurangabad.*

Two hundred years ago, Mirza Bahadur Beg, a native of Arabia, was deputed by Emperor Aurangzeb to chastize and bring under subjection the then recusant taaluqdars of Etounja. He came to the province, and successfully accomplishing his mission, founded Aurangabad (in the name of his Imperial patron) on the site of village Garhi Balpur, which he completely destroyed. Several generations after him came Muhammad Bakhsh and Kutbi Muhammad, who came to a partition of their ancestral inheritance. The taaluqdar above is a lineal descendant of the former, and the owner of Kutubnagar (*vide* No. 121) of the latter.

Estate, 29 villages and 1 *patti* in zila Sitapur. Government revenue, Rs. 27,758. The *gaddi* custom of succession holds in this family.

No. 114.

KAZIM HUSAIN KHAN, *Khanzada, Taaluqdar of Bhatwamau, Dariapur and (shares in) villages.*

IN the year 905 Hijri, Shaikh Babban, original ancestor of this taaluqdar, received from Emperor Babar Shah a *jagir* of parganas Bari, Biswan, Fatehpur, and Sadarpur, and settled in Bhatwamau. His descendant in a subsequent generation (1019 *Hijri*) was honoured with the title of "Khan" during the reign of Emperor Jahangir Shah, and on Pahar Khan (a later heir in the family) was conferred the higher distinction of "Mumtaz-ul-Mulk" by the Court of Delhi. Years after, the estate descended to Imam Ali Khan, who made considerable improvements in it. The present taaluqdar and his predecessors, Tajammul Husein Khan and Hadi Husein Khan, held appointments of Nazim and Chakladar under the Oudh Government. The Government *sanad* of this taaluq was granted in the name of Badshah Husain Khan, who preceded the subject of this notice in the possession. This taaluqdar and Raja Amir Husain Khan (No. 10) are from the same stock.

Estate, 38 villages and 8 *pattis* in zilas Sitapur and Bara Banki. Government revenue, Rs. 20,978-4-9. The *gaddi* custom of succession holds in this family.

No. 115.

THAKUR HARI HAR BAKHSH, *Panwar, Taaluqdar of Sarawra.*

Vide No. 23. This taaluq dates from one Karn Deo, to whose share it fell at a partition of the family property noted in the number mentioned. In fasli 1165 his descendant Sahji established the village of Sarawra, after which this estate is called, and several generations after this, Ganga Bakhsh came into the property, and in his name was granted the Government *sanad.* After Ganga Bakhsh succeeded the present owner.

Estate, 30 villages and 5 *pattis* in zilas Sitapur and Bara Banki. Government revenue, Rs. 23,719-13-0. The *gaddi* custom of succession holds in this family.

No. 116.

THAKUR FAZAL ALI KHAN, *Gaur, Taaluqdar of Akbarpur.*

MAHABALI and Bakhtbali (Hindus) were formerly owners of this estate, which, for their insubordination, was escheated to the then paramount power in the province and given away in grant to Seth Dianat Rai of Biswan. Subsequently, during the reign of Nawab Shuja-ud-daula (1179 Hijri), they went to Fyzabad, and on their embracing the Moslem faith (without, however, assuming any Muhammadan names), they were restored to their former possession. Since then the taaluq has been the inheritance of their descendants. Akbarpur was built by Akbar Ali, a son of the converted Mahabali. The present owner of the property comes lineally in succession from him.

Estate, 36 villages and 10 *pattis* in zila Sitapur. Government revenue, Rs. 26,313. The *gaddi* custom of succession holds in this family.

No. 117.

THAKUR JAWAHIR SINGH, *Bais, Taaluqdar of Basidih and Barmhowli.*

Vide No. 4. In the fasli year 1243 this taaluq fell to the share of Bhawanidin Singh, father of the above, at a partition of the ancestral estate (of Newaz Shah) between him and the founder of the house of Sajaulia.

Bhawanidin Singh made great improvements in his property both by purchases and mortgages. After his death he was succeeded by Jawahir Singh, whose title received the recognition of *sanad* granted to him by the British Government. He rendered good and loyal service to the State during the mutiny, and received in return the gift of Barmhowli.

Estate, 52 villages and 63 *pattis* in zila Sitapur. Government revenue, Rs. 45,796-10-8. Succession by law of primogeniture.

No. 118.

THAKUR DURGA BAKHSH, *Panwar, Taaluqdar of Nilgaon and Jalalpur.*

Vide No. 23. About a century and a half ago, Sambha Singh, adding the large possession of Nilgaon, &c. (formerly belonging to Thakur and Kayesth proprietors) to his original possession of villages which fell to the share of his ancestor Karn Rai at the family partition in the said number mentioned, laid the foundation of the taaluq above. He also made improvements in the estate by opening up several new villages in pargana Bari. Bhawanidin, his successor, in later days distinguished himself by loyalty to the British Government during the mutiny of 1857, and received, in recognition of his services, the grant of Jalalpur and *sanad* of title. He was succeeded by the subject of this notice.

Estate, 23 villges and 2 in *pattis* in zila Sitapur. Government revenue, Rs. 17,270. The *gaddi* custom of succession holds in this family.

No. 119.

THAKUR MAHARAJ SINGH, *Bais, Taaluqdar of Kanhmau Banjaria, and Udaipur.*

Vide No. 4. This taaluqdar represents a collateral branch of the house of taaluqdar No. 117. About five centuries ago one Rana Birbhan came from Dondya-khera and settled in Paharemau, and founded this estate, having taken possession by force of 105 villages from their *Kunjra* proprietors. His descendant Beni Singh faithfully served the British Government during the late mutiny, and his loyalty was rewarded by the accession to the taaluq of a grant comprising seven villages. After his death the present representative of the family came into the property.

Estate, 24 villages and 9 *pattis* in zilas Sitapur and Kheri. Government revenue, Rs. 15,018. The *gaddi* custom of succession holds in this family.

No. 120.

RAI IBRAM BALI, *Kayesth, Taaluqdar of Rampur. Title of "Rai" hereditary.*

IN the Hijri year 708, Rae Prithi Rao, having been appointed a kanúngo by Emperor Jalal-ud-din Miran Shah, accompanied the Subadar of Oudh to Mahmudabad, the then seat of government. His wise counsel contributed much to the suppression of the refractory *Bhars* by the ruler of the province. He was recommended for imperial recognition, and the Emperor bestowed on the Rai a gift of the present taaluq.

Thirteenth in succession from the founder of the family comes the present taaluqdar, who, within the limits of his own *ilaqa* exercises the power of an Honorary Magistrate and Assistant Collector.

Estate, 31 villages and 11 *pattis* in zila Bara Banki. Government revenue, Rs. 25,601-13-9. The *gaddi* custom of succession holds in this family.

No. 121.

MIRZA AHMAD ALI BEG, *Sayyid, Taaluqdar of Qutubnagar and Karimnagar.*

THIS is a branch of taaluq No. 113, and owes its origin to Kutbi Muhammad, to whom it was allotted in share at a partition of the Aurangabad family estate. The widow of his later descendant Sobhan Ata adopted one Ibrahim Beg, who also died without leaving an heir. His widow in her turn adopted the taaluqdar Mirza Ahmad Ali Beg.

Estate, 19 villages in zilas Sitapur and Hardoi. Government revenue, Rs. 8,114. The *gaddi* custom of succession holds in this family.

No. 122.

MAULVI FAZAL RASUL, *Sayyid, Taaluqdar of Jalalpur, Daudpur Kaikhai, Rampur, Garhawan, Sitohi, Muhammadpur, Tarauna, and Victoriaganj.*

ABOUT seven centuries ago, one Makhdum Sahab (whose tomb to this day forms one of the attractions of Sandila) received from the then Government of the province a *muafi* grant of land, on the site of which his descendant Sayyid Jalal built and called after his own name the original village of Jalalpur, after which the taaluq above is called. In a later generation Chaudhri Muhammad Mokim, having no male issue of his own, gave it away (about forty-five years ago) to his grandson (by daughter), Sayyid Ghulam Ashraf. In later days Munshi Fazl Rasul came into possession, and he obtained the Government *sanad* of the estate, as also the gift of *ilaqa* Muhammadpur, &c., for loyal services rendered during the rising of 1857. After his death succeeded the present representative of the family.

Estate, 33 villages and 8 *pattis* in zilas Hardoi, Unao, Sitapur, Kheri, and Lucknow. Government revenue, Rs. 19,375-9-0. Primogeniture governs succession.

No. 123.

QAZI IKRAM AHMAD, *Shaikh, Taaluqdar of Satrikh.*

THIS is a new taaluq, comprising a few ancestral possessions together with village Satrikh proper, acquired in the fasli year 1260 by Qazi Sarfaraz Ali, who made improvements to the estate by many subsequent acquisitions, and on his death was succeeded by his son, the present owner.

Estate, 11 villages and 1 *patti* in zila Bara Banki. Government revenue, Rs. 18,725. Succession by primogeniture.

No. 124

THAKUR RAGHBIR SINGH, *Kalhans, Taaluqdar of Dhanawan and Bhandiari.*

Vide No. 33. This taaluq was first founded in the family of Dula Ram by his descendant Pragdat, from whom comes the nobleman above. No. 125 is derived from this *ilaqa*.

Estate, 48 villages and 16 *pattis* in zilas Gonda and Bahraich. Government revenue, Rs. 32,845-9-0. The custom of *gaddi* succession holds in this family.

No. 125.

THAKUR MIRTUNJA BAKHSH SINGH, *Kalhans, Taaluqdar of Shahpur and Kutka-Marolha.*

Vide No. 33. This taaluq is derived from the estate referred to in the preceding No. 124. The present taaluqdar has inherited his property from Anup Singh, who, on separating from his family, received it for maintenance from his father Pragdat, then proprietor of Dhanawan.

Estate, 40½ villages and 16 *pattis* in zilas Gonda and Bahraich. Government revenue, Rs. 26,320-3-0. The custom of *gaddi* succession holds in this family.

No. 126.

DIWAN HAR MANGAL SINGH, *Bachgoti, Taaluqdar of Aworayadi.*

Vide Nos. 7 and 40. This nobleman is a descendant of Chakr Singh, and his possession forms a section of taaluq *patti* Saifabad, Nos. 69 and 70.

Estate, 53 villages in zila Partabgarh. Government revenue, Rs. 16,535. The *gaddi* custom of succession holds in this family.

No. 127.

BHAGWANT SINGH, BISHESHAR BAKHSH SINGH, JAGMOHAN SINGH, *and* ARTH SINGH, *Bachgoti, Taaluqdars of Dariapur.*

Vide Nos. 7 and 40. This is also another branch of taaluq *patti* Saifabad, Nos. 69 and 70.

Estate, 25 villages in zila Partabgarh. Government revenue, Rs. 10,915. Succession governed by family custom in default of testamentary disposition.

No. 128.

HAKIM KARAM ALI, *Sayyid, Taaluqdar of Guthia.*

THIS taaluqdar belongs to a very old family, and the estates he now owns can be traced back to many generations. He holds the rank and exercises the powers of an Honorary Magistrate and Assistant Collector within the limits of his possessions.

Estate, 13 villages in zila Bara Banki. Government revenue, Rs. 13,465. The *gaddi* custom of succession holds in this family.

[NOTE.—This nobleman has died since this work was put in hand.]

No. 129.

BABU JADUNATH SINGH, *Panwar, Taaluqdar of Mahgaon (Makona) and Udaipur.*

Vide No. 3, of which this forms a branch. Bahlan Deo, second son of Deo Rudh Rai, (about four centuries ago) founded the present taaluq and house on the estate received by him at a family partition,

In a later generation Government *sanad* was granted to Babu Pirthipal Singh. At his death succeeded the present taaluqdar.

Estate, 27½ villages in zilas Lucknow and Bara Banki. Government revenue, Rs. 15,099. The *gaddi* custom of succession holds in this family.

No. 130.

MAHBUB-UR-RAHMAN, INAYAT-UR-RAHMAN, ABD-UR-RAHMAN, *and* FAZAL-UR-RAHMAN, *Shaikh, Taaluqdars of Barai and Aghiari.*

IN the reign of Emperor Muhammad Ibrahim Shan (845 Hijri), Khwaja Muhammad Iftkar Haruni, founder of this house, accompanied Subadar Tatar Khan to this province on an expedition for the suppression and expulsion of the Bhars. His counsel and services contributed much towards the success of the invasion; he was in consequence recommended by the Subadar to the Imperial Court for some substantial reward, and in return was presented with 23 villages. These, with additions and improvements made from time to time by purchase and mortgage, comprise the above taaluq Barai, which received its present name for the first time (in Hijri 1153) from Muhammad Azim during the reign of Nawab Abul Mansur Khan. The latest rightful heir (in Muhammad Azim's family), Mahbub-ul-Rahman above, being an infant at the time of the *sarsari* settlement, gave his consent to the *sanad* being granted in the name of his uncle, Ghulam Farid. This last subsequently and against the custom hitherto obtaining in the family, caused a partition of the estate to be made in two equal shares, reserving one to his own heirs (the 2nd, 3rd, and 4th taaluqdars heading this memoir), and making over the other to the said Mahbub-ul-Rahman, whose name also about this time was recorded in the proprietary *sanad*.

Estate, 31 villages and 22 *pattis* in zilas Fyzabad and Bara Banki. Government revenue, Rs. 31,030-5-2. Family custom governs succession in default of testamentary disposition.

No. 131.

MUHAMMAD NASIM KHAN, *Pathan, Taaluqdar of Sohlamau.*

THE original village giving name to this taaluq formerly belonged to Muhammadans and Kayesths, and in 1241 fasli it was bought over from them by one Fakir Muhammad Khan, who made additions to it by subsequent acquisitions and eventually laid the foundation of the estate. He was a chakladar in the province during the reign of Nawab Ghazi-ud-din Haidar. After his death succeeded his two sons, the subject of this notice and Muhammad Ahmad Khan, and these divided their inheritance: the former retaining his present possession, and the latter receiving for his share *ilaqa* Kaswandi, No. 148.

Estate, 15½ villages in zila Lucknow. Government revenue, Rs. 16,283-14-9.

No. 132.

MIR MUHAMMAD HASAN KHAN, *Sayyid, Taaluqdar of Rajapara (Hirapur).*

THE Mir is a native of Budaun, and held the appointments of collector of forces and Nazim under the former Government of the province. He acquired large estates with means of his own, and in consequence was raised to the rank and dignity of a taaluqdar in the province. A greater portion of his possessions, however, have since been sold by auction, and he has only now the remnant of the taaluq, comprising—

Estate, 1 *patti* in zila Sitapur. Government revenue, Rs. 253. Succession by primogeniture.

No. 133.

FIDA HUSAIN KHAN, *Sayyid, Taaluqdar of Atwa Piparia, Patti Marion, and Patti Misarpur, Kota.*

Is also a native of Budaun, and a brother of the preceding No. 132. During the native *régime*, he was a captain in the army and held the appointment of chakladar. This estate originally formed part of *ilaqa* No. 31, and became a separate *taaluq* since its purchase by the present owner.

Estate, 27 villages and 2 *pattis* in zilas Kheri and Lucknow. Government revenue, Rs. 9,502-11-0. Succession governed by primogeniture.

[NOTE.—This estate has been sold by auction under a decree of the civil court.]

No. 134.

BABU SUKHRAJ SINGH, *Kalhans, Taaluqdar of Ata.*

Vide No. 33. This nobleman is a descendant of Dula Rai, and owns the *ilaqa* from that ancestor.

Estate, 14 villages and 3 *pattis* in zila Gonda. Government revenue, Rs. 12,595. The *gaddi* custom of succession holds in this family.

No. 135.

THAKURAIN IKLAS KUNWAR (*widow of Bhaia Nepal Singh*), *Kalhans, Taaluqdar of Paska and Lelar.*

Vide No. 33. This estate is also from Dula Rai, whose last representative, Nepal Singh, obtained the Government *sanad*. The Thakurain above is Nepal Singh's widow.

Estate, 14 villages and 7 *pattis* in zilas Gonda and Bara Banki. Government revenue, Rs. 14,997-5-3. The *gaddi* custom of succession holds in this family.

No. 136.

SETHS RAGHBAR DAYAL *and* SITARAM, *Khattri, Taaluqdars of Muizuddinpur, Kathgara, Alua Mahwa, Kola Darianagar, Unchakhera, and Rangwara.*

VILLAGE Muizuddinpur, which gives its name to the taaluq above, was founded about four hundred years ago by Malik Muizuddin, who cut down the *jungle* which covered the original site granted to him in muâfi by the then reigning Emperor of Delhi. Several generations after him came Khan Muhammad, from whom the estate (fasli 1220) passed into the hands of Seth Lalji. This Seth Lalji stood security (*malzamani*) for payment of State revenue due by the former. Lalji made considerable improvements to his acquisition both by purchase and mortgage. He died in 1233 fasli and was succeeded by Murli Manohar and Sitaram. After the former's death, his son, the above Raghbar Dayal, came to his share of the family estate, Sitaram continuing to hold in his own right. The villages given in grant to Seth Raghbar Dayal by Government for loyal services during the mutiny are included in this taaluq, which has recently been divided between the present owners to extent of 9 and 7 anna shares respectively.

Estate, 37 villages and 11 *pattis* in zilas Sitapur and Kheri. Government revenue, Rs. 32,502. Law of primogeniture governs succession.

No 137.

MUSAMMAT DARIAO KUNWAR (*widow of Bishnath Bakhsh Singh*) *and* THAKUR AJUDHYA BAKHSH, *Bais, Taaluqdars of Narindpur-Charhar.*

Vide No. 4. This is a branch of taaluq Goura-Kusahaiti (No. 67) and was in sambat 1885 founded by one Bajrang Bali, who separated from Ram Bakhsh and founded the village of Charhar on what was at the time good pasture land. Hence the name of Charhar or grazing-ground. For about two centuries Charhar enjoyed the privilege of muafi possession during the Nawabi Government, but after the occupation of the province by the British it was brought under taaluqdari settlement in the names of Thakur Ajudhya Bakhsh and Bishnath Bakhsh. The former is now in possession by his own right, and the Musammat above mentioned is the surviving widow of the latter.

Estate, 30 villages in zila Rae Bareli. Government revenue, Rs. 18,830. The *gaddi* custom of succession holds in this family.

No. 138.

NAWAB ALI KHAN, *Shaikh, Kidwai, Taaluqdar of Maila Raiganj.*

THE origin of this taaluq dates from Shaikh Ghulam Amir, who, in 1270 Hijri, received from Nawab Shuja-ud-daula the villages of Maila Raiganj, Bhainsaria, Durjanpur, &c. To these additions and improvements were made by a subsequent descendant, one Haidar Ali, paternal uncle of the present owner. Haidar Ali's title obtained the recognition of Government *sanad.* This taaluqdar is an uncle of Raja Farzand Ali Khan of taaluq Jahangirabad.

Estate, 4 villages and 9 *pattis* in zila Bara Banki. Government revenue, Rs. 6,268. The *gaddi* custom of succession holds in this family.

No. 139.

THAKURAIN UDE NATH KUNWAR (*widow of Thakur Sardar Singh*), *Bais, Taaluqdar of Hamirmau-Kola.*

Vide No. 4. This is a branch of taaluq No. 65, and comprises ilaqa (more or less reclaimed from *jungle*, the site of which was originally called Bhagwantpur) founded and named by Hinda Singh when he separately established himself, giving up joint partnership with his brother Prithiraj. Latest in descent from him came the deceased Sardar Singh, who obtained the recognition of Government *sanad.* After death he was succeeded by his widow, who is now in possession.

Estate, 34 villages in zila Rae Bareli. Government revenue, Rs. 21,421. The *gaddi* custom of succession holds in this family.

No. 140.

BALBHADDAR SINGH AND DARSHAN SINGH, *Bais, Taaluqdars of Gaura Husainabad.*

Vide No. 4. Meharban Singh (several generations after the great ancestor Karan Rai), separating from the Behar house (No. 195), laid the foundation of this taaluq on a site originally covered with *jungle* and called it Gaura, from the fact of men of his own caste, the Gaurs, having been prevailed upon to come and reside in it. Government *sanad* of title was granted to Thakur Sitla Bakhsh, after whom succeeded the above.

Estate, 9 villages in zilas Unao and Rae Bareli. Government revenue, Rs. 6,203. Succession by law of primogeniture.

No. 141.

Raza Husain, *Sayyid, Taaluqdar of Narauli.*

During the reign of Emperor Sultan Ibrahim Shah, in the Hijri year 621, Muhammad Saleh came to the province of Oudh as Imperial Sipahsalar, and defeating the *Bhars*, obtained as a reward the grant of 84 villages originally belonging to these refractory people. He settled in Rudauli and there built a Jama Masjid. On his later descendant, Sayyid Abu Muhammad, was conferred the titles of "Chaudhri" and "Nasrat Sultan" by Emperor Jalal-ud-din Muhammad Akbar Shah. In a subsequent generation Government *sanad* of this taaluq was conferred on Chaudhri Husain Bakhsh, whose son now represents the family.

Estate, 35 villages and 10 *pattis* in zila Bara Banki. Government revenue, Rs. 28,232-8-0. The *gaddi* custom of inheritance holds in this family.

No. 142.

Fateh Singh, *alias* Fateh Bahadur *(son of Chaudhri Gulab Singh), Parihar, Taaluqdar, of Sarausi.*

During the disorder which followed the murder of Hanwant Singh by the Sayyids of Unao (during the reign of Emperor Humayun Shah), this estate passed into the hands of the *Dhobis*, to whom it was given in *jagir* by the Court of Delhi. Shortly after (the Emperor being away at Persia) one Thakur Maidni Ma came to the neighbourhood of this taaluq to celebrate the marriage of his son. Taking advantage of the general dissatisfaction prevailing among the Thakurs of the place, who viewed the proximity of a Dhobi possession as degrading, he entered into a league with them, and putting to death the zemindars, himself took possession of their ilaqa. In his seventh descent came four brothers—Sahu, Asis, Mak, and Huli Dan—and among these, about three hundred years ago, the family inheritance was divided as follows:—The first receiving Karwan, the second Sarausi, the third Sakrpur and others, and the fourth, Aghar. The subject of the present memoir is a lineal descendant of Asis, the second of the brothers.

Estate, 11 villages in zila Unao. Government revenue, Rs. 13,961. Law of primogeniture governs succession.

No. 143.

THAKUR ANAND SINGH, JAGAN NATH SINGH, GANGA BAKHSH, AND HARDEO BAKHSH, *Kayesth, Taaluqdars of Rampur, Piprawan, and Wali Muhammadpur.*

ABOUT seven hundred years ago, a grant of waste land, then called Nawapur, with 15 villages (originally the possession of the *Kanjars*), was bestowed as a *jagir* on the founder of this house, Ram Das, by his patron and employer, Rai Pithaura, Raja of Delhi. The recipient converted the grant into a village and called it Rampur, by which name this taaluq has been since known. In 963 Hijri, Emperor Akbar conferred on Askarn Das, a descendant from Ram Das, the appointment of kanúngo of Biswan, and later on, one Dariao Singh (1286 Hijri), established other villages and improved the ilaqa. Dariao Singh, for faithful services rendered during the mutiny, received from Government the grant of mauza Piprawan, &c., and also of a *sanad.* After his death the present owner succeeded to the inheritance.

Estate, 31 villages and 6 *pattis* in zilas Sitapur and Bara Banki. Government revenue, Rs. 15,814-6-0. Law of primogeniture governs inheritance.

No. 144.

THAKURAIN JAIPAL KUNWAR (*widow of Indrjit Singh*), *Kalhans, Taaluqdar of Mustafabad and Chingiria, &c.*

Vide No. 33. This taaluqdar represents a branch derived from No. 46. The taaluq dates in her family from certain of its former owners, who purchased it about 60 years ago from the Sayyids of Jarwal. The settlement was made in the name of a latter descendant, Thakur Indrjit Singh, the father of the present owner.

Estate, 7 villages and 12 *pattis* in zilas Gonda and Bahraich. Government revenue, Rs. 6,556-13-10. The *gaddi* custom of inheritance holds in this family.

No. 145.

BABU AZIM ALI KHAN, *Bhale Sultan, Khanzada, Taaluqdar of Deogaon and Makhdumpur.*

Vide No. 53, of which this forms a branch. The present owner succeeded to the property from Babu Jamshed Ali Khan, whose title had the sanction of a Government *sanad.*

Estate, 15 villages and 1 *patti* in zilas Fyzabad and Sultanpur. Government revenue, Rs. 9,807-12-0. The *gaddi* custom of inheritance is prevalent in this family.

No. 146.

CHAUDHRI RAM NARAIN, *Kayesth, Taaluqdar of Mubarakhpur. Title of "Chaudhri" personal.*

THIS Chaudhri represents an ancient house descended from one Bishn Singh, who originally founded the village after which this taaluq is named. He made considerable additions to the estate by subsequent investments in purchase and mortgages, and his descendants ever since have been in undisturbed possession of the property.

Estate, 6 villages and 2 *pattis* in zila Sitapur. Government revenue, Rs. 2,506. Family custom governs succession in default of testamentary disposition.

No. 147.

BABU PIRTHIPAL SINGH, *Panwar, Taaluqdar of Tighra.*

THIS taaluqdar is a descendant of Sarabjit Singh, who, in the fasli year 1220, purchased the village of Tighra from its former proprietors of the Bilwar-Mitaria clan, and adding it to his own possessions, gave the whole *ilaqa* its present name, after that of the new acquisition.

Estate, 13 villages and 17 *pattis* in zila Fyzabad. Government revenue, Rs. 8,072. Succession governed by primogeniture.

No. 148.

MUHAMMAD AHMAD KHAN, *Pathan, Taaluqdar of Kasmandi Khurd.*

THIS is a division of the taaluq and family entered in No. 131. Fakir Muhammad Khan, father of the above, purchased the village of Kasmandi in separate parts from time to time during the Hijri years 1249 and 1259, and made additions to it by subsequent acquisitions. He held the appointment of chakladar during the reign of Nawab Ghazi-ud-din Haidar, and after his death was succeeded by his two sons, the subject of this notice, and taaluqdar No. 131, who came to an amicable partition of their inheritance, and are now in separate possession of their own respective shares.

Estate, 14 villages in zila Lucknow. Government revenue, Rs. 15,547-2-4. Succession governed by primogeniture.

No. 149.

BABU MAHESH BAKHSH SINGH, *Baisain, Taaluqdar of Dhaynawan.*

Vide No. 5. This forms one of the sections into which the house and *ilaqa* founded by Rai Hompal came to be divided among his descendants. The present taaluqdar inherits the property from Shiu Dat Singh, on whom a *sanad* of title was conferred by the British Government. He is an intelligent nobleman, is a good English scholar, and has acquired much legal knowledge. All this has secured for him the position of an Assistant Commissioner in the province.

Estate, 10 villages in zila Partabgarh. Government revenue, Rs. 7,845. The *gaddi* custom of inheritance holds in this family.

No. 150.

SARABJIT SINGH, *Baisain, Taaluqdar of Sheikhpur Chaurasi.*

Vide No. 5. This is another section of the house and estate founded by Rai Homepal, and forms a subdivision of the Dhigwas branch referred to in No. 71. The present taaluq comprises a share of the original inheritance, supplemented by Government grants bestowed in recognition of services rendered during the mutiny on Dhoukal Singh, who also received a *sanad* of title. Dhoukal Singh was succeeded by the present representative.

Estate, 11 villages in zila Partabgarh. Government revenue, Rs. 5,455. The *gaddi* custom of inheritance holds in this family.

No. 151.

THAKUR SHIU SAHAI, *Baisain, Taaluqdar of Simrawan.*

To the original family property, consisting of 14 villages, the former holders of this taaluq made additions of their own. Thakur Ram Sahai, brother of the above, received Government *sanad* at the settlement. He left no heir, and so the latter took his place. Owing to Shiu Sahai's mismanagement, the estate fell into great confusion and disorder and became much involved in debt. As a consequence it was eventually sold, and now forms integral parts of the respective possessions of Raja Farzand Ali, Subadar Ranjit Singh, and Bisheshar Parshad.

Hence no estate and succession under this head.

No. 152.

MUSAMMAT SAHIB-UN-NISA, (*widow of Chaudhri Muhammad Husain*), *Shaikh, Taaluqdar of Kharka.*

NINE hundred years ago, the original ancestor of this family accompanied Hazrat Sahu Salar from Ghazni to the province of Oudh, and compelling its former *Bhar* proprietors to surrender, took possession of mauza Kharka, which at the time consisted of waste uncultivated land. About two centuries after, his descendant, Karm Ali, built on this site the village Kharka, after which the present *ilaqa* is called. Additions and improvements made to the estate from time to time by following generations raised the *ilaqa* ultimately to the status and importance of a taaluq in the province, the *sanad* of which was granted by Government to Karm Ali, paternal uncle of the deceased husband of this Musammat. From subsequent informations received (in fasli year 1265) however, Karm Ali being convicted of complicity in the mutiny of 1857, was superseded in favour of the nephew, in whose name a fresh settlement was made. The present owner represents the estate as the surviving widow of the said nephew, Chaudhri Muhammad Husain.

Estate, 10 villages and 7 *pattis* in zila Bara Banki. Government revenue, Rs. 11,285-1-0. Primogeniture governs succession in the family.

No. 153.

MIR BUNYAD HUSAIN, *Sayyid, Taaluqdar of Bhanmau.*

THIS is an ancient house, having been founded about seven centuries ago, and the original possessions have remained in the family from that up to the present time. The British *sanad* of title was granted in the name of Aulad Husain, who died some time ago, leaving two sons—(1) the subject of this memoir, and (2) the taaluqdar next following.

Estate, 8 villages in zila Bara Banki. Government revenue, Rs. 4,745. Primogeniture governs succession.

MIR AMJAD HUSAIN, *Sayyid, Taaluqdar of Suhaipur, who owns*

Estate, 9 villages and 1 *patti* in zila Bara Banki. Government revenue, Rs. 8,637-12-6. The *gaddi* custom of inheritance holds in this family.

No. 154.

THAKUR DEB SINGH, *Sombansi, Taaluqdar of Sewajpur and Sakrau.*

THIS taaluqdar is eighteenth in descent from Raja Santan, who on the occasion of his going from Dehli to bathe in the Ganges founded the village of Santan-khera on a plot of waste land situated in kasba Sandi (zila Hardoi), and settled there. To Santan-khera he in time added further acquisitions. Sixth in descent from him was Raja Sahaj Rai, who went to reside in Sewajpur, a village which he erected himself. Eleventh from the Raja Sahaj Rai was Raja Dariao Singh, on whose death his property went to his widow. It was in the widow's name the summary settlement was made. The present taaluqdar was adopted by this last representative of the family.

Estate, 33 villages in zila Hardoi Sitapur. Government revenue, Rs. 18,923. The *gaddi* custom governs succession in this family.

No. 155.

BABU ASHRAJ SINGH, *Rajkumar, Taaluqdar of Meopur Dihlo, two-thirds share (held jointly with Lullu Singh, No. 95) of Sahrapur, and Meopur Sharakati.*

Vide Nos. 7 and 73. This is a collateral branch of taaluq No. 95.

Estate, 14 villages and 78 *pattis* in zilas Sultanpur and Fyzabad. Government revenue, Rs. 18,196-13-0. Primogeniture governs succession.

No. 156.

MUHAMMAD ZAMAN KHAN, MUHAMMAD SAID KHAN, *and* MUHAMMAD SULTAN KHAN, *Pathans, Taaluqdars of Amawan.*

NUR-UD-DIN and Mustafa Khan came to the province as followers of the celebrated Mahmud of Ghazni, and obtained the appointment of Munshi, and also the pargana of Salon, where they built two villages and called them after their respective names—Nuruddinpur and Mustafabad. During the reign of Sultan Ibrahim came in their family Muhammad Khan, who (in Hijri 603) founded a village on waste lands received by him in return for services rendered to the Emperor, and after himself called it Amawa. Hence the name of the present taaluq. This last, in addition to Amawa, comprises several other villages built or acquired by the same founder. Generations after came Abdul Hakim Khan, whose title received the recognition of Government *sanad*. To these succeeded the present representatives.

Estate, 22 villages in zila Rae Bareli. Government revenue, Rs. 13,768. Succession governed by primogeniture.

No. 157.

ZULFIQAR KHAN, KARAM ALI KHAN, ASAD ALI KHAN, *and* SHAHAMAT KHAN, *Pathans, Taaluqdars of Pahramau.*

ABOUT 675 years ago, Hingan Khan, who had accompanied Emperor Shahab-ud-din Ghori on a successful expedition against the *Bhars*, obtained the imperial gift of certain grants forming the original basis of this estate, and also the title of Diwan. His descendants, availing themselves of opportunities from time to time, built other villages on waste lands acquired by them, and, during the reign of Emperor Akbar, consolidated the whole into the present taaluq, which has since been retained in the family. The *sanad* in later days was granted by Government to the present taaluqdars.

Estate, 17 villages in zila Bara Banki. Government revenue, Rs. 7,271. Succession governed by primogeniture.

No. 158.

THAKUR BHAGWAN BAKHSH, *Bais, Taaluqdar of Udraira and Kasmaura.*

Vide No. 4. This forms a branch of taaluq No. 26. It was separated from the Korisadauli estate by Raghunath Singh, founder of this house. Government *sanad* of this taaluq was given to Thakurain Gulab Kunwar, after whom came the present representative.

Estate, 18 villages in zilas Lucknow and Rae Bareli. Government revenue, Rs. 15,259. The *gaddi* custom governs succession in this family.

No. 159.

MUSAMMAT MITHAN KUNWAR (*widow of Balbhaddar Singh*), *Janwar, Taaluqdar of Pahrauli and Mendauli.*

ABOUT two and a half centuries ago Ugr Sen and Nirand Sah came from Makowna, in zila Bahraich, and were appointed Seghedars of pargana Kheron, obtaining at the same time, under orders from Emperor Timur Shah, the proprietary gift of villages Mirzapur, &c., and the title of "Chaudhri." About thirty-five years ago their descendant, Raghunath Singh, received from the Oudh Government a grant of village Pahrauli (after which the present taaluq is called), together with other estates and the appointment of kanungo. The taaluqdari settlement was also subsequently made in his favour. He was afterwards succeeded by his son, Balbhaddar Singh, and he in his turn left the property to his widow.

Estate, 22 villages in zila Rae Bareli. Government revenue, Rs. 17,017. Primogeniture governs succession.

No. 160.

RAI RAMDIN BAHADUR, *Kurmi, Taaluqdar of Paila, Sukheti, Nowapur, and Muhammadabad. Title of "Rai" personal.*

To Rai Tularam, father of the above, for loyal services to Government during the mutiny of 1857, was granted the *ilaqa* which previously formed part of the forfeited estate of the rebel Raja Lone Singh, taaluqdar of Metauli. Since his death the present owner has been in possession.

Estate, 15 villages in zila Kheri. Government revenue, Rs. 10,180. Succession governed by primogeniture.

No. 161.

BABU SITLA BAKHSH SINGH, *Thakur, Rajkumar, Taaluqdar of Nanamau, Ramgarh, Dhandupur, Mirpur, Saraiyan, and Nanamau.*

Vide No. 7. Harkarn Deo, descended from Ishri Singh, was the founder of this possession.

Estate, 34 villages and 29 *pattis* in zilas Sultanpur and Fyzabad. Government revenue, Rs. 16,032-6-0. *Gaddi* custom governs succession.

No. 162.

JAHANGIR BAKHSH KHAN, *Bachgoti, Khanzada, Taaluqdar of Gangeo, Bahmarpur, Sumdabad, and Shahpur.*

Vide No. 9. This taaluqdar has inherited the property from Wazir Khan, who was descended from Tiloke Chand, *alias* Tatar Khan, and founded this separate branch of the family.

Estate, 23 villages and 4 *pattis* in zilas Sultanpur and Fyzabad. Government revenue, Rs. 11,953-12-0. Primogeniture governs succession.

No. 163.

KAMPTA PRASAD *and* BISHUN NATH SINGH, *Rajkumar, Taaluqdars of Bhadaiyan, Fazilpur, and Deoribirapur.*

Vide No. 7. Prithi Pat, a descendant of Ishri Singh, acquired this property, and since then it has been in the possession of his family, now represented by the present owner.

Estate, 48 villages and 19 *pattis* in zila Sultanpur. Government revenue, Rs. 23,646-8-3. Primogeniture governs succession.

No. 164.

SRIPAL SINGH, *Kanpuria, Taaluqdar of Baroha.*

Vide No. 12. The separate existence of this taaluq dates from its assignment to Shiu Prasad Singh (a descendant of Raj Sah) by Barjor Singh, referred to in No. 80. The present taaluqdar comes third in descent from Shiu Prasad Singh.

Estate, 13 villages in zila Sultanpur. Government revenue, Rs. 8,545-14-0. *Gaddi* custom governs succession.

No. 165.

MUSAMMAT ILAHI KHANAM, *Bachgoti, Khanzada, Taaluqdar of Maniarpur, Maniarpur Pali and Pali, Hissa (part).*

Vide No. 9. Hyat Khan, born in the family several generations after Tiloke Chand, *alias* Tatar Khan, was the founder of this estate. In later days came Basawan Khan, who was succeeded by the Bebi Soghra, a daughter by his first wife. After her came Akbar Ali (son of her father by his second wife), whom she had adopted and whose widow above is at present in possession.

Estate, 75 villages and 6 *pattis* in zilas Sultanpur and Fyzabad. Government revenue, Rs. 37,646-4-0. *Gaddi* custom governs succession.

No. 166.

IMTIYAZ FATIMA *and* BHAGBHARI, *Shaikh, Taaluqdars of Gopamau and Barmhaula.*

SHAIKH RAHIMULLA (Siddiki Ispahani) came to Delhi during the reign of Emperor Timur Shah, and was appointed Sipahsalar and Risaldar in the army. His descendant Niamut-ulla was nominated kanungo of pargana Gopamau in the days of Emperor Humayun, and he was the founder of Siria Siddiki. The present taaluq was originally constituted out of a gift of several villages which Emperor Alamgir bestowed on Shaikh Muhammad Sayyid, lineally descended from the said Niamat-ulla.

The villages of Gopamau came into existence about eight centuries ago and was originally called Gopimau from the founder Raja Gopi Nath. The present name, Gopamau, is a mere modern corruption.

Estate, 7 villages and 3 *pattis* in zilas Hardoi and Sitapur. Government revenue, Rs. 5,387. Succession governed by primogeniture.

No. 167.

Babu Hanuman Bakhsh Singh, *Sombansi, Taaluqdar of Domipur.*

This is an estate of 600 years' standing. A full account of its original founder, Raja Bir Sibti, is given in No. 11. The subject of this notice is a descendant of his.

Estate, 50 villages in zila Partabgarh. Government revenue, Rs. 17,797-6-3. *Gaddi* custom of succession holds in this family.

No. 168.

Babu Hardat Singh, *Sombansi, Taaluqdar of Prithiganj.*

This is also an estate of six centuries' standing. The above taaluqdar is a descendant of Raja Bir Sibti (*vide* No. 11).

Estate, 33 villages in zila Partabgarh. Government revenue, Rs. 12,660. *Gaddi* custom of succession holds in this family.

No. 169.

Ude Narain Singh, *Kalhans, Taaluqdar of Bahmnipair.*

Vide No. 33. Raj Gonda at one time formed an integral part of this possession, but subsequently it ceased to do so, and the present estate alone continued in the possession of the ancestors, from whom comes the subject of this memoir. Government *sanad* of the taaluq was granted in the name of Rani Sarfaraz Kunwar, the predecessor of the present representative.

The village of Pair proper is in possession of the descendants of *birtdars.*

Estate, 104 villages and 1 *patti* in zila Gonda. Government revenue, Rs. 21,618-12-0. *Gaddi* custom of succession holds in this family.

No. 170.

Achol Ram, *Kachwaha, Taaluqdar of Birwa.*

One Pratab Mal Singh (from zila Gorakhpur) came to the province of Oudh and settled in Gauhani, a village situated in pargana Daksar. His descendants, about a hundred and seven years ago, received this estate for their share as relatives of the owners of Raj Gonda.

The latest representative of the family, Bhaia Prithipal, died without male issue, and was succeeded by his daughter, Thakurain Brijraj Kunwar. On the death of her husband the present taaluqdar came into possession.

Estate, 84 villages and 4 *pattis* in zila Gonda. Government revenue, Rs. 31,965-12-0. *Gaddi* custom of succession holds in this family.

No. 171.

MIRZA FAIAZ BEG, *Mogul, Taaluqdar of Baragaon.*

THE present taaluqdar holds this property under a testamentary disposition made by the late Mirza Abbas Beg, who during his life obtained the gift of this taaluq (originally forming part of the forfeited estate of the Raja of Metowli) for services rendered to Government during the mutiny. The deceased testator was an Extra Assistant Commissioner in the province, and held a somewhat distinguished position in society. Having earned and obtained his pension and also some recognition of his loyal services, Mirza Abbas Beg went to England to educate his nephews. He died some time after his return from Europe.

The surviving daughter of the late Mirza has also an interest in the profits of the ilaqa.

Estate, 7 villages in zila Sitapur. Government revenue, Rs. 6,183. Primogeniture governs succession.

No. 172.

BIJAI BAHADUR SINGH, *Bandelgoti, Taaluqdar of Shahgarh.*

THIS estate is a branch of taaluq (No. 8) Garh Amethi. Raja Bikram Sahi (from whom this taaluqdar claims descent) and the ancestor, Raja Madho Singh, were brothers. On the latter separating from the family, the present taaluq was allotted to him as his share. In later days its *sanad* was granted by Government to Babu Balwant Singh, on whose death came into possession the subject of this notice.

Estate, 19 villages and 2 *pattis* in zila Saharanpur, Government revenue, Rs. 10,292-2-0. *Gaddi* custom of succession holds in this family.

No. 173.

MIR AHMAD JAN, *Pathan, Taaluqdar of Raghpur.*

THIS taaluq, formerly belonging to Raja Shiudas Singh of Chandapur, was forfeited to Government for the offence of concealing guns within his possession, and it was given in reward to Jafar Ali Khan, *Kumadan,* for loyalty shown to Government during the mutiny. After the latter succeeded the present taaluqdar.

Estate, 2 villages in zila Rae Bareli. Government revenue, Rs. 2,530. Primogeniture governs succession.

No. 174.

Mahip Singh (*son of Ranjit Singh*), *Sengar, Taaluqdar of Kantha.*

About 468 years ago (in the reign of Emperor Timur Shah), one Gopal Singh went to the province of Oudh. His descendant, Jaskarn Singh, killed in battle with the Lodhas, left behind him two widows, who were shortly after delivered of three posthumous sons, Askarn, Garbhu Singh, and Asaram. These in later days recovered possession of their ancestral estate from the Lodhas, and since then it has remained with the family.

Other separate co-sharers of the estate in the family proving disloyal during the mutiny were punished with the forfeiture of their possessions, which in turn were given as reward to Ranjit Singh for faithful services rendered to Government at that critical time. Ranjit Singh also received the taaluqdari *sanad*. He was succeeded by the present owner, his son.

Estate, 9 villages and 6 *pattis* in zila Unao. Government revenue, Rs. 7,609-14-0. Primogeniture governs succession.

No. 175.

Sultan Singh, *Chandel, Taaluqdar of Galgalha, Mazra Piparkhera.*

Umrao Singh, father of the above, was a co-sharer in this ancient estate, which belonged to the Thakur Chandels. The other shares became forfeited to Government owing to the part taken by their owners during the mutiny, and were subsequently granted, in recognition of loyalty displayed by him in those days, to the said Umrao Singh, who became owner of the whole *ilaqa*. He was succeeded by the present taaluqdar.

Estate $6\frac{1}{2}$ villages and 26 *pattis* in zila Unao. Government revenue, Rs. 12,513-10-3. Succession governed by primogeniture.

No. 176.

Newazish Ali, *Shaikh, Taaluqdar of Ambhapur and Partabganj.*

About five hundred years ago Makhdum Kazi Kidwa came from Constantinople, and by the Emperor of Delhi was nominated the *Qazi* in the province of Oudh. He received an imperial grant of 52 villages comprised in the well-known Kidwara estate in zila Bara Banki. His eighth descendant, Shaikh Amir-ulla, married a daughter of Ali Muhammad (kanungo of pargana Hisampur), and from the latter obtained the taaluq above. The present owner is descended from Amir-ulla.

Estate, 36 villages and 24 *pattis* in zilas Bahraich and Bara Banki. Government revenue, Rs. 18,024-7-7. *Gaddi* custom of succession holds in this family.

No. 177.

PANDE SARABJIT SINGH, *Brahmin, Taaluqdar of Asdamau.*

THIS taaluq originally belonged to Thakurs of the Bisen clan, and about 43 years ago was purchased by Man Singh, paternal grandfather of the above. The said Man Singh and his son, Pande Bahadur Singh, held appointments of *chakladars* in Oudh. The present owner holds possession as son-and-heir of the said Bahadur Singh.

Estate, 14 villages and 11 *pattis* in zila Bara Banki. Government revenue, Rs. 11,087-2-7. *Gaddi* custom of succession holds in this family.

No. 178.

SHEKH INAYAT-UL-LAH, INAM-UL-LAH, *and* IKRAM ALI, *Taaluqdars of Saidanpur.*

IN 836 Hijri, during the reign of Emperor Jalal-ud-din Ghori, this *ilaqa* was bestowed on Sayyid Muhammad Ibrahim in recognition of services rendered by him in the expulsion of the *Bhars.* His descendants continued to hold the estate, the Government *sanad* of which was afterwards granted to Shaikh Latafat-ullah and Shaikh Vijahat-ullah, brothers, predecessors of the present owners.

After the death of these taaluqdars and in the seventeenth generation from Muhammad Ibrahim, Shaikh Inayat-ullah succeeded Shaikh Vijahat-ullah and Imam-ullah and Ikram Ali succeeded Shaikh Latafat Ali in possession of the estate.

Estate, 13 villages and 3 *pattis* in zila Bara Banki. Government revenue, Rs. 2,590-2-6. Custom in the family regulates succession in default of testamentary disposition.

No. 179.

MIR FAKHR-UL-HUSAIN, *Sayyid, Taaluqdar of Banouhrah.*

ABOUT seven centuries ago, Makhdum Shah Adil Malik accompanied Shah Ibrahim and Shah Husain (sons of Emperor Sultan Ibrahim Shurki) from Jaunpur to Rae Bareli, and for help rendered by him in a successful expedition against the *Bhars,* as also for founding the village Bareli, where formerly was a *jungle,* was rewarded by the Emperor of Delhi with the gift of 12 villages, Bibipur, Mubarikpur, &c., in muafi, and his son Sayyid Akbar-ud-din was granted the appointment and dignity of a Qazi. At a change of succession to the Delhi throne the muafi was resumed, but subsequently Mir Haidar Husain and Mir Karamat Husain of this family, who for some time had held the appointment of Nizam under the imperial *régime,* acquired from it proprietary right of this estate.

The present ilaqa dates from the said acquisition. Ultimately the Government settlement was made in the name of the present proprietor.

Estate, 9 villages in zila Rae Bareli. Government revenue, Rs. 5,499. Succession governed by the law of primogeniture.

No. 180.

SUBHAN AHMAD, *Newali, Taaluqdar of Azizabad.*

SHAIKH MUHAMMAD BACHU, who was by birth a Hindu *Kayesth*, became a convert to the religion of the Prophet in 1117 fasli, and in the same year he bought the village of Kamalpur from Sayyid Miran Saiad. About six years afterwards he also acquired by purchase village Azizabad, and gradually made many additions and improvements to his property.

Estate, 18 villages in zila Rae Bareli. Government revenue, Rs. 7,010. Succession regulated by primogeniture.

No. 181.

MIR ZAFAR MEHDI, *Sayyid, Taaluqdar of Alinagar.*

SAYYID MUHAMMAD ZAKARIA, founder of this house, obtained from Emperor Muhammad Toghlak a gift of the entire estate comprised in taaluq Jarwal, originally belonging to its refractory Raja. To this acquisition Ali Taki, the eighth in descent, subsequently added Alinagar. Third in generation from Ali Taki came the present owner of the property.

Estate, 18 villages and 17 *pattis* in zila Bahraich. Government revenue, Rs. 8,359-11-4. Primogeniture governs succession.

No. 182.

MIR KAZIM HUSAIN, *Sayyid, Taaluqdar of Werakazi.*

SEVERAL generations after Sayyid Mahmud Shah came Sayyid Safdar Husain, who married a daughter of Ahmad Ali Khan, taaluqdar of Jarwal. In 1236 fasli he received the possession above from the estate of the latter, and from him is descended the subject of the present notice.

Estate, 16 villages and 18 *pattis* in zila Bahraich. Government revenue, Rs. 10,201-5-8. Succession regulated by primogeniture.

No. 183.

SAYYID RAMZAN ALI, *Taaluqdar of Unao.*

ABOUT 750 years ago, Thakur Unwant Singh, of the Bisen clan, resident of Kunauj, was sent by the ruler of Kunauj to this province. He founded Unao village and took up his residence there; he founded other villages, and thus gradually became possessor of the whole pargana Unao. Baha-ud-din, a descendant of Sayyid Abul Krash, a native of city Wasti, however, killed Unwant Singh in revenge for the death of his father, which occurred by the hands of Unwant Singh in a battle at Kanauj. For this act the King of Delhi bestowed Unao (by which the whole taaluqa is known) and other villages on Baha-ud-din as a jagir. This taaluqa dates from this time. The ancestors of the present taaluqdar improved the estate by founding fresh villages and purchasing others. The English Government conferred a *sanad* in 1264 fasli on Chaudhri Dost Ali, the late proprietor, with whom also the settlement was effected. On Dost Ali's death Sayyid Ramzan Ali was declared heir by a Court of justice.

Estate, 4 villages and 4 *pattis* in zila Unao. Government revenue, Rs. 8,556-8-0. Primogeniture governs succession.

No. 184.

BABU BAJRANG BAHADUR SINGH, *Sombansi, Taaluqdar of Baispur.*

THIS taaluq is of six centuries' standing. The original founder of the family was Bir Sibti, whose account is set forth in No. 11, and from whom descends the present nobleman.

Estate, 29 villages in zila Partabgarh. Government revenue, Rs. 14,915. *Gaddi* custom governs succession.

No. 185.

GIRDHARI SINGH (*younger brother of Kunwar Bhagwant Singh*), *Kayesth, Taaluqdar of Gokulpur, Aseni, and Bhaisoura.*

THIS taaluq is called after village Aseni, originally built by a Brahman named Askaran. Askaran's descendant, Chaudhri Bhagwan Das, sold it to Kunwar Bahadur Singh, a predecessor of the present taaluqdar, and since then the estate has been in the possession of the family.

Estate, 10 villages and 5 *pattis* in zilas Lucknow and Bara Banki. Government revenue, Rs. 9,201-0-9. Succession regulated by primogeniture.

No. 186.

Mansab Ali, *Shaikh, Taaluqdar of Saidaha.*

This taaluq originally formed part of the ancient mauza of Dewa, and the ancestors of the present taaluqdar were formerly known as the taaluqdars of Dewa. In course of time it subsequently passed into the hands of the Hindu Bais clan, whose last representatives in the possession were Thakurs Kirat Singh, &c. From these, in fasli 1257, Saidahar taaluq, with certain other villages, reverted to this Shaikh family in the person of Bu Ali, from whom lineally comes the present owner. The said Bu Ali was a descendant of the female portion of the family, and obtained possession under order from Colonel Sleeman. Taaluqs Nos. 199 and 237 are from this estate.

Estate, 4 villages and 2 *pattis* in zila Bara Banki. Government revenue, Rs. 2,919-12-0. Succession governed by primogeniture.

[*Note.*—This taaluq has since been sold.]

No. 187.

Sita Ram, *Khattri, Taaluqdar of Bhagupur (Bissaindih) and Tikar Tikur.*

Zemindari Bhagupur was mortgaged in fasli 1244 to Kanahia Lal, father of the above taaluqdar, who for loyal services rendered during the mutiny received from Government the gift of ilaqa Tikra Tikur. Bhagupur has since been redeemed by the mortgagors, leaving to the present taaluq the property of Bissaindih (an old possession of the family) and Tikra Tikur only.

Estate, 9 villages and 9 *pattis* in zila Sitapur. Government revenue, Rs. 7,456-13-0. Succession governed by primogeniture.

No. 188.

Mir Muhammad Abid, *Sayyid, Taaluqdar of Purai.*

In the Hijri year 588 (during the reign of Emperor Sultan Shahab-ud-din Ghori) Sayyid Muhammad Saleh came from city of Kirman to Jaunpur and had an audience of the Emperor. He obtained a subsistence gift of village Bhuli. On his death, his son, Sayyid Muhammad, applied to and obtained from the Emperor eight villages, with the title of Khan. After several generations, about three hundred years ago, Muhammad Mah purchased Purai *Khas*, by which name the taaluqa was established. Since then the taaluq has descended in the possession of the predecessors of the taaluqdar, who is now its owner and manager.

Estate, 6 villages and 8 *pattis* in zila Bara Banki. Government revenue, Rs. 8,067. Primogeniture governs succession.

No. 189.

MUHAMMAD AMIR *and* GULAM ABBAS, *Shaikh, Ansari, Taaluqdar of Shahabpur.*

THIS is an estate of seventy years' standing. The ancestors of the present taaluqdar, by purchase and mortgage, came to the possession of villages Faizullaganj, Shahabpur, and Fattei Sarai, from Raja Razak Bakhsh, proprietor of taaluq Jahangirabad, whose present representative is Raja Farzand Ali Khan, and they incorporated these acquisitions with the taaluq.

Estate, 5 villages and 3 *pattis* in zila Bara Banki. Government revenue, Rs. 8,163-13-0. Primogeniture governs succession.

No. 190.

GULAM KASIM KHAN, *Bisain (Khanzada), Taaluqdar of Usmanpur.*

ABOUT four hundred years ago Kaunsal Singh, in the reign of Emperor Humayun, received the gift of pargana Sidhaur for services rendered in subduing the *Bhars*. He was at the time childless. Seeing no prospect of having an heir to his possessions, he one day consulted a *fakir*, who blessed him and assured him of the birth of two sons, one of whom should be made over to the faith of the Prophet. In the fulfilment of this promise were born to him in course of time two sons, Lakhan Singh and Bhajan Singh, the former of whom became a Muhammadan and was renamed Lakhu Khan. His descendants, about a century and half afterwards, were Himmat Khan and Ghazaffar Khan, and among these a partition of the taaluq was made. Ghazaffar Khan received as his share Usmanpur. In later days Munawar Khan succeeded to the taaluq, and on his death his widow, Zahur-ul-nisa. After the latter succeeded Roshan Zama Khan, who, however, by a Home decision in appeal, was dispossessed, the case being adjudged in favour of Ali Bahadur Khan, nephew of Munawar Khan. Ali Bahadur, after his death, was succeeded by Ghulam Kasim Khan, who also has died since this memoir was written. His son, Muhammad Ibrahim Khan, (aged about ten years) and his widow, Musammat Rasul-ul-nisa, are now owners of this taaluq, three-fourths of which, however, are in possession of Raja Farzand Ali Khan by right of transfer or assignment.

Estate, 21 villages and 4 *pattis* in zila Bara Banki. Government revenue, Rs. 16,105. *Gaddi* custom governs succession.

No. 191.

IHSAN RASUL (*son of Chaudhri Inayat Rasul,*) *Shaikh, Taaluqdar of Amirpur.*

DURING the reign of Sultan Muhammad of Ghazni (421 Hijri) Sayyid Hassan Raza accompanied Sayyid Salar Masud Ghazi to this province in an expedition against the *Bhars*, and obtained in gift the *Bhar* possessions of village Amirpur and others, which was the foundation of the present estate. Subsequently the title of "Chaudhri" was conferred on this family by the Emperor of Delhi. Taaluqdari *sanad* from Government was granted in he name of Inayat Rasul, father of the present owner.

Estate, 6 villages and 8 *pattis* in zila Bara Banki. Government revenue, Rs. 7,018-14-0. Primogeniture governs succession.

No. 192.

NAZIR HUSAIN, *Sayyid. Taaluqdar of Ahmamau and Garhi Chatana.*

TAALUQ AHMAMAU, after which this estate is named, was formerly in the possession of Darogha Wajid Ali under *ticca* (lease), and its proprietorship was confirmed to him by the British Government in recognition of loyal services rendered during 1857. Subsequently, with the money received by him in gift from Government, he acquired the other possessions now included in the taaluq. After the Darogha's death the present owner came to the inheritance.

Estate, 10 villages and 3 *pattis* in zilas Lucknow and Bara Banki. Government revenue, Rs. 10,513-13-7. Primogeniture governs succession.

No. 193.

BABU BALBHADDAR SINGH, *Sombansi, Taaluqdar of Sujakhor.*

THIS estate is about six centuries old, and the founder of the family, to which belongs the taaluqdar above, was Bir Sibti, whose history is given in full in No. 11.

Estate, 48 villages in zila Partabgarh. Government revenue, Rs. 12,965. *Gaddi* custom governs succession.

No. 194.

UMED SINGH, *Bachgoti, Taaluqdar of Iasanpur.*

Vide Nos. 7 and 40. This taaluqdar is a descendant of Chakr Singh.

Estate, 15 villages in zila Partabgarh. Government revenue, Rs. 4,185. Primogeniture governs succession.

No. 195.

THAKUR ARJUN SINGH *and* MAHESH BAKHSH, *Bais, Taaluqdars of Patan-Bihar.*

Vide No. 4. This taaluqdar by regular succession represents Bakht Bahadur (descended from Karn Rai), who received the taaluq above as his share of an ancestral estate at a family partition of it.

Estate, 25 villages and 1 *patti* in zila Unao. Government revenue, Rs. 14,820. Succession by family custom in default of testamentary disposition.

No. 196.

BABU MADHO SINGH, *Kanpuria, Taaluqdar of Nuruddinpur.*

THE family history of this taaluqdar will be found in No. 12. Five centuries ago Bahadur Singh adopted one Jorawan Singh, youngest son of Raja Kalyan Singh, and put the latter in possession of his estate. Jorawan Singh made improvements to the ilaqa and went to reside at Nuruddinpur. Sixth in descent from him came Babu Dhan Singh, who, having no issue, adopted his own nephew, Jageshar Bakhsh. After his death succeeded his widow, Thakurain Kadam Kunwar. From her eventually came to the inheritance the subject of the present notice.

Estate, 21 villages in zila Rae Bareli. Government revenue, Rs. 12,103. *Gaddi* custom of succession holds in this estate.

No. 197.

BHAYA AUTAR SINGH, *Surajbans, taaluqdar of Ranimau.*

Vide No. 25, of which this is a branch. The present taaluqdar is descended from the family of Gulal Shah, who about two centuries ago founded this separate estate. His title received the recognition of Government at the settlement.

Estate, 11 villages and 5 *pattis* in zila Bara Banki. Government revenue, Rs. 7,994-4-0. *Gaddi* custom of succession prevails.

No. 198.

Bhaya Har Ratan Singh, *Bisain, Taaluqdar of Majhgawan and Aurah Dih.*

Vide No. 5. This taaluqdar, who had been a small zemindar for some time past, obtained the proprietorship of the present taaluq for his good and loyal services to the State during the mutiny, and was raised to the status and position of a taaluqdar in the province.

Estate, 22 villages and 17 *pattis* in zila Gonda. Government revenue, Rs. 4,712. Family custom regulates succession in default of testamentary disposition.

No. 199.

Riasat Ali, *Shaikh, Taaluqdar of Shaikhpar, zila Bara Banki.*

This is a branch of taaluq No. 186, where a full account of its history will be found. The greater part of the property has since been sold, and the present taaluqdar has only a small remnant of it for his support.

Estate, *nil.*

No. 200.

Musammat Kutub-un-nisa, *Shaikh, Taaluqdar of Gauriya Kalan.*

Shah Rafi-ud-din came from Medina and settled in Dehli. During the reign of Emperor Babar Shah, in response to a call made on him by the Shaikh Ansaris, he went to Oudh. In the year 1003A.D. he contracted a marriage in the family of Malik Yusuf, commanding the troops of Sayyid Massaud. In descent from him came Shaikh Nizam and Shaikh Tahir, the former of whom founded Nizampur and the latter Tahirpur. On Shaikh Tahir's appointment as a pargana kanungo he acquired the proprietary right of village Gauraia, and by adding it to the property he had then, he laid the foundation of the taaluq which comprises the present estate. The Musammat above now holds it by inheritance from her deceased husband, Jahangir Baksh.

Estate, 4 villages in zila Lucknow. Government revenue, Rs. 3,270. Primogeniture governs succession.

No. 201.

Nisar Ali Khan, *Bhatti, Taaluqdar of Neora, pargana Bassaudhi.*

During the reign of Emperor Ala-ud-din Ghori (588 fasli), Imam Zabar Khan and Mustafa Khan, formerly residents of Bhutmar, accompanied Subahdar Tatar Khan to taaluq Bassaudhi on an expedition for the chastisement of the *Bhars*. The success of the mission was followed by the gift of pargana Bassaudhi and Mowai to Zabar Khan, whose descendants, Munna Jan and Kale Khan, subsequently succeeded to the inheritance of Mowai and Bassaudhi respectively. Government *sanad* of this taaluq was granted in the name of Sher Khan, paternal uncle and predecessor of the present taaluqdar, who comes from the said Kale Khan. The taaluqdar No. 240 comes from this family.

Estate, 1 village and 13 *pattis* in zila Bara Banki. Government revenue, Rs. 4,711-4-0. *Gaddi* custom governs succession.

No. 202.

THAKURAIN DARYAO KUNWAR, *Thakur, Rajkumar, Taaluqdar of Garabpur.*

Vide No. 7. This taaluq dates from Garab Deo, a descendant of Ishri Singh, and its present owner comes in lineal descent from the former.

Estate, 30 villages and 7 *pattis* in zila Sultanpur. Government revenue, Rs. 8,406-8-6. Primogeniture governs succession.

No. 203.

DAYA SHANKAR, *Brahmin (Bajpai), Taaluqdar of Kardaha Luhraman.*

THE ancestor of this taaluqdar, who enjoyed the favour of the provincial Government of his time, held during the life the appointments of Nazim and Chakladar, and the present estate was purchased by the predecessors of the present representative. He also received accession to his property in consequence of one of his co-sharers dying without issue. Government *sanad* was granted in the name of the present taaluqdar.

Estate, 6 villages and 5 *pattis* in zila Unao. Government revenue, Rs. 8,345. Succession by custom in the family in default of testamentary disposition.

No. 204.

JAGESAR BAKHSH, *Kanpuria, Taaluqdar of Bhowan-Sahpur.*

Vide No. 12. Bhowan Sah (descended from Rahas) established the original village of Bhowansahpur and laid the foundation of the taaluq bearing that name. In 1220 fasli Majhgawan was added to the estate as a "blood compensation" granted by the Oudh Government for the death of Babu Driguj Singh, a descendant of his. In later days Government *sanad* was issued in the name of Sitla Baksh, after whom came into possession the subject of this memoir.

Estate, 12 villages in zila Sultanpur. Government revenue, Rs. 5,913-0-11. *Gaddi* custom governs succession.

No. 205.

THAKUR FATEH MUHAMMAD, *Shaikh, Kairati, Taaluqdar of Tipraha.*

LONG ago Mianji from Egypt obtained the appointment of tahsíldar of pargana Bahraich under a former Subahdar of Oudh, and for distinguished services rendered by him the village of Tipraha, formerly belonging to a Brahman zemindar named Chaturbhuj, was granted to his son, Shaikh Sahi. Salar Baksh, a subsequent descendant, made improvements to the estate, which has been in the family ever since.

Estate, 14 villages and 1 *patti* in zila Bahraich. Government revenue, Rs. 6,010. *Gaddi* custom governs succession.

No. 206.

THAKUN NIRMAN SINGH, *Gaur, Taaluqdar of Inchapur, Omri, and Simra.*

INCHAPUR, from which the taaluqa takes its name, originally belonged to the Sayyids of Jarwal. In 1248 fasli, Zafar Mehndi and others, who were the Sayyids of Jarwal, sold it to Sarabjit Singh, the father of the present taaluqdar, with other villages. This taaluqa, therefore, is of a recent date.

Estate, 6 villages and 3 *pattis* in zilas Gonda and Bahraich. Government revenue, Rs. 5,633-11-4. *Gaddi* custom governs succession.

No. 207.

FATEH BAHADUR KHAN, *Bharthawan, Khanzada, Taaluqdar of Bahowa.*

THIS nobleman is from Raja Karn, who traced his descent from Raja Bikramaditya, and the taaluq forms part of an estate which was bestowed in *damadi* (portion of a son-in-law) by the said Raja Karn about seven centuries ago. The descendants of Raja Karn are called Gadewah Thakurs, but the branch of his house coming from his later generation, Awotaz Singh (who, repairing to Delhi, embraced the Moslem faith and assumed the name of Khan Azim Khan) are known as Pathans, and this taaluqdar comes from this family.

Estate, 11 villages in zila Rae Bareli. Government revenue, Rs. 10,374. *Gaddi* custom governs succession.

No. 208.

SAGU NATH KUNWAR *and* KHARAK KUNWAR, *Bachgoti, Taaluqdars of Dasarathpur.*

Vide Nos. 7 and 40. This taaluq is derived from No. 60.

Estate, 15 villages in zila Partabgarh. Government revenue, Rs. 8,285. *Gaddi* custom governs succession.

No 209.

KALKA BAKSH *and* WIDOW *of Ganga Baksh Janwar, Taaluqdars of Ramkoti and Hajipur.*

DURING the reign of Emperor Alamgir, pargana Ramkoti (after which this estate is called) passed on lease into the hands of Kalyan Mal, ancestor of the taaluqdars heading this notice, but it subsequently ceased to be in the possession of his family. At a later period the said ilaqa reverted to his descendants in the person of his great-grandson, Fauji Singh, who, as adopted son of Sobha Rai (a Gaur and an after-lessee of same), succeeded the latter in possession. Fauji Singh acquired the right by granting kabuliat to the Oudh Government of the time, and after death was succeeded by his son, Hardeo Bakhsh, during the reign of Nawab Saadat Ali Khan. Hardeo Bakhsh, being childless, adopted Kalka Bakhsh, but after this adoption his son, Ganga Bakhsh, deceased, named in the heading, was born. In consequence of the then minority of the said Ganga Bakhsh, Government taaluqdari *sanad* was granted in the name of Kalka Bakhsh alone. In the late thirty years' settlement, however, the title of Ganga Baksh as a co-sharer received recognition. He has since died, and his widow is now in possession of his share of the inheritance. The photograph of Kalka Bakhsh alone is given in the present collection.

Estate, 15 villages and 5 *pattis* in zila Sitapur. Government revenue, Rs. 13,726-8-0. Family custom governs inheritance in default of testamentary disposition.

No. 210.

THAKUR JAGMOHAN SINGH, *Bais, Taaluqdar of Deogana (Girdharpur).*

Vide No. 4. Ahlad Shah (descendant of Harhar Deo), relinquishing his share of inheritance in estate Gaura Kasaiti,

No. 67, came to and settled in village Keratpur, which had been a muafi in the days of the Nawabi. His successor, Mardan Singh, (grandfather of the present owner) made considerable improvements to the property and raised his possessions to the status of a taaluq. Since then the ilaqa has remained in the family.

Estate, 12 villages in zila Rai Bareli. Government revenue, Rs. 6,531. Primogeniture governs succession.

No. 211.

JUGRAJ KUNWAR (*widow of Gauri Shankar*), *Kayesth, Taaluqdar of Hardaspur.*

ABOUT six centuries ago one Hardas (ancestor) founded Hardaspur (after which this estate is called) on a site at the time covered with *jungle.* The present taaluq represents a gradual development of that small village. Tenth in descent from Hardas came Baijnath, on whom was conferred the Government *sanad.* After the latter succeeded his son, Gauri Shankar, whose widow, heading this notice, is now in possession.

Estate, 9 villages in zila Rai Bareli. Government revenue, Rs. 8,853-4-0. Succession governed by law of primogeniture.

No. 212.

MAHPAL SINGH, *Thakur, Gautam, Taaluqdar of Parah.*

FOURTEEN generations ago, the founder of this house, Rai Sikandar Singh, during the imperial rule of Muhammad Ibrahim, came to the province of Oudh on an expedition against the *Bhars*, whom he defeated and subdued, and from whom he subsequently took possession of their estate. He then built a new village called, after his own name, Sikandarpur, and resided in it. Third in descent, Rai Khiyal Singh, removed the family residence to Parah, from which the present taaluq is formed.

Estate, 8 villages in zila Rae Bareli. Government revenue, Rs. 7,707. Family custom governs succession in default of testamentary disposition.

No. 213.

DARGAHI KHAN, *Bhale Sultan, Khanzada, Taaluqdar of Unchgaon, Bhadour, and Chak Doma.*

THIS is a branch of estate No. 53, and the present owner succeeded to it after the death of his predecessor, Nabi Bakhsh Khan, on whom was conferred the Government *sanad.*

Estate, 6 villages in zilas Sultanpur and Rae Bareli. Government revenue, Rs. 5,675-4-0. Primogeniture governs succession.

No. 214.

GAYADIN SINGH *and* SAHAJIT SINGH, *Rajkumar, Taaluqdars of Mudera.*

Vide No. 7. About six centuries ago, Judr Sah, ancestor, established the village of Mudera on a site originally covered with *jungle.* The taaluq bearing that name fell to the share of his descendant, Ganga Das, at an amicable partition of the family estate, and the Government *sanad* of it in later times was granted to Thakurain Brij Kunwar, after whom came the present taaluqdar.

Estate, 15 villages and 7 *pattis* in zila Fyzabad. Government revenue, Rs. 7,390. Primogeniture governs succession.

No. 215.

BABU SARABDUN SINGH, *Bilkheria, Taaluqdar of Autu and Amrupur.*

Vide Nos. 7 and 40. This taaluq is a branch of the number last named.

Estate, 5 villages in zilas Partabgarh and Sultanpur. Government revenue, Rs. 3,796. *Gaddi* custom governs succession.

No. 216.

FARZAND ALI KHAN, *Sayyad, Taaluqdar of Khatwara.*

THIS nobleman, formerly of Kora Jahanabad, was in command of a regiment during the Nawabi. At the siege of Baillie Guard he rendered valuable service to the British Government, and was rewarded with the gift of the taaluq above, which before formed part of the confiscated estate of Rana Beni Madho Singh. The recipient of the grant, however, has since caused the taaluq to be transferred to the name of his own son, Sayyid Ali.

Estate, 4 villages in zila Rae Bareli. Government revenue, Rs. 4,161. Succession governed by primogeniture.

No. 217.

BAKSHHI HAR PRASHAD, *Kayesth, Saksena, Taaluqdar of Lilauli.*

THIS taaluq, coming to the possession of Chattar Sen by purchase in the Hijri year 1214, gradually received accessions of possession and prosperity, and the ancestral predecessors of the nobleman above were marked favourites with the late Nawabs, under whose *régime* they also held the appointment of paymasters in the army. Chattar Sen adopted his nephew, who came in possession of the estate on the former's death, and who attained the Government *sanad* of title of the estate.

Estate, 8 villages and 3 *pattis* in zila Bara Banki. Primogeniture governs succession. Government revenue, Rs. 3,280.

No. 218.

SHIU RATAN SINGH, *Gamauha, Taaluqdar of Pinhona.*

THE family represented by this taaluqdar (and known to fame by the title of Rowths) comprises a section of the Thakur Bais stock and his estate is one of the oldest in the province. Bhyro Das is a descendant of Behar Sahi, the founder of the house, and the present taaluqdar comes from that family. This taaluq in former days comprised extensive possessions, but in consequence of various partitions from time to time has been reduced to its present limits.

Estate, 8 villages in zila Rae Bareli. Government revenue, Rs. 5,362-8-0. *Guddi* custom of succession holds in this family.

No. 219.

DAN BAHADUR SINGH, *Raikwar, Taaluqdar of Muhammadpur.*

Vide No. 43. This is a branch of taaluq Ramnagar-Dhamari. About four centuries ago Ram Das separated from the main house, and in a later generation Mardan Singh founded the village of Muhammadpur, (after which this estate is called, in commemoration of the name of Muhammad Shah, a fakir. The ilaqa has been in the family's possession in order of succession ever since.

Estate, 3 villages and 23 *pattis* in zila Bara Banki. Government revenue, Rs. 6,301-10-0. Primogeniture governs succession.

No. 220.

DRIG BIJAI SINGH, *Bachgoti, Taaluqdar of Athgawan.*

THIS is a branch of the Bachgoti family and estate, full account of which is given in Nos. 7 and 40.

Estate, 7 villages in zila Partabgarh. Government revenue, Rs. 2,140. Law of primogeniture regulates succession.

No. 221.

Fazal Husain (*adopted son of Chand Bibi*), *Ahban Muhammadan, Taaluqdar of Kotawra and Rampur Gokal.*

Full account of the house to which belongs the above is set forth in the following No. 262, of which it is a part. In 1234 fasli this taaluqa came in possession of Madar Bakhsh Khan and is called after the village Kotwara. Government *sanad* was granted to Chand Bibi, who adopted her grandson (daughter's son), heading this notice, and declared him heir.

Estate, 24 villages in zila Kheri. Government revenue, Rs. 8,590. *Gaddi* custom of succession holds in this family.

No. 222.

Muhammad Sher Khan, *Ahban Muhammadan, Taaluqdar of Raipur and Piparia.*

An account of this taaluqa is also given in No. 262, of which it is a part. Mauza Raipur (by which name this taaluqa is known) came in possession of Jalal-ud-din in 1209 fasli, and since then has been in possession of his heirs.

Estate, 15 villages in zila Kheri. Govenrment revenue, Rs. 6,470. Succession governed by primogeniture.

No. 223.

Mahpal Singh, *Kanpuria, Taaluqdar of Umrar.*

Vide No. 12. This taaluqdar comes in lineal descent from Sahas, a descendant of Raja Manik.

Estate, 6 villages in zila Partabgarh. Government revenue, Rs. 6,065. Primogeniture regulates succession.

No. 224.

Mir Ashraf Husain, *Sayyad, Taaluqdar of Kataria.*

About two years ago an ancestor of this taaluqdar purchased this estate, the Government *sanad* of which, in a later generation, was conferred on Mir Karamat Husain, whom the present owner succeeded.

Estate, 7 villages and 7 *pattis* in zila Fyzabad. Government revenue, Rs. 46,622. Primogeniture governs succession.

No. 225.

WASI-UZ-ZAMAN, *Shaikh, Taaluqdar of Mianganj.*

THIS *ganj* was established originally by Mian Elmas (Khoja Sarai), and after his death became Government nazul during the former administration of the province. In 1264 fasli, after British annexation, it was bestowed in gift on Bhawani Bakhsh, a Kayesth. Subsequent to the mutiny, the *ganj* became the property of one Moulvi Habib-ul-Rahman in return for his loyal services to the British Government in 1857. The Moulvi largely improved the gift. After his death the subject of the present memoir came into possession.

Estate, 7 villages and 8 *pattis* in zila Unao. Government revenue, Rs. 6,117-2-6. Primogeniture governs succession.

No. 226.

SHEO AMBAR SINGH, *Kanpuria, Taaluqdar of Rajpur.*

Vide No. 12. This taaluqdar is a lineal descendant of Sahas, who came from Raja Manik.

Estate, 9 villages in zila Partabgarh. Government revenue, Rs. 6,199. Succession governed by primogeniture.

No. 227.

SARDAR HIRA SINGH, *Sikh, Taaluqdar of Jamdan.*

THIS estate formed originally a part of the confiscated taaluq Chardah, and it was given to Sardar Jai Singh (a Khatri rais of the Panjab) in recognition of good and faithful services rendered during 1857. After his death succeeded the above.

Estate, 21 villages and 1 *patti* in zila Bahraich. Government revenue, Rs. 13,834-12-3. Primogeniture regulates succession.

No. 228.

SARDAR BAGHHALE SINGH, *Sikh, Taaluqdar of Bhangaha.*

THIS was originally a *Banjara* possession, but subsequently becoming a Janwar, property was amalgmated with the taaluq Bhinga. Later on it was confiscated by the British Government owing to the discovery of some guns that were concealed; it was afterwards conferred on Sardar Sher Singh (from whom comes the taaluqdar above) in reward for loyalty shown during the mutiny. Sardar Baghhale Singh came in succession to Sardar Sher Singh.

Estate, 5 villages and 2 *pattis* in zila Bahraich. Government revenue, Rs. 5,128-8-10. Succession regulated by primogeniture.

No. 229.

SARDAR ALI, *Sayyid, Taaluqdar of Sissai Salon (Ajitapur).*

SAYYAD MUHAMMAD SHAH, father of the above, was a commandant in the Oudh army, and he received a reward of this ilaqa in return for his services during the mutiny. At his death the present owner succeeded him. Since coming into possession, however, he has sold the taaluq of Lissai Salon to Sardar Hira Singh.

Estate, 5 villages and 2 *pattis* in zila Bahraich. Government revenue, Rs. 1,321. Primogeniture governs succession.

No. 230.

MUHAMMAD ALI KHAN *and* HUSAIN ALI KHAN, *Sayyad, Taaluqdars of Unchgaon.*

THIS is quite a modern taaluq created out of possessions held in inheritance by the predecessors of the present taaluqdar from a great number of years past. *Sanad* of it was granted by Government to Omad Ali, father of the present owner.

Estate, 5 villages in zila Unao. Government revenue, Rs. 3,250. Succession governed by law of primogeniture.

No. 231.

SHAMS-UN-NISSA, *Shaikh, Taaluqdar of Jasmara, Malikpur and Sarai Shaikh.*

THIS taaluq formerly belonged to Jaswant Rai and Daulat Rai, Chaudhris of Lucknow, and in 1258 fasli the mauza of Jaswarah after which this ilaqa is called, was purchased by Mozuffar Ali, the husband of the above, after whose death she came to the property.

Estate, 6 villages and 10 *pattis* in zilas Lucknow and Bara Banki. Government revenue, Rs, 5,724-8-9. Primogeniture regulates succession.

No. 232.

MUHAMMAD HUSAIN, *Shaikh, Siddiki, Taaluqdar of Ghazipur, Ganowra, and Gubri Khurd.*

THIS taaluq was the ancestral property of Ahmad Bakhsh, who came to Lucknow in the reign of Emperor Humayun Shah. It was granted as a dowry to Shaikh Kamyab (an employé under Muhammad Shah), who married a sister of Shaikh Abul Kasim of Lucknow, by whom the gift was made. The present taaluqdar is a descendant of the said Shaikh Kamyab.

Estate, 11 villages and 1 *patti* in zilas Lucknow and Bara Banki. Government revenue, Rs. 7,000. Succession governed by primogeniture.

No. 233.

MIRZA JAFAR ALI KHAN, *Shaikh, Taaluqdar of Behta and Dhaurahra.*

THIS member of the Oudh aristocracy comes from the same stock to which also belonged Hakim Mehdi Ali Khan and Nawab Munawar-ud-daula, former Viziers to the Nawabs of the province. Khoja Shaffi Kasmiri Amir, who held appointment under Asafadaula and fifth Nawab of Oudh, died leaving two sons—the said Hakim Mehdi and Hadi Ali. The former died without issue, and to the latter was born Ahmad Ali, afterwards called Nawab Munawar-ud-daula, the grandfather of the subject of this notice. Mirza Jafir Ali acquired an estate comprising two villages in zila Bijnor, one of which, Behta, gives its name to the taaluq above.

Estate, 12 villages in zila Lucknow. Government revenue, Rs. 10,755. Family custom governs succession in default of testamentary disposition.

No. 234.

SHAIKH TALIB ALI (*son of Chauhdri Musahib Ali*) *and* KARIM BAKHSH, *Taaluqdars of Dinpana.*

A HINDU Thakur *Bais* came to mauza Saila, then belonging to the Janwars, and in view to the acquirement of zemindari property, became a convert to the religion of the Prophet, and obtained the villages of Khandsara, &c. He then subsequently raised on a neglected part of the acquired estate the village of Dinpana called after himself, which gives the above taaluqa its name. The present owners came from the Chaudhris of Kursi. This estate is being gradually disintregated and reduced by sale and mortgage.

Estate, 5 villages and 1 patti in zila Bara Banki. Government revenue, Rs. 7,350. Primogeniture governs succession.

No. 235.

MAHPAL SINGH (*son of Dina Singh*), *Bais, Taaluqdar of Malauna.*

Vide No. 4. Bhimma Sah, third in generation from Karn Rai, founded the village of Malauna, and the taaluq (formed on its *basis*) has been the family inheritance ever since. Government *sanad* was granted to the said Dina Singh, after whom came his son, the present owner.

Estate 5 villages and 1 *patti* in zila Unao. Government revenue, Rs. 3,744-6-0. Family custom governs succession in default of testamentary disposition.

No. 236.

RUKMIN KUNWAR (*widow of Thakur Singh, Tribwedi*), *Brahmin, Taaluqdar of Tribediganj, Shikurabad, Tribedpur, and Saidpur Bahela.*

THE first of the above taaluqs was the acquisition of the Kunwar's husband, who was a distinguished officer under the Nawabs of Oudh. The other estates heading this notice were obtained in gift by him from Government for services rendered during the mutiny. His widow now owns them under his will.

Estate, 7 villages and 1 *patti* in zilas Unao, Bara Banki, and Rae Bareli. Government revenue, Rs. 3,412. Primogeniture governs succession.

No. 237.

MUHAMMAD NASIR-UD-DIN, *Shaikh, Taaluqdar of Mirpur.*

THIS estate and its present holder come from taaluq and house No. 186.

Estate, 6 villages and 7 *pattis* in zila Bara Banki. Government revenue, Rs. 5,840-6-8. Family custom governs succession in default of testamentary disposition.

No. 238.

PIRTHIPAL SINGH, *Amethia, Taaluqdar of Ramnagar.*

Vide No. 21. Deo Rai (fourth in descent from Raja Ram Singh), leaving Pokhra Unsari joint house, founded this separate taaluq, the Government *sanad* of which was granted to Babu Chandi Bakhsh, uncle of the present taaluqdar, who comes in lineal descent from the said Deo Rai, and who succeeded his uncle to the family inheritance.

Estate, 8 villages and 1 *patti* in zila Bara Banki. Government revenue, Rs. 8,234-8-0. Primogeniture governs succession.

No. 239.

BABU LAL BAHADUR *Amethia, Taaluqdar of Akhiapur.*

Vide No. 21. This is another taaluq brought into separate existence from the main ilaqa of Pokhra Unsari. In later days *sanad* of it was granted to Bhikhan Sah, predecessor of the present owner.

Estate, 3 villages in zila Bara Banki. Government revenue, Rs. 2,325. Primogeniture governs succession.

No. 240.

WAZIR ALI KHAN, *Bhatte, Taaluqdar of Barauli, pargana Basaudhi.*

THIS taaluqa is a part of No. 201, and particulars regarding it are given under that number. Among the descendants of Zaber Khan, Munna Jan obtained possession of pargana Mowai from No. 201, and since then it has been in possession of this family.

Estate, 5 villages and 37 *pattis* in zila Bara Banki. Government revenue, Rs. 8,557-9-4. *Gaddi* custom of succession is prevalent in this family.

No. 241.

BABU KISHUN DATT, *Bais, Taaluqdar of Pali.*

FOR about five centuries past this estate in point of extent and other matters has been in the same condition as it is now. The ancestors of the present owner always during the native *régime* enjoyed the position of taaluqdars. The British Government settlement was made in the present taaluqdar's name.

Estate, 1 village in zila Bara Banki. Government revenue, Rs. 2,100. Primogeniture governs succession.

No. 242.

DIWAN KISHUN KUNWAR, *Khattri Sikh, Taaluqdar of Yakubganj.*

THIS estate during the Nawabi belonged to Yakub Ali Khan Khoja Sarai, but it afterwards became Government nazul, and was eventually conferred on Diwan Hakim Rai, who was principal minister in the court of Maharajá Ranjit Singh of Lahore. His successor is the taaluqdar above.

Estate, 1 village in zila Bara Banki. Government revenue, Rs. 2,795. Primogeniture governs succession.

No. 243.

MAULVI MAZHAR ALI, *Shaikh, Taaluqdar of Mahewa.*

THIS ilaqa, which formed originally part of the confiscated estate of Raja Lone Singh (the refractory taaluqdar of Metouli), represents proprietary possession bestowed on the present owner by the Government of India for loyal service during 1857.

Estate, 2 villages in zila Sitapur. Government revenue, Rs. 2,095. Succession regulated by the law of primogeniture.

No. 244.

KALKA BAKHSH, *Gaur*, *Taaluqdar of Jar Sadatnagar.*

THE subject of this notice holds the present taaluq in succession to Raghu Nath Singh, who received it from the Government in recognition of service rendered during the mutiny.

Estate, 12 villages and 5 *pattis* in zila Sitapur. Government revenue, Rs. 6,827-0-4. Primogeniture governs succession.

No. 245.

THAKUR RAGHURAJ SINGH, *Bais*, *Taaluqdar of Rajpur.*

Vide No. 4. This taaluqdar is son of Rana Beni Madho, the rebel taaluqdar of Shankarpur. After the confiscation referred to in the foregoing number the British Government conferred this taaluq (formerly part of the escheated estate of the Raja of Chahlari) on its present owner.

Estate, 18 villages in zila Sitapur. Government revenue, Rs. 8,157. Succession governed by primogeniture.

No. 246.

THAKUR SARABJIT SINGH (*Tilokchandi*), *Bais*, *Taaluqdar of Pawagan and Bahrora.*

Vide No. 18. This taaluqdar is descended from Athsukh, son of Ram Chand. During the reign of Nawab Mansur Ali Khan Pawayan was known by the name of Mansurgarh.

Estate, 10 villages in zilas Hardoi and Lucknow. Government revenue, Rs. 5,183. Succession governed by primogeniture.

No. 247.

SAFDAR HUSAIN KHAN, *Pathan*, *Taaluqdar of Bhanapur.*

Is Subordinate Judge of Rae Bareli. In January, 1868, the grant of this taaluq was bestowed on him in reward for good and loyal service done in the mutiny (*vide* docket No. 154, dated 14th January, 1868).

Estate, 2 villages in zila Hardoi. Government revenue, Rs. 1,816. Family custom governs inheritance in default of testamentary disposition.

No. 248.

LALA ANANT RAM, *Kayesth, Taaluqdar of Rusulpur.*

THIS estate originally comprised a gift of six villages, made out of the confiscated possessions of the rebel Raja Abbas Ali of Tanda, to the present taaluqdar for his loyal services during the mutiny. To this gift the recipient has made additions and improvements, and the result is the present taaluq.

Estate, 10 villages and 3 *pattis* in zila Fyzabad. Government revenue, Rs. 1,759. Primogeniture governs succession.

No. 249.

SHEO RAJ KUNWAR, *Thakur, Rajkumar, Taaluqdar of Sultanpur (Damodra) and Amarthan Dauria.*

Vide No. 7. This taaluq represents a mutiny grant (for loyalty and good services done) bestowed by Government on Rao Baryar Singh, who was succeeded in possession by the present owner.

Estate, 20 villages and 3 *pattis* in zila Sultanpur. Government revenue, Rs. 4,670-2-0. Primogeniture regulates succession.

No. 250.

PANDE HAR NARAIN RAM, *Brahmin, Taaluqdar of Akbarpur (Nerora.)*

THIS taaluqdar is from the same stock as Raja Kishn Dat Ram of Singha Chanda, a full account of whom, both as regards family and estate, is given in No. 32. In 1216 fasli, Bahadur Ram Pande purchased from Raja Guman Singh (*Bisain*, taaluqdar of Gonda) the proprietary possession of Akbarpur, after which this taaluq is called.

Estate, 8 villages and 4 *pattis* in zila Gonda. Government revenue, Rs. 4,857. Primogeniture governs succession.

No. 251.

BABUAIN ANAND KUNWAR, *Amethia, Taaluqdar of Usa.*

Vide No. 21. This is a branch of taaluq Kumhrawan, No. 22. It was founded about 400 years ago by one Babu Man Singh, who, on leaving the joint family, received for his share the villages of estate Usa, where he went and settled. Babu Sewamber Singh latterly succeeded to the inheritance, and it is his widow who is now in possession.

Estate, 6 villages in zila Rae Bareli. Government revenue, Rs. 6,439. *Gaddi* custom governs succession.

No. 252.

MAHARAJ BAKHSH, *Bais, Taaluqdar of Pilkaha.*

Vide No. 4. Tirbhawan Sah (fourth son of Raja Doman Deo), separating from the main house of Khajurgaon, went to reside in Jagatpur. Eighth in descent from him came Mohan Singh, who cleared a *pilu jungle,* and built on its site a village called Pilkaha, which gives its name to the taaluq under notice. Government sanad of the estate was granted in the name of the present taaluqdar, whose interest in it, however, is shared by other partners.

Estate, 4 villages in zila Rae Bareli. Government revenue, Rs. 1,496-11-0. Family custom governs inheritance in default of testamentary disposition.

No. 253.

SITA RAM, *Kurmi, Taaluqdar of Sehgaon and Pachhimgaon.*

THE history of this house can be traced to Benaik Ram and Palji Ram, who, taking service under Emperor Akbar, came to Pachhimgaon. A descendant from them, Kachan Singh (in 980 fasli), built the village of Binaikpur and (in 995 fasli) that of Pallia after the names of the above ancestors. By the gradual acquisition of mauzas Khanpur and Purbgaon and of much improvements in Pachhimgaon itself, he brought the whole into one taaluq, and to this amalgamation he gave the name of Sehgaon, *i. e.*, three villages. Government *sanad* was granted in a later generation to Thakur Singh, who distinguished himself by loyalty to the British during the siege of the Baillie guard. After him succeeded the present owner. This taaluq has other co-sharers, with their respective rights defined.

Estate, 3 villages in zila Rae Bareli. Government revenue, Rs. 4,164. Primogeniture governs succession.

No. 254.

BALBHADDAR SINGH, *Bais, Taaluqdar of Khajuri.*

Vide No. 4. Bikramaditiya, on his separation from the house described in No. 65, received (from its then head, Lal Sah) as his share the taaluq above, which has ever since been the property of his descendants.

Estate, 4 villages in zila Rae Bareli. Government revenue, Rs. 2,821-13-3. Primogeniture governs succession.

No. 255.

THAKUR BAKHSH, *Bais, Taaluqdar of Kusarua.*

Vide No. 4. This taaluq came into existence about a century ago, when Kalandar Singh and Pratap Singh separated from the main stock (Gaura) and received it for their support from Bhupat Singh, then head of the Gaura house. The estate has been in possession of their descendants ever since.

Estates, 4 villages in zila Rae Bareli. Government revenue, Rs. 1,990. Primogeniture governs succession.

No. 256.

BABU BAKHTAWAR SINGH, *Amethia, Taaluqdar of Dehli.*

Vide No. 21. This is another branch derived from taaluq No. 22. It represents an allotment, assigned about seventy years ago, to his younger brother, Bijai Singh by Araru Singh (taaluqdar of Kamhrawan), on the separation of the former from the joint house. Since then this property has remained in the family of Bijai Singh's descendants, of whom the latest is the present taaluqdar.

Estate, 3 villages in zila Rae Bareli. Government revenue, Rs. 3,044. Primogeniture governs succession.

No. 257.

GANGA BISHUN, *Brahmin, Taaluqdar of Maniahar Katra.*

In 1268 fasli, Shiuraj Bali (son of Raja Hira Lal Misr, Nazim, of Dalmau and Bareli) purchased this taaluq from Raja Meharban Singh.

Estate, 1 village in zila Rae Bareli. Government revenue, Rs. 1291. Family custom governs succession in default of testamentary disposition.

No. 258.

MUHAMMAD MOHSIN *and* MUHAMMAD SHAFI *Sayyad, Taaluqdar of Alipur Chakai.*

THIS taaluq (formerly belonging to the confiscated estate of the rebel Rana Beni Madho Bakhsh) was bestowed for loyalty during the mutiny on Sayyid Abdul Hakim. Abdul Hakim was also an Extra Assistant Commissioner in Oudh, and died in receipt of pension for these valued services. The taaluqdars heading this notice are his sons. The second, Muhammad Shafi, is a Deputy Sherishtadar in zila Bara Banki.

Estate, 5 villages and 2 pattis in zila Rae Bareli. Government revenue, Rs. 3,711. Family custom governs succession in default of testamentary disposition.

No. 259.

Beni Prashad, *Chattri, Taaluqdar of Mahgawan, Majgaon, and Hardoi.*

This taaluqdar inherited this estate from his father, Gajraj Singh, on whom it was bestowed by Government in recognition of his loyalty during the mutiny. The taaluq originally formed part of the confiscated possession of the rebel Raja Beni Madho Bakhsh.

Estate, 1 village in zila Rae Bareli. Government revenue, Rs. 714. Family custom governs succession in default of testamentary disposition.

No. 260.

Shiu Shankar Singh *and* Arjun Singh, *Rajwar, Taaluqdars of Partabpar and (a moiety of) Sadipur Kutwa.*

Vide No. 7. Several generations after Khokai Singh came Mohan Sahi, to whom, at partition of the family inheritance, was allotted as his share in it the taaluq above, which to the present day has been in the possession of his descendants, now represented by this nobleman.

Estate, 2 villages and 25 pattis in zilas Rae Bareli and Sultanpur Government revenue, Rs. 7,845-3-0. In default of testamentary disposition, succession is governed in the family.

No. 261.

Shiu Gobind, *Tewari Brahmin, Taaluqdar of Behta Bhawani.*

This taaluqdar is descended from Hira Lal, who, thirty years ago (from Gosain Khera), came to and settled in the taaluq above. In consequence of relationship with its former owner, Chaudhri Gharib Singh, Ishridin, son of the latter, made a gift of this property to Brahmadin (predecessor of the above) on the occasion of his investiture with the sacred Brahminical thread, and since then the estate became vested in the family of the said Hira Lal, which is now represented by the subject of this memoir.

Estate, 7 villages and 2 pattis in zila Unao. Government revenue, Rs. 4,513-8-0. Primogeniture governs succession.

No. 262.

WIDOW *of Niamat-ul-lah Khan, Ahban Musalman, Taaluqdar of Mirzapur and Jalalpur.*

KULI and Suli came from Deccan to this province, and by force of arms established this taaluq. In this family were Nursingh Deo and Rao Jey Bhan Sah, two brothers. The former took possession of the Mitouli *gaddi.* Raja Lone Singh, who rebelled and forfeited his taaluq, is descended from this branch of the family. Rao Jey Bhan Sah fixed his residence at Kutwari and took forcible possession of 989 neighbouring villages and called the whole taaluqa Bhurwara.

In the third generation of Rao Jey Bhan Sah was Jam-i-Jahan Sah, and he had two sons, Mull and Ghasi. These men (Mull and Ghasi) embraced the Muhammadan religion in 1445 sambat in the reign of Tamerlane and obtained a *sanad* for the possession of the 989 villages. Ghasi died without issue. All the Ahban Musalmans are the descendants of Mull. This estate went out of the hands of this family in 1002 fasli, in the reign of Jahangir Shah. In 1211 fasli, however, a few villages were given to the family of the officers of the Emperor in muafi. Since then they improved the estate and it has been in their possession, but having to be divided among a number of heirs, the estate grew into several taaluqas belonging to this family. Nos. 221 and 222 and the estate under description are branches of the one estate referred to. The Government *sanad* was given in the name of Niamat-ulla Khan.

Estate, 13 villages in zila Kheri. Government revenue, Rs. 6,825. *Gaddi* custom governs succession.

NAWAB MUHAMMAD BAQAR ALI KHAN, *Moghul, Taaluqdar of Kunwa Khera. Title of "Nawab" hereditary.*

THIS taaluq (comprising acquisitions both by purchase and mortgage) was founded by Nawab Munawar-ud-daula, grandson of Khoja Shafi, a Kashmiri nobleman, who held service under Nawab Asaf-ud-daula of Oudh. Nawab Amjad Ali Khan, son of the said Nawab Munawar-ud-daula (for a long time Vizier of Oudh), made many improvements to the property. After him succeeded the present representative.

Estate, 52 villages and 13 *pattis* in zila Sitapur. Government revenue, Rs. 31,605-12-0. *Gaddi* custom governs succession.

MAJOR A. P., ORR, *European, Taaluqdar of Lodhwari.*

MAJOR ORR was, previous to the mutiny, Deputy Commissioner of Rae Bareli. He obtained this taaluq from Government in recognition of services rendered in those days. This ilaqa is called Lodhwari owing to the preponderance of people of the *Lodha* caste among its inhabitants.

Estate, 10 villages in zila Rae Bareli. Government revenue, Rs. 17,111. Succession governed by family custom in default of testamentary disposition.

L. D. Hearsey, *European, Taaluqdar of Kaima Buzurg, Govindpur, Ravana Timra, Mamri, and grant Sitalpur.*

This taaluq was received in gift from Government by Mr. William Hearsey. It formerly belonged to the estate of Raja Lone Singh of Metauli, forfeited to Government by the disloyal conduct of its owner.

Estate, 23 villages and 2 *pattis* in zila Kheri. Government revenue, Rs. 13,629. Primogeniture governs succession.

Shahzada Shahdeo Singh, *Sikh, Taaluqdar of Pandri Ganeshpur, Baenta, and Gokalpur.*

This Shahzada is in the Darbar list of the ex-royal family.

The first of the above taaluqs, called after its founder (Brahmin), Ganesh Tiwari, originally formed part of the confiscated estate of the rebel Rana Beni Madho Bakhsh Singh, and was given in grant by Government to the Shahzada above, who is a grandson of Maharaja Ranjit Singh of the Panjab.

Estate, 18 villages and 3 *pattis* in zila Rae Bareli. Government revenue, Rs. 13,325. Primogeniture governs succession.

Alexander Douglas Orr, *European, Taaluqdar of Aira.*

This and taaluqs Nagra and Tirabhaji, confiscated rebel estates represent mutiny gifts to Messrs. Orr and Rose for good services rendered by them to Government during 1857. Aira is now Mr. Orr's sole property.

Estate, 24 villages in zila Kheri. Government revenue, Rs. 7,515. Primogeniture governs succession.

The rest of this taaluq is distributed as below:—

Pauline Annie Orr owns Nagra, which comprises—

Estate, 14 villages in zila Kheri; Government revenue, Rs. 5,800 ; and

Louisa Fanny Orr holds Jarabhaji, consisting of—

Estate, 1 village in zila Kheri ; Government revenue, Rs. 150.

RAJA JAGAR NATH, BAKHSH SINGH, *Gaur, Taaluqdar of Wazir-nagar. Title of "Raja" hereditary.*

THIS taaluq has been sold, but the Raja holds property in the district of Shahjahanpur, North-Western Provinces.

RAJA SHIU NATH SINGH, *Brahmin (Kashmiri), Taaluqdar of Bethar. Title of "Raja" personal.*

THE former proprietor of this taaluq was Chandika Bakhsh, who, being convicted of rebellion, was sentenced to transportation for life. His confiscated possessions were disposed of by gift as follows: To Raja Gauri Shankar a portion (*vide* No. 52), to Baldeo Singh, Resaldar, one village, and Bethar to the Raja heading this notice.

Estate, 2 villages in zila Unao. Government revenue, Rs. 4,105. Primogeniture governs succession.

SARDAR JAGJOT SINGH *and* LACHMAN KUNWAR, *Sikh, Taaluqdars of Chahlari and Sikraura.*

THE Sardar is in the list of the ex-royal family.

These are descendants from the house of Maharaja Ranjit Singh of Lahore, and they came to the ownership of this property in succession to Sardars Fateh Singh and Jagat Singh, to whom it was given by the British Government.

Estate, 28 villages in zilas Gonda and Bahraich. Government revenue, Rs. 12,320. Primogeniture governs succession.

BENI MADHO BAKHSH SINGH, *Bais, Taaluqdar of Akbarpur (zila Unao).*

THIS estate has been broken up in consequence of sale or mortgage, and has ceased to exist as a separate taaluq, a remnant of 44 bighas only being assigned to the present taaluqdar for his support.

MAHPAL SINGH, *Chandel, Taaluqdar of Jajmau, zila (Unao).*

ALL the rights of this taaluqdar have been sold by a decree of the civil court to the Land Mortgage Bank of Lucknow. Mahpal Singh now only holds 85 bighas of sir land, which he cultivates himself.

The Hon'ble SIR GEORGE E. W. COUPER, BART, C.B., K.C.S.I., C.I.E., Lieutenant-Governor of the North-Western Provinces and Chief Commissioner of Oudh.

1—Raja Rajgan Jagat Jit Singh Bahadur Maharaja Kapurthala [illegible]

2—H. H. the H. Sir Drig Bijai Singh Bahadur K. C. S. I. Maharaja Bairampur and Tulsipur

3 Lal Pratab Narain Singh Taalluqdar of Mihdaana

4 Raja Sheopal Singh Taalluqdar of Murar Mau

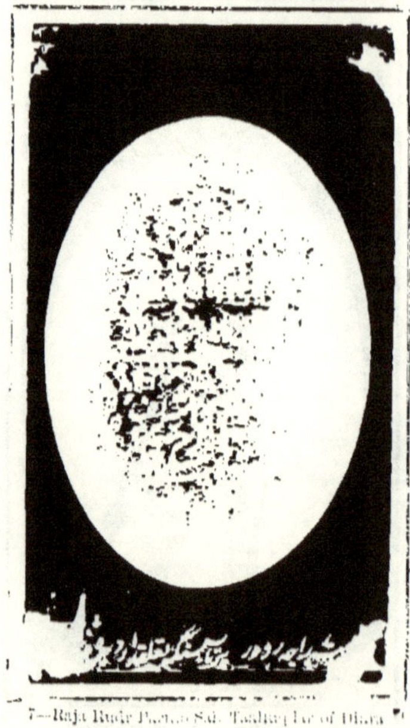

7—Raja Rudr Partap Sah, Taaluqdar of Dhara

8.—Raja Lal Madho Singh Taalluqdar of Amethi

9.—Raja M[illegible] Ali Khan Taalluqdar of [illegible]

10.—Raja Muhammad A[illegible] Khan Taalluq-dar of [illegible]

11.—Raja [illegible] Singh Taalluqdar of [illegible]

12 Raja [illegible] Singh [illegible]

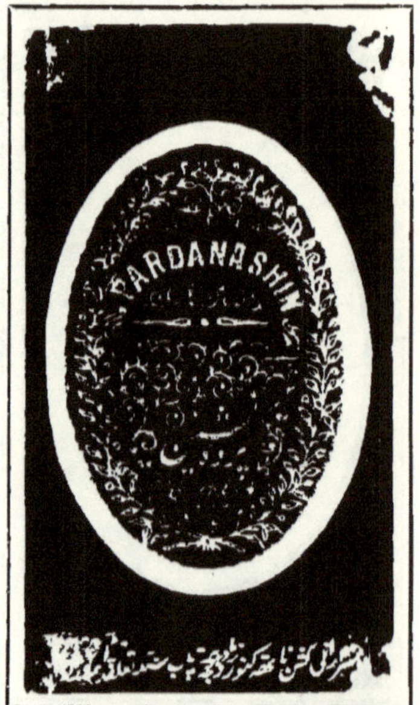

13 [illegible] widow of Madho [illegible] of [illegible]

14 Rana [illegible] of [illegible]

15 Rani Dharm, R[illegible] Kunwar [illegible] of [illegible]

16—Raja Farzand Ali Khan Taaluqdar of Jahangirabad

17 Raja Jang Bahadur Khan Taaluqdar of Nanpara

18 Raja Randhir Singh Taaluqdar of Bharawan

19—Son of Raghu Nath Singh Taaluqdar of Rehwa

20—Raja Muhammad Kazim Husain Khan Taalluqdar of Pattepur

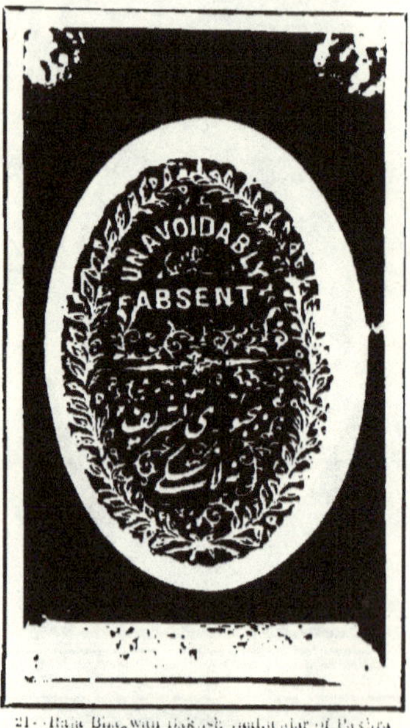

21—Raja Bhagwan Bakhsh Taalluqdar of Pachhra Ansari

22—[illegible]

23—Raja Jagmohan Singh Taalluqdar of Rahpur Yaksariya

[illegible] of Raja [illegible] Singh Taalluqdar of [illegible]

25.—Raja Narindar Bahadur Singh Taalluqdar of Haran

26.—Raja Rampal Singh Taalluqdar of Kori Sudauli

27 Raja Sitla Bakhsh Singh Talluqdar of Gangel

28 Raja Mahimar [illegible] Singh Taalluqdar of Payagpur

29 Raja Jagmohan Singh Taalluqdar of Atra Chandapur

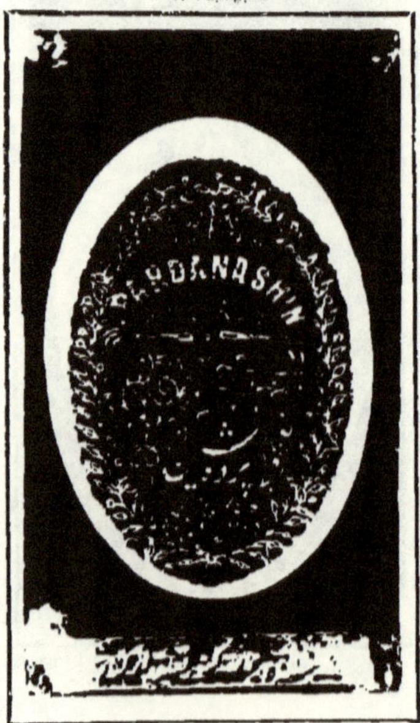

30 Rani Dai Nath Kunwar Taalluqdar of Katari

31—[illegible] widow of [illegible] Ali Khan [illegible] Nagar

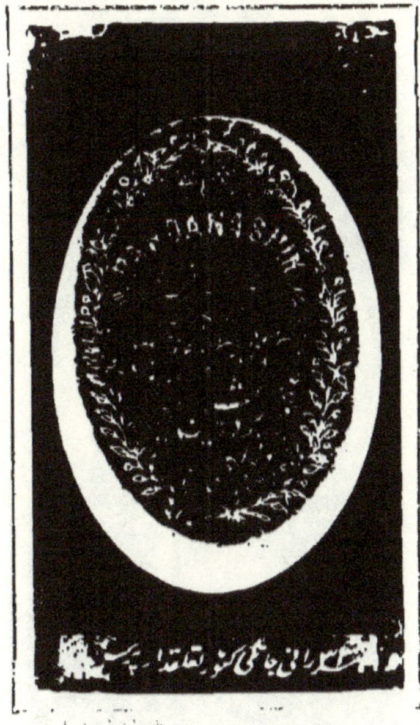

[illegible] Dat [illegible] Kishan D[illegible] [illegible] of [illegible]

[illegible]

34 Rani Saltanat Kunwar Taalluqdar of Ma[illegible]pur

35 Raja [illegible] Singh Taalluqdar of Nurpur

36 Raja Mahesh Bakhsh Singh Taluqdar of K[illegible]

37 Raja Indra Vikram Sah Taluqdar of K[illegible]

38 Raja Narpat Singh Taluqdar of Khamra

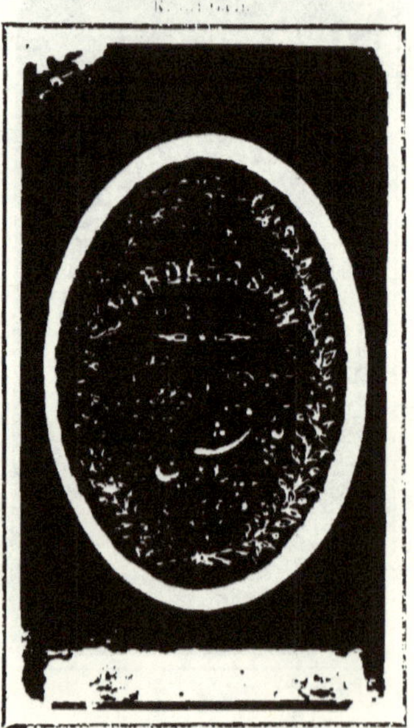

39 Begam [illegible] Fatima of [illegible] Nagar

40 Raja Jagat Bahadur Taalluqdar of Amri

41—Raja Maneshar Bakhsh Singh Taalluqdar of Mallanpur

42—Raja Chandar Sikhar Taalluqdar of Sisendi

43 Raja Sarabjit Singh Taalluqdar of Ramnagar

[illegible] Raja Sher [illegible] Bahadur Taalluqdar of [illegible]

45 Raja Mumtaz Ali Khan Taalluqdar of Bilhspur

[illegible] Raja Sher Bahadur Singh Taalluqdar of [illegible]

47– Rani [illegible] Taalluqdar of [illegible]

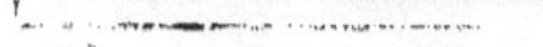

52—Babu Ram Sahai Taalluqdar of Mau...wan

52—[illegible]

52—Ram Charan Taalluqdar of L...

52—L... [illegible] ...

[illegible] of Dare[illegible]

[illegible] of Amawan

62. [illegible] Kanjawan

62. Ram [illegible] Khera

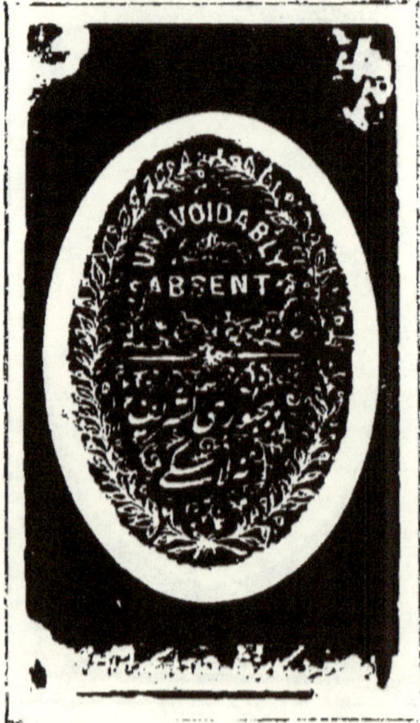
UNAVOIDABLY
ABSENT

52. Beni Prasad [illegible] dar of Barwa Kalan [illegible]

53. Iwaz Ali Khan [illegible] of Mahona

54. [illegible]

55. [illegible] Nagar

56—Makrhd Singh Taall[illegible] of Rampur

57 Kunwar Harnam Singh Manager of Baundi

58 Captain [illegible] Singh [illegible]pur

59—Sardar Autar Singh [illegible]dar of [illegible]

58—Sardar Narain Singh Taalluqdar of Bela Bhela

59—Rai Jagmohan Singh Taalluqdar of Raipur Bichaur

50—Bisheshar Bakhsh [illegible] of Raipur Bichaur

60—Rai Madho Pr[illegible] Singh Taalluqdar of Athargani

61 Mahant Har[illegible] Das Taaluqdar of Maswasi

62 Lal Saradjit Singh Taaluqdar of Bhadri

63 Chaudhri [illegible] of [illegible]

64 [illegible] Bechan Nisa Taaluqdar of [illegible]

64 Thakurain Sheopal Kunwar Taalluqdar of S uri

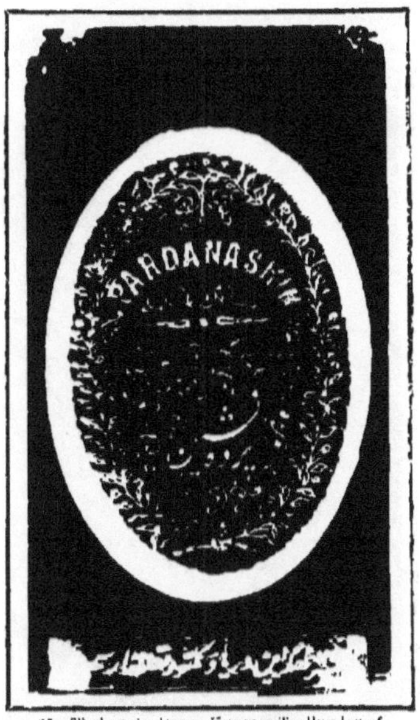

65 Thakurain Darya Kunwar Taalluqdar of Simarpaha

66—Thakur Chandarpal Singh Taaluqdar of Koribarstawan

67 Thakurain Achal Kunwar Taalluqdar of Gaurakasthi

68—Thakur Pratab Rudr Singh Taalluqdar of Rampur

69—Diwan Ran Bijai Bahadur Singh Taalluqdar of Patti Saifabad

70—Thakurain Ajit Kunwar Partner of Patti Saifabad

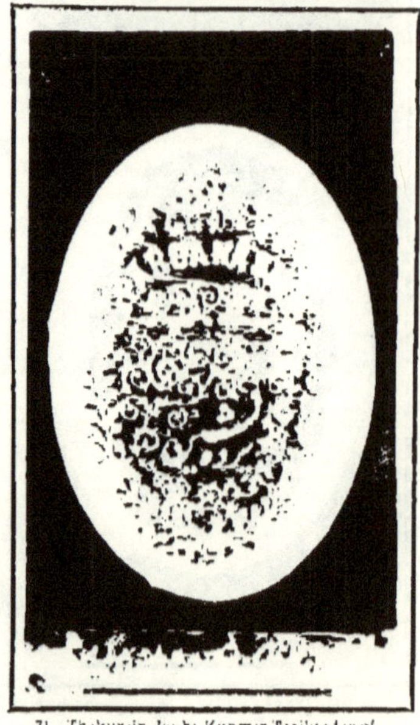

71—Thakurain Jooki Kunwar Taalluqdar of Pawansi Dhagus

72 Raj Milap Singh Taalluqdar of Shahpur Majhgain

Guman Singh Taalluqdar of Ramnagar Daulatpur

Gobhar Dhan Singh Taalluqdar of Bichhwanigdasax

Dalip Singh Taalluqdar of Dichwariya Jagdispur

73 Babu Udres Singh Taalluqdar of Meopur Dhirwa

73 Babu Chandres Singh Taalluqdar of Meopur Dhirwa

74 Babu Amres Singh Taalluqdar of Meopur Baragaun

75 Saiyad Gazaffar Husain Taalluqdar of Pirpur

نمبر ۵ سید باقر حسین تعلقدار پسپیا

نمبر ۶ بابو اگردت سنگه تعلقدار بھنی وغیرہ

78 Lal Bahadur Singh Taalluqdar of Madhpur

78 Kalka Bakhsh Singh Taalluqdar of Madhpur

78 Udit Narain Singh Taalluqdar of Madhpur

78 Nageshar Bakhsh Singh Taalluqdar of Madhpur

78—Chauharja Bakhsh Singh Taalluqdar of Madhpur

79—Jagan Nath Singh offg. of Babu Hardat Singh Taalluqdar of Sinratpur

80—Ganesh Kunwar widow of Jagar Nath Bakhsh Taalluqdar of Jamau

81—Thakur Shankar Bakhsh Taallu[illegible]dar of Pahu [illegible]ariya

[illegible]

[illegible] of Kandl[illegible]

Thakur Barat Singh [illegible]

88 [illegible] of Katesar[illegible]

[illegible] Taalluqdar of

[illegible] Lal Chhatrapal Singh, Taalluqdar of Kundrajit

89 -Lal Surajpal Singh, Taalluqdar of Kundrajit

[illegible] Singh Taalluqdar of Kundrajit

9[illegible]—Wazir Chand Taalluqdar of Sarun Para Ganw

9[illegible] Durga Prashad Taalluqdar of Sarun Bari Ganw

91—Thakur [illegible] Bahadur Singh Taalluqdar of [illegible]

92—[illegible] Bahadur [illegible] Singh Taalluqdar of [illegible]

9[illegible]—Babu Bishan Nath Singh Taalluqdar of Katgarh

94 [illegible] Singh Taalluqdar of [illegible]pur

95—Babu Lalu Sah Taalluqdar of M[illegible]

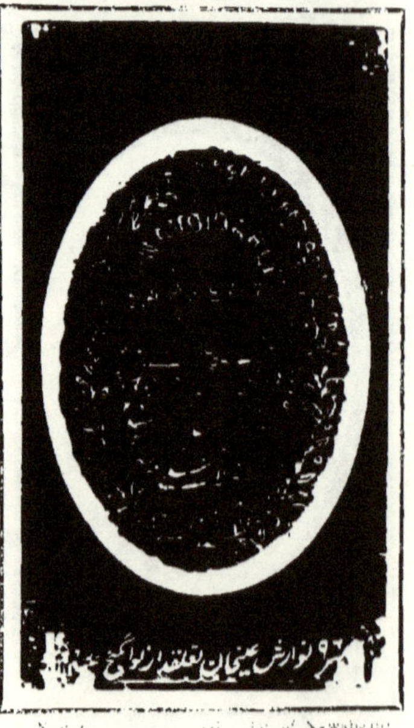

N[illegible] Taalluqdar of Nawabganj A[illegible]

97—Bhaya Udepratab Singh Taalluqdar of Bhinga

98—Babu Bhooranjan Mukarji Taalluqdar of Sheonkarpur

99—Thakur Bishen Nath Bakhsh Taalluqdar of Hasanpur

100—Babu Sarabjit Singh Taalluqdar of Takari

101- Sitla Bakhsh Singh Taalluqdar of Dhangadh

101- Shankar Singh Taalluqdar of Dhangadh

102- -Lachmi Narain Son of Babu Kishan Parshad Taalluqdar of Barhar Chandipur.

103- Babu Hardat Singh Taalluqdar of Barhar Chandipur Haswa

[illegible] Shamsher Bahadur Son of Babu [illegible] Singh Taalluqdar of [illegible] Sultanpur

106 Thakurain Dalil Kunwar Taalluqdar of Lahrasatpur

[illegible]

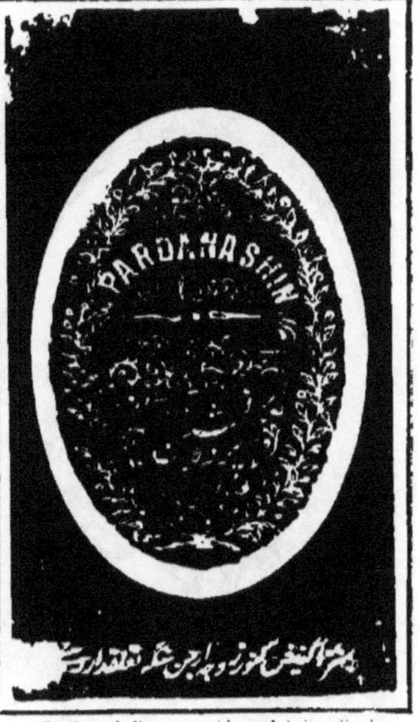

107 Ganesh Kunwar widow of Arjun Singh Taalluqdar of Rehsi

107—Shekh Ahmad Husain Taalluqdar of Gadya

108—Shekh Wajid Husain Taalluqdar of Gadya

109—Thakur Baldeo Bakhsh Taalluqdar of Pursaini

110—Thakur Lalta Bakhsh Taalluqdar of Khajrahra

[illegible]

[illegible] Ashraf, Taluqdar [illegible]

[illegible]

[illegible]

[illegible] [illegible]yid Muhammad Akbar Taalluqdar of Du[illegible]ilpur

113 Mirza Muhammad Ali Beg Taalluqdar of Aurangabad

11[illegible] Kazim H[illegible] Khan Taalluqdar of B[illegible]wa Mau

[illegible] Thakur H[illegible] Her Bakhsh Taalluqdar [illegible] Sa[illegible]

116—Thakur Fazal Ali Khan Taalluqdar of Akbarpur

117 Thakur Jawahir Singh Taalluqdar of Basti Dih

118.—Thakur Durga Bakhsh Taalluqdar of Nil Gauw

119.—Thakur Maharaj Singh Taalluqdar of Kanh Mau

126— [illegible] Taalluqdar of Rampur

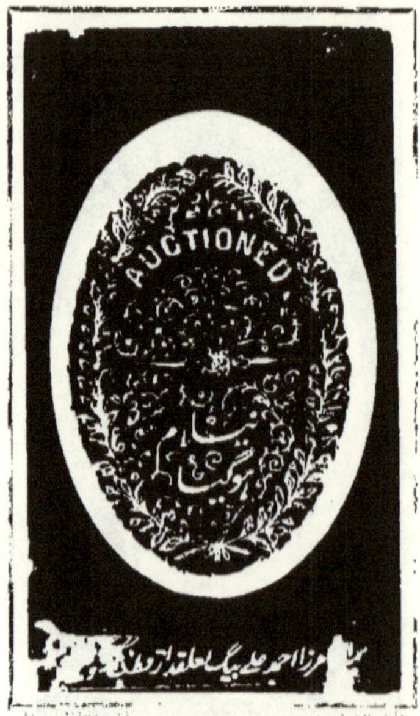

127— Mirza A[illegible]

12[illegible] M[illegible] Fazl Rasul Taalluqdar of Jabalpur

128— Qazi Ikram Ahmad Taalluqdar of [illegible]

124—Thakur Rachbir Singh Taalluqdar of Dhanawan

125 Thakur Mirtunja Bakhsh Singh Taalluqdar of Shahpur

126 Har Mangal Singh Taalluqdar of Utiya Dih

127 Bhagwant Singh Taalluqdar of Daryapur

Jagmohan Singh Taalluqdar of Daryapur

Bisheshar Bakhsh Singh Taalluqdar of Daryapur

[illegible] Singh, T[illegible]

188. Hakim Karam Ali Taalluqdar of Gaya

[illegible] Taʿalluqdar of Mahgaon

[illegible] Sheikh [illegible] Barai

[illegible]

[illegible]

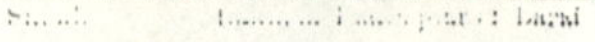

131 Muhammad Nasim Khan Taallukdar of Sehla Mian

134—Babu S[illegible] Shiam [illegible] Taluqdar of Ata

135—Thakurain [illegible] Kunwar Taluqdar of P[illegible]

136—Seth Raghubar Dayal Taluqdar of Malihabad-[illegible]

136—Seth Sita Ram [illegible] Taluqdar [illegible]

157 Thakur Ajudhiya Bakhsh Taalluqdar of [illegible] Chauhan

137 Mussammat [illegible] K[illegible] widow of Bishen Nath Singh, Taalluqdar of [illegible]

[illegible]

[illegible]

UNAVOIDABLY
ABSENT

143—Thakur Anand Singh Taalluqdar of Rampur

Thakur Jagan Nath Singh Taalluqdar of Rampur

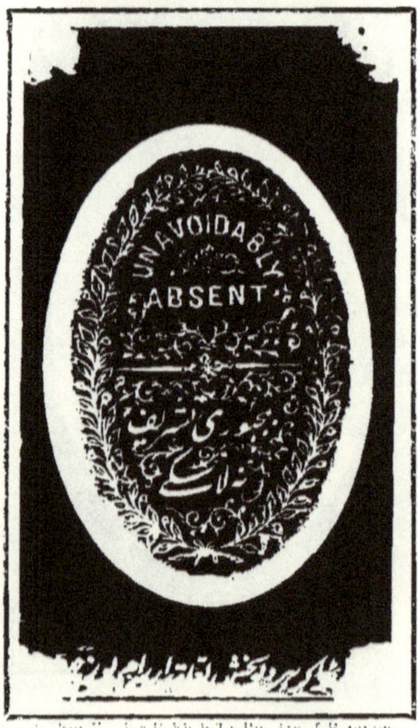

[illegible] Bakhsh Taalluqdar of Rampur

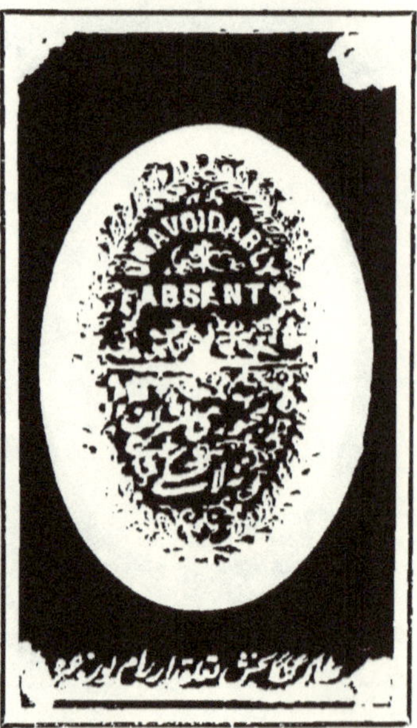

Thakur Ganga Bakhsh Taalluqdar of Rampur

PARDANASHIN

UNAVOIDABLY
ABSENT

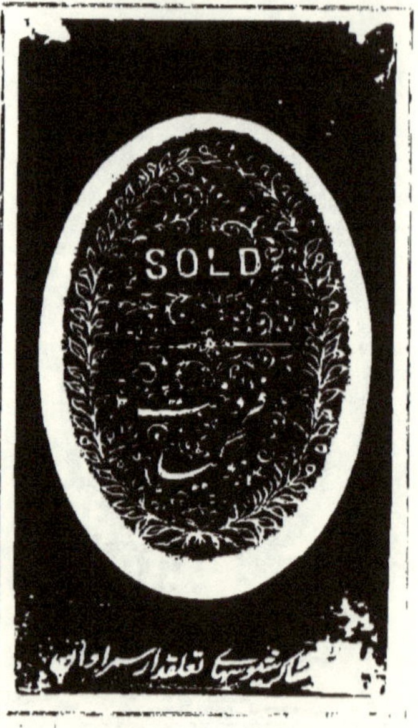
SOLD

ARDANASHI
پردہ نشین

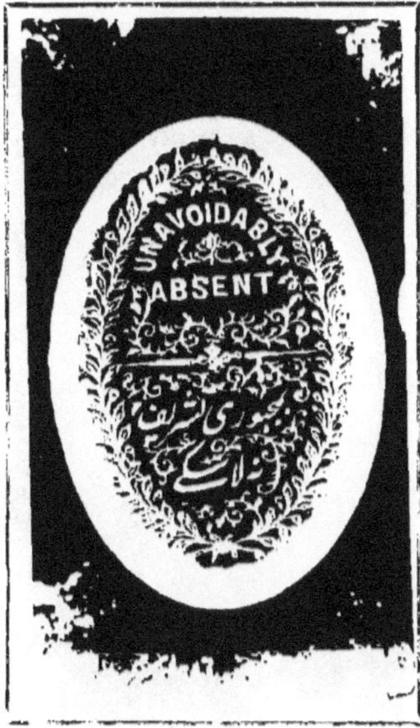
UNAVOIDABLY
ABSENT

ABSENT

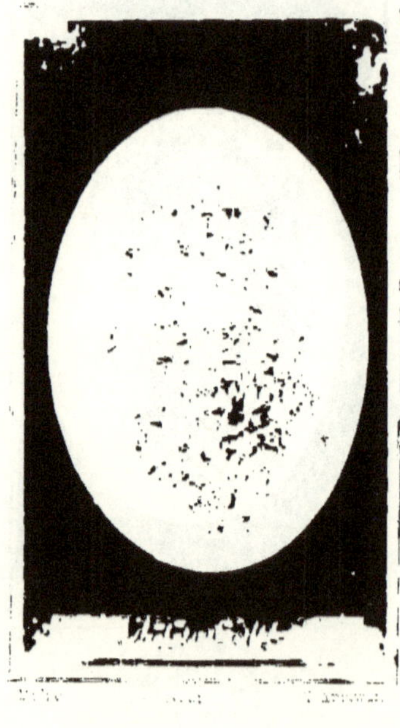

والفقار خان تعلقدار سہرامئو

کرم علیخان تعلقدار سہرامئو

علیخان تعلقدار سہرامئو وغیرہ

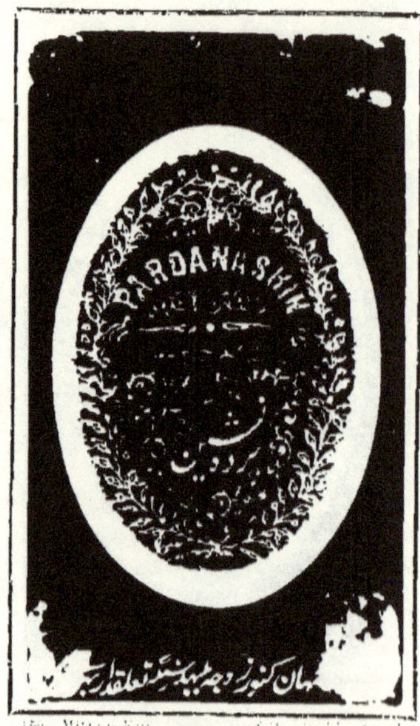

PARDANASHIN

162

163

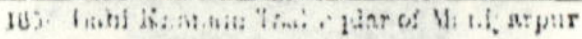

165 [illegible] Khanam Taal[illegible]qdar of M[illegible]arpur

166 Imtiyaz Fatima Taalluqdar of Gopa Mau

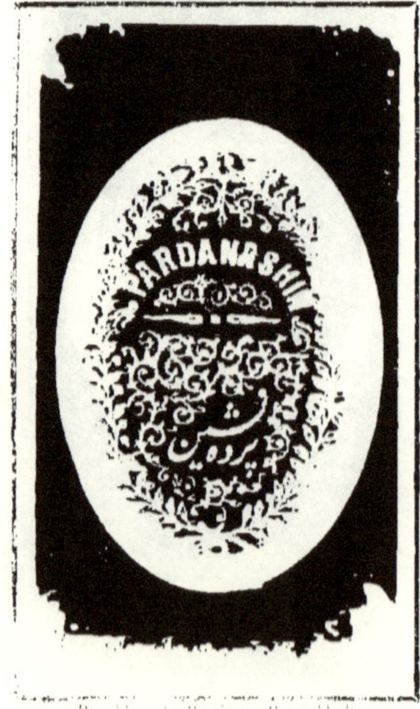

[illegible]

167 Babu [illegible] Bakhsh Singh Taalluqdar of [illegible]

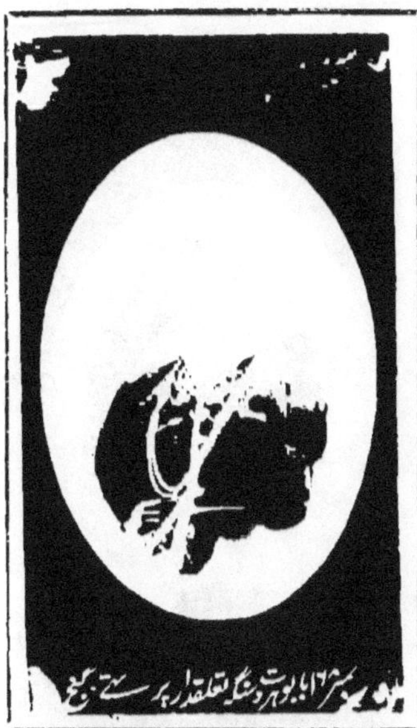

168—Babu Harakh Singh, Taaluqdar of Partabganj

169—Ude Narain Singh, Taaluqdar of Bhawanipur

170—[illegible] Rewa

171—Mirza [illegible] Beg, Taaluqdar of [illegible]

176

177

17

175

Sh[illegible] Inam[illegible] [illegible] [illegible]

179 Mir Fakhr[illegible] [illegible] [illegible] of [illegible]

180[illegible] [illegible] [illegible]

181 Mir Zafar Mahdi, Ta[illegible]dar of Ali Nagar

182 Saiyad Kazim Husain Taalluqdar of Der.. Qazi

183 Saiyad Ramzan Al. T[illegible]ar of [illegible]

[illegible] Raja [illegible] Singh T[illegible]

18[illegible] [illegible]

186 Shaikh [illegible] Ali Taalluqdar of [illegible]pur

187 Sh. [illegible] Taalluqdar of Bhagupur

188 [illegible] Taalluqdar of [illegible]

[illegible] Taalluqdar of [illegible]

18. [illegible] Ta'alluqdar of [illegible]

[illegible]

19. [illegible]

[illegible]

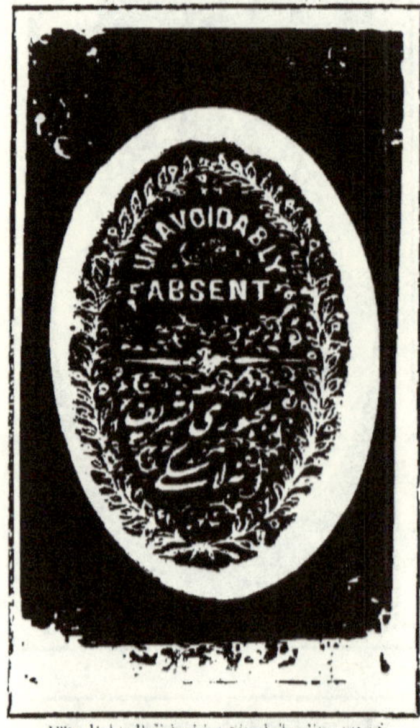

193 - Bal [illegible] Bahadur Singh Taalluqdar of [illegible]

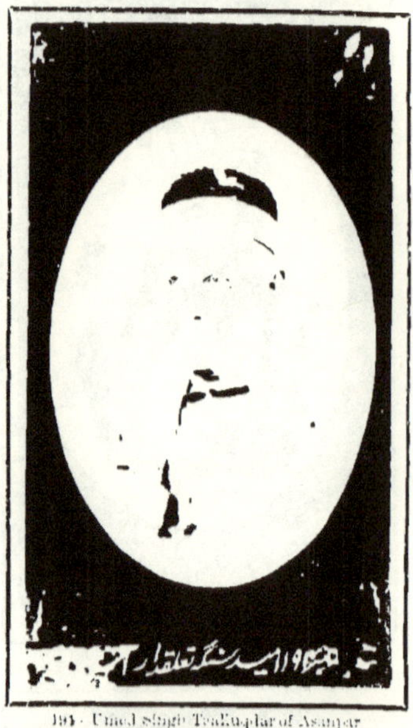

194 - Umed Singh Taalluqdar of Asanpur

195 - [illegible]

196 - Arjun Singh Taalluqdar of [illegible]

196—Babu Madho Singh Taalluqdar of Nur[illegible] Dinpur

197 Bhaya Autar Singh Taalluqdar of Ra[illegible]

198 [illegible]

199 Sh[illegible] Riyasat Ali [illegible]

200. Q[illegible] Nisa Ta'llu[illegible] of G[illegible] Kalan

201. M[illegible] Kh[illegible] Father of N[illegible]
Ali Khan, dean [illegible] Be[illegible]

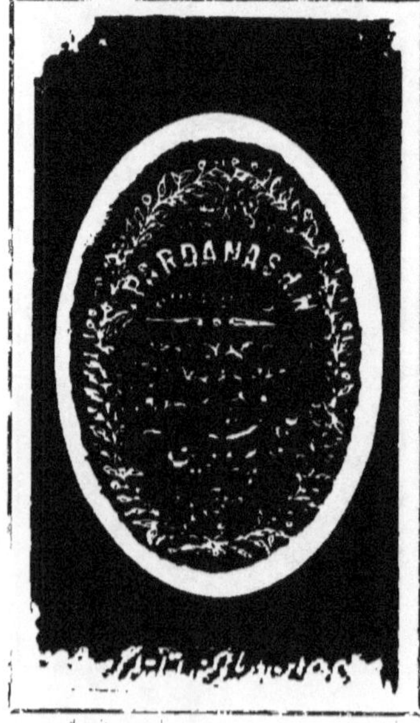

[illegible]

20[illegible] K[illegible]

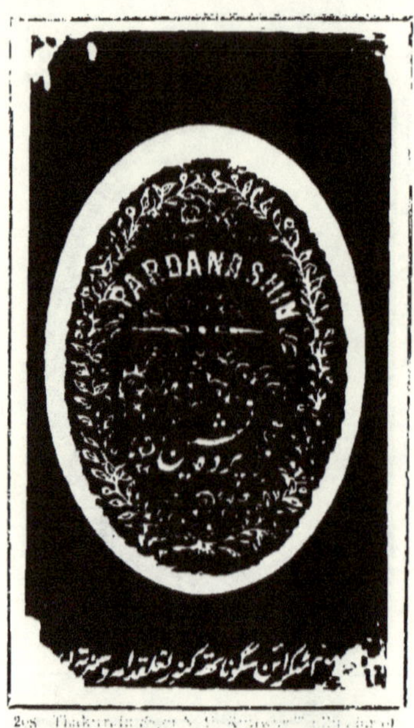

208. Thakurain [illegible] Taluqdar of [illegible]

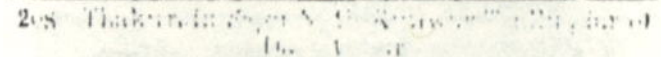

208. Thakurain [illegible] Khan [illegible] Taluqdar of [illegible]

209. [illegible]

210. Thakur [illegible] Taluqdar [illegible]

[illegible]

PARDANASHIN

[illegible]

[illegible]

[illegible]

211 [illegible]

[illegible]

216 [illegible]

[illegible] Ali Khan Taalluqdar of [illegible]

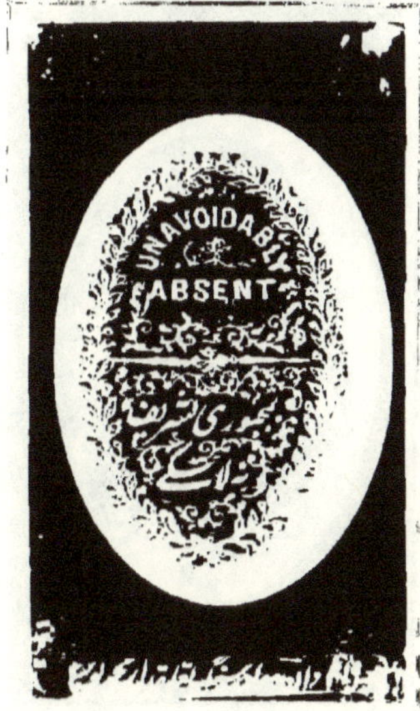
UNAVOIDABLY
ABSENT

PARDANASHIN
پردہ نشین
نمبر۲۲۱ چاند بی بی تعلقدار کوٹوارہ

نمبر۲۲۲ محمد شیر خان تعلقدار رای پور

نمبر۲۲۳ مہپال سنگھ تعلقدار

حسین تعلقدار

225 . Shekh Wasi uz Zaman Taalluqdar of Miyanganj

226 . Sheo Ambar Singh Taalluqdar of Rajpur

227 . Sar[illegible] Hira Singh Taalluqdar of [illegible]

[illegible]

229 Saiyad Sardar Ali Taalluqdar of Sisai Sihon

230 Saiyad Muhammad Ali Khan Taalluqdar of Unchgaon

Saiyad Hasan Ali Khan Taalluqdar of Unchgaon

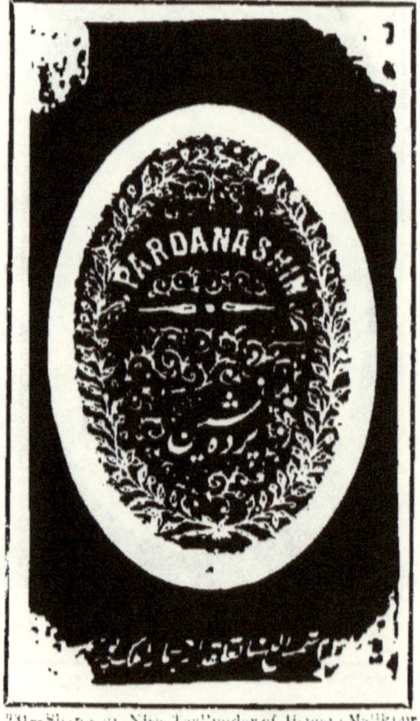

231—Shams-un-Nisa Taalluqdar of Jhamata Malikpur

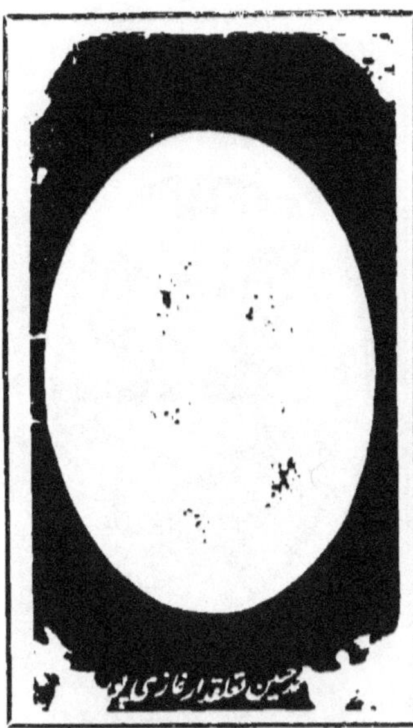

232 Muhammad Husain Taalluqdar of Ghazipur

233 Mirza Jafar Ali Khan Taalluqdar of Bihta

234 Shaikh [illegible] Ali Taalluqdar of [illegible]

23[illegible] Shaikh Karim Bakhsh Taalluqdar of [illegible]

235 —Mahpal Singh Taalluqdar of Mahauna

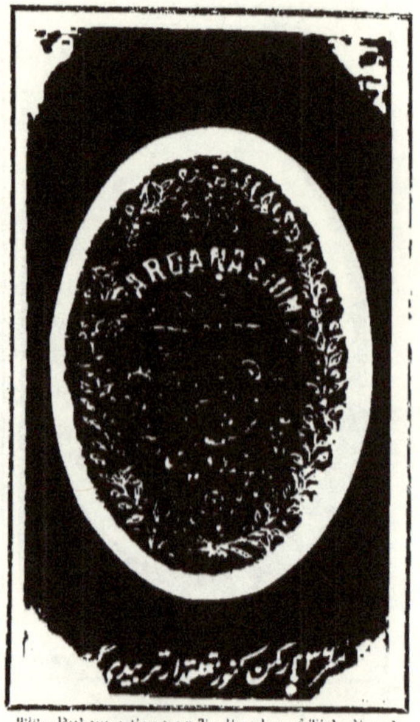

236—Rukmin Kunwar Taalluqdar of Tirbediganj

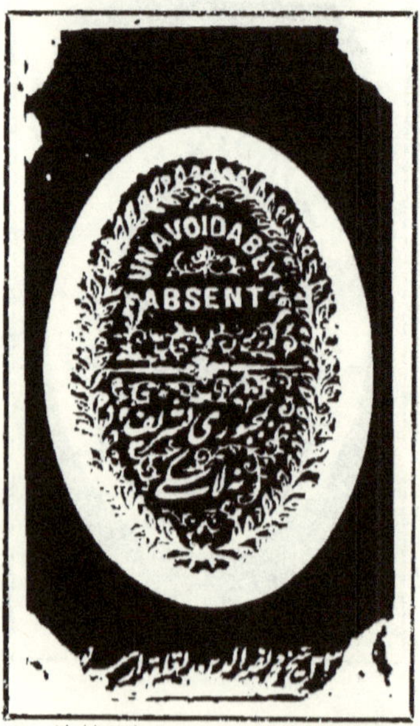

237 Sheikh Muhammad [illegible] Din Taalluqdar of Mirpur

238 Thakur Pirthipal Singh Taalluqdar of [illegible]

239. Babu Lal Bahadur, Talluqdar of A[illegible]

240. Wazir Ali Kh[illegible] T[illegible] of Bareli

241.—Babu K[illegible], Tallukdar of [illegible]

242. [illegible]

243 — Maulvi Mazhar Ali Taalluqdar of Mahiwa

244 — Thakur Kali [illegible] Bakhsh Taalluqdar of [illegible]

[illegible] Rajpur

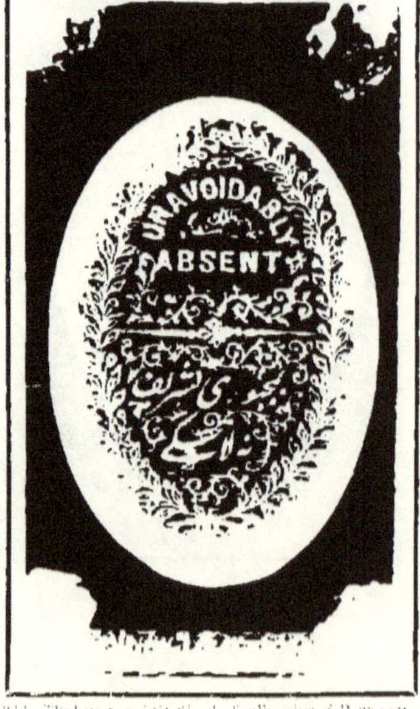

[illegible] — Thakur Sutalgit Singh Taalluqdar of Powayan

247.—Safdar H[illegible]n Khan Taalluqdar of [illegible]

248.—Lala Anant Ram Ta[illegible] of [illegible]

249.—Sheo Raj Kunwar Ta[illegible] of Sultanpur

250.—[illegible] Akbarpur

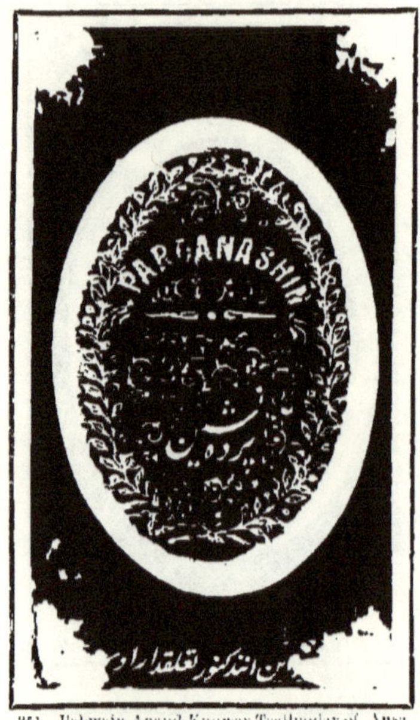

251.—Babwain Anand Kunwar Taalluqdar of Aus[illegible]

252.—Maharaj Bakhsh Taalluqdar of Palkha

253.—Sita Ram Taalluqdar of [illegible]

254.—Ba[illegible] Singh Taalluqdar of Kiajuri

255—Thakur Bakhsh Taalluqdar of Kisarwa

256—Babu Bakhtawar Singh Taalluqdar of Dihli

257—Ganga Bishun Taalluqdar of Mainahar Khera

258—Saiyad Muhammad Muhsin Taalluqdar of [illegible]

Saiyad Muhammad Shafi Taalluqdar of Alipur Chakai

254 Beni Prashad Taalluqdar of Malgan

[illegible] Sheo Shekhar Singh Taalluqdar of Pratapgar

[illegible] Arjan Singh Taalluqdar of Pratabgar

261 Shiv Gobind Tiwari Taalluqdar of Bhita Bhawani

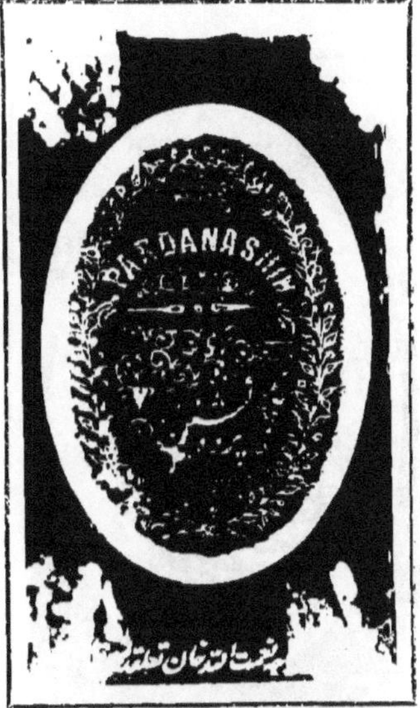

262 Widow of Niamat-ul-lah Khan Taalluqdar of Mirzapur

Nawab Muhammad Bakir Ali Khan Taalluqdar of [illegible]

Major A. P. [illegible] Taalluqdar of [illegible]

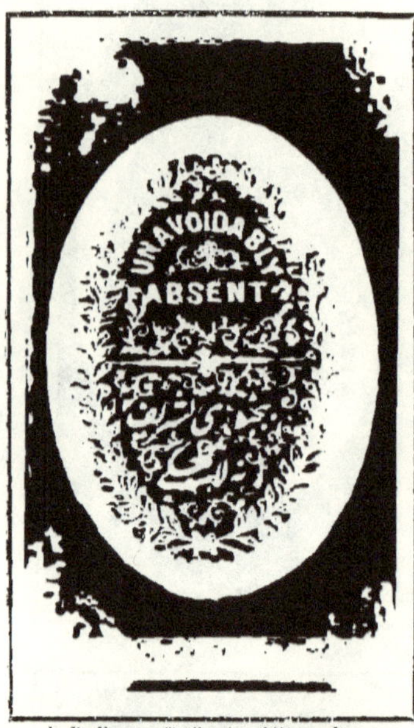

L. D. Hearsey Taalluqdar of Kinan Buzurg

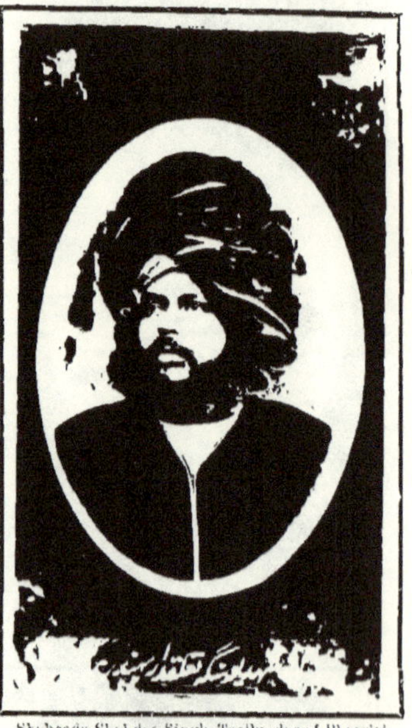

Shahzada Shahdeo Singh Taalluqdar of Bhandri Ganesh

Raja Jaggar Nath Singh Taalluqdar of Wazirnagar

Raja Har Nath Singh Taalluqdar of Bilhar

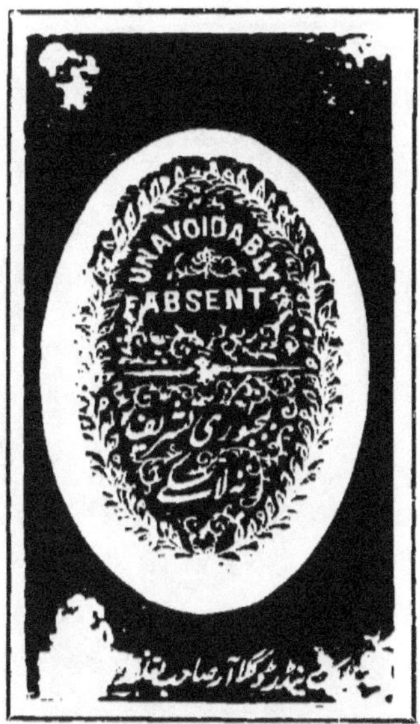

Alexander Douglas [illegible] of Aira

Pauline [illegible] of Nagra

Louisa [illegible]

Sardar [illegible] Singh [illegible]

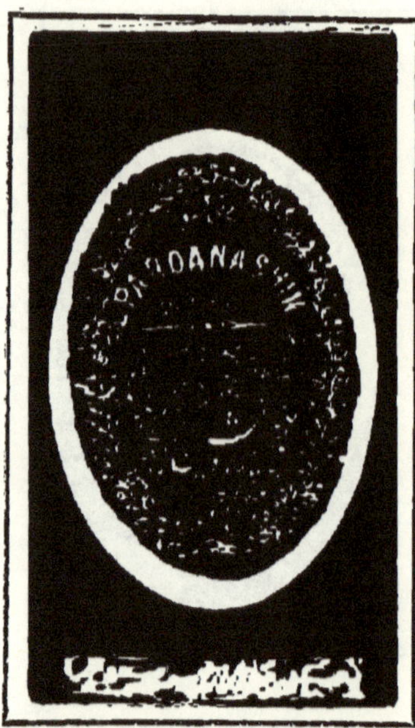

Lachhman Kunwar Taalluqdar of Chharhari

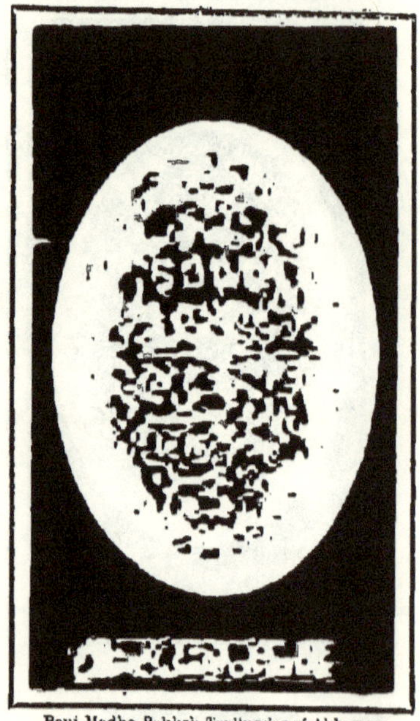

Beni Madho Bakhsh Taalluqdar of Akbarpur

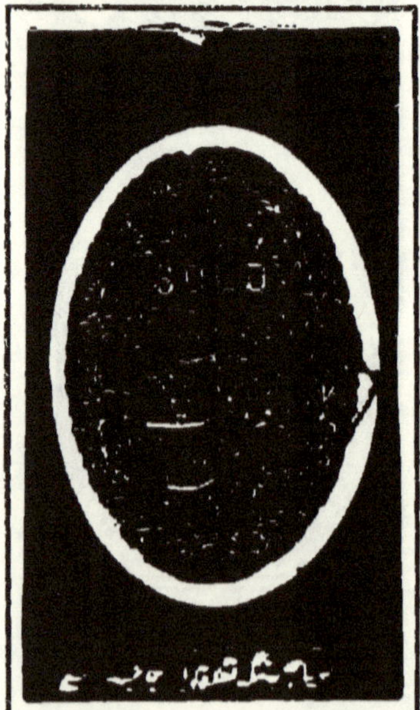

Mahpál Singh Taalluqdar of Jajamau

www.ingramcontent.com/pod-product-compliance
Lightning Source LLC
Chambersburg PA
CBHW030008240426
43672CB00007B/866

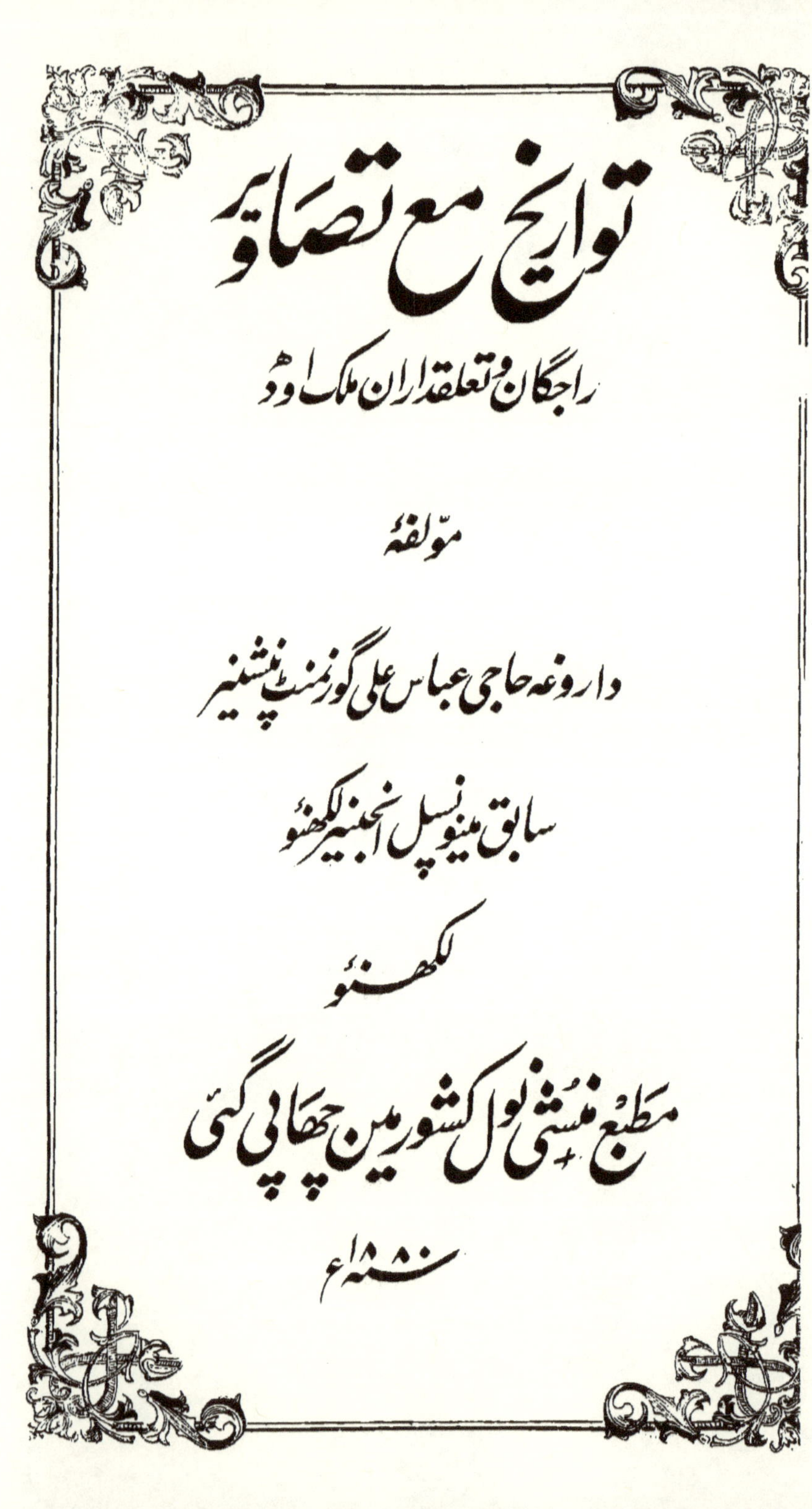

تواریخ مع تصاویر

راجگان و تعلقداران ملک اودھ

مؤلفہ

داروغہ حاجی عباس علی گورنمنٹ پنشنیر

سابق مینوپسل انجنیر لکھنؤ

لکھنؤ

مطبع منشی نول کشور مین چھاپی گئی

سنہ ۱۸۸۰ع

بخدمت جناب ہانریبل سر جارج ابی نیز رولسن کوپر بیرونٹ

کی سی ایس آئی - سی بی سی آئی ای

لفٹنٹ گورنر ممالک مغربی و شمالی و چیف کمشنر اودھ کہ جنکی مستحکم و خالص
حکمت عملی ہے واسطے استحکام و مدد کرنے وفاداران و روشندلان تعلقداران اودھ کے
حسب اجازت یہ تواریخ ساتھ عاجزی و فرمانبرداری کے عباس علی نے

تالیف کی

فہرست مضامین

فہرست تعلقداران ملک اودھ ضلعوار

نام ضلع	نمبر شمار	[illegible]	نام تعلقدار	نام تعلقہ	نام ضلع	نمبر شمار	[illegible]	نام تعلقدار	نام تعلقہ
لکھنؤ	۲۳۲	۷۵	محمد حسین	غازی پور وغیرہ	اوناؤ	۵۲	۱۵	شیو دیال	دیوی کنڈ نوان
	۴۲	۱۱	راجہ چندر سیکھر	سسینڈی وغیرہ		〃	〃	رام نراین	لونسکھان کھیرہ وغیرہ
	۲۰۰	۶۶	قطب النسا	گوریہ کلاں		〃	۱۶	بالمکند	اٹوٹ وغیرہ
	۴۷	۱۲	رانی ستار النسا	سیلم پور وغیرہ		〃	〃	کالکا پرشاد	بچھرانوان وغیرہ
	۲۳	۶	راجہ جگموہن سنگھ	راے پور وغیرہ		〃	〃	چندکا پرساد	〃
	۱۲۹	۴۳	بابو جگناتھ سنگھ	مگانوں وغیرہ		〃	〃	موہن لال	اسرنڈیا وغیرہ
	۱۴۸	۵۰	محمد احمد خان	کسمنڈی خرد		〃	۱۷	بینی پرشاد	بروا کلاں تیلندہ
	۱۳۱	۴۴	محمد نسیم خان	سہلامئو		۶۱	۲۰	مہنت ہر چرن داس	مونسی وغیرہ
	۲۲۳	۷۵	مرزا جعفر علیخان	مہتاو وغیرہ		۱۴۲	۴۷	فتح بہادر	سروسی
	۱۹۲	۶۳	نظیر حسین	اہامئو وغیرہ		۸۴	۲۸	نونہال سنگھ	محمود آباد وغیرہ
اوناؤ	۱۰۹	۳۶	ٹھاکر بلدیو بخش	پرسینی وغیرہ		۱۴۰	۴۷	بلبھدر سنگھ	گورا
	۵۶	۱۸	مکرند سنگھ	رام پور وغیرہ		〃	〃	درشن سنگھ	حسین آباد
	۵۷	〃	کنور ہرنام سنگھ منیجر	بونڈی		۲۳۵	۷۶	مہپال سنگھ	ملونہ
	۲۳۰	۷۴	سید محمد علیخان	اونچ گانوں		۱۷۵	۵۸	سلطان سنگھ	گانگلہا وغیرہ
	۰	〃	سید حسین علیخان	〃		۱۸۳	۶۱	سید رمضان علی	اوناؤ
	۱۷۴	۵۸	مہیت سنگھ	کانتھا		۴۹	۱۳	راجہ پاتشنکر دیکھیت	پرنیدا
	۵۲	۱۴	ہر پرشاد	مورانوان		۲۰۳	۶۶	دیا شنکر باجپئی	کروہا وغیرہ
	〃	〃	رام چرن	حصہ دار بشبہ وغیرہ		۰	۸۶	بینی مادھو بخش	اکبر پور
	〃	〃	بشیشر پرشاد	تہلمندی		۱۹۵	۶۴	مہیش بخش	پاٹن بہار
	〃	۱۵	مادھو پرشاد	مرتیا وغیرہ		〃	〃	ارجن سنگھ	〃
	〃	〃	دیبی دیال	اماوان		۵۲	۱۴	بابو رام سہاے	بانتھرو وغیرہ

نام ضلع	نمبر	[illegible]	نام تعلقدار	نام تعلقہ
اوناؤ	۲۲۵	۷۳	شیخ وسیع الزمان	میان گنج
	۰	۸۶	مہپال سنگھ	جاجامؤ
	۰	۸۴	شیوناتھ سنگھ	بیتھر
	۲۶۱	۸۳	شیو گوبند تواری	ببطہ بھوانی وغیرہ
بارہ بنکی	۱۸۵	۶۱	گردھاری سنگھ	گوکل پور اسنی
	۲۳۱	۷۴	شمس النسا	جمار الملک پور وغیرہ
	۲۳۴	۷۵	شیخ طالب علی	دین پناہ
	//	//	شیخ کریم بخش	//
	۱۸۶	۶۲	شیخ منصب علی	سیدا بار
	۱۸۹	//	شیخ محمد امیر	شہاب پور
	//	۶۳	شیخ غلام عباس	//
	۱۵۲	۵۱	صاحب النسا	کھرگا
	۱۶	۵	راجہ فرزند علیخان	جہانگیر آباد وغیرہ
	۱۲۳	۴۰	قاضی اکرام احمد	سترکھہ
	۱۲۸	۴۲	حکیم کرم علی	گوٹیا
	۱۷۷	۵۹	پانڈے ہر بخش سنگھ	اسلامؤ
	۱۵۳	۵۱	بنیاد حسین	بھان مؤ
	//	//	میر امجد حسین	سہیل پور
	۱۵۱	۵۰	ٹھاکر شیو سہائے	سمرانوان
	۱۰۸	۳۶	شیخ احمد حسین	گدیہ وغیرہ
	//	//	شیخ واجد حسین	//
	۲۳۶	۷۶	رکمن کنور	تبیدی گنج وغیرہ
	۱۷۸	۵۹	شیخ عنایت اللہ	سیدن پور

نام ضلع	نمبر	[illegible]	نام تعلقدار	نام تعلقہ
بارہ بنکی	۱۷۸	۵۹	شیخ اکرام علی	سیدن پور
	//	۶۰	شیخ انعام اللہ	//
	۱۳۸	۴۶	شیخ نواب علیخان	میلارای گنج
	۱۱۴	۳۸	کاظم حسین خان	بھٹواموؤ وغیرہ
	۴۳	۱۱	راجہ سرب جیت سنگھ	رام نگر
	۲۱۹	۷۱	دان بہادر سنگھ	محمد پور
	۲۱۷	//	ہری پرشاد	لیلولی
	۲۳۷	۷۶	شیخ محمد نصیر الدین	میرپور
	۱۹۹	۶۵	شیخ ریاست علی	شیخ پور
	۶۳	۲۰	چودھری مرتضی حسین	بہلول وغیرہ
	//	//	رفیع الزمان	سکندرپور
	۵۴	۱۶	چودھری سرفراز احمد بابو مہپال سنگھ	شیوراج پور
	۲۵	۷	راجہ نرندر بہادر سنگھ	بڈہا
	۱۲۰	۴۰	رای ابرام علی	رام پور دریاؤ
	۱۳۰	۴۳	شیخ محبوب الرحمن	برئی وغیرہ
	//	//	شیخ غیاث الرحمن	//
	//	//	شیخ عبد الرحمن	//
	//	۴۴	شیخ فضل الرحمن	//
	۱۴۱	۴۷	سید رضا حسین	ترولی
	۱۸۸	۶۲	سید محمد عابد	پورئی
	۱۹۱	۶۳	شیخ احسان رسول	امیرپور
	۲۱	۶	راجہ بھگوان بخش	پوکرا انصاری
	۲۳۸	۷۶	ٹھاکر تیجی پال سنگھ	رام نگر

نام ضلع	نمبر فہرست	[illegible]	نام تعلقدار	نام تعلقہ	نام ضلع	نمبر فہرست	[illegible]	نام تعلقدار	نام تعلقہ
بارہ بنکی	۲۳۹	۷۷	بابو لال بہادر	رکھیا پور	سیتا پور	۱۴۳	۴۸	گنگا بخش	رام پور وغیرہ
	۱۹۰	۶۳	غلام قاسم خان	عثمان پور		۱۱۵	۳۸	ٹھاکر ہری ہر بخش	سرورا
	۱۹۷	۶۵	بھیا اوتار سنگھ	رانی منؤ		۱۰	۳	راجہ محمد امیر حسن خان	محمود آباد وغیرہ
	۲۰۱	۶۶	محمد حسین	نیورا		۲۰	۶	راجہ محمد کاظم حسین خان	بہنیتی پور وغیرہ
	۲۴۴	۷۷	وزیر علیخان	بروی		۲۰۹	۶۸	ٹھاکر گنگا بخش	رام کوٹ وغیرہ
	۲۴۱	؍؍	بابو کشن دت	پالی		؍؍	؍؍	ٹھاکر کالکا بخش	؍؍
	۲۴۲	؍؍	دیوان کشن کنور	یعقوب گنج		۰	۸۴	راجہ جگناتھ سنگھ	وزیر نگر
سیتا پور	۱۸۷	۶۲	سیتا رام کھتری	بھاگو پور وغیرہ		۱۴۶	۴۹	چودھری رام نرائن	مبارکپور
	۱۱۷	۳۹	ٹھاکر جواہر سنگھ	بسیڈر مہیہ وغیرہ		۱۳۲	۴۴	میر محمد حسن خان	بارہ وغیرہ
	۱۱۹	؍؍	ٹھاکر مہاراج سنگھ	کانتھ مئو وغیرہ		۱۷۱	۵۷	مرزا عباس بیگ	ٹبرا گانون
	۱۲۱	۴۸	مرزا احمد علی بیگ	قطب نگر وغیرہ		۲۴۳	۷۸	مولوی مظہر علی	میوا
	۱۱۸	۳۹	ٹھاکر درگا بخش	نیلگانون وغیرہ		۲۴۴	؍؍	ٹھاکر کالکا بخش	سعادت نگر
	۱۱۳	۳۸	مرزا محمد علی بیگ	اورنگ آباد		۲۴۵	؍؍	ٹھاکر رگھوبر سنگھ	راج پور
	۱۳۶	۴۵	سیٹھ رگھوبر دیال	معز الدین پور وغیرہ	ہردوئی	۶	۲	راجہ تلک سنگھ	کٹیاری وغیرہ
	؍؍	؍؍	سیٹھ سیتا رام	؍؍		۱۸	۵	راجہ رندھیر سنگھ	بھرادن وغیرہ
	۶۸	۲۲	ٹھاکر پرتاب و درشن سنگھ	رامپور وغیرہ		۸۶	۲۹	چودھری خصلت حسین	ککرائی وغیرہ
	۱۱۶	۳۹	ٹھاکر فضل علیخان	اکبر پور		۸۷	؍؍	ٹھاکر بھاگرتھ سنگھ	اٹوا وغیرہ
	۰	۸۳	نواب محمد باقر علیخان	کنوا کھیرہ		۱۱۱	۳۷	سید وسیع حیدر	بھوکتیا پور
	۳۴۴	۱۲	راجہ شمشیر بہادر	سعادت نگر		۱۱۲	؍؍	چودھری محمد اشرف	آصف پور وغیرہ
	۸۸	۲۹	ٹھاکر شیو بخش سنگھ	کٹیسر وغیرہ		؍؍	؍؍	سید محمد زین العابدین	بھکیاری
	۱۴۳	۴۸	اننت سنگھ	رام پور وغیرہ		؍؍	؍؍	سید محمد فاضل	درگا گنج
	؍؍	؍؍	جگناتھ سنگھ	؍؍		؍؍	۳۸	سید محمد ابرار	ڈھونڈھو پور
	۱۴۳	۴۸	ہردیو بخش	؍؍		۱۲۲	۴۰	مولوی فضل رسول	جلال پور وغیرہ

نام ضلع	نمبر فہرست	[illegible]	نام تعلقدار	نام تعلقہ
ہردوئی	۱۰۵	۳۵	ٹھکرائین دلیل کنور	لوہرا ست پور
	۱۵۴	۵۱	دیپ سنگھ	سویج پور سکران
	۱۱۰	۳۶	ٹھاکر للتا بخش	کہجرہ وغیرہ
	۳۹	۱۰	بیگم امانت فاطمہ	بسیت نگر
	۹۰	۳۱	وزیر حیدر	سروان ٹپراگانون
	//	//	درگا پرشاد	//
	۲۴۶	۷۸	ٹھاکر سربجیت سنگھ	پوایان وغیرہ
	۱۶۶	۵۶	امتیاز فاطمہ	گوپا مئو
	۰	//	بھاگ بھری	برم ہولا
	۲۴۷	۷۹	صفدر حسین خان	بہانا پور
کھیری	۳۱	۸	رانی صاحب جان	مہاونگر وغیرہ
	۱۳۳	۴۴	سید ولد حسین خان	اٹوا پیریا وغیرہ
	۲۲۲	۷۲	محمد شیر خان	رای پور وغیرہ
	۷۲	۲۳	راج طلاپ سنگھ	شاہ پور مجھکلین
	//	//	گمان سنگھ	رام نگر ودولت پور
	//	//	گوبردھن سنگھ	بیچا انگھاسن
	//	//	دلیپ سنگھ	بیجوریا جگدیو پور
	۲۲۱	۷۲	فضل حسین	کوٹ مدارہ وغیرہ
	۲۶۲	۸۳	زوجہ نعمت اللہ خان	مرزا پور وغیرہ
	۲۴	۷	راجہ کشندت سنگھ	اویل وغیرہ
	۵۱	۱۳	ٹھاکر بلبھدر سنگھ	مہیوا وغیرہ
	۳۸	۱۰	راجہ نرپت سنگھ	کہمرا وغیرہ
	۵۵	۱۷	ٹھاکر ربجیت سنگھ	علینی نگر وغیرہ

نام ضلع	نمبر فہرست	[illegible]	نام تعلقدار	نام تعلقہ
کھیری	۱۴۱	۱۱	راجہ منیشیر بخش سنگھ	ملان پور وغیرہ
	۳۷	۱۰	راجہ اندر بکرم ساہ	کھیری گدہ وغیرہ
	۱۶۰	۵۴	رای رام دین بہادر	پیلا وغیرہ
	۰	۸۵	الکزینڈر دگلا ارصاحب	امیا وغیرہ
	//	//	پولین اینی آر	نگرا امرا وغیرہ
	//	//	پولین فینی آر	جبرالو جھیا پرا وغیرہ
	//	۸۴	ایل ڈی ہرسی صاحب	کیمابرگ وغیرہ
فیض آباد	۳	۱	لال سرتا پرتاپ نراین سنگھ	نہدونہ وغیرہ
	۷۳	۲۴	بابو اودریس سنگھ	سیہ پور دہوروا
	//	//	بابو جنیدر تیس سنگھ	//
	۲۱۴	۷۰	گیا دین سنگھ	مودیرا
	//	//	سبھا جیت سنگھ	//
	۷۵	۲۴	سید غضنفر حسین	پیر پور
	//	۲۵	سید باقر حسین	//
	۲۲۴	۷۲	میر اشرف حسین	کٹاریہ
	۷۶	۲۵	بابو اوگار دت سنگھ	بہٹی وغیرہ
	۸۵	۲۹	بابو مہندر دت سنگھ	کہجراہٹ
	۹۴	۳۲	ٹھاکر شمشیر بخش سنگھ	سہی پور
	۹۱	۳۱	ٹھاکر امنت بہادر سنگھ	کھپرا ڈیہہ
	۱۴۵	۴۹	بابو اعظم علی خان	دیوگانون وغیرہ
	۱۰۲	۳۴	لچھمی نراین	بربہر چاندی پور

نام ضلع	نمبر فہرست	[illegible]	نام تعلقدار	نام تعلقہ	نام ضلع	نمبر فہرست	[illegible]	نام تعلقدار	نام تعلقہ
فیض آباد	۱۰۴	۳۵	بابو شیو پرکاش سنگھ	برہرہ راج سلطانپور	بہرائچ	۱	۱	راجہ جگت جیت سنگھ	بونڈی وغیرہ
	۱۰۳	۳۴	بابو ہردت سنگھ	بہر جانڈی پور لمسوا	گونڈہ	۲	۱	مہاراجہ دگ وجے سنگھ بہادر	بلرام پور وغیرہ
	۱۰۶	۳۵	شیودت نرائن سنگھ	ٹہہر		۳۲	۹	شمبھودت رام	سنگھا چندہ
	۱۴۷	۴۹	بابو پرتھی پال سنگھ	ٹیکری اسرا پور		۳۴	۹	رانی سلطنت کنور	منکاپور
	۸۲	۲۸	ملک ہدایت حسین	شمس پور اکبر پور		۳۳	۹	رانی جانکی کنور	پرانس پور
	۲۴۸	۷۹	لالہ اننت رام	رسول پور ماند		۴۶	۱۲	راجہ شیر بہادر سنگھ	دیولی وغیرہ
بہرائچ	۲۸	۸	راجہ مہندر سنگھ بہادر	پیاگ پور		۱۲۵	۴۱	ٹھاکر گنج بخش سنگھ	ساہ پور وغیرہ
	۱۷	۵	راجہ جنگ بہادر خان	نانپارہ		۱۲۴	۴۱	ٹھاکر رگھوبیر سنگھ	دہناواں وغیرہ
	۲۷	۷	راجہ ستیلا بخش سنگھ	گنگول		۱۳۵	۴۵	ٹھاکرائن کیلاش کنور	پسکا وغیرہ
	۱۹	۵	پسر رگھوناتھ سنگھ	رہوا		۱۳۴	۴۵	بابو سکھراج سنگھ	اٹا
	۹۷	۳۳	بھیا اودت نرائن سنگھ	بھنگا وغیرہ		۱۹۸	۶۵	بھیا ہر رتن سنگھ	مجھگانوں وغیرہ
	۲۰۵	۶۷	ٹھاکر فتح محمد	پٹپرہا		۲۵۰	۷۹	پانڈے ہر نرائن رام	اکبر پور وغیرہ
	۲۰۶	۶۷	ٹھاکر نرپال سنگھ	اینچا پور وغیرہ		۱۶۹	۵۷	اودے نرائن سنگھ	بھجے بیر
	۱۴۴	۴۹	ٹھکرائن بیج پال کنور	مصطفیٰ آباد وغیرہ		۴۵	۱۲	راجہ ممتاز علی خان	بلاسپور وغیرہ
	۱۷۶	۵۹	شیخ نوازش علی	انہا پور وغیرہ		۱۷۰	۵۷	لال اچل رام	بیروا
	۱۸۱	۶۰	میر ظفر مہدی	علی نگر	رائے بریلی	۴	۱	راجہ شیو پال سنگھ	مرارمئو وغیرہ
	۱۸۲	۶۱	سید کاظم حسین	دیرا قاضی		۱۲	۴	راجہ سرپال سنگھ	تلوئی وغیرہ
	۹۶	۳۲	نوازش علی خان	نواب گنج علیا آباد		۱۴	۴	رانا شنکر بخش سنگھ	بہلائے کھجور گانوں وغیرہ
	۲۲۷	۷۳	سردار سر سنگھ	جمدان		۹۳	۳۲	بابو بیناتھ سنگھ	کاٹ گدھ
	۲۲۹	۷۴	سید سردار علی	سساہی سلون وغیرہ		۲۲	۶	رائے بسیر بخش	نرسنگھ پور وغیرہ
	۲۲۸	۷۳	سردار بھاگل سنگھ	بہنگھا		۲۶	۷	راجہ رام پال سنگھ	کوری سودولی
	بلانمبر	۸۵	سردار جگت جوت سنگھ	جہلاری وغیرہ		۲۹	۸	راجہ جگموہن سنگھ	اتہا جاندہ پور وغیرہ
	״	۸۶	لچھمن کنور	״		۶۴	۲۱	ٹھاکرائن شیو پال کنور	سمری وغیرہ

نام ضلع	نمبر فہرست	[illegible]	نام تعلقدار	نام تعلقہ	نام ضلع	نمبر فہرست	[illegible]	نام تعلقدار	نام تعلقہ
رائے بریلی	٦٥	٢١	ٹھکرائین وریا کنور	سمرپہا	رائے بریلی	٢٥٣	٨٠	سیتارام	سگانون وغیرہ
	٦٦	٢١	ٹھاکر چندرپال سنگھ	گوربا شادن		٢٥٤	〃	بلبھدر سنگھ	کھجری
	٦٧	٢١	ٹھکرائین اجیل کنور	گورا کیتی		٢٥٥	٨١	ٹھاکر بخش	کیسروا
	٨١	٢٧	ٹھاکر شنکر بخش	باہو گلمیا		٢٥٦	〃	بابو بختاور بخش	دہلی
	٩٩	٣٣	ٹھاکر بسنت بخش	حسنا پور وغیرہ		٢٥٧	〃	گنگا بشن	منہیار کھیرہ
	٨	٣	راجہ یادھو سنگھ	امیٹھی		٢٠٧	٦٧	فتح بہادر خان	مہوا
	١٠٠	٣٣	بابو سربجیت سنگھ	ٹیکاری وغیرہ		٥٠	١٣	راج سکھ منگل سنگھ	شاہ مئو وغیرہ
	١٣٧	٤٦	مسماۃ دریاؤ کنور	نرمیدپور حریہ		٢١٨	٧١	شیو رتن سنگھ	پنہونا
	〃	〃	ٹھاکر اجودھیا بخش سنگھ	〃		١٩٦	٦٥	بابو یادھو سنگھ	نورالدین پور
	١٣٩	〃	ٹھکرائین دونابھہ کنور	حمیر مئو کولا		٢١٢	٦٩	مہپال سنگھ	بارہ
	١٥٦	٥٢	محمد زمانخان	اماوان		٧٧	٢٥	رودر پرتاب سنگھ	سیولی سیون
	〃	〃	محمد سعید خان	〃		١٨٠	٦٠	سبحان احمد	عزیز آباد
	〃	〃	محمد سلطانخان	〃		٠	٨٤	شہزادہ شمشیر سنگھ	پنڈری گنیش پور
	١٥٧	٥٣	ذوالفقار خان	پہرامئو					
	〃	〃	کرم علیخان	〃		٥٨	١٨	کپتان گلاب سنگھ	بہیرا گوبند پور
	〃	〃	شہامت علیخان	〃		〃	〃	اوتار سنگھ	کھورہی
	〃	〃	اسد علیخان	〃		〃	١٩	نراین سنگھ	بیلا بھیلا
	١٥٨	٥٤	ٹھاکر بھگوان بخش	اودہرہ وغیرہ		٩٨	٣٣	بابو مہور نجن مکرجی	شنکرپور
	١٥٩	〃	متہان کنور	میرولی وغیرہ		١٧٣	٥٨	میر احمد خان	رگھوپور
	١٦٩	٦٠	میر فخر الحسین	بی نوہرا		٢١٦	٧٠	فرزند علیخان	کھشوارا
	٢١٠	٦٩	ٹھاکر جگموہن سنگھ	دیوگنا گرودھرپور		٠	٨٣	میجر ای پی ارصاحب	لودھواری
	٢١١	〃	جگراج کنور	ہرداس پور		٢٥٨	٨١	سید محمد محسن	علی پور چکالی
	٢٥١	٨٠	مہیاین انند کنور	اوسا		〃	٨٢	سید محمد شفیع	〃
	٢٥٢	٨٠	مہراج بخش	پلکھا		٢٥٩	〃	بینی پرشاد	مگانون وغیرہ

نام ضلع	نمبر [illegible]	[illegible]	نام تعلقدار	نام تعلقہ	نام ضلع	نمبر [illegible]	[illegible]	نام تعلقدار	نام تعلقہ
سلطانپور	۱۵۵	۵۲	بابو اشتراج سنگھ	میوپور دہلا وغیرہ	سلطانپور	۹۵	۳۲	بابو لالو ساہ	میرپور دہلا وغیرہ
	۲۴۹	۷۹	شیوراج کنور	سلطانپور وغیرہ		۱۶۱	۵۴	بابو سیتلا بخش	مانامئو وغیرہ
	۹	۳	راجہ محمد علیخان	حسن پور وغیرہ		۷۴	۲۴	بابو امریس سنگھ	میوپور بڑاگانوں
	۱۳	۴	رانی کشن ناتھ کنور	کوڑواڑ وغیرہ	پرتاپ گڈھ	۵	۲	راجہ ہنونت سنگھ	کالاکانکر
	۱۶۵	۵۶	آگہی خانم	غلیار پور وغیرہ		//	//	رام پال سنگھ	رام پور دہارو پور
	۱۶۳	۵۵	پچھمن پرشاد	بہدئیان وغیرہ		۱۱	۳	راجہ بجے بہادر سنگھ	بہلول پور
	//	//	بسناتھ سنگھ	//		۱۵	۴	رانی دھرمراج کنور	بربٹ وغیرہ
	۲۰۲	۶۶	ٹھکرائن دریاؤ کنور	گرب پور		۳۶	۱۰	راجہ مہیش بخش سنگھ	کیتھولا
	۲۶۰	۸۲	شیو شنکر سنگھ	پرتاب پور وغیرہ		۴۸	۱۳	راجہ اجیت سنگھ	برول وغیرہ
	//	//	ارجن سنگھ	//		۵۹	۱۹	رائے جگموہن سنگھ	رائے پور بجید
	۸۳	۲۸	اننت پرشاد	رام پور وغیرہ		//	//	بسیسر بخش	//
	//	//	بکرماجیت سنگھ	//		۶۰	//	رائے مادھو پرشاد سنگھ	ادھا گنج وغیرہ
	۷	۲	راجہ رودر پرتاپ سنگھ	دہرہ وغیرہ		۶۲	۲۰	لال سربجیت سنگھ	بھاری
	۱۴۲	[illegible]	ببیجہ بہادر سنگھ	شاہ گڈھ		۶۹	۲۲	دیوان رنجیت سنگھ بہادر	ٹیڈی سیف آباد
	[illegible]	۱۷	[illegible]	مہونہ		۷۰	//	ٹھکرائن جیت کنور	//
	۲۱۳	۶۹	درگاہی خان	اونچ گانوں وغیرہ		۷۱	//	ٹھکرائن جانکی کنور	پواسی و ٹنکوس
	۳۰	۸	رانی ہرناتھ کنور	کٹاری		۷۸	۲۵	سیتلا بخش	مدھپور
	۸۰	۲۷	گنیش کنور	جامو		//	۲۶	لال بہادر سنگھ	//
	۱۶۴	۵۵	سری پال سنگھ	برولیا		//	//	کمالکا بخش سنگھ	//
	۲۰۴	۶۷	جگیسر بخش سنگھ	سبھدن ساہ پور		//	//	اودت نراین سنگھ	//
	۱۰۷	۳۵	گنیش کنور	رہسی		//	//	لکمیش بخش سنگھ	//
	۷۹	۲۷	جگنناتھ سنگھ	سمرت پور وغیرہ		//	۲۷	چوہارجہ بخش سنگھ	//
	۱۶۲	۵۵	جہانگیر بخش	گنگو وغیرہ		۸۹	۳۰	ٹھکرائن جگناتھ کنور	کنڈراجیت

نام ضلع	نمبر شمار	نمبر [illegible]	نام تعلقدار	نام تعلقہ	نام ضلع	نمبر شمار	نمبر [illegible]	نام تعلقدار	نام تعلقہ
پرتاب گڈھ	۸۹	۳۰	چھتر پال سنگھ	کندر اجیت	پرتاب گڈھ	۱۸۴	۶۱	بابو بجرنگ بہادر سنگھ	بسیں پور
	″	″	سورج پال سنگھ	″		۱۹۳	۶۴	بابو بلبھدر سنگھ	سوجاکھر
	″	″	جنیدر پال سنگھ	″		۱۹۴	″	امید سنگھ	اسان پیر
	۹۲	۳۱	دان بہادر پال سنگھ	نائدی کا چھہ		۲۰۸	۶۸	ٹھکرائن شیو کنور نائتھہ	دسرتھہ پور
	۱۲۶	۴۱	ہر منگل سنگھ	اُدنیا ڈیہہ		″	″	کھرگ کنور	″
	۱۲۷	″	بھگونت سنگھ	دریا پور		۲۱۵	۷۰	بابو سربدون سنگھ	الوامرو پور
	″	۴۲	جگموہن سنگھ	″		۲۲۰	۷۱	دگبجے سنگھ	اتھہ گانون
	″	″	تبیشر بخش	″		۲۲۳	۷۲	مہپال سنگھ	امرار
	″	″	ارتھہ سنگھ	″		۳۵	۹	راجہ چھتپال سنگھ	نرپور وغیرہ
	۱۴۹	۵۰	بابو مہیش بخش سنگھ	دہنیا نوان		۱۰۱	۳۴	سیتلا بخش سنگھ	دہنگڈھ
	۱۵۰	″	سربجیت سنگھ	شیخ پور چورہ اس		″	″	شنکر بخش	″
	۱۶۷	۵۶	بابو منوہان بخش	دومی پور		۲۲۶	۷۳	سوامبر سنگھ	راج پور
	۱۶۸	۵۷	بابو ہردت سنگھ	پرتھی گنج		۴۰	۱۱	راجہ جگت بہادر	امری

دیباچہ

اِن اوراق کی مؤلف نے دو غرض سے اس رسالہ کو تالیف کیا ہے - ایک یہ کہ ہر ایک تعلقدار اودھ کے تاریخی حال اور انکے آبا و اجداد کی مفصل کیفیت معلوم ہو - دوسرے یہ کہ گذشتہ زمانے کے وہ مختلف واقعات جو اس صوبہ کے موجودہ ترقی کے باعث ہوے اور جنکے سبب خود تعلقدارون نے موجودہ مرتبت و منزلت اس ملک مین حاصل کی - لہذا اس رسالے کو دو حصون پر منقسم کیا - ایک مین عام طور پر تاریخ اودھ درج ہے - دوسرے مین خاص معزز مالکان اراضی یعنے تعلقدارون کا ذکر خیر ہے - تعلقدارون کے خاندانی کاغذات سے اِس صوبہ کی تاریخ مسلسل کا ملنا محال تھا - کل تعلقدارون نے ایک ہی طور پر یہ منزلت نہین حاصل کی بلکہ سب کے حالات مین اختلاف ہے - اونمین سے اکثر تعلقدارون کے آبا و اجداد ہندوستان کے اور حصون سے آئے - اکثرون نے یہ تعلقے خریدے - یا اِس جلدو مین پائے کہ غدر کے دنون مین انھون نے خیر خواہی کی تھی - بحیثیت مجموعی ہم کہہ سکتے ہین کہ تعلقداران اودھ جن لوگون کی نسل سے ہین وہ ایسے کوئی رئیس یا والی ملک نہ تھے جنکا ذکر اس ملک کی تاریخ سلف مین ہوا اور جس سے پایا جاوے کہ وہ بڑے مرتبت کے لوگ تھے - اسی سبب سے مناسب معلوم ہوا کہ صوبے کا حال اور مالکان اراضی کا ذکر علیحدہ علیحدہ قلمبند کیا جاوے اور اِس رسالے کے دو مختلف حصون مین دونون کا پورا تذکرہ ہو -

مناسب ہے کہ جو فوٹوگراف اس کتاب مین شامل ہین اونکی نسبت اس مقام پر اختصار کے ساتھہ صرف اسقدر عرض کیا جاے کہ بہت دقت اور محنت اور روپیہ صرف کرکے اس صوبے کے ہر ایک تعلقدار کی تصویر اوتاری گئی اور ان فوٹوگراف کی تصویرون پر کسی قسم کی تصویرون کو بلحاظ مشابہت ہیئت اصلی ترجیح نہین دی گئی۔ مولف نے ان دلکش فوٹوگرافون کو اس وجہ سے شامل کیا کہ اولاً جن جن صاحبون کا اس کتاب مین ذکر ہے اونکے اعزا و احباب اسکی قدر کرینگے۔ زمانہ آیندہ مین اونکے لڑکے بالے اپنے ان بزرگون کی (جنکے طفیل مین انھون نے دولت اور مرتبت حاصل کی ہے) صاف تصویرین دیکھکر خوش ہونگے۔ آمین اصلا شک نہین کہ اس قسم کی تصویرون سے صرف خوشی ہی نہین حاصل ہوتی بلکہ اولاد کو اپنے اپنے بزرگون کے چال چلن کے حالات دریافت کرنے کا بھی اچھا موقع ملتا ہے۔

یہ مقدمہ لکھکر اب ہم بہت اختصار کے ساتھہ اودھ کی تاریخ زبان پاستان معرض بیان مین لائینگے۔ اور اسکے بعد زمانہ گذشتہ سے عملداری برٹش تک جسقدر بادشاہون نے حکمرانی کی انکا حال مختصر طور پر درج کرینگے۔ پھر ضبطی ملک اودھ اور غدر اور اون واقعات کو بیان کرینگے جنکے سبب سے ملک کی حالت موجودہ پیدا ہوئی۔

باب اول

اودھ کی تاریخ قدیم

زمان پاستان مین یعنی کوئی ڈھائی ہزار برس کا عرصہ ہوا ملک اودھ کوشالا کے نام سے مشہور تھا۔ اور اجودھیا اسکا دارالسلطنت تھا۔ تعجب کا مقام ہے کہ اس کوشالا اور کوشم کا مخرج قریب قریب ایک ہے۔ کوشم مشہور و معروف شہر قنوج کا پُرانا نام ہے۔ اسمین اصلا شک نہین کہ قنوج کے حکمرانون کا اگلے زمانے مین صوبہ اودھ مین بڑا رعب تھا۔ لیکن یورپ کے السنہ مین حکمرانان قنوج اور اور اقوام کا اسقدر کم حال ترجمہ ہوا ہے کہ اس ملک کی پرانی تاریخ سے ہمین چندان واقفیت نہین۔

اسمین شبہ نہین کہ اودھ مین کوئی ایسی تاریخ نہین ہے جس سے صوبہ اودھ کا اور صوبون سے علیحدہ ہونیکی حالت مین کچھ حال معلوم ہو سکے۔ شہر اودھ جسکو اجودھیا کہتے ہین بڑا پرانا مقام ہے۔ رامچندر کی نسبت جو باتین مشہور ہین اُنسے کسیقدر پایا جاتا ہے کہ کون کون قوم وقتاً فوقتاً اس حصہ ملک پر قابض تھی۔ ظاہرا معلوم ہوتا ہے کہ قوم آریا بہت عرصہ دراز سے قابض تھی اور اُسکے قبل قوم بھار کا قبضہ تھا۔ لیکن بھار کی قوم کا حال بہت ہی کم معلوم ہے۔ صرف اسقدر معلوم ہے کہ وہ لوگ شایستہ تھے۔ اور چودہ صدی کے اوائل مین مسلمانون نے انکو نکال دیا تھا۔ انکا دارالسلطنت سلطانپور تھا۔ جب علاءالدین سلطان دہلی نے یا شاید اُنکے کسی جنرل نے اسپر قبضہ کیا تب سلطانپور نام رکھا۔ بیشتر کچھہ اور نام تھا۔

اُس زمانے مین پاسیز بھی ایک بڑی قوم تھی۔ جسمین سے بہت سے خاندان اب بھی اودھ مین بود و باش کرتے ہین۔ انکا آبائی پیشہ ڈکیتی ہے لوگ کہتے ہین کہ جب کبھی ملک مین بدنظمی ہوئی تو بلا تنخواہ نوکری کرنے پر وہ آمادہ ہوگئے۔ اس طمع سے کہ لوٹ مار سے فائدہ کثیر اٹھائینگے۔ اُنمین سے اکثرون کو لوگ راجپوت کہنے لگے۔ خاصکر اسوجہ سے کہ اُنکے پاس دولت زیادہ ہے۔ اور اُنکی لڑکیان اچھو اچھو عالیخاندان راجپوت بیاہ لیگئے۔ ان راجپوتون مین قوم کا غرور اسدرجہ تھا کہ اچھے گھر مین شادی نہ ملنے کے خوف سے اکثر آدمی دختر کُشی کے مرتکب ہوتے تھے۔ ابھی تھوڑا ہی زمانہ ہوا کہ اودھ اسکے لیے اسقدر بدنام تھا کہ شاید کوئی اور ملک اتنا بدنام ہو۔ سنہ ۱۷۲۲ء یعنے عہد سعادت علیخان تک ہمین صوبہ اودھ کا حال قریب قریب کچھ بھی نہین معلوم ہے ہان صرف اسقدر جانتے ہین کہ محمود غزنوی جو مشہور سردار تھے سنہ ۱۰۱۸ء مین قنوج کو فتح کیا تھا۔ سنہ ۱۱۹۵ء مین سابق شہنشاہ دہلی قطب الدین ایبک کے ایک جنرل نے قریب قریب کل اودھ کو فتح کر لیا تھا۔ سنہ ۱۵۲۸ء مین بابر لشکر لیکر آیا اور اپنے کل غنیمون کو اپنے صوبے سے نکال دیا۔ لیکن افغانی سردار بابن نے آخرکار اس ملک مین عملداری قائم کی اور لکھنؤ فتح کر لیا۔ جب بابر نے وفات پائی بابن نے کوشش کی کہ اودھ

مین غدر کرادے - شہزادہ ہمایون سنے فوراً غدر فرو کردیا ۱۵۵۹ء مین اُسنے جونپور اور دواب پر قبضہ کرلیا اور اودھ زیر نگین ہوگیا -

اُسوقت سے اسوقت تک جبکہ سعادت علیخان نے اس صوبے کی گورنمنٹ لی کوئی مشہور تاریخی بات قابل ذکر نہین ہے

باب دوم

نواب سعادت خان برہان الملک جنگ بہادر

وزیر ممالک

یہ رئیس زادہ مرزا نعیم سید شمس الدین نیشاپوری حسینی موسوی کا لڑکا تھا - اسکا باپ مرزا کاظم کی نسل سے تھا ۱۷۰۸ء مین اسکا باپ بنگال گیا اور اپنے ہمراہ اپنے دوسرے لڑکے میر محمد باقر کو لایا - دونون عظیم آباد مین رہنے لگے اور شجاع الدولہ سابق ناظم بنگال کے زیر حفاظت رہے - اسکے بعد ۱۱۲۰ ہجری مین میر محمد امین (یہ نام نواب سعادت خان کا وقت ولادت رکھا گیا تھا) بھی عظیم آباد کیطرف روانہ ہوے کہ اپنے باپ کو دیکھین مگر اُنکے باپ نے انکے داخل ہونیکے قبل ہی وفات پائی - بعد وفات والد اپنے بھائی کو لیکر وہ شاہجہان آباد گئے اور یہان بھی اُس سے کار نمایان شروع ہوے - مشہور ہے کہ وہ بہادر اور جری آدمی تھا - سید عبداللہ خان قطب الملک نے مہربانی سے اُسکو مدد دی - اور اپنی خاص سرگرمی اور لیاقت سے وہ چھوٹے چھوٹے عہدون سے ۱۱۲۱ مین مقامات ہنڈن وچگن کا صوبہ دار مقرر ہوا - اور آخر کار محمد شاہ نے اُسکو سعادت خان برہان الملک کا خطاب دیا پہلے وہ اہل تشیعہ کے سرغنہ تھے مگر آخر مین سنیون کیطرف ہوکر اہل تشیعہ کے قتل مین شریک ہوئے - اس زمانے مین سیدون کی شہنشاہون کے دربار مین بڑی منزلت تھی - پس پرانے اراکین سلطنت اُنکے دشمن تھے - خصوصاً نظام الملک محمد امیر خان اور اعتماد الملک یہ امر سمجھتے تھے کہ اگر سید عبداللہ خان اور سید حسین علی اسقدر بڑھگئے تو ایرانیون اور درانیون کو پھر کوئی نہ پوچھیگا - اعتماد الملک تاک مین تھے کہ اگر سید حسین علی کو کہین علیحدہ پا جائین تو قتل کرڈالین مگر اس قتل کے لیے اُنکو کوئی معتبر دوست نہین ملتا تھا - آخر کار سعادتخان اور میر حیدر خان کاشغری نے کہا کہ ہم دونون قاتل ہونا چاہتے ہین جسکے نام چٹھی نکلے - چٹھی میر حیدر خان کے نام نکلی اور انھون نے سید کو قتل کرڈالا - ۳ - نومبر ۱۷۲۰ء (مطابق ۱۱۳۳ ہجری) محمد شاہ کی فوج نے عبداللہ خان کو شکست دی اور اس فتح کی خوشی مین خطاب بہادر جنگ منجملہ اور خطابون کے سعادتخان کے نام کے ساتھ بڑھایا گیا اور صوبہ دار آگرہ مقرر کیے گئے - سیدون کا ولی دوست راجہ رجپت سنگھ گورنر گجرات و اجمیر تھا اس راجہ اور شہنشاہ وقت مین جنگ چھڑگئی سعادت خان بلوائے گئے کہ فوج کی کمان کرین خوب کوشش ہوئی کہ جنگ اچھی طرح سے ہو - لیکن باہمی اختلاف رائے کے سبب سے کوئی اور تیاری نہوی -

کچھ عرصے کے بعد سعادت خان نے اپنی صوبہ داری آگرہ کے علاوہ اودھ کی صوبہ داری بھی لی اور اودھ مین آکر چارج لیا اسوقت سے اودھ ایک جداگانہ صوبہ قائم ہوا۔ اسوقت ایک حادثہ ایسا ہوا کہ سعادت خان شاید اپنی راے بدل دے جب وہ آگرے سے چلے کہ اودھ مین آکر یہان کے امور دیکھین اور صوبہ داری کرین تو اپنی جگہ پر راے نیل کنٹھ کو بطور نائب مقرر کر آئے۔ اسکو ایک جاٹ نے گولی سے مار ڈالا۔ جبکہ وہ سوار ہو کر کہین جاتا تھا۔ سعادت خان کو اسپر اسدرجہ غصہ آیا کہ انھون نے چاہا فوراً آگرے اگر اپنے اسسٹنٹ یعنی نائب کے قتل کا عوض لین۔ لیکن اودھ کی خوش نصیبی سے انکو راجہ جے سنگھ سوائی دستیاب ہوگئے۔ یہ جاٹون کے جانی دشمن تھے۔ انکو اپنا نائب مقرر کر دیا تاکہ جاٹون سے بدلہ بھی لین اور انتظام بھی اچھا کرین۔ پس سعادتخان اپنے عہدہ پر بدستور رہ گئے۔ لیکن بہت دن تک وہ صوبہ دار اودھ نہین رہے تھے کہ مصیبت نے اپنی مہیب صورت دکھائی۔ مرہٹا سردار بجی راؤ اُس زمانے مین دہلی کیطرف اپنے مقبوضات اور اپنی طاقت بتدریج بڑھاتا جاتا تھا۔ ان جھگڑون مین ملہر راؤ اسکا سپہ سالار مقامات سید آباد و جلیسر تک بڑھ آیا۔ اور لوٹ مار شروع کی۔ اُسوقت سعادت خان دورہ کرتا تھا اور لشکر بھی اُسکے ساتھ تھا۔ جب اُسنے یہ خبر سُنی تو قصد کیا کہ اُس شہزادے کو روکے۔ بڑی سخت جنگ ہوئی اور نتیجہ یہ ہوا کہ مرہٹے شکست پاکر ملک سے منتشر ہوگئے اسکا اثر اسقدر پڑا اور زیادہ ہوا کہ کل تمام دکن کیطرف فوراً بھگا دیے گئے۔ جب باجی راو نے اپنے لشکر کے منتشر ہونیکا حال سُنا تو انھون نے بڑی تیاری کی کہ شاہ دہلی سے لڑین۔ سعادت خان نے خبر پائی کہ باجی راو کی فوج غالباً دھول پور مین داخل ہوگئی۔ وہان فوراً چلا گیا کہ جنگ کرے۔ مگر وہان نہ باجی راؤ تھے نہ انکا لشکر۔ اسکے بعد انھون نے تیاری کی کہ چمبل عبور کرکے غنیم کے اس حصہ ملک مین لڑین۔ تیاری کر ہی رہے تھے کہ انھون نے خان دوران خان کو ضرور حکم دیا کہ جبتک ہم آنہ لین تب تک کوئی کارروائی نکرو۔ ہمارا اور تمہارا لشکر ملکر حملہ آور ہوگا۔ خان دوران خان کے آنے اور دعوت وغیرہ مین کچھ توقف ہوا لہذا باجی راؤ ڈبل کوچ کرتا ہوا مقام کالکا تک جو دہلی کے متصل ہے آگیا اور کسی نے اسکو نہ روکا کچھ عرصے کے بعد سعادت خان دہلی مین داخل ہوا اور باجی را و دکن واپس گیا۔

جب نادر شاہ اور محمد شاہ کی لڑائی پانی پت کے میدانون مین ٹھنی سعادت خان لشکر لیکر میدان مین آگیا۔ اُسکے پاس توپخانہ نہایت عمدہ تھا جس سے لوگ ازبس خائف ہوے اور عش عش کرنے لگے۔ لیکن فوج مین کھٹ پٹ ہوگئی نادر کی فوج سعادت خان کے لشکر سے ملکر رہنا نہین پسند کرتی تھی چنانچہ اس سبب سے آپسمین مقابلہ ہوگیا۔ چند روز کے بعد نادر شاہ اور سعادت خان مین دوستی ہوگئی اور سعادتخان کی وفات تک نادر شاہ اُسکا ثنا خوان رہا دو کرور روپیہ دیکر سعادت خان نے عہدہ وزارت دہلی جسکا وہ بہت

شایق تھا پایا مگر اس آرزو کے بر آنے سے اُسکا نقصان ہوا اور اُسنے ظلم و تعدی پر کمر باندھی۔ نادر شاہ کو جو اُسنے صلاح فضول دی اُس سے نادر نے دہلی کو غارت کر دیا اور سخت بدنام ہوا۔ شاہی خزانہ اور جواہرات لے لیے گئے اور جس شخص نے اپنا روپیہ چھپایا وہ بڑی بیرحمی سے سزایاب ہوا۔ سعادت خان اسمین شریک تھے مگر ایک پھوڑا اپنیٹھ پر نکلا جس سے وہ مر گئے۔ اور بعض کی راے ہے کہ زہر کھایا۔ بعض کہتے ہین کہ ہزارہا آدمی اُسکے دشمن تھے۔ اُنھون نے ظلم کا عوض لیا اسطرحپر سعادت خان مرے جوادنے عہدے سے اپنی لیاقت اور جوانمردی کے سبب سے اودہ کے بانی ہوے۔ اُنکی جرات ضرب المثل ہے اور فنون جنگ مین لیاقت تام حاصل تھی۔ اُسکے ہندو غنیم تک کہتے ہین کہ بھگونت سنگھ کو اُسنے بڑی جوانمردی سے قتل کیا۔ اور اُسکے لشکر نے ایک بار شکست کھا کر بھی اپنی سفید ڈاڑھی والے سردار کی سرکردگی مین آخر کو فتح حاصل کی تھی اودہ مین سعادت خان کا جانشین ابوالمنصور خان ہوا۔ جو صفدر جنگ کے نام سے تاریخ مین مشہور ہین۔

باب سوم

ابوالمنصور خان صفدر جنگ

صفدر جنگ برہان الملک کا بھانجا۔ اور داماد تھا۔ اس سے پیشتر کا اُنکا حال معلوم نہین ہو سکتا۔ جب شاہ ابدالی سرہند مین محمد شاہ سے لڑنے آیا ہے۔ تو میرزا احمد کے ہمراہ صفدر جنگ بھی گئے تھے اور وہان اس شاہزادہ کے ساتھ بڑے کارنامے اپنے توپ خانہ سے دکھائے تھے اُسکے سبب سے شاہ ابدالی کو تین دفعہ شکست ہوئی تھی۔ جب محمد شاہ کا انتقال ہوا تو یہ شاہزادہ راہ مین تھا۔ وہ اپنے باپ کا جانشین ہوا۔ جب وہ خود بادشاہ ہوا۔ تو اُس نے صفدر جنگ کو منصب وزارت عطا کیا اور پھر یہ منصب اس خاندان کا لقب ہی ہوگیا۔ وزیر مقرر ہونے کے بعد صفدر جنگ اپنے افعال سے ایک مصیبت مین پھنس گیا۔ اس زمانہ مین یہ باتین بہت ہوتی تھین۔ جب محمد خان والی روہیلکھنڈ مر گیا تو اُسنے قائم خان پسر محمد خان بنگش والی فرخ آباد کو لکھا کہ اُسکے بیٹے تخت پر نہ بیٹھنے پائین قائم خان حسب ارشاد اور ملک کی طمع مین آکر سعد اللہ خان پسر علی محمد خان پر لشکر چڑھا کر لیگیا۔ اور اُسکو بدایون کے قلعہ مین جاکر گھیر لیا۔ ہر چند اُس نے عاجزی کی اُس نے ایک نہ سُنی۔ آخر کو مرتا کیا نکرتا وہ قلعہ سے لشکر لیکر نکلا اور اُس نے قائم خان کو شکست دی۔ اُس کی جان بھی لی۔ جب یہ واقعہ وقوع مین آیا تو صفدر جنگ نے فرخ آباد مین آکر قائم خان کے سارے ملک پر قبضہ کر لیا۔ فقط فرخ آباد اور چند مواضعات اُسکے مان اور بیوی کو دیدیے باقی سب کچھ ضبط کر لیا۔ نول راے اپنے نائب کو جو ملک اودہ مین تھا یہ سارا ملک لیا ہوا سپرد کر دیا۔ اس نائب نے قنوج کو اپنا صدر مقام بنایا۔ قائم خان کا بھائی احمد خان صفدر جنگ کی خدمت مین رہتا تھا۔ جب اُس نے دیکھا کہ یون بھائی اور باپ کا ملک چھن گیا تو اُس نے

وزیر کی رفاقت چھوڑی اور سنہ ۱۱۶۳ھ مین نول راے پر لشکر کشی کی اور اسکو مار ڈالا۔ جب یہ سانحہ پیش آیا تو ماری غصہ کے صفدر جنگ نے پٹھانون سے لڑنا شروع کیا اور اُنسے شکست پائی اور زخمی ہوا۔ یہ شکست پاکر جو دلّی مین گیا تو وزارت مین خلل پڑا۔ مگر اہل کارون کو رشوت دے دلاکر پھر وزارت کی بنیاد پختہ کر لی۔ احمد خان نی بعد اپنے ان فتوح کے اودھ اور الہ آباد پر ہاتھ صاف کیا۔ جب صفدر جنگ نے رہیلون کے مقابلہ مین یہ زکین اُٹھائین تو اُس نے اپنی بدنامی کے دھبہ کو اسطرح دھویا کہ وہ اور پھیل گیا (یعنے اُس نے مرہٹون کو اپنی امداد پر مستعد کیا) اور اُنکی اعانت سے سنہ ۱۱۶۴ھ ۱۷۵۱ع مین حسین پور پر لڑائی ہوئی۔ دس بارہ ہزار افغان مارے گئے اور اس فتح سے سرحد کوئل اور جالیسر سے لیکر کوہ ہمالیہ کے سب پہاڑیون تک مرہٹون کا قبضہ ہوگیا۔ جب افغان ان مرہٹون اور صفدر جنگ کے ہاتھ سے تنگ آ گئے تب حالت نومیدی مین اُن سے صلح کر لی۔ اسکے بعد شہنشاہ سے کبھی بنی کبھی بگڑی۔ پہلے تو باہم ملاقاتین اور قول و قرار ہوے اس نے منہ چھڑے خواجہ سرا کی دعوت کرکے اُسکو قتل کیا۔ شہنشاہ اس سے ناراض ہو گئے آخر کار صفدر جنگ کو شاہی حکم ہوا کہ اودھ اور الہ آباد جاؤ ولیکن اُس نے پس و پیش کیا شہر مین ادھر اودھر پھرتا رہا آخر کار سوچا کہ جاتا ہون تو ظلم سہون گا بلکہ موت نصیب ہوگی لہذا ٹھان لی کہ مقابلہ کرون جن جن سردارون کو بلانا تھا بُلایا اور لڑائی شروع ہوگئی اس مین ایران اور توران کا پرانا جھگڑا شیعون اور سنیون کی عداوت کا شروع ہوا۔ فوج کی خودکمان کی اور رہیلہ کے پاس پیغام بھیجا کہ شہنشاہ سے ملجاؤ اور صفدر جنگ کے لشکر مین پیغام بھیجا کہ سنیو نکا جنبہ کرو نتیجہ یہ ہوا کہ کل پٹھان شہنشاہ کی طرف ہو گئے یہ کہنا تھا کہ اول لشکر افغانون کا اُس کے ساتھ ہوگیا۔ غازی الدین خان نے ہولکر کو اپنی اعانت کے لیے بولالیا۔ انھون نے اپنے ہم مذہب جاٹون اور پرانے دوست صفدر جنگ پر حملہ کرنے مین تامل کیا۔ غرض چھ مہینے تک جوتی پیزار چھری کٹاری توپ بندوق دارالخلافہ کے اندر باہر ہوتی رہی۔ آخر کار صلح ہوگئی اور صفدر جنگ نے اس بات پر قناعت کی اودھ اور الہ آباد کی صوبہ داری پر چلا جائے سنہ ۱۱۶۷ھ مین پیغام اجل آپہونچا۔ شجاع الدولہ اُس کا بیٹا جانشین ہوا۔

باب چہارم

نواب شجاع الدولہ

اس نواب مین باپ دادا کی ساری لیاقتین موجود تھین۔ فن سپہ گری سے خاص کر خوب واقف تھا۔ انتظام ملکی سے بھی خوب ماہر تھا۔ احمد شاہ ابدالی نے نجیب الدولہ وزیر شاہ دہلی کو اُس کے پاس بھیجکر بلایا تو وہ دس ہزار سوار لیکر اُس پاس آیا۔ مرہٹون سے بھی خط کتابت جاری رکھی۔ غرض ایک واسطہ بیچ کا مرہٹون اور ابدالیون کے معاملہ مین بنا رہا۔ احمد شاہ جب فتحیاب ہوا۔ علی گوہر شہنشاہ ہند۔ اور

شجاع الدولہ اُن کے وزیر ہوئے ۔ یہ اوایل ۱۷۶۳ع کا ذکر ہے ۔ شجاع الدولہ اودھ اور الہ آباد روانہ ہوے۔ اور جھانسی مین شکست دیکر الہ آباد پہونچے ۔ جب میر قاسم نواب بنگالہ نے انگریزون سے شکست کھائی اور پٹنہ چھن گیا تب شجاع الدولہ سے اعانت کا طالب ہوا۔ شجاع الدولہ نے میر قاسم نواب کی نہایت دلجوئی کی اور چاہا کہ پٹنہ واپس لے مگر اسمین اُس نے بڑی زک پائی ۔ پھر چند روز تک بلوے وغیرہ کے سبب سے جنگ نہین ہوئی ۔ اسکے بعد انگریزی فوج نے بسرکردگی میجر منرو اودھ کی سپاہ سے بمقام بکسر مقابلہ کیا اور غنیم کو بڑی شکست دی ۔ مگر خود بھی نقصان اٹھایا۔ اس شکست کے بعد شجاع الدولہ نے کوشش کی کہ صلح کر بیٹھے ۔ انگریزون کو اسپر اصرار تھا کہ میر قاسم وغیرہ کو انگریزون کے حوالہ کرین۔ اور شجاع الدولہ کو اسپر اصرار تھا کہ میر جعفر کو۔ لہذا پھر جنگ شروع ہوئی ۔ بادشاہ نے انگریزون کی مدد حاصل کرنے کے لیے انگریزون کی اکثر شرطین منظور کرلین ۔ غازی پور ۔ دیدیا ۔ انگریزون نے وعدہ کیا کہ ہم شجاع الدولہ کا ملک دیدینگے ۔ انگریزی لشکر نے اودھ کیطرف کوچ کیا ۔ شجاع الدولہ خزانہ اور متعلقین کو لیکر بریلی چلا گیا ۔ اسکے بعد صلح کی کوشش موقوف کی گئی ۔ مگر اس بات پر شجاع الدولہ راضی نہ ہوے ، کہ میر قاسم کو انگریزون کے حوالہ کردین ۔ حالانکہ میجر منرو ۔ اور کپتان اسٹبلس کے ذریعہ سے بھی صلح کی بات چیت ہوئی مرہٹون اور افاغنہ سے اُنھون نے مدد مانگی ۔ افاغنہ نے اقرار کیا ۔ مگر مدد نہین دی ۔ مرہٹا افسر ملہر نے کچھ مدد دی ۔ لیکن تاہم برٹش کا مقابلہ شجاع الدولہ نکر سکا ۔
۳ مئی ۱۷۶۵ع کو جنرل کارنگ نے اُنکو مقام کوڑا واقع اودھ مین شکست دی ۔ اور آخر کار عالم پور مین شکست دی ۔ شجاع الدولہ شکست کھاکر فرخ آباد مین احمد بخش خان کی یہان روپوش ہوا ۔ اور انکی صلاح سے ان شرائط پر عہدنامہ ہوا ۔

۱ ۔ کوڑا اور الہ آباد بادشاہ کو دیا گیا باقی کل ملک شجاع الدولہ کے حوالے کیا گیا ۔
۲ جنگ کے اخراجات کا ایک حصہ اُس سے لیا گیا ۔
۳ ۔ قلعہ چنار اُن سے لے لیا گیا ۔
۴ ۔ ایسٹ انڈیا کمپنی کا جو اسباب اُسکے ملک کی طرف جاے محصول معاف رہے ۔
۵ ۔ میر قاسم اور اُسکے کسی عزیز کو نوکر نہ رکھین ۔
۶ ۔ بلونت سنگھ سے جو برٹس کے دوست ہین کسی امر مین مواخذہ نکرے ۔

شجاع الدولہ کی لیاقت سے برٹش گورنمنٹ کو غبطہ پیدا ہوا کہ اس نے کل قرضہ ادا کردیا ۔ مال کے کام مین بہت لائق تھا ۔ لشکر بہت اچھا جمع کیا ۔ یہان تک کہ ایک نئے عہدنامہ کے ذریعہ سے برٹش کو مجبور ہوکر انکی فوج کم کرنے نہین دی ۔ اُس کے پاس ۳۵ ہزار آدمی تھے ۔ پہلے انکو برٹش کی دست اندازی اچھی

نہ معلوم ہوئی۔ مگر تین چار سال کے بعد انگریزون نے ایسی مدد دی کہ وہ مشکور ہوا۔

۱۷۷۲ء مین ایک زبردست لشکر مرہٹا نے اُس کے پُرانے دوست احمد بخش خان والی روہیلکھنڈ پہ حملہ کیا اور اُس کا ملک چھین لیا۔ روہیلہ نے شجاع الدولہ سے یہ مدد مانگی کہ برٹش کی فوج اُنکا جنبہ کرے۔ اگر ایسا ہو تو مین زر کثیر دون۔ مدد دیگئی مرہٹا بھاگے۔ مگر روہیلہ نے وعدے کے خلاف کیا۔ شجاع الدولہ نے اُنکو اسکی سزا دی۔ برٹش نے الہ آباد اور کوڑا بھی اُسکے حوالے کردیے۔ فتح روہیلکھنڈ کے بعد وہ روہیلہ سے بُری طرح پیش آیا۔ کرنیل چیمپین کی رپورٹ سے اُسکی تعدی ظاہر ہے۔ برٹش کی مدد بھی اس نے پائی اور شاہ عالم بادشاہ کی بھی۔ شجاع الدولہ کے بندران پر پھوڑا نکلا۔ اور ایسا بڑھا کہ جب وہ فیض آباد مین آیا تو ۱۷۷۵ء مین ۴۶ برس کے سن مین ہزارون حسرت وارمان کے ساتھ دار آخرت کو رہگرا ہوا اور اس کی جگہ آصف الدولہ معروف مرزا امانی جانشین ہوا۔

باب پنجم

نواب اصف الدولہ عرف مرزا امانی

اصف الدولہ کا چال چلن اُسکے اسلاف سے ہر طرح مختلف تھا۔ وہ سپاہی آدمی تھے یہ امن اور عیش کے خواہان وارن ہیسٹنگز نے اسکی بزدلی سے بڑا فائدہ اٹھایا۔ اس درجہ بزدل تھا کہ حملہ اور جو کہنا اسکو قبول کرلیتا تھا۔ اُس زمانے مین ذرہ بھی برٹش کا حوصلۂ فتح کم نہوا۔ نواب شجاع الدولہ کے مرتے ہی یہ امر فیصل ہوا کہ شجاع الدولہ کے ذمہ جو روپیہ واجب الادا ہے اُسکو بہت جلد بیٹے سے وصول کرنا چاہیے اور یہ کہنا چاہیے کہ جو عہد وپیمان اُسکے باپ کے ساتھ سرکار کمپنی کے ٹھہرے تھے وہ سب اُسکے ساتھ قبر مین گئے۔ اور کوئی اُن مین سے اب باقی زندہ نہین اب جو ہم سے نیا سودا امداد واعانت کا مول لے۔ تو اُسکی قیمت از سر نو ٹھہرائی جاوے گی۔ پُرانے بھاؤ پر نہین دیجائیگی اُن کے باپ کی وفات کے چھ مہینے بھی نہین ہوے تھے کہ آصف الدولہ نے ایک سند پر دستخط کردی جسکے ذریعہ سے جونپور اور بنارس اور غازیپور اور راجہ جیت سنگہ کا علاقہ برٹش کو دیا گیا۔ اور ہر برگذ سپاہ کے خرچ کے واسطے دو لاکھ ساٹھ ہزار روپیہ مہینہ دینا پڑیگا۔ اور الہ آباد اور کوڑا کے اضلاع جو اُسکے باپ کے ہاتھ فروخت کیے گئے تھے اسکو عطا ہوئے۔ اس عہدنامہ کے موافق آصف الدولہ پر سرکار کی بقایا بہت رہنے لگی۔ اس روپیہ کے لیے اُسنے اپنی مان اور دادی کو ستانا شروع کیا۔ اُسکی مان کا نام بہو بیگم تھا۔ چھتیس لاکھ روپیہ تو اُن سے جھپٹ لیا۔ اسلیے بہو بیگم نے سرکار کمپنی سے فریاد کی تو آصف الدولہ اور بہو بیگم کے درمیان سرکار کمپنی نے اپنی ذمہ داری کرکے عہدنامہ لکھا دیا کہ بیگم صاحبہ آیندہ اپنی جاگیر اور دولت پر متصرف رہین

آصف الدولہ دست اندازی نہین کرنے پائیگا۔ سپاہ انگریزی اور تعلقات انگریزی سے نواب سرکار کمپنی کا بڑا قرضدار ہوگیا۔ اُس نے گورنر جنرل کے روبرو فریاد کی کہ خدا کے واسطے اس خرچ کو میری گردن سے اوٹھایئے مین اسکے تلے دب کر مرا جاتا ہون وہ تین برس مین میری ساری ملک کی آمدنی کھا گئے۔ اس سبب سے نواب کی اور وارن ہیسٹنگز صاحب گورنر جنرل کی ملاقات ۱۷۸۱ء مین چنار گڈھ مین ہوی اور یہ فیصلہ ہوا کہ سوا سے اُس برگیڈ کے جسکا خرچ شجاع الدولہ کے زمانہ مین بھی لیا گیا تھا۔ اور اُس ایک پلٹن کے جو رزیڈنٹ کی حفاظت کرے باقی تمام سپاہ کے خرچ نواب کے ذمہ سے ہٹا لیے گئے۔ اور نواب کو یہ اختیار دیا گیا کہ وہ اپنے ملک مین جسکی چاہے جاگیر ضبط کرے۔ مگر جس جاگیردار کی سرکار کمپنی دستگیری کرے اُسکی پنشن نقد موافق محاصل جاگیر نواب مقرر کرے۔ تیسرے یہ شرط ٹھہری کہ نواب وقت مناسب پر فیض اللہ خان کی جاگیر ضبط کرے اور اُسکو پنشن مقرر کردے۔ اب سرکار کو یہ دشواری پیش آئی کہ اگر ۱۷۷۴ء کے عہدنامہ کے موافق ملک اودھ سے سپاہ بلالیتی تو ملک مین اندھیر مچ جاتا۔ میدان خالی دیکھ کر آس پاس کے دشمن اودھ پہ پل پڑتے خصوصاً مرہٹے اسی تاک مین بیٹھے ہوے تھے وہ ضرور ملک پر چڑھ آتے اور پامال کرڈالتے آصف الدولہ نے فیض اللہ خان سے پانچہزار سوار اپنی خدمت کے اسلیے مانگے کہ انگریزی سپاہ کو اسوقت اسکے ملک سے فرانسیسون سے لڑنے کے لیے جانا ضرور تھا۔ غرض جب اس سپاہ کا انصرام فیض اللہ خان سے نہو سکا تو اُسکی جاگیر آصف الدولہ نے ضبط کرنی چاہی۔ مگر سرکار کمپنی نے بیچ مین پڑ کر اس جاگیر کو بچادیا اور فیض اللہ خان کی نسل مین یہ جاگیر نسلاً بعد نسل ہوگئی۔ آصف الدولہ کا حال روز بروز بدتر ہوتا جاتا تھا گورنمنٹ انگریزی کا زر موعود قرض سے ادا ہوتا تھا اگر کوئی پرانا قرض ادا ہوتا تھا تو نیا قرض لیا جاتا تھا آمدنی ملک سے نہین ادا ہوتا تھا۔ ۱۷۸۱ء سے جبکہ عہدنامہ چنار ہوا تھا اُسکی وفات ۱۷۹۷ء تک ابتری پڑتی گئی لارڈ کارن والس نے اُنہین کچھ مدد دی مگر خرابیان بالکل دور نہوئین پھر جان شور کی آخری کارروائی سے اور بھی زیادہ سختی ہوئی۔ یہ نواب بڑا عیش دوست تھا۔ اسکے عہد مین ایک کار نمایان یہ ہوا کہ شہر لکھنؤ مین جو ہندوستان کے نہایت عمدہ شہرون مین ہے قائم ہوا ورنہ پہلے لکھنؤ ایک گاون تھا اسنے عمارتین اور پل اور مساجد اور امام باڑے بنوائے۔ یہ نواب بہت بڑا فیاض تھا اسی کی شان مین یہ کہا جاتا تھا کہ (جسکو نہ دے مولا۔ اُسکو دے آصف الدولہ) اُسکی بخشش وعطا خبط وخطا سے خالی نہ تھی۔ غریب رعایا سے جبر وظلم سے لینا۔ یہ وزیر دہلی بھی مقرر ہوے لڑکے کی شادی مین بہت روپیہ صرف کیا۔

باب ششم

نواب مرزا علی عرف وزیر علیخان

مرزا علی نے بہت تھوڑے دن حکومت کی اور خوش نہ رہا مشہور ہوا کہ آصف الدولہ کا بیٹا ہے لہذا تخت کا وارث ہے۔ اُسکی جانشینی پر یہ اعتراض سعادتعلیخان نے کیا کہ آصف الدولہ کا کوئی بیٹا نہین اور جو یہ بیٹے اُسکے مشہور ہین وہ اُسکے نطفے سے نہین۔ اسلیے میرا استحقاق جانشینی کا ہے۔ یہ جھگڑا جیکا نے کیواسطے گورنر جنرل ثالث بالخیر ٹھہرے۔ نواب اصف الدولہ کی مان اور بیگم کی بھی مرضی تھی کہ وہ تخت نشین ہو۔ سارے دارالسلطنت کے آدمی اُسکے نواب ہونے سے خوش تھے۔ غرض مرزا علی مسند آرا ے سلطنت ہوا۔ اور انگریزون نے۔ اُسکی جانشینی کو تسلیم کرلیا۔ اس نوجوان نے بہت دنون سلطنت کے مزے نہ اوڑاے تھے کہ گورنر جنرل کے پاس اُسکے چال چلن کی اور اسکے ناحق جانشینی کی خبرین پہونچنے لگین اسلیے گورنر جنرل کو بر سر موقع آنے کی ضرورت ہوئی جب گورنر جنرل لکھنؤ گئے تو نواب کے چیچک نکلی تھی گورنر کو سازش کا خوب موقع ملا تھا۔ سرجان شور ان امور سے بڑی دقت مین تھے اب ایک قوی شہادت اسپر گذری کہ مرزا علی نواب کا بیٹا نہین ہے۔ نواب کا بڑا معتمد خواجہ سرا تھا اُسنے یہ افسانہ سنایا کہ وزیر علی کی مان کا خاوند موجود ہے وہ نواب کے یہان ماما تھی۔ اور خاوند کے پاس وہ آتی جاتی تھی۔ جب وزیر علی اُسکے یہان پیدا ہوا ہے تو اس سے پانچ سو روپیہ کو نواب نے مول لیا تھا نواب کی عادت تھی کہ وہ حاملہ عورتون کو مول لیتا تھا۔ اور اُسکے جب بچے پیدا ہوتے تھے تو اُسکو اپنا بنایا کرتا تھا۔ اور انکی پرورش اولاد کیطرح کیا کرتا تھا۔ غرض جب سرجان شور کے نزدیک وزیر علی کا نطفہ ناتحقیق ہونا ثابت ہوگیا تو سعادت علیخان کے نواب بنانے کی تجویز ہوئی۔ مرزا علی کے لیے دیڑھ لاکھ کی سالانہ پنشن قرار پائی۔ اور وزیر علی بنارس بھیجے گئے مگر وہان چیری صاحب رزیڈنٹ کو مارڈالا اور کھلا غدر کیا لہذا قید کرکے کلکتہ بھیجا گیا۔ اور وہین مرگیا۔ مرزا علی کے چال چلن کا اور کچھ حال نہین معلوم ہوا۔ سواے اسکے کہ بدمزاج تھا۔

باب ہفتم

نواب سعادتعلیخان

جب نواب سعادت علیخان تخت نشین ہوا تو حسب دستور عہدنامہ جدید اُن سے ہوا۔ اور برٹش نے فائدہ اوٹھایا عہدنامہ ہوا کہ نواب چھتر لاکھ روپیہ سالانہ انگریزون کو دیا کرے۔ قلعہ آباد حوالہ کرے۔ انگریزی سپاہ اکثر اودھ مین دس ہزار رہا کریگی۔ مرزا علی کو پنشن دین اور اُسکے اعزہ کی بھی خبرگیری کرین اسکے عوض مین برٹش گورنمنٹ نے وعدہ کیا کہ سعادت علیخان کو دشمنون کے حملہ سے بچائین گے۔ اور اگر رعایا مین بدنظمی ہوگی تو بلوہ فرو کردینگے سعادتعلیخان ان شرائط پر تخت چھوڑنے کو تھا لارڈ ولزلی

سنے ایسا نہ ہونے دیا۔ پھر لارڈ ولزلی نے سعادتعلیخان کو لکھا کہ نواب کو اس سے اطلاع دو کہ جانی شاہ دریاے سندھ پار آگیا ہے وہ ضرور اودھ پر حملہ کریگا۔ اور اطلاع دی کہ یہ حملہ آسان ہے کیونکہ رو ہیلے سعادت علی خان کے خلاف تھے۔ اور سپاہ کے کارخانون کے خرابیون کا نواب خود مقر تھا۔ ایک طول طویل خط کتابت اس باب مین سعادت علیخان اور گورنرجنرل کے درمیان ہوتی رہی۔ جس سے مدبر نواب کی لیاقت ظاہر ہوتی ہے۔ نواب نے کہا کہ مین تارک دنیا ہو کر حج اور زیارات کو جاتا ہون مگر انتظام ملک درست رہے آخر کو عہدنامہ جدید ہوا جس کے موافق دوآبہ کا اسقدر ملک جس کی آمدنی ایک لاکھ روپیہ سے زیادہ تھی عوض خرچ سپاہ اور حفاظت ملک دینا پڑا اور اپنی سپاہ کو گھٹانا پڑا۔ اور عہدنامہ مین یہ بھی داخل ہوا کہ دریاے گنگ اور اور دریاؤن مین جو سرحد اودھ مین واقع ہین انگریزی مرکب رانی بلامزاحمت ہوا کرے۔

۱۴۔ نومبر ۱۸۰۱ء مین عہدنامہ پر دستخط ہوے تھے تب سے اُسکی وفات تک جو ۱۱۔ جولائی ۱۸۱۴ء کو ہوئی کوئی امر قابل ذکر نہین نواب کے چال چلن کی بابت راے مختلف ہے۔ یہ نواب ہندوستانیون مین بڑا دانشمند اور کفایت شعار مشہور ہے۔ اور بعض کی راے کہ ظالم تھا۔ رعایا سے بہ سختی و تعدی پیش آتا تھا یورپین مورخ کہتے ہین کہ تیرہ برس تک سعادت علیخان نے عاقبت اندیشی اور لیاقت سے حکومت کی اُن کا انتظام بے نظیر تھا۔ اودھ اُسکے وقت مین گلزار سراپا بہار تھا۔

باب ہشتم

نواب غازی الدین حیدر

بعد وفات نواب سعادتعلیخان اُنکا بڑا بیٹا نواب غازی الدین حیدر تخت سلطنت پر بیٹھا۔ بروقت اُسکے جانشینی کے سرکار کمپنی سے یہ عہدنامہ ہوا کہ جو پہلے نواب سعادت علیخان کے عہد مین عہدنامے لکھے گئے ہین اُنکی شرائط پر طرفین سے پوری تعمیل ہوگی۔ اُنکا عہد خاصکر اسلیے مشہور ہے کہ انگریزون کو زر خطیر قرض دیا۔ اودھ مختلف صوبہ ہوا اور غازی الدین حیدر اور اُنکے جانشین بادشاہ کہلانے لگے۔ لارڈ ولزلی سے کہ حسب اقرار اسوالد آنکو ایک کرور روپیہ دونگا۔ مگر انھون نے کہا مفت نہین ہم چھ روپیہ سیکڑا سود دینگے۔

۱۸۱۴ء مین لارڈ ہیٹرا کو اور روپیہ کی ضرورت ہوئی کہ جنگ نیپال کے اخراجات کے لیے کافی ہو نواب نے روپیہ دیا اور اسکے عوض مین ترائی کے جنگل پاے اس سے نواب کا فائدہ نہوا بلکہ باغی اور ڈاکو ان جنگلون مین چھپنے لگے اور طرح طرح کا بیج ہوا۔ اس قرض اور مدد کافی کے عوض مین آخر کار ۱۸۱۹ء مین نواب کو خطاب بادشاہی دیا گیا اور اس سے یہ بھی منشا تھا کہ دہلی اور لکھنؤ کے والیون مین رنجش ہوجاے۔

اور ۱۸۲۵ء مین کرور روپیہ اور قرض لیا۔ اسکے سال بھر بعد پانچ لاکھ اور لیا اور اسوقت کہا گیا کہ صرف دو سال کے لیے یہ قرض لیتے ہین ۔۔

اکتوبر ۱۸۲۷ء مین غازی الدین حیدر نے انتقال کیا۔ اسنے برٹش کو بہت کچھ روپیہ قرض دیا تھا۔ یہ نشاستہ اور ہردل عزیز بادشاہ تھا اگر اُنکے ارکین خراب نہوتے (خصوصاً آغا میر وزیر) تو اسکا عہد اور بھی قابل تعریف ہوتا

باب نہم

نصیر الدین حیدر

نصیر الدین حیدر عرف سلیمان جاہ غازی الدین حیدر کے فرزند اکبر تھے۔ تخت پر جب متمکن ہوے تو کل امور حسب دلخواہ پائے۔ خزانہ عامرہ پر تھا۔ اور نوجوان نواب کی دلی خواہش تھی کہ روپیہ کو عمدہ امور مین صرف کرین انکی پہلی درخواست یہ تھی کہ جو روپیہ غازی الدین حیدر نے قرض دیا اُسکا سود اور بارہ لاکھ جو دیے گئے تھے اونکا سود انکی بیگیات اور مخدرات خاندان کو بطریق پنشن ملا کرے مگر منظور نہوئی۔ آغا میر سے کہا کہ جو روپیہ غازی الدین حیدر کیوقت مین لیلیا تھا وہ واپس دو۔ مگر اسمین بھی برٹش گورنمنٹ نے اُسکی راے سے اتفاق نہ کیا اور جب آغا میر کانپور گئے تو آسنے مواخذہ نہ کیا۔

دس برس حکومت کر کے نصیر الدین حیدر نے انتقال کیا پہلے لوگ سمجھے تھے کہ اُسکا چال چلن اچھا ہوگا مگر اسکے برعکس نکلا رزیڈنٹ کسی امر مین صلاح نہین دیتے تھے ارکین سب انتہا کے کمینے تھے۔ نواب عیاش ہوگئے اور جن امور کی اصلاح کا خیال تھا کہ اُنکے عہد مین عمل مین آئیگی اُنہین اصلاح ہوئی ۔۔ وہ دوسرے سعادتعلیخان ہوتے مگر لوگون نے اُنکو غارت کردیا۔

باب دہم

محمد علے شاہ

محمد علی شاہ آسانی تخت نشین ہوے۔ یہ نصیر الدین حیدر کے چچا اور سعادت علیخان کے بھائی تھے اہل اسلام کے قواعد کے موافق وہ تخت و تاج کے وارث تھے مگر نواب مرحوم کی بیوہ بادشاہ بیگم نے جھگڑا لگایا نصیر الدین کے ایک لڑکا تھا منا جان۔ یہ افضل محل کے بطن سے پیدا ہوے تھے مگر بادشاہ نے انکو عاق کردیا تھا جب محمد علی شاہ تخت نشین ہوے تو بادشاہ بیگم محل مین گئین مسلح آدمیون کی جماعت ساتھ تھی۔ جا کر منا جان کو تخت پر بٹھا دیا کرنیل لو رزیڈنٹ نے بڑی مستعدی اس معاملے مین کی۔ تھوڑی سی سپاہ لیکر منا جان کو گرفتار کرلیا اور چار بیچد یا کوئی ایک سو آدمی اس جھگڑے مین کام آئے۔ محمد علی شاہ کے عہد مین کوئی بات قابل تاریخ نہ تھی۔ اقرار کیا تھا کہ مین عہدنامہ سابق کے مطابق

کارروائی کرونگا مگر وعدہ پورا نکیا۔ کمپنی نے ان سے ایک اور عہدنامہ کیا۔ جسکی رو سے وہ اپنا لشکر نہین قائم رکھہ سکتے تھے یورپین انکو دو رجمنٹین سوارون کی اور پانچ رجمنٹ پیادون کی رکھہ سکتے تھے ۱۶ لاکھہ اسکے عوض سالانہ وہ برٹش کو دین۔ اس عہدنامے کو محمد علی شاہ نے نہایت حسرت کے ساتھہ منظور کیا۔ مئی ۱۸۴۲ء مین انتقال کیا۔ عاقبت اندیش آدمی تھا۔ اسکے علاوہ اور کوئی صفت نہ تھی۔ اچھی یا بری۔

باب یازدہم

امجد علی شاہ

محمد علی شاہ کے بعد اسکا دوسرا بیٹا امجد علی شاہ تخت نشین ہوا۔ انکے عہد مین کوئی اچھی یا بری بات قابل تاریخ نہین ہوئی۔ گو انکی جانشینی کیوقت سے انکی سلطنت اچھی تھی۔ لیکن بدنظمی کی بڑی ترقی تھی۔ کل صوبے مین ایک قسم کی طوائف الملوکی تھی۔ صرف پانچ برس کی حکومت کے بعد فروری ۱۸۴۷ء مین انتقال کیا۔ اسکے بعد واجد علی شاہ آخری شاہ اودہ تخت پر بیٹھے۔

باب دوازدہم

واجد علی شاہ

واجد علی شاہ کے عہد مین خاص بات یاد رکھنے کے قابل یہ ہے کہ صوبہ اودہ ضبط ہوگیا۔ انکے انتظام خراب سے برٹش گورنمنٹ نے مجبور ہوکر ایسا کیا۔ واجد علی شاہ کی نسبت لوگ کہتے ہین کہ تربیت یافتہ ہین لیکن طرز تمدن اور کاروبار ملکی سے محض ناواقف۔ تخت نشینی کیوقت تعلقہ دارون کو بہت زور تھا مگر وہ انکے زور کو گھٹا نہ سکے یہانتک کہ مطالبہ جائز بھی نہ لے سکے۔ وہ یون ہے کہ ہر تعلقہ دار اپنے تعلقے کا بادشاہ تھا اپنی حفاظت کے لیے گڑھیان اور قلعے بنانے کیواسطے رعایا کو لوٹ لیتا تھا۔ بادشاہ کے خوف کے بغیر جو جسنے چاہا وہ کیا۔ نہ قانون نہ آئین ان سب امور سے ضبطی کی ضرورت لازم آئی جسکی نسبت یہ بات درج ذیل ہے۔

باب سیزدہم

ضبطی ملک اودہ

لارڈ ہارڈنگ کے عہد سے اودہ جداگانہ ہندوستانی صوبہ نہین رہا جب واجد علی شاہ تخت پر بیٹھے تب لارڈ ہارڈنگ ہی گورنر جنرل ہندوستان تھے۔ لارڈ موصوف نے بڑی کوشش کی کہ ترقی کرین۔ خود لکھنؤ جاکر بادشاہ سے مشورہ کیا انکی بدنظمیون کے کل حالات بیان کیے اور کہا کہ اگر اسکا انسداد نہ کیجیو گا تو آپکے حق مین برا ہوگا۔ دو برس کے عرصہ مین ضروری امور کی اصلاح ہونی چاہیے یہ وقت دیا جاتا ہے۔ دو برس کے بعد لارڈ ڈلہوزی گورنر جنرل ہند مقرر ہوکر آئے۔ انھون نے کرنل سلیمن کو حکم دیا کہ صوبہ اودہ مین دورہ کرو۔ اور بعد ازان

اُن حالات کی نسبت رپورٹ کامل بھیجو۔ کہ لارڈ ہارڈنگ کی راے کی اصلاح ہوئی یا نہین۔ کرنل موصوف کی رپورٹ بہت ہی خراب تھی۔ اُنھون نے لکھا کہ بادشاہ دیوانہ اور کم طاقت ہے۔ خواجہ سراؤن اور ڈھاڑیون اور نالائق وزرا کے بس مین ہے۔ اور لکھا کہ رعایاے اودھ کی خواہش یہ ہے کہ برٹش گورنمنٹ دائمی حکومت اودھ اپنے تعلق کرے۔ اور اسکی اشد ضرورت ہے مگر تاہم کرنیل سلیمن نے یہ خواہش نہین ظاہر کی کہ الحاق ہوجاے مگر صرف اسقدر چاہا کہ جو ہندوستانی عہدہ دار بدنظمی کے باعث ہین اُنکی یورپین افسرون کے ذریعہ سے نگرانی کیجاے سنہ ۱۸۵۴ع مین کرنیل سلیمن نے علالت کیوجہ سے رخصت لی اور کرنل اُٹرم اُنکے قائم مقام مقرر ہوے۔ کل امور کو گورنر نے بدستور پایا۔ صاحب گورنر جنرل نے انکو بھی حکم دیا کہ کامل تحقیقات کرکے فوراً اطلاع دو۔ چار مہینے کے بعد انھون نے بڑی طویل رپورٹ بھیجی۔ اور کل امور جو دیکھے تھے لکھے اور افسر اُنکے قبل بھیجے گئے تھے اُنکے کاغذات سے بھی مصالح جمع کیا۔ لکھا کہ کرنل اسلیمن کیوقت سے بھی اب حالت خراب ہے سات برس ہوے لارڈ ہارڈنگ نے جو باتین لکھین تھین اُنکی طرف ذرا توجہ بادشاہ نے نہین کی۔ اب مجبور ہوکر مجکو اپنی خاص حکمت عملی سے جو ہندوستانی ریاستون کی نسبت ہے خلاف ہوکر لکھنا پڑتا ہے کہ بہت سختی سے اب پیش آنا چاہیے تاکہ پچاس لاکھ رعایا کی جان و مال کی حفاظت ہو۔

انکے علاوہ کرنل لو ممبر کونسل گورنر جنرل نے بھی ایسا ہی لکھا۔ یہ اودھ سے خوب واقف تھے کرنل لو نے لکھا دو برس کا اقرار تھا وہ ختم ہوگیا۔ مگر ہنوز روز اول ہے اب گورنمنٹ کو سختی سے پیش آنا چاہیے۔

یہ کاغذات لارڈ ڈلہوزی نے کورٹ آف ڈائرکٹر کے پاس بھیجدیے اور سنہ ۱۸۵۶ع مین اودھ ملحق ہوگیا کرنیل اوٹرم کے تعلق یہ کام کیا گیا فوجی تیاریان ہوئین۔ ۳۰ جولائی سنہ ۱۸۵۵ع کو وزیر اعظم کو صاف صاف لکھا گیا کہ گورنمنٹ ہند صوبہ اودھ کو ضبط کرنا چاہتی ہے تین دن کی مہلت دیگئی کہ اسکے بعد گورنمنٹ اودھ ایسٹ انڈیا کمپنی کے تعلق ہوجائیگی بادشاہ کا خطاب عزت مرتبت اور عظمت بدستور قائم رہیگی اور اپنے محل اور اپنے گھر پر اُنکو کامل اختیار رہیگا۔ تین دن گذرنیکے بعد واجد علی شاہ نے عہدنامہ پر دستخط نہ کیے لہذا کرنیل اوٹرم کو تعمیل حکم کرنی پڑی ۷ فروری سنہ ۱۸۵۶ع کو اشتہار دیا کہ برٹش گورنمنٹ نے اودھ کو ہمیشہ کے لیے ضبط کرلیا اور یہ باآسانی عمل مین آیا۔

کل قسمتون اور اضلاع کے لیے سول افسر مقرر ہوے ہر صیغہ مین نیا انتظام کیا گیا کرنیل اوٹرم ادنی سی بات پر بھی کامل توجہ کرتے تھے بادشاہ کی فضول خرچی اور غلطی سے جن لوگون کا فائدہ تھا وہ بہت ناخوش ہوے لیکن کرنیل اوٹرم کی کارگذاری ہرآینہ قابل توصیف ہے۔

باب چہاردہم

تاریخ ضبطی سے تاریخ غدر تک کا حال

جن امور سے پنجاب مین کامیابی حاصل ہوئی انھین قواعد کے موجب برٹش گورنمنٹ نے اودھ مین بھی انتظام شروع کیا جوڈیشل اور فناشل کمشنر ڈپٹی کمشنر اسسٹنٹ واکسٹرا اسسٹنٹ کمشنر مقرر ہوے کرنیل اوٹرم کا عہدہ رزیڈنٹ سے اب چیف کمشنر اودھ واجنٹ گورنر جنرل ہوا۔ کل بادشاہی عمارتون پر قبضہ کرلیا گیا پولیس مقرر کیا گیا۔ جیلخانے اور ہسپتال صیغہ تعمیر عدالت فوجداری و دیوانی قائم کی گئی تجویز ہوئی کہ بندوبست انھین لوگون کے ساتھ کیا جاے جو قابض اراضی ہین۔ تین سال کے لیے کہدیا گیا کہ خاص قابض اراضی یعنے گانون کے زمینداروں کے ساتھ بندوبست کیا گیا تعلقدارون سے کوئی واسطہ نہین بادشاہ کی نسبت یہ ہوا کہ چند شرطین کی گیین اگر انھون نے عہدنامہ پر دستخط کیے ہوتے تو شرطین انکے حق مین زیادہ مفید ہوتین انکار کرنے سے انھون نے اپنی آزادی کا حق کھودیا۔ لارڈ ڈلھوسی نے وعدہ نہین کیا کہ شاہی خطاب موروثی ہوگا اسکے علاوہ گورنمنٹ نے اور باتون مین واجد علی شاہ کے ساتھ بڑی فیاضی سے برتاو کیا۔ بارہ لاکھ روپیہ سالانہ مقرر ہوا سابق شاہان اودھ کے اعزاز کے لیے یہ وثیقہ مقرر کیا گیا اور کہا گیا کہ اسکے حین حیات انکا اعزاز مثل بادشاہ کیا جائیگا گو لوگ برٹش گورنمنٹ سے خوش ہوے مگر بیکاری سے ناخوش ہوے علاوہ اُن لوگون کے جو بدمعاشی کے ذریعے سے بہت کچھ پیدا کرلیتے تھے بہت سے کاریگر اور سپاہی اور اہلکار بیکار ہوگئے جس کام کے لیے پیشتر تین سو منتظم مقرر تھے وہ اب بارہ ڈپٹی کمشنر کرتے ہین اسلیے لوگ ہین علاوہ برین تعلقداران کا رعب اور روپیہ پیدا کرنیکے وسیلے بھی کم رہگئے جس سے وہ خوش نہین لوگونکی اور اکثر متعصب آدمیون کی بھی راے ہے کہ اس معاملے مین گورنمنٹ نے غلطی کی مگر خیر غدر سے اس غلطی کی اصلاح ہوگئی۔

باب پانزدہم

ملک اودھ کا غدر

مضمون غدر خصوصاً نئے فتح کیے ہوے صوبہ اودھ کے غدر کی نسبت اہل الراے نے اسقدر لکھا ہے کہ ہم ذیل مین اس واقعے کو جو تاریخ ہندوستان مین سب سے بڑا واقعہ ہے صرف سرسری طور پر معرض بیان مین لاتے ہین مارچ ۱۸۵۷ء مین سر ہنری لارنس چیف کمشنر اودھ مقرر ہوے۔ ایک مہینے کے بعد ملک مین جو طرفہ آن کارتوسونکی نسبت افواہین اڑنے لگین جو ہندوستانی فوج کو دیے گئے تھے۔ اس صوبے کی خوش قسمتی تھی کہ سر ہنری لارنس سا لایق ایسا ہمدرد مدبر اس نازک وقت مین اعلی حکمران صوبہ تھا۔ انکو معلوم ہوا کہ لوگ سب ناخوش ہین اور اکثر مقامات پر قریب قریب بلوہ ہونیوالا ہے۔ تعلقہ دار برٹش گورنمنٹ کے دشمن ہورہے تھے۔ ہزارون بادشاہ معزول کے سپاہی بے روزگار شہر مین بھرے ہوے تھے۔ ہزارون اہلکار شاہی اور اہل حرفہ و پیشہ

جو اس انقلاب کو اپنی معاش کے لیے نامبارک سمجھے تھے چالیس پچاس ہزار باغی سپاہیون کے اہل وعیال اسی ملک مین رہتے تھے ۔ اکثر وین پیادون کی رجمنٹ سب سے پہلے بگڑی اور اوسنے اڑتالیس پیدل کی پلٹن اور ۷ بنگال رسالے کو بلایا ۔ رفتہ رفتہ سب کے سب برٹش کی حکومت کے دشمن ہو گئے مگر بعض آخر تک خیرخواہ رہے ۔ چوطرفہ سے اور بھی دردناک خبرین سرہنری لارنس کے پاس اُنکے خاص صوبے اور ہندوستان کے مختلف حصون سے آنے لگین لازم آیا کہ فوراً حفاظت کی جگہہ ڈھونڈین اور اسقدر گولی بارود اور رسد جمع کرلین کہ اگر زیادہ مدت تک گھرے رہے تو کافی ہو ۔ پہلے خیال کیا گیا تھا کہ مچھی بھون اور رزیڈنسی دونون مین فوج محفوظ رہ سکتی ہے بلکہ آخرکار مچھی بھون کی نسبت خیال ہوا کہ اُسمین فوج نہین رہ سکتی لہذا چھوڑدیا کیونکہ اسکی دیوارین توپون کو نہین روک سکتی تھین اور اسمین یہ بھی خوف تھا کہ غنیم خندق کی راہ سے سرنگ نہ لگا دے ۔ اسکے بعد وہ واقعہ خوفناک ہوا ۔ عام غدر کشت خون ۔ بھگدر رجمنٹ کی مصیبت ۔ باقیماندہ انگریزون کو ایک مقام پر جمع ہونا ۔ نیک اور اولوالعزم سرہنری لارنس کی وفات دردانگیز اُنکی سپاہ کو جو رزیڈنسی مین تھی بڑے خطرے اور تردد مین تھی کہ اتنے مین جنرل ہولیٹ اور جنرل اوٹرم باہر سے مدد لیکر آئے لیکن دو تین مہینے تک وہ فوج اپنی ہی مدد پر رزیڈنسی کے اندر رہی آخرکار نومبر مین سرکالن کیمبل نے اُنکو مدد دیکر بچایا اسپر غنیم کی فوج بھاگی غالباً تاریخ مین ایسی اعلی درجے کی فوجی لیاقت درستی اور شایستگی فوجی کا پتہ نہ ملیگا اس خوبی اور خوش اسلوبی سے برتاؤ کیا کہ کل سپاہ مرد اور عورتین اور بچے ناف شہر لکھنؤ سے ناکے کے باہر آگئے مگر غنیم نے دق کیا اور صرف غنیم ہی نے نہین بلکہ تخمیناً اور پچاس ہزار آدمی نے رعایا مین سے بھی اُنکی مدد دی کیونکہ وہ جانتے تھے کہ انگریزی فوج نکلی جاتی ہے ۔

اسکے بعد یہ رائے قرار پائی کہ اگرچہ انگریزی فوج تمام لکھنؤ پر قبضہ کرنیکے قابل نہین ہے تاہم اگر کل فوج انگلشیہ ادھر سے چلی گئی تو اسوقت اسکا نتیجہ خراب ہوگا لہذا عالم باغ پر قبضہ کیا گیا اور بسرکردگی سرجیمس اوٹرم تھوڑی سی فوج وہان رہی تاکہ شہر مین بلوہ نہونے پائے سرکالن کیمبل اور خاص فوج کانپور کوچ کر گئی یہ لشکر تین مہینے سے زیادہ عرصے تک غنیم کے ساتھ برسرمقابلہ رہا اور جسقدر حملے اسپر ہوے اُن سب مین کامیابی حاصل کی آخرکار مارچ ۱۸۵۸ع مین سرکالن کیمبل بہت بڑا لشکر لیکر کانپور مین داخل ہوے تاکہ عالم باغ کی فوج کو مدد دین اور شہر لکھنؤ پر قبضہ کرلین یہ بات اس ماہ کے اختتام کے قبل بخوبی حاصل ہوگئی اور آدمی بھی بہت کم ضائع ہوے اب چونکہ ہندوستان کے اس حصہ کا سب سے مضبوط مقام برٹش گورنمنٹ کے قبضے مین آگیا لہذا تھوڑے ہی عرصہ مین بہت سی خفیف لڑائیان ہوکر صوبے کو باغیون سے صاف کردیا اور ملک کے اس سرے سے اُس سرے تک لواے صولت انگلشیہ نصب کردیے گئے

دو برس سے کم عرصے مین کل طوفان غدر وبغاوت کا جو دفعتًا اودھ مین آگیا تھا بالکل صاف کردیا گیا اورامن وامان کا ڈنکا سابق کی نسبت بھی زیادہ دبدبے کے ساتھ صوبے کے ہرمکان اور موضع مین بجنے لگا

باب شانزدہم

غدر سے الحاق تک کا حال

جب لکھنؤ پر برٹش نے قبضہ کیا تو انگریزی گورنمنٹ کو لازم آیا کہ بذریعہ لارڈ کننگ گورنر جنرل کے اُس حکمت عملی سے عوام کو اطلاع دے جو گورنمنٹ موصوف اس صوبے کے آیندہ طرز تمدن کی نسبت اختیار کرنا چاہتی ہے لارڈ کینگ نے فوراً اشتہار اودھ مین جو مشہور ہے اپنے خیالات ظاہر کیے کہ غالبًا گورنمنٹ کی اور کسی کارروائی پر جو غدر کے ایام مین کی گئی اسقدر توجہ عوام نہین ہوئی جسقدر اس کارروائی پر ہوئی اشتہار مذکور مین اس بات سے کم وبیش اور کچھ نہ تھا کہ اودھ کی کل اراضی ضبط کرلیگئی۔ بہ استثناے ان ریاستون کو جو سرداران ذیل کے قبضے مین تھین ۔

راجہ سردبجے سنگھ ۔ بارام پور

راجہ کلونت سنگھ ۔ پدوالا

راو ہردیو بخش ۔ تعلقہ دار کٹیاری

راو کاشی پرشاد ۔ ٹھاکر سکینڈی

ظہور سنگھ ۔ زمیندار گوپال کھیڑی

چندن لال ۔ زمیندار مرادا

یہ بھی اُسمین درج تھا کہ جو تعلقہ دار اپنے آلات حرب صاحب چیف کمشنر کے پاس بھیجدینگے اور باغی ہونے سے کنارہ کشی اختیار کرینگے وہ معاف کیے جائینگے ۔ بشرطیکہ انھون نے کسی یورپین کے قتل مین مدد نہ دی ہو اودھ کے حکام نے بڑی سے اس اشتہار کو پڑھا خصوصًا سرجمیس اٹرم نے جنکے خیالات پر ارا کین انگلستان کو اس معاملے مین بڑا اعتبار اور خیال تھا۔ انجام یہ ہوا کہ اشتہار مذکور مین بورڈ آف کنٹرول نے جنکے پریسیڈنٹ لارڈ المیورا اُس زمانے مین تھے کچھ ترمیم کی۔ اور صاحب گورنر جنرل نے اشتہار نافذ فرمایا۔ اُسکے نافذ ہوتے ہی پہلے تو بڑی کھلبلی مچگئی۔ لیکن بعدازان جب لوگون نے غور کیا تو سمجھے کہ اشتہار کو انھون نے صرف اپنی گھبراہٹ سے سب سے بُرا کہا تھا۔ اور یہ کہ اُسکے نتایج اسقدر سخت نہ تھے جسقدر وہ لوگ سمجھہ بیٹھے تھے اس عرصے مین سرجمیس اٹرم نے اپنے عہدے کا چارج سررابرٹ مانٹگمری کو دیدیا اور جون ۱۸۵۸ء مین تعلقہ دار لکھنؤ مین بلائے گئے اور اُنسے صاف صاف کہدیا گیا کہ جو اراضی قبل

ضبطی اُنکے قبضے مین تھی اسپر وہ فلان فلان طور پر قابض رہ سکتے ہین ۔ نتیجہ یہ ہوا کہ وہین تعلقہ دارون نے اطاعت برٹش گورنمنٹ کی اور آخر کار صوبے کی کل آمدنی اُنکے ذریعے سے خزانہ مین آئی ۔ سر رابرٹ مانٹگمری کے بعد مسٹر وینکفیلڈ مقرر ہوے جنھون نے گورنمنٹ کی پالسی کا اور بھی زیادہ سرگرمی سے برتاو کیا ۔ اُنکے وقت مین صوبہ اودھ کا کامل انتظام ہوگیا رعایا کے ہتھیار چھین لیے گئے ۔ پولیس کو کسیقدر تعلیم ہوئی اور رفتہ رفتہ اودھ جو ایک جنگی صوبہ تھا ہندوستان کے اور صلح جو اور تابع صوبون کیطرح صلح جو ہوگیا مشہور ہے کہ کوئی ۱۵۶۲ جنگل کاٹ ڈالے گئے اور ۷۰۲ توپین اور ۱۹۲۳۰۷ بندوقین اور تپنچے وغیرہ اور ۵۷۹۵۵۴ تلوارین و برچھے ۶۹۴۰۶ ۔ اور قسم کے کل ۱۴۱۶۶۶۱۴۱ ۔ آلات حرب توڑ ڈالے گئے ۔ اسوقت سے تعلقہ داران اودھ کی عزت و توقیر کہین زیادہ ہوتی گئی ۔ پیشتر کیطرح وہ اب رعایا کے سخت دشمن نہین ہین ۔ نہ حکام سرکاری کے مہیب غنیم ہین ۔ نہ اپنے پروسیون یا سرکاری عاملون سے لڑتے ہین بلکہ اب حکمران اور رعایا کے درمیان مین ترقی اتحاد کے باعث ہین اور سلطنت انگلستان کے خیر خواہ صلح جو اولوالعزم رعایا ۔ یہ تعلقہ دار کوئی تین چار سو ہین اور لارڈ کننگ کے دربار مین جو ۱۸۶۱ء مین منعقد ہوا تھا کوئی ۱۷۰ تعلقہ دار حاضر تھے ۔ انمین سے اکثر اب آنریری مجسٹریٹ اور بعض اسسٹنٹ کمشنر ہین پس تمدن ملک مین اسطرح شریک ہین ۔ آخر کار لارڈ لارنس کے زمانے مین کوشش کی گئی تھی کہ کاشتکارون کے مفید چند امور مین تغیر واقع ہو ۔ لیکن جسطرح پر لارڈ کننگ نے تعلقہ دارون کے حقوق کو تسلیم کیا تھا قریب قریب ویسی ہی رعایت اب بھی کی گئی ۔

اب اودھ مین قریب ۲۴۲۵۹ موضع ہین ۔ اور ہر موضع کی اوسط ایک میل مربع ۔ ان موضعون مین سے ۱۵۵۵۴ موضعون کے چار سو دس قابض و مالک ہین ۔ اور انمین سے ہر ایک مطالبہ سرکاری کم سے کم پانچہزار روپیہ یا اس سے زیادہ ادا کرتا ہے ۔ باقی ۱۰۲۹۰ موضعون کے مالک و قابض ۹۶۵۰ حصہ دار ہین پرانے تعلقدار ⅔ حصہ اراضی پر قابض ہین اکثر امور مین اودھ نے بہت ترقی کی ہے ۔ سول اور جوڈیشل کورٹون نے بڑا فائدہ بخشا اور صیغون کا بھی اچھا اور مستقل اثر ہوا ۔ لیکن غالبًا اور کسی امر مین اسقدر تبدل نہوا ہوگا جسقدر صیغۂ تعلیم مین ہوا ۔ اب صوبے مین جابجا بیشمار مدارس ہین جسکو ضرورت ہو تعلیم پا سکتا ہے ۔ کننگ کالج سے بھی فوائد کثیر حاصل ہوے اور منشی نولکشور کے مطبع نے لوگون مین اعلی اور عمدہ لیاقت کی اشاعت مین بہت کچھ مدد دی ہے ان باتون کے علاوہ تعلقہ دارون نے ایک خاص جلسہ قائم کیا ہے ۔ جس سے وہ خود بڑا فائدہ اٹھاتے ہین ۔ اور گورنمنٹ بھی ۔ صوبہ اودھ کے طبقہ معزز کے لوگ یعنے تعلقدار اسپنے اپنے خیالات اور اپنی اپنی راے سال مین دو ایک بار اسکے ذریعے سے ظاہر کرتے ہین

باب ہفتدہم

ملک اودھ کا ممالک مغربی کی گورنمنٹ کے ساتھ شامل ہونا

کچھ دن سے افواہ تھی کہ اودھ کے ممالک مغربی وشمالی مین شامل کرنے کا گورنمنٹ نے قصد کیا ہے اور جنوری ۱۸۷۷ع مین ملک اودھ ممالک مغربی کی گورنمنٹ کے ساتھ واقعی شامل ہوگیا۔ موقع بھی بہت اچھا تھا کیونکہ سر جارج کوپر صاحب بہادر چیف کمشنر اودھ اسوقت مین قائم مقام لفٹنٹ گورنر ممالک مغربی وشمالی مقرر ہوے تھے خاص تبدل صرف سررشتون اور محکمون مین ہوا۔ قوانین اودھ اور حقوق ومدارج رعایا اس الحاق سے بدستور قائم رہے۔ گورنمنٹ انڈیا نے یہ فیصلہ بھی کر دیا کہ گو دار الحکومت اودھ کا الہ آباد مین منتقل ہونا ترجیح دیا گیا مگر ہر سال صاحب لفٹنٹ گورنر تین مہینے لکھنؤ مین بھی قیام فرمایا کرینگے۔ پہلے یہ خیال کیا گیا تھا کہ اودھ کے تعلقہ دارون کے الحاق ملک سے حق تلفی ہوگی مگر خوشی کی بات ہے کہ لارڈ لٹن صاحب نے خود ماہ مارچ ۱۸۷۷ع کو دربار مین ان خیالات کی تردید کی اور رئیسون کا اطمینان کر دیا کہ وہ کسیطرح کا دلمین کھٹکا اس شامل کر دینے سے نکرین۔ بہت کچھ اطمینان اس بات سے تعلقہ دارون کا کر دیا گیا کہ اس تغیر سے اُنکے حقوق مین کسیطرح کا فتور نہین آئیگا اور جو آئین و قوانین یہان کے ہین وہ بدستور قائم رہینگے۔

باب ہیژدہم

خاتمہ

اب ہم اس دیباجہ کو ختم کرتے ہین اور اس صوبے کو ہم مبارک باد دیتے ہین کہ برٹش گورنمنٹ کے زیرنگین ہے اور گورنمنٹ بڑی توجہ کرتی ہے سابق مین گورنمنٹ نے اودھ کے معاملات مین دست اندازی کرنا مناسب سمجھا اور تجربے سے ظاہر ہوگیا کہ گورنمنٹ کا منشا ملک کے فائدے کے لیے تھا۔ قبل عملداری برٹش یہان کی رعایا کے حالات سے ہم خوب واقف ہین غنیم کے حملے سے حفاظت محال تھی ظالم سردارون سے بچنا دشوار تھا۔ پردیسیون اور آدمیون کی سازش سے بھی بچنا مشکل تھا مسلح ہوکر ہل جوتتے تھے اور رات کو ڈرتے کانپتے اپنے گھر جاتے تھے اب قضیہ اسکے برعکس ہے۔ گورنمنٹ تعلقدارون پر بڑی مہربانی کرتی ہے اور وہ کسانون پر مہربان ہین ظلم کافور ہوگیا۔ ذرا شکایت ہوئی اور دیوانی یا فوجداری عدالت مین چارہ جوئی کی پچیس برس ہوے کہ ہندوستان کے سب صوبون سے بدنظمی اور خوف جان ومال یہان زیادہ تھا اب غالبًا اس خوبی سے اور ملک کی رعایا نہ رہتی ہوگی۔

خلاصۂ حالات تواریخی

تعلقداران ملک اودھ کہ جنکی تصویرات بھی اسمین نصب ہین

(نمبر۱) راجہ راجگان سرجگت جیت سنگھ والی کپورتھلہ قوم سکھ تعلقدار بونڈی و پرسولی وبھنولی

حضور والاریاست کپورتھلہ ضلع جالندھر ملک پنجاب کے حکمران ہین جنکے خاندان کی خیرخواہی اور سچی وفاداری کا بارہا گورنمنٹ انگلشیہ سے اظہار شکر ہوچکا ہے اسی راہ و رسم رئیسانہ کے برتاؤ سے آپکے جد امجد مہاراجہ رندھیر سنگھ صاحب بہادر (جی سی ایس آئی) نے عین شباب غدر مین اپنی موجودگی ذات خاص و نیز افواج ریاست سے اول ضلع ہوشیارپور ملک پنجاب مین کرنیل اسیٹ صاحب بہادر ڈپٹی کمشنر ہوشیارپور کو انسداد بلوہ مین مدد دی اور پھر بہ تحریک صاحب ممدوح وجناب رابرٹ منٹ گمری صاحب بہادر چیف کمشنر سابق ملک اودھ رئیس موصوف مع اپنی فوج کثیر کے بہادرانہ دہلی ہوکر اودھ مین ہمدری گورنمنٹ سے سرکوبی باغیان مین سرگرم رہے اور فوج مہاراجہ صاحب نے متعدد موقعون پر عمدہ عمدہ کارنمایان کیا اور مفسدان کو زک فاش دی اس حالت شرکت معرکہ مین مہاراجہ صاحب بہادر نے صرف مدد زبانی اور فوج کی نہین دی بلکہ کل بار اصراف اپنی فوج کا اپنے ذمہ رکھکر کمال شجاعت و بہادری سے بہ نفس نفیس اپنے وقت معرکہ جنرل فوج رہکر کمان فرمائی بعد فرو غدر یہ ریاست جسکی آمدنی دولاکھ اٹھائیس ہے اضلاع بہرائچ و گونڈہ وکھیری مین مالکانہ مہاراجہ صاحب ممدوح الشان کو مرحمت ہوئی بعد انکے حضور موصوفہ بالا بعزم سیر ولایت جہاز پر تشریف لیے جاتے تھے عدن مین پہونچکر قضا کی انکے بعد مہاراجہ کھڑگ سنگھ صاحب بہادر رونق بخش مسند ریاست ہوے بعد انکے حضور مہاراجہ صاحب سرجگت جیت سنگھ بہادر مسند نشین ریاست ہین اور اس علاقہ مین جناب کنور رہرنام سنگھ صاحب بہادر حقیقی چچا حضور کے منیجر علاقہ ہین۔

(نمبر۲) ہزہائینس آنربل سردگبجو سنگھ بہادر کے۔سی۔ایس۔آئی۔مہاراجہ بلرام پور و تلسی پور وغیرہ۔

مہاراجہ مین سکھ دیو مورث اعلی ریاست دارجا پانیر منضاف صوبہ گجرات تھے انکے پسر ششم بریار ساہی سمبت ۱۳۲۵ مین وطن مالوفہ سے آکر دہلی مین بملازمت شاہ جہاہ تاج الدین شاہ غوری مشرف ہوے و بہمراہی شاہ برای سیر و شکار ضلع بہرائچ پرگنہ اکونہ مین تشریف لائے اور واسطے سرکوبی مفسدان مامور ہوکر قلع و قمع سرکشان پرگنہ کرکے از سر نو آباد کیا اور وہین اقامت اختیار کی انکی چھٹی پشت مین سے راجہ مادھو سنگھ نے رام گڈھ گوری مین دارالریاست قرار دیا اور اکونہ گنیش سنگھ اپنے بھائی کو دیدیا بلرام شاہ پسر دوم انکے بڑے نامی راجہ ہوے جنکے نام سے رام گڈھ ملقب بلرام پور ملقب ہوا انکی پانچوین پشت مین راجہ نول سنگھ مالک ریاست ہوے جنھون نے بائیس لڑائیون مین راجگان نواح کو شکست دی بعد وفات انکے راجہ ارجن سنگھ و مابعد راجہ نرائن سنگھ وسمت ۱۸۹۳ مین مہاراجہ صاحب حال رونق افروز ریاست باجاہ و جلال ہوے ابتدائے جلوس مین آپ نے راجگان بھنگا و اترولہ و تلسی پور کو متواتر لڑائیون مین پس پا کیا و حسب الحکم سرکار شاہی و ایماے صاحب رزیڈنٹ بہادر بہمراہی فوج جرار راجہ درگ نرائن سنگھ تعلقدار تلسی پور کو جسنے اپنے باپ سے راج چھین لیا تھا محاصرہ کرکے بھگا دیا اور

راج دگراج سنگھ کو دیکر اپنی چوتھہ مقرر کرلی اس معرکہ سے آپ کا نور شجاعت ایسا چمکا کہ کسیکی آنکھ پھر سامنے نہوئی
ونیز اقبال روزافزون ہوتا رہا عملداری گورنمنت انگلشیہ مین سر چارلس جان ونگفیلڈ صاحب بہادر کمشنر
قسمت فیض آباد نے آپ کے حسن اتحاد و خدمات سے شاد ہوکر ایک ضرب توپ ریاست مین معین فرمائی
اور آئین وفاداری جانبین سے جاری رہا ۱۲۶۴ھ فصلی مین جب افواج سرکار نے بمقام میرٹھہ سر شورش
اوٹھایا ہزارون بیگناہ ہونکا خون بہایا اور قریب تھا کہ افواج متعینہ بہرائچ بھی کمر بغاوت باندھی بمجرد اطلاع آپ
معہ دستہ فوج جان پر کھیل کے مقام سکروری مین پہونچے حکام عالیمقام کو بحفاظت تمام بلرامپور لائے اور
بعد چندے بامن کلکتہ مین پہونچا دیا اور خود قلعہ ٹیوہا مین محصور رہے تین بار باغیون نے حملہ کیا مگر بپاوری اقبال
عدو مال و دشمن پامال ہوئے ۱۲۶۶ھ فصلی مین جب تسلط ہوا گورنمنٹ انگلشیہ سے آپ بجلدوے خیرخواہی ووفاداری ایام
غدر بعطاے علاقجات تلسی پور وغیرہ و خلعت ہاے فاخرہ و زرنقد و اختیارات انریری مجسٹریٹی و دیوانی
وکلکٹری سے ممتاز ہوئے ونیز دو ضرب توپ دوام کیواسطے مرحمت ہوئین اور منجملہ پانچ تعلقداران خیرخواہ آپکا
نمبر اول قرار پایا ۱۸۶۶ء دربار اگرہ مین خطاب معزز (کی سی ایس آئی) آپ کو مرحمت ہوا اور بندوبست استمراری
بکمی دس روپیہ فیصدی آپ کے علاقہ کا ہوا آپ کے لواحقین و توابعین پابندی قوانین اسلحہ سے بری رکھی گئی
آپ کا نام زمرہ ممبران لجس لیٹف کونسل مین درج ہوکر آپ شریک جلسہ کونسل ہوئے وہان ایسی رائین صائب
دین کہ باعث تحسین و آفرین ہوئین ایکٹ ۱۷ و ۱۸ و ۱۹ و ۲۲ مختص المقام اودھ کی اشاعت کا نتیجہ آپ ہی کی
راے اقدس کا ہے حاضری عدالت دیوانی سے آپ مستثنے ہین بوقت باریابی دربار قیصری آپ کا خیمہ بذمرۂ
ممبران کونسل بڑے تزک واحتشام سے نصب ہوا و مراعات مراسم مہمانداری مثل والیان ملک آپ کے
ساتھہ مبذول رہے اور نو فیر کی سلامی ہوئی اور یہ منزلت علی الدوام کیواسطے مہاراجہ صاحب کو مرحمت
ہوکر باعث افتخار طبقہ تعلقداران و روٗساراودہ کا ہوا آپ نے فیاضی و دریادلی رئیسانہ سے متعدد
خیرات خانہ و شفاخانہ مقرر فرمائے جہان بیمارونکو دوا اور محتاجونکو غذا برابر ملتی ہے عموماً اودھ مین آپ کی
املاک و عمارات موجود ہین خاص لکھنؤ مین آپ کا عظیم الشان ایک شفاخانہ و گنج و مہمانسراے و کوٹھیان
ونگفیلڈ منزل وغیرہ قابل دید ہین موتی محل ایک ایوان ذیشان ہے جسمین جملہ رئیسان بیرونجات رونق بخش
ہوتے ہین اونکی دعوتین علی قدر مراتب مہاراجہ صاحب کی ریاست سے ہوتی ہین اور خاص اداے
خدمت رئیسان کیواسطے عملہ معین رہتا ہے دسہرہ آپ کے یہان بڑی دھوم سے ہوتا ہے ہزارون فقرا
دور دیار سے آتے ہین چار مہینے قیام کرکے تواضع کھا کر چلتے وقت ہزار ہا روپیہ رخصتانہ پاتے ہین
شکار کا ازبس شوق سوار یونکا ذوق ہے شیر گینڈا ہاتھی وغیرہ کا شکار ہو دو بہ معیت حکام فرماتے ہین جسمین

سے صدہا ہاتھی دروازہ پر جھومتے ہین جنگلی جانور درندکٹہرون مین گھومتے ہین ہر علم وہنر کا دربار مین چرچا ہے ایجاد و دستکاری اور شعر وسخن کی قدر ہی فی زمانہ ہر فن کے موجد کا اس ریاست مین بڑا گذر ہو بلند حوصلگی رئیسانہ سے ایک عجائب خانہ ریاست مین بنوایا ہی مجلس انجمن ہند آپ ہی کی ذات بابرکات سے قائم وباعث ترقی تعلقداران اودھ ہو آپ کی ریاست مین [illegible] مواضع اور تین پٹی جمعی [illegible] لاکھ [illegible] ۵،۱۴ پائی اضلاع گونڈہ وبہرائچ ولکھنؤ مین واقع ہین رسم گدی نشینی اس خاندان مین ہو

نمبر ۳ لال پرتاب نرائن سنگہ قوم برہمن تعلقدار مہدونہ وبھرولی واہیار وادھیرا وتلشی پور ومہدونہ وبشمبر پور خطاب لال — آپ قوم برہمن سنگلدیب سے آغاز تعلقہ کا راجہ بختاور سنگہ سے ہوا اور اونکو نواب سعادت علیخان کیوقت مین سلطنت اودھ سے خطاب راجگی ملا اونکے چھوٹے بھائی راجہ درشن سنگہ صاحب ہمیشہ عہدۂ نظامت پر حکمران رہی سر مہاراجہ مان سنگہ صاحب قائم جنگ اور ایام غدر ۱۸۵۷ء مین جانبازی کا برتاو گورنمنٹ انگلشیہ سے فرمایا اور متعدد اہل یورپ کے محافظ جان ہوئے اوسکے جلدو مین خطاب مہاراجگی و (کی سی ایس آئی) اور تمغہ نائب کمانڈر آف اسٹار اف انڈیا کا وملکیت تعلقہ بشمبر پور کی گورنمنٹ انگلشیہ سے راجہ مانسنگہ صاحب کو مرحمت ہوئی اور مہاراجہ صاحب موصوف معززین ومدبرین تعلقداران اودھ سے تصور ہوتی تھی جب مہاراجہ صاحب نے وفات پائی تو مہارانی سوبھا کنور صاحجہ اونکی زوجہ منتظم وقابض ریاست ہوئین رانی صاحبہ نے لال ترلوکی ناتھ سنگہ خلف راجہ رگھوبردیال سنگہ برادر مہاراجہ مانسنگہ صاحب کو ریاست لکھدی تھی لیکن بحکم پروی کونسل اب لال پرتاب نرائن سنگہ صاحب نواسہ مہاراجہ صاحب وارث ریاست مقرر ہوئے اور کنور صاحب اکثر عادات وخصائل مین پیرو مہاراجہ صاحب ہین اور تہذیب علوی وفکری مین مہاراجہ صاحب کے نمونہ ہین امید ہو کہ بہت تھوڑی عرصہ مین برٹش گورنمنٹ کے ساتھ اپنی متانت رائے سے باسلوب شائستہ اپنے ارادت ونیاز کو ظاہر کرکے کامل ناموری حاصل کرینگے تعلقہ مین [illegible] موضع [illegible] پٹی معہ عطیہ جمعی [illegible] ۱۰، پائی اضلاع فیض آباد وگونڈہ وبارہ بنکی ولکھنؤ وسلطانپور مین واقع ہین رسم گدی نشینی اس خاندان مین ہے

(نمبر ۴) راجہ شیوپال سنگہ قوم بیس تعلقدار مرارمئو واراضی دریا برآمد وسنگرام پور خطاب راجہ موروثی — آغاز قوم بیسو نکا راجہ سالباہن سے ہو اونیس سو سال ہوئے راجہ سالباہن قوم چھتری نے راجہ بکرماجیت نے قوم نپوار سے جنگ عظیم کرکے اونکو شکست دی اسوجہ سے راجہ بکرماجیت نے اپنی دختر کی شادی راجہ سالباہن سے کردی بعد شادی راجہ سالباہن نے ساکھا بکرماجیت معدوم کرکے ساکھا سالباہن اپنے نام سے جاری کیا اور سیالکوٹ ومونگی پٹن واقع

ملک پنجاب آباد کیا اونکی بیسوین پشت مین راجہ ابھی چند و پرتھی چند بہ قصد اشنان گنگا جی بمقام شیوراج واقعہ ضلع فتحپور معہ فوج کے آئے اور رانی راجہ ارکل ضلع فتحپور بھی اسی تقریب سے اوس مقام پر آئی تھی صوبہ دار متعینہ پراگ سنے بہ نیت فاسد اوسکو محاصرہ کرکے مجبور کر رکھا تھا حسب استدعاے رانی ان ہر دو برادران سنے صوبہ دار سے لڑائی کی پرتھی چند قتل ہوا ابھے چند نے فتحیاب ہوکر رانی کو پاس راجہ ارکل کر باعزاز تمام پہونچایا راجہ سنے خوش ہوکر اپنی دختر کی شادی ابھی چند کے ساتھہ کردی اور ریاست جہیز مین دی ابھے چند معہ فوج شیوراج پور مین آکر مقیم ہوے اور قوم بہر و انکا قلع و قمع کرکے اونکی علاقجات پر بھی قابض ہوئے جب سے آغاز ریاست بیسواڑہ کا ہوا چونکہ بیسوین پشت مین سالباہن کے راجہ ابھی چند نے اپنا تسلط کیا تھا اسوجہ یہ ملک بیسوارہ مشہور ہوا ابھے چند کی دسوین پشت مین راجہ تلوکچند ہوے اونکے دو لڑکے تھے ہرہر دیو و راجہ پرتھی چند جب تلوکچند بیمار ہوے اوسوقت بعدم موجودگی ہرہر دیو کہ دہلی مین تھے پرتھی چند کو مالک ریاست کردیا جب ہرہر دیو سہ بسی مین آباد ہوئے تو بوجہ سکونت سہ بسی اونکی اولاد سہ بسی بیس کہلائی اونکے خاندان سے تعلقداران نمبری ذیل مین نمبر ۱۴ و ۶۵ و ۶۷ و ۱۳۷ و ۲۱۰ و ۲۵۵ اور ہرہر دیو دہلی سے واپس آکر مالک ریاست بھی ہوئے تھے جسکا ذکر نمبر ۱۴ مین درج ہے اور اس موضع سہ بسی سے ایک شخص کرن راو اولاد ہرہر دیو سے موضع نتہہ مین جاکر آباد ہوا اوسکی اولاد نتہہ بیس مشہور ہوئی اوس خاندانسے تعلقداران ذیل ہین نمبر ۲۶ و ۳۴ و ۶۴ و ۹۹ و ۱۴۰ و ۱۵۰ و ۱۹۵ و ۲۳۵ و راجہ پرتھی چند کی پانچوین پشت مین راجہ نرسنگہ دیو نے جنگل کٹواکر مرار مؤ آباد کیا اور خود سکونت پذیر ہوے نرسنگہ دیو کی ۱۲ پشت مین راجہ درگبجی سنگہ سنے اس ریاست پر قبضہ پایا اور بصلہ خیرخواہی ایام غدر ۱۸۵۷ع گورنمنٹ انگلشیہ سے علاقہ و خطاب راجگی و (سی ایس آئی) حاصل کیا بعد اونکے یہ رئیس قابض ریاست ہین اور منجملہ پانچ تعلقداران خیرخواہ یہ ریاست ہے اور موروثی علاقہ کا بندوبست استمراری ہے تعلقہ مین معہ ملکیت عطیہ مالدعہ موضع جبی واماکہ ہے اضلاع اونام وراے بریلی مین واقع ہین رسم گدی نشینی اس خاندان مین ہے۔

(نمبر ۵) ۱ راجہ ہنونت سنگہ ۲ راجہ رام پال سنگہ قوم بسین تعلقداران رامپور و دھارو پور وکالاکانکر و ایما جنھیا۔ خطاب راجہ موروثی

چھہ سو برس ہوے راے ہوم پال برادر خورد جے چند راجہ قنوج قوم چھتری گوت بیس مورث اعلی مقام مجھولی ضلع گورکھہ پور سے بتقریب اشنان پراگ جی مین آئے اور مانک پور مین راجہ مانک کے ہمراہ آکر اونکی دختر سے شادی کرکے ریاست حاصل کی اونکی اولاد اقوام ٹھاکر بسین کہلاتے ہین ابعد اونکے وقتاً فوقتاً تقسیم ہوتے ہوتے بہت حصہ اس ریاست کے ہوگئے تعلقداران نمبری ذیل

نمبر ۲۶ و ۱۷ و ۹۷ و ۱۰۱ و ۱۴۹ و ۱۵۰ اس خاندان سے ہین راجہ ہنونت سنگہ ایام غدر مین خیرخواہ سرکار رہے بجلدوے اوسکے گورنمنٹ انگلشیہ سے تعلقہ عطیہ حاصل کیا سند عطیہ باستد عاے راجہ ہنونت سنگہ بنام راجہ رام پال سنگہ اوسنکے نواسے کے گورنمنٹ سے مرحمت ہوئی راجہ رام پال سنگہ صاحب علم انگریزی سے فیضیاب ہین اور عرصہ تک لندن مین تفریحاً قیام کرکے تہذیب اہالیان یورپ سے گروہ تعلقداران مین ایک نامور نوجوان شخص ہین منجملہ علاقہ عطیہ تعلقہ بھاگل واقع ضلع بہرائچ فروخت کرڈالا اب اس تعلقہ مین معہ عطیہ ما مدعے موضع جمعی ~~۹~~ اضلاع پرتاب گڈھ وراے بریلی مین واقع ہین رسم گدی نشینی اس خاندان مین ہے۔

(نمبر ۶) راجہ تلک سنگہ قوم کیٹیار تعلقدار کیٹیاری و دولت پور مردان و فتح پور

پہلے اس ملکیت مین زمینداری اقوام دھانک اور منہار کی تھی اور ہر دو اقوام مین تنازعات باہمی برپا رہتی تھی دیورام دت قوم ٹھاکر تونبر مورث قوم کیٹیار جانب نواح تونبر کٹار علاقہ گوالیار سے بمقام سنگھی رام پور واقع ضلع فرخ آباد بتقریب اشنان گنگا جی بہ جماعت کثیر آئے اور اقوام منہارون سے جو کہ زبردست تھے سازش کرکے اقوام دھانک کو قتل کیا بعدہ اقوام منہارونکو بھی تہ تیغ کرکے بالکل بیچراغ کردیا اور آپ ہر دو ریاست پر قابض و مالک ہو گئے اوسوقت سے آغاز اس ریاست کا ہی اور قبضہ مورثان برابر چلا آیا آخرالامر راجہ ہردیو بخش مالک ریاست ہوے انھون نے بصلہ خیرخواہی ایام غدر ۱۸۵۷ء تعلقہ دولت پور وغیرہ گورنمنٹ سے عطیہ حاصل کرکے افزونی ریاست کی اور خطاب (سی ایس آئی) پایا بعد وفات راجہ ہردیو بخش آپ بھائی اوسنکے قابض ریاست ہین اور اپنی قوم مین آپ سرگروہ ہین اور اس علاقہ کا بندوبست استمراری ہی اور منجملہ پانچ تعلقداران خیرخواہ آپ بھی ہین۔

(نمبر ۷) راجہ رودر پرتاب ساہ قوم راجکمار تعلقدار دیرہ وامہٹ دونبا وڈیہ و مدن پور پنیر درام نگر وکشن پور کوائی و پورا سی خطاب راجہ موروثی ۔ عرصہ پانچسو برس کا ہوا راجہ بریار سنگہ مورث اعلے سمبھل مراد آباد سے اول بہدئیان نمبری ۱۶۳ مین آئے اور بعد قتل اقوام بھرونکی موضع بہدئیان خاص و نیز دیگر مواضعات ضلع سلطانپور پر قابض ہوے اونکی چار اولاد تھین رسال سنگہ کھوکھی سنگہ گھاتم دیو راج بھبوت سنگہ چونکہ لقب بریار سنگہ سابق مین چوہان تھا اور اقوام چوہان حاکم دہلی تھے جب علاء الدین غوری تخت نشین دہلی ہوے اور چاہا کہ بنیاد چوہانکو نیست و نابود کردیوین اوسوقت اولاد بریار سنگہ نے لقب اپنا چوہان کا تبدیل کرڈالا کھوکھی سنگہ رجوار مشہور ہوے اوسنکے خاندان مین نمبر ۲۶ کے تعلقدار ہین اور رسال سنگہ و گھاتم دیو و راج بھبوت سنگہ بجگوتی کہلائے راج بھبوت سنگہ کے تین لڑکے ہوئے راجہ بھوپ سنگہ

راجہ جگر سنگہ راجہ ایسری سنگہ نمبر ا و ۲ کے خاندان سے تعلقداران نمبری ذیل ہین نمبر ۳ ا و ۴۰ و ۵۹ و ۶۰ و ۶۹ و ۷۰ و ۷۶ و ۸۷ و ۹۷ و ۱۳۸ و ۱۵۸ و ۱۶۲ و ۱۷۲ و ۱۹۴ و ۲۰۸ و ۲۱۵ - اولاد راجہ ایشری سنگہ کے راجکما مشہور ہوئے اوس خاندان سے تعلقداران نمبری ذیل ہین ۳۷ و ۴۷ و ۹۵ و ۱۵۵ و ۱۶۱ و ۱۶۳ و ۲۰۲ و ۲۱۴ و ۲۴۹ منجملہ اولاد راجہ ایشری سنگہ جادو رائے مورث نے بہدئیان سے علیحدہ ہوکر جنگل کٹوایا اور آبادی کراکے دہرہ نام سے موسوم کیا اور افزونی ریاست کرکے تعلقہ باسم دہرہ قایم کیا آخر الامر راجہ رستم ساہی نے بصلہ خیرخواہی ایام غدر ۱۸۵۷ء ماعہ موضع تعلقہ امہٹ وغیرہ گورنمنٹ انگلشیہ سے عطیہ حاصل کرکے شامل تعلقہ کیے بعد وفات اونکے آپ قابض ریاست ہین اس تعلقہ مین معہ ملکیت عطیہ ماعہ موضع وماعہ پٹی جمعی ایک لاکھ [illegible] اضلاع سلطانپور وفیض آباد ورائے بریلی مین واقع ہین رسم گدی نشینی اس خاندان مین ہے

(نمبر ۸) راجہ مادھو سنگہ قوم بندل گوتی تعلقدار امیٹھی خطاب راجہ موروثی ۔

۱۳۲۶ء مین بہ عہد جلال الدین اکبر بادشاہ مورث اعلی انکی بنظر قلع وقمع اقوام بھر اس ملک مین آئے تھے اور بہت وسیع ملکیت اقوام بہرونکی اضلاع گونڈہ وغیرہ مین اونکے قبضہ مین رہی اوسی خاندان مین تین سو سال سے یہ راج قائم تھا ابان رئیس نے اپنی ریاست بابو سربجیت سنگہ تعلقدار ٹیکاری متذکرہ نمبر ۱۰۰ کو سپرد کردی ہے جسمین ماعہ موضع اور سے پٹی جمعی ایک لاکھ [illegible] کی واقع ہین اور اس ریاست سے تعلقہ نمبری ۱۷۲ علیحدہ قائم ہے ۔

(نمبر ۹) راجہ محمد علیخان قوم بچگوتی خانزادہ تعلقدار حسن پور وجگسنگہ پور ومنگرہ وپلیا پرتاب خطاب راجہ موروثی ۔ اولاد بریار سنگہ مورث اعلی متذکرہ نمبر ۲ مین چند پشتونکی بعد تلوک چند نے بہ عہد بابر شاہ بادشاہ دہلی بوجہ باقیداری مالگذاری مذہب اسلام قبول کیا تھا اور تتارخان موسوم ہوئے اونکے دو بیٹے بازید خان بڑے جلال خان چھوٹے تھے نمبر ا کے لڑکے حسن خان ہوئے جنھون نے بہ عہد بابر شاہ بادشاہ دہلی خطاب راجگی ونیز یہ منصب کہ جسکی بحصول نذرانہ وہ ٹیکا لگاوین بلقب راجہ مشہور ہو حاصل کیا اونھون نے اس قصبہ کو آباد کرکے بنام مزد اپنے حسن پور موسوم کیا حسنخان کی بارھوین پشت مین یہ تعلقہ دار قابض تعلقہ ہین اور اس خاندان سے تعلقداران نمبری ذیل قائم ہین نمبر ۱۶۲ و ۱۶۵ اس تعلقہ مین ماللعہ موضع معہ پٹی جمعی [illegible] اضلاع سلطانپور وفیض آباد مین واقع ہین رسم گدی نشینی اس خاندان مین ہے ۔

(نمبر ۱۰) امیر الدولہ سعید الملک راجہ محمد امیر حسن خان بہادر ممتاز جنگ آنریری اسسٹنٹ کمشنر محمود آباد تعلقدار محمود آباد ضلع سیتاپور وبسہا ضلع لکھنؤ ومتولی ضلع کہیری کو انڈانڈہ ضلع نوابگنج ۲۳ رجب ۱۲۶۵ ہجری مقام بلہرہ ضلع نوابگنج مین ولادت پائی ۹۔ رمضان ۱۲۷۴ کو اونکے والد مقیم الدولہ راجہ نواب علیخان بہادر

قیام جنگ نے بمقام سیبونہ انتقال فرمایا اور امیر الدولہ بہادر بعمر دہ سالگی مسند ریاست پر متمکن ہوے علاقہ ہ۔ مارچ ۱۸۶۷ع تک بوجہ نابالغی کورٹ افوارڈس رہا مدرسہ سیتاپور و بنارس کالج و کیننگ کالج لکھنؤ مین تعلیم پائی سولہ برس کے سن مین انجمن ہند کے ممبر مقرر ہوے ۱۸۷۱ع مین بجاے مہاراجہ مانسنگہ کے وایس پریسیڈنٹ انجمن ہند مقرر ہوے اوسوقت سے جوجو مباحث متعلق قوانین وامور انتظامی صوبہ اودھ کو پیش ہوے اوسمین پیردکار رہی بعوض ان خدمات کی سالانہ رپورٹ ۱۸۶۹ع مین لوکل گورنمنٹ نی انکی تعریف اور شکریہ ادا کیا اور بطور ایک تخصیص کی نواب گورنر جنرل بہادر لارڈ لارنس صاحب نی خلعت مین شمشیر ولایتی دربار مین عطا فرمائی اور بھی بذریعہ چٹھی نمبری ۵۴۶ مورخہ ۲- فروری ۱۸۷۱ع سرہنری ڈیوس صاحب سابق چیف کمشنر بہادر ملک اودہ نی بحضور نواب گورنر جنرل بہادر سفارش فرمائی کہ القاب امیر الدولہ سعید الملک ممتاز جنگ کا لکھا جایا کرے گورنمنٹ ہند نے اس سفارش کو منظور فرماکر حکم منظوری القاب مذکور دیا نسبت اوس فیاضی کے جو راجہ صاحب نے زمانہ قحط ۱۸۷۷ع مین فرمائی صاحب ڈپٹی کمشنر ضلع سیتاپور نے یہ عبارت تحریر فرمائی ہے کہ مین نے اپنے زمانہ دورہ مین اس بات کا اطمینان کرلیا ہے کہ راجہ امیر حسن خان نے اسراف کے ساتھہ رعایا کی تکلیف کم کرنیکو صرف کیا ہے جناب معلی القاب سر جارج کوپر صاحب لفٹنٹ گورنر بہادر مغربی وشمالی و چیف کمشنر بہادر اودھ نے براہ قدردانی دربار عام مین راجہ صاحب ممدوح کو خلعت سے ممتاز فرمایا حالات نسبی راجہ صاحب ممدوح کے ذیل مین تحریر ہوتے ہین۔

یہ خاندان شیخ صدیقی اولاد خلیفہ اول پیغمبر علیہ السلام کی ہین راجہ صاحب کے بزرگ بغداد سے زمانہ سلطنت سلاطین غوریہ مین ہندوستان مین وارد ہوی اور شہر امروہہ مین سکونت گزین ہوے چار پشت تک عہدہ قضا شہر امروہہ کا اس خاندان سے متعلق رہا قریب ۱۲۳۶ع مین قاضی نصرۃ اللہ المعروف بہ شیخ تمن ہمراہ لشکر ظفر پیکر ملک ناصر الدین کے اونکے مشہور حملہ اودہ مین وارد صوبہ اودہ ہوے اور استیصال اقوام بھر اور بھٹ مین سرگرم رہے بجلدوے ان کارہاے نمایان کے وہ دیہات جواب جزو تعلقہ جات محمود آباد و بلہرہ و بھٹوامئو و بیتی پور و زمینداری ہاے بشن پور محمد پور اچیچہ منورا رال بہاری بھوری کنوری سدراوان بابوپور نعمت پور سرولی مشہور ہین حاصل کیے اور اسوقت الآن اونکے اولاد کے قبض و دخل مین موجود ہین قاضی نصرۃ اللہ صاحب نے بمقام بلہرہ انتقال کیا اور وہین مدفون ہین بعد اونکے شیخ نظام اور بعد ازان شیخ غلام مصطفے اونکے بیٹے بعد اونکے اونکے بیٹے شیخ محمد داؤد ہوئے جو لشکر اکبر بادشاہ مین عہدہ جلیلہ پر ممتاز تھے اور جنکو خطاب خان و بہادری کا اکبر بادشاہ نے دیا تھا یہ نہایت جرأت کے ساتھہ قلعہ رن تھنبور کی

پھاٹک پر عین دھاوہ مین مارے گئے محمود خان اونکے بیٹے تھے اونھون نے اپنے نام سے محمود آباد آباد کیا انکا انتقال بحالت فوجداری جونپور کے جونپور مین ہوا بعد اونکے بیٹے اونکے نواب بایزید خان قائم مقام ریاست ہوے اور کل ریاست کو اپنے اعمام پر اسطور سے تقسیم کیا کہ بھٹوا مؤ پہاڑ خان کو اور بہتی پور سعید خان کو دیا اور محمود آباد و بلہرہ اپنے قبضہ مین رکھا یہ بھی عہدہ ہاے جلیلہ پر عہد جہانگیر بادشاہ مین ممتاز رہے اور جہانگیر بادشاہ نے خطاب عمدۃ الموالی غضنفر الدولہ بایزید خان بہادر مظفر جنگ عطا فرمایا اور اپنی خاص کمر کی تلوار جسمین نام جہانگیر بادشاہ کا لکھا ہے اور چتر کی صورت منقوش ہے عطا فرمائی جواب تک قبضہ مین راجہ صاحب محمود آباد کے موجود ہے بایزید خان کے تین بیٹے تھے عنایت خان ہدایت خان فتح خان ان تینون مین تقسیم ہوی، عنایت خان کو بلہرہ فتح خان کو سدرا وان ہدایت خان کو محمود آباد ملا جہان اونھون نے رہنا اختیار کیا اور خدا گنج آباد کیا یہ شکار دوست اور عمدہ شہسوار تھے گھوڑے پر سے گر پڑے اور مر گئے محمود آباد مین مدفون ہوے ان کے ایک بیٹے خلیل الرحمن خان تھے وہ متمکن مسند ریاست ہوے اون کے بعد ہدایت اللہ خان صاحب اکلوتے بیٹے رئیس محمود آباد ہوے یہ ہمعصر نواب معز الدین خان بہادر کے تھے جو ایک رئیس خاندان شیوخ لکھنؤ مین سے تھے اور جنسے کہ ہدایت اللہ خانصاحب سے قرابت بھی تھی ہدایت اللہ خان صاحب اوس جنگ مین جو نواب معز الدین خانصاحب بہادر اور افاغنہ بنگس سے ہوئی تھی شریک تھے اور نوابصاحب بہادر کی جنگ چھولہا گھاٹ مین بھی شریک تھے جسکا حال اودھ گزیٹیر و عماد السعادت اور سیر المتاخرین اور سلطان التواریخ وغیرہ مین مندرج ہے ہدایت اللہ خانصاحب کے کوئی اولاد نرینہ نہ تھی اون کے داماد محمد اکرام خان ریاست محمود آباد پر بعد اونکے قابض ہوے محمد اکرام خانصاحب کے دو بیٹے تھے سرفراز علیخانصاحب و مصاحب علیخان صاحب سرفراز علیخان صاحب بعد محمد اکرام خان صاحب ریاست محمود آباد پر قابض ہوے اور گونڈہ اور بہرائچ اور سندیلہ اور بانگر مؤ وغیرہ کی نظامت پر عہد آصف الدولہ بہادر مین مامور ہوے اور جنگ روہیلہ مین ہمراہ لشکر وزارت تھے بعد اونکے انتقال کے مصاحب علیخان صاحب چھوٹے بھائی اونکے مسند ریاست محمود آباد پر متمکن ہوے اور انھون نے خدمات شائستہ زمانہ نواب سعادت علیخان مین کین اور نواب سعادت علیخان صاحب کو اپنا مہمان کیا اور بڑے عظم و شان سے دعوت کی ہجوم لشکر وزارت سے تمام چاہات محمود آباد کے پانی نے اکتفا نہ کی اور کنوین خشک ہو گئے مگر ایک کنوان دشمن جواب تک موجود ہے اوسکا پانی نہین کم ہوا مصاحب علیخان صاحب کی اس عالی حوصلگی اور سیر چشمی کے صلہ مین کہ اتنے بڑے تمام لشکر کو

طعام نفیس دیا اور بعوض دیگر خدمات کے نواب سعادت علیخان صاحب بہادر نے محال فیلنی نہ عطا کیا مصاحب علیخان صاحب کی فیاضی اور دسترخوان اور مہمان نوازی نے بڑی شہرت پائی ان کی رعایا ان کو بہت عزیز رکھتی تھی اور اب تک اونکو ایک نہایت مقدس شخص جانتے ہین مصاحب علیخان نے لاولد انتقال کیا بعد اونکے اونکی بیوہ قابض ریاست محمود آباد ہوئین جو قریب کے ورثاے مصاحب علیخان صاحب مین تھی بیوہ مصاحب علیخان صاحب نے اونکو اپنا وارث اور جانشین اپنی حیات مین مقرر کیا یعنے مقیم الدولہ راجہ نواب علیخان بہادر قیام جنگ کو جو بھتیجے مصاحب علیخان صاحب کے تھے اونکو اپنا جانشین کیا راجہ نواب علیخان والد راجہ صاحب محمود آباد عالم اور شاعر جرار قدم بقدم مصاحب علیخان صاحب کی فیاضی اور سیرچشمی مین تھے ان کا کلیات نظم چھپ گیا نہایت عمدہ شاعر تھے یہ ہمیشہ حاضر دربار شاہی رہے اور اکثر ایسے احکام شاہی ان کے نام صادر ہوا کیے جسمین عہدہ داران شاہی بدون معاونت اون کے ناکامیاب رہتے تھے چنانچہ اون سے بہت کارہاے نمایان ہوے جنگہاے سرورا اور سنتاے قاسم گنج رام پور متھرا بونڈی چہلاری علیسے نگر نان پارہ متولی بھنگا کسگوان وبل وکٹیہ ومتولی وجنگ مولوی امیر علی وتدارک فضل علی وغیرہ مین واسطے سرکوبی باغیون کے مامور ہوے اور فتوحات نمایان حاصل کیے اور راجہ نواب علیخانصاحب کی شادی پوتی نواب معزالدین خانصاحب بہادر رئیس خاندان شیوخ لکھنؤ سے ہوی جنسے راجہ امیر حسن خانصاحب بہادر رئیس حال محمود آباد متولد ہوے جو اب متمکن ریاست محمود آباد ہین۔

(**نمبر ۱۱**) راجہ بجے بہادر سنگہ قوم ٹھاکر سوم بنسی تعلقدار بہلولپور خطاب راجہ موروثی۔

چھہ سو برس ہوے راجہ بیر ستی مورث اعلی پرگنہ جھونسی ضلع الہ آباد سے بخوف شیخ تقی وروشن کامل صاحبان فوج جو کہ قوم ہنود کے دشمن تھے معہ اپنی زوجہ کے بمقام اورل جو کہ اب پرتابگڈہ مشہور ہی آئے اونکے ایک لڑکا لکھن سینی نامے پیدا ہوا اوس لڑکے کو کچھہ دفینہ دستیاب ہوا اوسنے فوج نوکر رکھی افواج بہرسی بعد معرکہ ریاست حاصل کی اور سرکار شاہی سے خطاب راجہ پایا بعد کو خاندان مین علیحدگی ہوکر متعدد ریاستین قائم ہوگئین نمبرہاے ذیل اسی خاندان سے ہین نمبر ۵ و ۳ و ۴ و ۲ و ۹ و ۷ و ۱۶ و ۱۶۰ و ۱۸۴ و ۱۹۳ و ۱۹۱۔ اوران تعلقدار نے اپنا کچھہ بدست راجہ اجیت سنگہ متذکرہ نمبر ۴ فروخت کرڈالا۔ اس تعلقہ مین اب ۱۸ موضع جمعی [illegible] ضلع پرتاب گڈہ مین واقع ہین رسم گدی نشینی اس خاندان مین ہے۔

(**نمبر ۱۲**) راجہ سری پال سنگہ قوم کنپوریہ تعلقدار تلوی وپھولپور کٹوان وصورت گڈہ ورستہ مئو و

چترابزرگ و پیرہی و مصطفےٰ آباد خطاب راجہ موروثی ۔ راجہ مانک قوم گھروار مورث اعلی اس خاندانمین تھے اور اونکی بجز ایک دختر کے کوئی وارث نہ تھا سات سو برس ہوے اونھون نے اوسکی شادی ایک برہمن سے کرکے کل ریاست اوسکو بخشدی اوسکی ایک لڑکا پیدا ہوا جسکا نام راجہ کانہہ مشہور ہوا اوسکی اولاد کنپوریہ ٹھاکر کہلاتی ہے کانہہ کے تین لڑکے ہوے رہس سہس رودان رہس کی اولاد جوگا سنگھ و مدن سنگھ و مان سنگھ ہوے جوگا سنگھ کے خاندان مین بلبھدر ساہ و مترجیت ہوے چنانچہ یہ تعلقدار نمبر ۵۰ خاندان بلبھدر ساہ سے ہین اور مترجیت سے تعلقدار نمبر ۱۰۰ کا ہے بلبھدر ساہ کے چار لڑکے ہوے پہاڑامل و سالباہن و ترہبون ساہی و راج ساہ پہاڑامل سے تعلقدار نمبر ۳۰ کے ہین اور سالباہن کے خاندان سے تعلقدار نمبر ۱۰۷ و ترہبون ساہی کے خاندان سے تعلقدار نمبر ۲۰۴ راج ساہ کے خاندان سے تعلقداران نمبر ۸۰ و ۱۶۴۔ اور مدن سنگھ پسر دویم رئیس کے خاندن سے تعلقداران نمبر ۲۹ و ۷۷ ہین اور مان سنگھ پسر سیوم رئیس کے خاندان سے نمبر ۱۹۶ کے تعلقدار ہین سہس پسر دویم راجہ کانہہ کے خاندان سے تعلقداران نمبر ۳۶ و ۲۲۳ و ۲۲۶ قائم ہین اور رودان پسر سوم راجہ کانہہ کی اولاد مین زمیداران مفرد دیہات کے ہین ۔ اس تعلقہ کے مالک آخرالامر راجہ موہن سنگھ جو تعلقدار حال ہوئے اونھون نے اس ریاست کو بہت ترقی دی بعد وفات اونکی راجہ جگپال سنگھ وارث ریاست ہوئے اونکی وفات کے بعد اب یہ تعلقدار مالک ریاست ہین اور اس تعلقہ مین ۱۱۱ موضع جمعی [illegible] اضلاع راے بریلی و سلطانپور و پرتاب گڈہ مین واقع ہین رسم گدی نشینی اس خاندانمین ہے

(نمبر ۱۳) کشن ناتھ کنور زوجہ راجہ مادھو پرتاپ سنگھ تعلقدار کوڑوار و مجیس و میگہات کوڑہ و ہگاون قوم بجگوتی خطاب رانی موروثی ۔ تذکرہ خاندانی آپ کا نمبر ۷ بر درج ہی خاندان چگر سنگھ مورث مین پرتیجیت سے یہ ریاست قائم ہوئی اونکی سولہوین پشت مین راجہ مادھو پرتاپ سنگھ شوہران رئیسہ کے قابض تعلقہ کے ہوے بعد وفات اونکے یہ رئیسہ قابض ریاست ہین تعلقہ نمبری ۷۶ و ۹۷ و ۵۸ شاخ اس تعلقہ کے ہین ما بہ موضع عہ پٹی جمعی [illegible] اضلاع سلطانپور و فیض آباد مین واقع ہین رسم گدی نشینی اس خاندان مین ہے ۔

(نمبر ۱۴) راجہ رانا شنکر بخش سنگھ قوم بسیس بیس تعلقدار کھجور گانون و ابراہیم گنج و تہدری و کرو ہیا خطاب رانا موروثی ۔ آپ کا تذکرہ خاندانی نمبر ۴ پر درج ہے جب ہرہر دیو مورث دہلی سی واپس آئی اوسوقت راجہ تلوکچند نے پرتھی راج اپنے چھوٹے لڑکے کو راج سے خارج کرکے ہرہر دیو کو مالک ریاست کیا اور خطاب رانائی کا بخشا پرتھی راج مرار مؤ مین رہے ہرہر دیو نے اس مقام پر جنگل کھجور کٹوا کر

کھجور گانون آباد کیا اور خود سکونت پذیر ہوے اونکی تیسری پشت مین رانا شنکر سنگھ ہوے اونکے تین لڑکون رانا ڈومن دیو رودہ ساہ عالم شاہ مین علاقہ تقسیم ہوا نمبر اول کو کھجور گانون ملا نمبر ۲ کو سمرسپا نمبری ۶۵ نمبر ۳ کو کورہرستاون نمبر ۶۶ پھر رانا ڈومن دیو کے بعد اونکے آٹھ لڑکون مین ریاست تقسیم ہوئی منجملہ اونکے اجیت مل کو تعلقہ کھجور گانون ملا اور باقی سب نے ایک ایک دو دو مواضعات بطور گذارہ پائے اجیت مل کے گیارھوین پشت مین آپ قابض ریاست ہین اور آغاز عملداری سرکار سے آپ انریری مجسٹریٹ واسسٹنٹ کلکٹر ہین انتظام علاقہ اور دادگستری آپ کا مشہور ہے قحط ۱۲۸۵ فصلی مین آپ نے ہمدردی رعایا و محتاجان مین ہزارہا روپیہ اپنا صرف کیا اور ترتیب قوانین مختص المقام ملک اودھ مین شریک صلاح رہے اور بمنصب والیس پریزیڈنٹ انجمن ہند بہبود گروہ تعلقداران مین سرگرم ہین رانا ڈومن دیو کے خاندان سے نمبرہاے ذیل کے تعلقدار ہین نمبر ۶۷ و ۹۱ و ۹۳ و ۲۵۲ - اور رودہ ساہ کے خاندان سے نمبر ۱۲۹ و ۲۵۴ کے تعلقدار ہین اس تعلقہ مین ۱۳۰ موضع جمعی یک لاکھ [illegible] اضلاع بریلی و لکھنؤ و راے بریلی مین واقع ہین رسم گدی نشینی اس خاندان مین ہی ۱۸۷۷ء منجملہ ۶ تعلقداران کے یہ بھی دربار دہلی مین منتخب ہوے اور تمغہ قیصری عطا ہوا اور بجلدوے پرورش محتاجین قحط دربار لکھنؤ مین سارٹیفکٹ عطا ہوا —

(**نمبر ۱۵**) رانی دھرم راج کنور زوجہ مہیش نراین سنگھ قوم درگبنسی تعلقدار پرہٹ و راے پور بجپور و منگولی و ٹونک - چار سو برس ہوئے درگ ساہی قوم درگبنس مورث اعلی اپنا تعلقہ سمونی کلان گڑھ واقع جےپور بوجہ نزاع باہمی چھوڑکر دہلی مین آئے اور بحکم شاہ وقت دہلی اقوام بھر کو جو سرکش تھی [illegible] اور اونکی ریاست پر قابض ہوے و خطاب راجگی سلطنت سے حاصل کیا جب سی قبضہ اس خاندان مین چلا آتا ہی آخرالامر راجہ مہیش نراین سنگھ کو بصلہ خیرخواہی ایام غدر ۱۸۵۷ء گورنمنٹ انگلشیہ سی تعلقہ منگولی عطیہ حاصل ہوا بعد وفات اونکے یہ رئیسہ قابض ریاست ہین ۳۰ موضع جمعی [illegible] معہ ملکیت عطیہ اضلاع پرتابگڈہ و سلطانپور و راے بریلی مین واقع ہین رسم گدی نشینی اس خاندان مین ہی —

(**نمبر ۱۶**) راجہ فرزند علیخان شیخ قدوائی تعلقدار جہانگیرآباد واہگاون و ردونی و شراکتی خطاب راجہ مورثی شیخ رزاق بخش مالک اس تعلقہ کے تھے جنکے مورثان نے جہانگیر شاہ بادشاہ کے نام پر اس موضع کو آباد کیا تھا ۱۲۵۵ فصلی مین بوجہ لاولدی رزاق بخش یہ ملکیت بذریعہ ہبہ ان تعلقدار کو حاصل ہوئی اور خطاب راجگی آخری سلطنت اودھ سے حاصل ہوا جو اب تک قائم ہی بعد بندوبست پختہ انھون نے تعلقہ عثمانپور و سمرانوان مین بہت ملکیت حاصل کرکے ترقی ریاست کی جو سند تعلقداری سے باہر ہے تعلقہ [illegible]

[illegible] موضع [illegible] پٹی جمعی [illegible] اضلاع لکھنؤ و نواب گنج بارہ بنکی و سیتاپور مین واقع ہین رواج گدی نشینی اس خاندان مین ہے ۔

(نمبر ١٧) راجہ جنگ بہادر خان قوم پٹھان طوع تعلقدار نان پارہ خطاب راجہ موروثی

سنہ ١١٠٣ فصلی عہد سلطنت شاہجہان مین رسول خان مورث اعلی انکی قلعہ دار ہوکر دہلی سے بہرائچ مین آئے اور اونکو بجلدوے سزادہی اقوام بنجارہ دیہات پرگنہ سلون کے سلطنت سے بجی دہ یک مرحمت ہوئی سنہ ١١٥٢ فصلی مین مدار بخش مورث کو علاقہ گورگنج بحکم نواب سعادت علیخان مرحمت ہوا سنہ ١١٦٦ فصلی مین کرم خان مورث نے بہ عہد نواب شجاع الدولہ بہادر نان پارہ مین گڈھی بنواکر سکونت اختیار کی و خطاب راجگی و نیز علاقہ سنگاؤ بہرائچ وکلواپور وغیرہ نواب موصوف سے بطور جاگیر حاصل کیا جب سے یہ ریاست قائم ہے [illegible] موضع یک پٹی جمعی یک لاکھ [illegible] ضلع بہرائچ مین واقع ہین رسم گدی نشینی اس خاندان مین ہے ۔

(نمبر ١٨) راجہ رندھیر سنگہ قوم بیس تعلقدار بہراوان و لبنت پور و مرہاپور خطاب راجہ موروثی

اس ریاست مین رامچند مورث اعلی نے اپنی شادی قوم گور زمینداران اس علاقہ سے کر کے بہراوان مین سکونت اختیار کی جب اقوام گور کو اسبات کا شک از جانب رامچند پیدا ہوا کہ ایسا نہو ہمارے علاقہ پر دخل کر لیوے لہذا اوس قوم نے رامچند کو قتل کر ڈالا اوسکے تین لڑکے الکھ رتی بھان لکھن موجود تھے منجملہ اونکے نمبر ١ و ٢ نے دہلی مین جاکر ملازمت شاہ اختیار کی اور اپنی خدمت سے بادشاہ کو ایسا خوش کیا کہ بادشاہ نے جاگیر و منصب دینا چاہا اوسوقت اونھون نے درخواست انتقام خون اپنے باپ کی شاہ وقت سے کی چنانچہ بامداد فوج شاہی اقوام گور کو اگر قتل کیا اور ریاست پر قابض ہوے اوسوقت سے چھہ سو برس ہوے یہ ریاست قائم ہے آخرالامر راجہ مردن سنگھ بذریعہ تبنیت مالک اس تعلقہ کے ہوے اور اونھون نے بصلۂ خیرخواہی ایام غدر سنہ ١٨٥٧ع گورنمنٹ انگلشیہ سے تعلقہ مرہاپور عطیہ حاصل کیا و سند تعلقداری پائی بعد وفات اونکے آپ بیٹے اونکے قابض ریاست ہین اس تعلقہ مین معہ ملکیت عطیہ [illegible] موضع [illegible] پٹی جمعی [illegible] اضلاع لکھنؤ و ہردوئی و اوناؤ مین واقع ہین رسم گدی نشینی اس خاندان مین ہے ۔

(نمبر ١٩) خلف راجہ رگھوناتھ سنگہ قوم ریکوار تعلقدار رہوہ

یہ ریاست موروثی قوم ریکوار کی ہے سنہ ٩٠٠ فصلی مین پرتاپ ساہ و دھوندی ساہ قوم راجپوت سورج بنسی ساکنان ریکہ جانب ملک کشمیر سے اس جوار مین آئے اونکی اولاد مین سالدیو و مالدیو نے دیپ چند راجہ قوم بھر کو قتل کر کے

ریاست علاقہ بہنوتی حاصل کی اونکی اولاد مین ڈیڑہ سو برس بعد گجپت سنگہ کو خطاب راجگی حاصل ہوا آخرالامر رگھوناتھ سنگہ آپ کے والد مالک ریاست ہوئے بعد وفات اونکے آپ قابض ریاست ہین اور آپ نابالغ ہین ہنوز کسی نام سے موسوم نہین ہوئے اور تعلقہ کا نام رہوا اسوجہ سے مشہور ہوکہ گرداس گانونکو زمین مین رہیو مٹی پیدا ہوتی ہے جو صفائی و شوب پارچہ وغیرہ مین کام آتی ہے تعلقداران نمبری ۳۲ و ۱۹۹ اسی خاندان سے ہین موضع للعہ پٹی جمعی للعہ ضلع بہرائچ مین واقع ہین رسم گدی نشینی اس خاندان مین ہے

(نمبر ۲۰) راجہ محمد کاظم حسین خان قوم خانزادہ تعلقدار نیتپور و بلہرہ خطاب راجہ موروثی

آپ ہم خاندان تعلقدار محمود آباد متذکرہ نمبر ۱ کے ہین مفصل تذکرہ اوسی نمبر پر درج ہے۔ عنایت خان خلف بایزید خان ریاست بلہرہ پر قابض ہوے ان کے پانچ بیٹے تھے قائم خان اصالت خان معظم خان غضنفر خان اولیا خان اولیا خان کے اولاد مین زمینداران محمدپور ہین معظم خان اور اصالت خان کی اولاد نہین باقی ہو غضنفر خان کی اولاد ہے مگر کوئی ریاست اونکے پاس نہین ہے قائم خان ریاست بلہرہ پر قابض ہوے اون کے بیٹے مرحمت خان تھے اور جنسے بختاور سنگہ عرف مکھا رنکوار سے لڑائی ہوی اور یہ فتحیاب ہوے مرحمت خان صاحب کے چار بیٹے اول بیدار بخت خان جنکی پشت مین زمینداران سن تور ہین دوم غلام حسین عرف میان صاحب جنکی اولاد مین زمینداران منورا اور سبوری ہین سیوم والا جاہ خان جنکی اولاد پسری مین کوئی نہین ہے چہارم محمد امام خان جو بعد تقسیم ریاست آبائی ریاست بلہرہ کے مالک و قابض ہوے اور ہمراہ نواب معزالدین خان صاحب جنگ افاغنہ بنگش وغیرہ مین شریک ہوکر داد جوانمردی دی اونکے دو بیٹے محمد اکرام خان و مظہر علیخان محمد اکرام خان بعد ہدایت اللہ خان صاحب اپنے خسر کی ریاست محمود آباد پر قابض ہوے اور مظہر علیخان اپنے باپ کی ریاست بلہرہ پر قابض ہوئے مظہر علی خان صاحب کے بعد اونکے بیٹے امر علیخانصاحب قابض ریاست بلہرہ ہوے اور ہمراہ نواب اصف الدولہ بہادر جنگ روہیلہ مین تھے امیر علیخان صاحب کے بعد اونکے بڑے بیٹے راجہ عباد علیخان صاحب قابض ریاست بلہرہ اور دربار شاہی سے مخاطب بخطاب راجہ عباد علیخان بہادر ہوے اور مخلع بخلعت ہوے راجہ عباد علیخان بہادر کو ریاست نیتپور دختر خادم علیخان صاحب رئیس نیتپور نے ہبہ بالعیوض کرکے قابض کیا اور خود لاولد انتقال کیا اور چھوٹے بیٹے والد راجہ صاحب محمود آباد ہین جو رئیس محمود آباد بجاے مصاحب علی خان صاحب کے ہوے اب راجہ کاظم حسین خان پسر راجہ عباد علی خان بہادر ریاست بلہرہ پر قابض ہوے اور یہ اور راجہ محمود آباد حقیقی چچا زاد اور خالہ زاد بھائی ہین مدد ۳۲ موضع ۱۰ پٹی جمعی مدد للعہ ۱ اضلاع سیتاپور بارہ بنکی مین واقع ہین

رسم گدی نشینی اس خاندان مین ہے۔
(نمبر ۲۱) راجہ بھگوان بخش نابالغ خلف راجہ امراو سنگھ قوم ٹھاکر امیٹھیا تعلقدار پوکھرا انصاری خطاب راجہ موروثی۔ سات سو سال ہوئے راجہ پرتھی چند مورث اعلی شیوپوری سی نارنجو مین آکر آباد ہوئے اور وہان سے بعد اشنان اجودھیاجی امیٹھی ضلع لکھنؤ مین آئے اونکی اولاد مین راجہ ڈینگر ساہ مورث نے سپہ سالار فوج شاہ دہلی ہوکر بہردن سے معرکہ کرکے بعد فتح علاقہ پایا اوسوقت سے یہ ریاست قائم ہوئی راجہ ڈینگر ساہ کے رام سنگہ بھائی تھے اونکو یہ تعلقہ پوکھرا انصاری ملا جو سابق مین بنام لاہی معروف تھا اور دوسرے بھائی دیپک راے وہ بھی ہمراہ رام سنگہ گئے ڈینگر ساہ خود شیوراج پور مین رہے آخرالامر اونکی گیارھوین پشت مین رام سنگہ سے راجہ امراو سنگھ والد آپ کے قابض تعلقہ ہوے بعد وفات اونکے بوجہ نابالغی آپ کے یہ علاقہ تحت کورٹ افوارڈس ہے اور تعلقہ نمبری ۲۲ و ۲۳۸ و ۲۳۹ اسی خاندن سے ہین اس تعلقہ مین ۳۶ موضع للعہ پٹی جمعی ۲۱۹۴۳ ضلع بارہ بنکی مین واقع ہین رسم گدی نشینی اس خاندان مین ہے۔
(نمبر ۲۲) راجہ بشیشر بخش قوم ٹھاکر امیٹھیا تعلقدار ہرسنگھ پور وکمہراوان وسکندرپور وحصہ شراکتی خطاب راجہ موروثی۔ انکا تذکرہ خاندانی نمبر ۲۱ پردرج ہے راجہ پرتھی چند مورث اعلی کے خاندان مین راجہ اڑاڑو سنگہ مورث سے یہ ریاست قائم ہوئی آخرالامر راجہ جگموہن سنگھ مالک اس ریاست کے ہوے اور گورنمنٹ انگلشیہ سے سند تعلقداری حاصل کی بعد وفات اونکے یہ رئیس قابض ریاست ہین اور تعلقداران نمبری ۲۵۱ و ۲۷۶ اسی خاندان سے ہین اس تعلقہ مین ۲۵ موضع جمعی ۴۴۲۴۷ اضلاع بارہ بنکی ولکھنؤ وراے بریلی مین واقع ہین رسم گدی نشینی اس خاندان مین ہے۔
(نمبر ۲۳) راجہ جگموہن سنگھ خلف راجہ رتن سنگھ قوم پنوار تعلقدار راے پور یکدربہ اٹونجہ خطاب راجہ موروثی اونیسوین پشت گذرین راے دیورودہ راے مورث دھارانگر تعلقہ صوبہ گوالیار سے اکبر شاہ دہلی کے ملازم ہوے اوسوقت پر اونکا بھائی اقوام کورمی مالکان ریاست مہونہ کا ملازم تھا دیورودہ راے نے بسازش اپنے بھائی کے یہان اگر قوم کورمیونکو ریاست سے خارج کر دیا اور آپ مالک ہو گئے اونکے تین لڑکے ہوے دلکار دیو بہلان دیو کرن دیو اور ان مین ملکیت تقسیم ہوکر کئی تعلقہ اس ریاست کے ہوگئے اب اولاد دلکار دلو سے قابض اس ریاست کے ہین اور اولاد بہلان دیو قابض تعلقہ نمبر ۲۹ ہے اور کرن دیو کی اولاد تعلقہ نمبری ۱۱۵ و ۱۱۶ پر قابض ہے اور آپ سرگروہ قوم پنوار تصور ہوتے ہین تعلقہ مین ۱۰۵ موضع یک پٹی جمعی ۷۷۶۱۳ ضلع لکھنؤ مین واقع ہین رسم گدی نشینی اس خاندان مین ہے

(**نمبر ۲۴**) راجہ کرشندت سنگھ قوم جنوار تعلقدار اوبل بڈاگانون وبجولی ومیلانی ورسول پناہ وبھاؤپور وبروسا وگھر تھونیا وبہریا خطاب راجہ موروثی ۔ تین سو برس ہوسے راجہ بنیاد سنگھ مورث نے موضع اوبل جسکے نام سے تعلقہ مشہور ہی آباد کیا اور مہمان ساہ مورث نے بوجہ لاولدی اپنی مسمی اودیب ساہ اپنے نواسہ کو جے پور سے طلب کرکے متبنے کیا بعد اوسکے ڈیڑھ سو برس ہوا بوجہ فساد باہمی راجہ کشمیر کے یہ ریاست اس خاندان مین نرہی اور اودیب ساہ جانب متھرا فرار ہو گیا پھر ۱۱۷۵ فصلی مین منجملہ اولاد اودیب ساہ کی پتیم سنگھ نے اوبل پر قبضہ پایا اونکی اولاد سے تعلقدار مہیوا نمبری ۱۵ اور یہ تعلقدار ہین سند تعلقہ بنام راجہ ازدہ سنگھ گورنمنٹ سے عطا ہوئی تھی بعد وفات اوسکے یہ رئیس قابض ہین اس تعلقہ مین ۱۶۰ موضع اور ۱۰ پٹی جمعی یک لاکھ سی ہزار ضلع کھیری وسیتاپور مین واقع ہین رسم گدی نشینی اس خاندان مین ہے

(**نمبر ۲۵**) راجہ نراندر بہادر سنگھ قوم سورج بنس تعلقدار ٹہرا ہا خطاب راجہ موروثی ۔

۱۰۸۲ فصلی مین بہ عہد سلطنت تیمور شاہ بسرام سنگھ مورث اعلی نے ضمانت زر بقایا مالگذاری رئیس سابق اس علاقہ کے عوض مین روپیہ سلطنت وقت کو ادا کرکے یہ ریاست حاصل کی اور نام اس ریاست کا دہرداہ رکھا جو رفتہ رفتہ ٹہراہا مشہور ہوا اونکی آٹھوین پشت مین لچھمی نرائن سنگھ قابض ریاست ہوئے اونھون نے گلال ساہ اپنے بھائی کو اس ریاست مین سے یک حصہ تقسیم کر دیا جو نمبر ۱۹۷ پر علیحدہ قائم ہے لچھمی نرائن کی نوین پشت مین یہ تعلقدار وارث ملکیت ہین تعلقہ مین ۵۰ موضع ۱۶ پٹی جمعی [illegible] ضلع بارہ بنکی مین واقع ہین رسم گدی نشینی اس خاندان مین ہے ۔

(**نمبر ۲۶**) راجہ رام پال سنگھ قوم بیس تعلقدار کوری سدولی

تذکرہ خاندانی آپکا نمبر ۴ پر درج ہے کرن رائے مورث اعلے کے تین لڑکون ہر سنگھ رائے نرسنگھ رائے بیر بھان مین جب ریاست تقسیم ہوئی نمبر ۱ استھان مین رہے اور نمبر ۲ نرسنگھ پور مین گئے اور نمبر ۳ بہار نمبری ۹۵ مین آباد ہوئے ہر سنگھ رائے کی چوتھی پشت مین ابھے چند ومن سنگھ رائے مین جب تقسیم ملکیت کی ہوئی ابھے چند اس ریاست کے مالک ہوئے اور من سنگھ تعلقہ سمری نمبر ۶۴ کے وارث ہوئے ابھے چند کی چوتھی پشت مین صدق سنگھ نے خطاب راجگی شاہ دہلی سے پایا صدق سنگھ کی پانچوین پشت مین یہ تعلقدار قابض ریاست ہین اور اس تعلقہ سے تعلقہ نمبر ۹۹ قائم ہے اس تعلقہ مین [illegible] موضع جمعی [illegible] ضلع رائے بریلی مین واقع ہین رسم گدی نشینی اس خاندان مین ہے ۔

(نمبر ۲۷) راجہ سیتلا بخش سنگھ قوم جنوار تعلقدار گنگول و جیرام جوت خطاب راجہ موروثی۔

عرصہ ۳۰۰ برس ہوا ہمیں بریار رساہ مورث اعلی نے بعہد فیروزشاہ بادشاہ دہلی بامداد فوج شاہی اقوام بھرون کا قلع وقمع کرکے راج اکونہ واقع ضلع بہرائچ ریاست بھرون پر قبضہ پایا اور پھر خطاب راجگی پاکر سینتیس سال تک راج کیا چند پشتون کے بعد بھیا پرتاب سنگھ نے ہنگام تقسیم باہمی تعلقہ گنگول پایا اونکو خطاب راجگی حاصل نہ تھا بلقب بھیا مشہور تھے اونکی چوتھی پشت مین گنیش پرشاد سنگھ ہوئے اونھون نے کسیطرح سے خطاب راجگی حاصل کیا اب چند پشت بعد یہ رئیس قابض ریاست ہوئے اور گورنمنٹ انگلشیہ سے سند تعلقداری حاصل کی تعلقہ مین ۱۱۵ موضع اور چھہ پٹی جمعی [illegible] اضلاع بہرائچ و گونڈہ مین واقع ہین رسم گدی نشینی اس خاندان مین ہی

(نمبر ۲۸) راجہ مہندر بہادر سنگھہ قوم جنوار تعلقدار پیاگپور خطاب راجہ موروثی۔

عرصہ چارسو سال کا ہوا جودھری شیام سنگھہ مورث اعلی گجرات سے دہلی مین آئے اور رسالدار ہوکر ہمراہ سعادتعلیخان وزیر الممالک اودھ مین بموضع بالاپور تبرہ مالکانہ مقیم ہوئے بعد شیام سنگھہ پیاگ سنگھہ مالک ہوئے اور اونکو پیاگ پور خاص سلطنت دہلی سے مرحمت ہوا اونکی پانچوین پشت مین بخت سنگھہ مالک ریاست ہوئے اور سلطنت اودھ سے اونکو خطاب راجگی عطا ہوا اونکی چند پشتون کے بعد یہ رئیس قابض ریاست ہین۔ اور اس تعلقہ مین [illegible] موضع [illegible] پٹی جمعی [illegible] ضلع بہرائچ مین واقع ہین رسم گدی نشینی اس خاندان مین ہی۔

(نمبر ۲۹) راجہ جگموہن سنگھہ قوم کنپوریہ تعلقدار اٹراچنداپور و سیمبھی کھور خطاب راجہ موروثی۔

انکا تذکرہ خاندانی نمبر ۲۱ پر درج ہی بعہد عالمگیر شاہ راجہ مدن سنگھہ مورث اعلی پرگنہ مانکپور ضلع پرتاب گڈہ سے سمرونہ مین آئے اور اقوام بھر کو شکست دیکر ایک مکان بنام نہاد کوٹ طیار کرایا اور اس پرگنہ سمرونہ مین جنگل ایسا بکثرت تھا کہ دنکو بخوبی روشنی ظاہر نہوتی تھی اوسکو کٹوا کر بوجہ ظاہر ہونے روشنی کے بہ تشبیہ چاند چنداپور نام رکھا جس نام سے تعلقہ مشہور ہی جانب پچھم سمرونہ پرگنہ ہردوئی ہی جو بیالیس مشہور تھا اوسجگہہ بھی آبادی بھرون کی تھی اوس پرگنہ کو بھی اقوام بھر سے اپنے قبضہ مین لائے اور اوس جگہہ ایک مکان عظیم الشان طیار کرایا جو اٹرا مشہور ہوا اوسوقت سے علی الاتصال قبضہ مورثان چلا آتا ہی اور جو صوبہ دار دہلی سے آتا تھا انتظام ملکی مین آپکو مورثان سے مدد لیتا تھا بجلدوے اوس خیرخواہی کے [illegible] موضع پرگنہ سمرونہ مین بطور معافی مورثان کو عطیہ حاصل ہوئے چند پشتون کے بعد راجہ جگراج سنگھہ اس خاندان مین ہوئے اونھون نے تنبیہ اقوام بھر مین صوبہ دار اودھ کو بہت مدد دی اور انتظام شاہراہ جہان پر کہ رہزنی وغیرہ ہوتی تھی بخوبی درست کیا بجلدوی اس خیرخواہی کے خلعت بیش بہا اور ملکیت [illegible] موضع پرگنہ سمرونہ بطور مالکانہ اور پانچ موضع بطور معافی

واقع پرگنہ ہردوئی شاہ دہلی سے حاصل کیے اور زور آور سنگھہ مورث کو شاہ دہلی سے ڈنکہ و توپ و خلعت مرحمت ہوا اور راجہ دگبجے سنگھہ نے محتاج خانہ جاری کیا اور صدہا غریب آدمیون کی دختر کی روپیہ دیکر شادی کرادی جب راجہ شیو درشن سنگھہ مالک ریاست ہوئے تو اونھون نے اپنے حقیقی برادرزادہ راجہ ہرپرشاد سنگھہ والد تعلقدار حال کو مالک ریاست کردیا مگر راجہ ہرپرشاد نے بہت جلد وفات پائی اوسوقت راجہ شیو درشن سنگھہ نے ان تعلقدار کو مالک ریاست کیا یہ رئیس خیرخواہ گورنمنٹ انگلشیہ ہین دربارہاے گورنری مقام لکھنؤ مین انکو خلعت فاخرہ اور ایک ولایتی بیش قیمت مرحمت ہوئی و بنظر و فور لیاقت گورنمنٹ انگلشیہ سے اختیارات انزیری مجسٹریٹی و اسسٹنٹ کلکٹری حاصل ہین اور دربار دہلی ۱۸۷۷ء مین منجملہ ۲ تعلقداران کے یہ رئیس بھی منتخب فرمائے گئے اور تمغہ عطا ہوا اور قانون مختص المقام اودھ مین شریک کونسل ہوئے - اب تعلقہ مین ۱۰۳ موضع جمعی ۱۱۰۹۰۰ روپیہ ضلع بریلی مین واقع ہین اور اس خاندان مین رسم گدی نشینی ہے - ایام قحط سالی ۱۸۶۹ء مین بجلدوے پرورش محتاجین دربار لکھنؤ مین خلعت فاخرہ پایا -

(نمبر ۳۰) ہرناتھہ کنور زوجۂ راجہ سرنام سنگھہ قوم کنپوریہ تعلقدار کٹاری خطاب رانی -

انکا تذکرہ خاندانی و آغاز ریاست نمبر ۲۱ پر درج ہی خاندان راجہ مانک سہی بلبھدر ساہ مورث کی چار اولاد مین جب تقسیم باہمی ہوئی اوسوقت سے یہ ریاست علیحدہ قائم ہی یہ تعلقدار اولاد پہاڑ مل سے ہین اس تعلقہ مین ۱۱ موضع جمعی ۱۲۰۸۰ روپیہ ضلع سلطانپور مین واقع ہین رسم گدی نشینی اس خاندان مین ہی -

(نمبر ۳۱) رانی صاحب جان بیوہ راجہ مشرف علیخان قوم سید تعلقدار بہادر نگر و نرسنگھہ پور و احمد نگر و مگداپور و بانکاگانون و منصور نگر خطاب رانی موروثی - ۱۶۱۶ء عہد جہانگیر شاہ بادشاہ دہلی مین نواب حیدر جہان مورث شوہر رئیسہ کو یہ ریاست بطور جاگیر مرحمت ہوئی تھی پھر بعہد شاہ اورنگ زیب ۱۶۶۲ء مین بعد انتقال مورث مذکور اقوام اہین ٹھاکر مالک ریاست چند عرصہ تک رہے ۱۰۷۸ فصلی مین اشرف علیخان مورث قابض ملکیت ہوئے اوسوقت سے برابر قبضہ اس خاندان مین چلا آتا ہی تعلقہ مین ۱۱۰ موضع جمعی ۱۱۳۸۷۹ روپیہ اضلاع کھیری و ہردوئی مین واقع ہین رسم گدی نشینی اس خاندان مین ہی -

(نمبر ۳۲) راجہ کشندت رام قوم برہمن پانڈے تعلقدار سنگھا چندہ راجہ حین حیات

۱۷۳۶ء مین بوقت آمد نادرشاہ کئی لاکھہ روپیہ نواب سعادت خان برہان الملک صوبہ دار اودھ کو بضرورت رفع فساد نوازی رام مورث نے بطور قرض دیا تھا بعد وفات برہان الملک بلدی رام پانڈے بیٹے اونکے پاس ابو المنصور خان داماد برہان الملک بغرض وصول روپیہ دہلی سے آئے اور تعلقہ گونڈہ وغیرہ بطور جھوگ حاصل کیا پھر چند عرصہ کے بعد بعہد نظامت معز الدین خان تین لاکھہ روپیہ راجہ شیو پرشاد تعلقدار گونڈہ کو بجہت ادای مالگذاری سرکار نبیرہ بلدی رام نے

قرض دیا جب راجہ گونڈہ سے روپیہ ادا نہوسکا اوسوقت بعوض روپیہ چند دیہات بطور بیع حاصل کرکے ریاست قایم کی بعد کو مردن رام مورث نی بروے بیع و نانکار اِس تعلقہ کو زیادہ وسعت دی اب اِس تعلقہ مین سالم موضع پٹی جمعی ضلع گونڈہ مین واقع ہین رسم گدی نشینی اِس خاندان مین ہی-

(نمبر ۳۳) رانی جانکی کنور زوجہ راجہ مہیپت سنگھ قوم کلہن تعلقدار بیرپور خطاب رانی-

۱۰۲۹ہجری مین جسکو زمانہ قریب پانسو برس کے ہوا بعہد سلطنت نورالدین جہانگیر بادشاہ دہلی سہج سہاے مورث الخاندان راجہ بھرجیو داس مالک راج لگلانہ نی بجمعیت کثیر اپنے وطن گھمونج سے جلاوطن ہوکر ایک علاقہ پرگنہ کوڑا نسہ جواب گونڈہ مشہور ہی حاصل کی اونکی اولاد مین نہال سنگھ مورث کے تین لڑکے ہوئے دولہ راے رام سنگھ میندنی مل اور اونمین علاقہ تقسیم ہوا رام سنگھ و میندنی مل کو یہ تعلقہ ملا اور دولہ راے کے خاندان سے تعلقداران نمبری ذیل قایم ہین نمبر ۹۴ و ۱۲۴ و ۱۳۴ و ۱۳۵ و ۱۶۹- اب چند پشتون کے بعد یہ رئیس قابض ریاست ہوئے تعلقہ مین موضع پٹی جمعی ضلع گونڈہ مین واقع ہین رسم گدی نشینی اِس خاندان مین ہی-

(نمبر ۳۴) رانی سلطنت کنور بیوہ راجہ پرتھی پت سنگھ قوم بسین تعلقدار منکاپور خطاب رانی-

یہ ریاست بہت قدیم ہی اول یہ تعلقہ نول ساہ مورث اقوام بندل گوتی کا تھا بوجہ لاولدی راجہ چندر سین اونکی رانی بھاگمانی نے عظمت سنگھ خلف راجہ دت سنگھ رئیس گونڈہ کو اپنا متبنیٰ کیا ۱۰۸۱ فصلی مین عظمت سنگھ مالک ریاست ہوئے جب سے نسلاً بعد نسل قبضہ تعلقدار چلا آیا ۱۸۶۷ع تک راجہ پرتھی پت سنگھ مالک ریاست رہے بعد وفات اُنکے یہ رئیسہ ترکہ شوہری پر قابض ہین تعلقہ مین ۱۶ موضع پٹی جمعی ضلع گونڈہ مین واقع ہین رسم گدی نشینی اس خاندان مین ہی-

(نمبر ۳۵) راجہ جیت پال سنگھ قوم سوم بنسی تعلقدار نور پور و چھت پال گڈھ خطاب راجہ موروثی-

تذکرہ خاندانی و آغاز ریاست انکا نمبر ۱۱ پر درج ہی یہ تعلقہ بعد لکھن بتی کے علیحدہ قایم ہوا تھا اور چند عرصہ تک بجرم عدول حکمی یہ ملکیت خام تحصیل سرکار شاہی مین رہی سنہ ۱۲۰۵ فصلی مین بابو مہربان سنگھ مورث نی مع خطاب بابو بیر اس ملکیت کو سرکار شاہی سے حاصل کیا اُسوقت سے نسلاً بعد نسل قبضہ مورثان چلا آتا ہی بعد کو اس خاندان مین خطاب راجگی حاصل ہوا- اِس تعلقہ مین موضع جمعی ضلع پرتابگڈھ مین واقع ہین اِس خاندان مین اولاد اکبر وارث ریاست ہوتا ہی-

(نمبر ۳۶) راجہ مہیش بخش سنگھ قوم کنپوریہ تعلقدار کبتھولہ خطاب راجہ موروثی-

انکا تذکرہ خاندانی و آغاز ریاست نمبر ۱۲ پر درج ہی یہ تعلقہ اوسی نمبر ۱۲ کا ایک شاخ ہی خاندان راجہ مانک مین اولاد

سہس سے یہ تعلقدار قابض ریاست ہین منت ۳ موضع جمعی ضلع پرتابگڈھ مین واقع ہین رسم گدی نشینی اس خاندان مین ہی

(نمبر ۳۷) راجہ اندر بکرم ساہ قوم راجپوت پہاڑی سورج بنس تعلقدار کھیری گڈھ وکفارہ ومجہرہ وددوبیلا خطاب راجہ موروثی۔ سمت مین شادی راجہ ترلوکی پال کی دختر راجہ سجا پال مالک کوہ ہمالہ سے ہوئی تھی اوسوقت علاقہ کھیری گڈھ وکنچن پور وغیرہ راجہ ترلوکی پال کو جہیز مین ملا تھا سمت ۹۲۲ تک اونکی اولاد کا قبضہ چلا آیا بھر منت ۳ سال تک انقلاب ریاست اقوام بنجارہ سے رہا بعد کو راجہ گنگارام ساہ پسر راجہ دیپ ساہ نے بنجارگان سے علاقہ کھیریگڈھ پر قبضہ پایا اور سرکار شاہی سے سند حاصل کی جب سے قبضہ خاندان مین برابر چلا آیا آخر الامر سند تعلقداری گورنمنٹ انگلشیہ سے بنام راجہ رندھوج ساہ ہوئی بعد وفات اونکے یہ رئیس قابض ریاست ہوئے اور عہد اکبر شاہ بادشاہ مین یہ خاندان بلقب ساہی نامزد ہوا تھا اوسوقت سے ہر شخص بنام ساہی نامزد ہوتا ہی اور اقوام بوٹ وتھارو چتور گڈھ سے ویران ہوکر اس علاقہ مین آبادہین سمت ۱۴ مین علاء الدین شاہ غوری نے بمقام کھیریگڈھ ایک قلعہ بھی بنوایا تھا اوسکا نشان ہنوز موجود ہی۔ اس تعلقہ مین مامہ موضع جمعی ضلع کھیری مین واقع ہین رسم گدی نشینی اس خاندان مین ہی۔

(نمبر ۳۸) راجہ نرپت سنگھہ قوم جنوار تعلقدار کیمہرہ خطاب راجہ موروثی۔

پہلے مالک اس ریاست کے مہمان ساہ قوم جنوار تھے جب علاقہ مین بدنظمی واقع ہوئی اوسوقت پیشگاہ ہمایون شاہ بادشاہ دہلی سے ہالدیو ساہ قوم ٹھاکر چوہان رئیس جیپور بنابر رفع بدانتظامی علاقہ مامور ہوکر یہان آئے اور تیرہ سال بعد جنگ وجدل علاقہ پر تسلط پایا اوسوقت راجہ مہمان ساہ نے اپنی دختر کی شادی ہالدیو ساہ سے کردی اور بوجہ لاولدی اپنی درخواست بحضور شاہ بھیجی کہ میری ملکیت حوالہ ہالدیو ساہ ہو جاوی لیکن قبل صدور حکم شاہی ہالدیو ساہ نے وفات پائی سمت ۱۵۹ مین اودیت ساہ پسر ہالدیو ساہ بحکم شاہ دہلی مالک ریاست ہوئے اور چند پشت تک قبضہ خاندانی چلا آیا آخر الامر عجب سنگھہ مورث کے عہد مین یہ ملکیت نواب صدر جہان کو بحکم شاہ جہانگیر بادشاہ بطور جاگیر عطا ہوگئی چند عرصہ کے بعد نواب سعادت علیخان نے ضبط کرکے خام تحصیل کرلی اب عرصہ قریب یکصد سال کے گذرتا ہی کہ عجب سنگھہ نے جیپور سے واپس آکر پھر اس ریاست پر قبضہ حاصل کیا اور بوجہ لاولدی خود بجین حیات اپنی جودھا سنگھہ برادر عمزاد کو مالک ریاست کردیا بعد وفات جودھا سنگھہ یہ تعلقدار اونکے لڑکے قابض ریاست ہین۔ تعلقہ مین موضع للعہ پٹی جمعی ضلع کھیری مین واقع ہین رسم گدی نشینی اس خاندان مین ہی۔

(نمبر ۳۹) امانت فاطمہ بیگم زوجہ نواب حسین علیخان قوم پٹھان تعلقدار باسط نگر خطاب نواب موروثی۔

نواب دلیر خان مورث کو عہد شاہ عالمگیر مین یہ ریاست سلطنت سے بطور جاگیر ملی تھی بعد وفات اونکی عہد سعادت علیخان مین

بر ضبطی جاگیر زمینداراﻧﻪ اونکی اولاد کے قبضہ مین آیا جب سی قبضہ مورثان چلا آتا ہی آخر الامر سند تعلقہ بنام دو علیخان گورنمنٹ انگلشیہ سی مرحمت ہوئی بعد اونکے نواب حسین علیخان شوہر رئیسہ قابض ہوئے بعد وفات اونکی اب بیٹہ رئیسہ قابض ریاست ہین ۲۹ موضع دو پٹی جمعی ۵ ضلع ہردوئی مین واقع ہین رسم گدی نشینی اس خاندان مین ہی

(نمبر ۴۰) جگت بہادر سنگھہ قوم بلکھریا تعلقدار آمری خطاب راجہ موروثی -

راجہ بریار سنگھہ مورث اعلی متوطن چتور گڈھہ متذکرہ نمبر ۲ بخوف سلطان علاء الدین غوری جلاوطن ہوکر بمقام الہ آباد آئے اور راجہ رام دیو بلکھریا کے ملازم ہوکر سالار فوج ہوگئے بعد وفات راجہ رام دیو دلیپ سنگھہ اونکے لڑکے کو مارکر خود مالک ریاست ہوگئے اور راجہ کی لڑکی سے شادی کرلی اونسے جو اولاد پیدا ہوئی اونمین وقتاً فوقتاً ریاست تقسیم ہوتی گئی تعلقداران نمبری ذیل اسی خاندان سے ہین نمبر ۵۹ و ۶۰ و ۶۹ و ۷۰ و ۸۰ و ۱۲۶ و ۱۲۷ و ۱۹۴ و ۲۰۸ و ۲۱۵ و ۲۲۰ - اور یہ رئیس بھی اسی خاندان سے ہین اور سردار قوم بلکھریا کے تصور ہوتے ہین اس تعلقہ مین ۸ موضع جمعی ... ضلع پرتابگڈھ مین واقع ہین اس خاندان مین رسم گدی نشینی ہی -

(نمبر ۴۱) راجہ منیشر بخش سنگھہ قوم ریکوار تعلقدار تعلقہ ملاپور فیروزآباد و ملاپور و بہیرپور خطاب راجہ موروثی -

پہلے یہ علاقہ بعہد جلال الدین اکبر بادشاہ دہلی فیروز شاہ شاہزادہ کو ملا تھا پھر ۱۰۰۰ھ مین بعہد اورنگزیب مدن ساہ مورث قابض علاقہ ہوا اوسکو راول مل کورمی تعلقدار نے جو پیشہ غارتگری کرتا تھا قتل کرکے علاقہ پر اپنا قبضہ کرلیا مدن ساہ کی زوجہ حاملہ اوسوقت پر بھاگ کر اپنے باپ کے گھر ضلع بہرائچ مین چلی گئی تین مہینے بعد رتن سنگھہ نامی اوسکے ایک لڑکا پیدا ہوا اوسنے باعانت اپنے ناناکے راول مل کورمی کو قتل کرکے اس ریاست پر مکرر قبضہ پایا رتن سنگھہ کی نوین پشت مین راو بستی سنگھہ مورث ۱۱۸۲ فصلی مین بعہد نواب سعادت علیخان قبولیت دار اس علاقہ کے ہوئے جب سی برابر قبضہ مورثان چلا آتا ہی اب گورنمنٹ انگلشیہ سے آپ کے نام بندوبست اس علاقہ کا ہوا ... موضع ... جمعی ... ضلع کھیری و سیتاپور و بہرائچ مین واقع ہین رسم گدی نشینی اس خاندان مین ہی -

(نمبر ۴۲) راجہ چندر شیکھر قوم برہمن تعلقدار سینڈی و چھیولیا و دولہا خطاب راجہ موروثی -

یہ ریاست بہت جدید ہی امرت لال پاٹھک سرکار شاہی مین ناظم علاقہ بیسواڑہ تھے اونھون نے ۱۲۰۰ فصلی مین علاقہ سینڈی کو بطور مستاجری حاصل کیا تھا پھر ۱۲۳۱ فصلی مین رانی بسنت کنور زوجہ درگپال سنگھہ نے علاقہ سینڈی کو بتقریب زناردار ی شنکر لال پوتہ امرت لال کے نام علاقہ مذکور ہبہ کردیا اوسوقت سی لغایت ۱۲۶۲ فصلی یہ ملکیت اونکی اولاد کے قبضہ مین رہی ۱۲۶۳ فصلی مین راجہ کاشی پرشاد داماد موہن لال خلف امرت لال قابض ریاست ہوئے اور بصلہ خیرخواہی ایام غدر ۱۸۵۷ عیسوی تعلقہ دولہا و چھولہا گورنمنٹ انگلشیہ سے عطیہ حاصل کیا اور منجملہ پانچ تعلقداران خیرخواہ یہ تعلقہ بھی ہی اور ... دیہات ... پٹی موروثی کا بندوبست

استمراری ہوا بعد وفات راجہ کاشی پرشاد یہ تعلقدار قابض ریاست ہین اور تعلقہ مین مع ملکیت علیحدہ موضع ہٹی جمعی ہے اضلاع اونام و راے بریلی و لکھنؤ مین واقع ہین۔ اولاد اکبر اس خاندان مین وارث ریاست ہوتا ہے۔

(نمبر ۴۳) راجہ سرجیت سنگھ قوم رکوار تعلقدار رام نگر خطاب راجہ موروثی۔

تذکرہ خاندانی و آغاز ریاست انکا نمبر ۱۹ پر درج ہی بمرور عرصہ زاید از دو صد سال رام سنگھ مورث نے جو اولاد سالدیو کے تھے رام نگر دھمیڑی جو پہلے دھرم منڈی مشہور تھا آباد کرکے بنام رام نگر تعلقہ قایم کیا اور شاہ دہلی سے خطاب راجگی حاصل کیا اونکی اولاد مین راجہ غریب سنگھ نے ایک تالاب و عمارت پختہ مقام مہادیوا مین تعمیر کرائی جو ایک پرستشگاہ اہل ہنود بنام زدلودھے شر قریب بہرام گھاٹ ہی سواے اسکے مورثان تعلقدار نے جابجا اور عمارات و گنج و مہمانسرا وغیرہ تعمیر کرائی اب چند پشت بعد یہ رئیس قابض ہین تعلقہ مین مع موضع اور ہٹی جمعی ہے ضلع بارہ بنکی مین واقع ہین اس خاندان مین رواج گدی نشینی ہی۔

(نمبر ۴۴) راجہ شمشیر بہادر قوم مغل تعلقدار سعادت نگر و جلالپور دیوریہ خطاب راجہ حین حیات۔

عرصہ ایکسو تیس سال کا ہوتا ہی محمد علی بیگ رسالدار نے دہلی سے اودھ مین آکر ملکیت حاصل کرکے تعلقہ سعادت نگر قایم کیا بعد اونکے ۱۲۲۳ فصلی مین بندہ علی بیگ و اکبر بیگ پسران محمد علی بیگ مین ریاست تقسیم ہوئی اکبر بیگ مورث اس تعلقہ کے ہوئے اور بندہ علی بیگ کو دیوریہ تار نگر ملا ۱۲۶۳ فصلی مین اکبر بیگ انکے والد کو خطاب راجگی سلطنت اودھ سے حاصل ہوا بعد اونکے یہ تعلقدار قابض تعلقہ ہین ہے موضع و ہٹی جمعی ہے اضلاع سیتاپور و ہردوئی مین واقع ہین رواج گدی نشینی اس خاندان مین ہی۔

(نمبر ۴۵) راجہ ممتاز علیخان قوم پٹھان تعلقدار بلاسپور اترولہ خطاب راجہ موروثی۔

۱۵۵۱ء مین بعہد سلطان جلال الدین اکبر بادشاہ علی جان مورث اعلی نے کوہستان سے بحمایت اپنے ہمراہیان کے بمقام اترولہ جو دار الریاست اوترا کنور اقوام بھر کا تھا اگر شبخون مارا اور راج و ریاست پر قبضہ کرلیا و بلا حکم شاہ وقت خود راجہ مشہور ہوا جب یہ خبر بادشاہ کو ہوئی قصد سرکوبی علی جان و اصلاح ملک کیا اوسی وقت پر سبحن خان و غالب خان پسران علیجان نے بنظر خوشنودی سلطان وقت و بقاے ریاست اپنے باپ ضعیف کا سر کاٹ کر نذر شاہ کیا بادشاہ نے خوش ہوکر ریاست اترولہ عطا کی غالب خان اپنے وطن کو چلے گئے سبحن خان ریاست پر قابض ہوئے اوسوقت سے نسلاً بعد نسلٍ قبضہ چلا آتا ہی تعلقہ مین موضع ہے ہٹی جمعی ہے ضلع گونڈہ مین واقع ہین رسم گدی نشینی اس خاندان مین ہی۔

(نمبر ۴۶) راجہ شیر بہادر سنگھ قوم ٹھاکر کلہن تعلقدار دیولی و بردلیا و کمیار خطاب راجہ حین حیات۔

تذکرہ خاندانی و آغاز ریاست انکا نمبر ۴۳ پر درج ہی یہ تعلقہ نمبر ۴۳ کی ایک شاخ ہی دولہ رای مورث نے اس ریاست کو قایم کیا تھا اوسی خاندان سے آپ ہین اور تعلقہ دار نمبر ۴۴ ا-اسی خاندان سے ہین - اس تعلقہ مین ۱۰ موضع لہ پٹی جمعی ۹ ضلاع گونڈہ و بہرائچ و بارہ بنکی مین واقع ہین رسم گدی نشینی اس خاندان مین ہی -

(نمبر ۴۷) مساۃ ستار النسا بیوہ راجہ نواب علیخان قوم سید تعلقدار سلیم پور و آدم پور بہت پور وہ خطاب بانی مین حیات
شیخ ابو الحسن انصاری اہل سنت جماعت مورث اعلے مدینہ سے مع جمعیت و قوم اپنی کے دہلی مین آئے و بحکم شاہ دہلی بجلدوے تدارک راجہ ایٹھیا و دیگر اقوام ایٹھیا پرگنہ ایٹھی جو شامل تعلقہ ہی سلطنت سی مع لقب شیخ الاسلام حاصل کیا اونکے خاندان مین شیخ سلیم نے سلیم پور اپنے نام پر آباد کیا شیخ سلیم کے دو لڑکے ہوئے شیخ آدم و شیخ قاسم شیخ آدم نے آدم پور و شیخ قاسم نے قاسم پور دیہہ مفرد آباد کیا دسوین پشت مورث اعلی مین ایک دختر کی شادی ہدایت علی اہل شیعہ سکنۂ کاکوری کے ساتھہ ہوئی اوسکی اولاد مین سے سعادت علی و منصور علی ورثۂ ننہالی پر سلیم پور مین آکر قابض ریاست ہوئے سعادت علی کی دوسری پشت مین چودھری نواب علی صاحب آپ کے شوہر نے اس ملکیت پر قبضہ پایا بعد وفات اونکی اب یہ رئیسہ قابض ریاست ہین تعلقہ مین ۔ موضع دو پٹی جمعی ۔ اضلاع لکھنؤ و بارہ بنکی مین واقع ہین رسم گدی نشینی اس خاندان مین ہی -

(نمبر ۴۸) راجہ جیت سنگھ قوم سوم بنسی تعلقدار ترول و چپانی و ہرنی قطب نگر و اورنگ آباد خطاب راجہ جین حیات -
تذکرہ خاندانی انکا نمبر ۱۱ پر درج ہی یہ تعلقہ نمبر ۱۱ کا ایک شاخ ہی یہ تعلقدار ایام غدر ۱۸۵۷ء مین خیر خواہ سرکار رہے بجلدوے اوسکے منجملہ علاقہ منضبطہ بابو گلاب سنگھ باغی گورنمنٹ انگلشیہ سے عطیہ حاصل ہوا اب اس تعلقہ مین مع ملکیت عطیہ مات ۱۸۵ موضع جمعی ۔ اضلاع پرتابگڈھ و اونام و ہردوئی و کھیری مین واقع ہین اور اس خاندان مین رسم گدی نشینی ہی -

(نمبر ۴۹) راجہ دیا شنکر قوم برہمن دیکھت تعلقدار پر ہیندا خطاب راجہ موروثی -
قریب چارسو سال کے گذرا کہ پنامل مورث نے مقام رینا پور سے آکر موضع پر ہیندا کو آباد کیا جسکے نام سے تعلقہ مشہور ہی جب سی یہ ریاست قایم ہی یہ رئیس سردار اپنی قوم کے ہین - اس تعلقہ مین ۹ موضع جمعی ۔ بضلع اونام مین واقع ہین اس خاندان مین اولاد اکبر مالک ریاست ہوتا ہی -

(نمبر ۵۰) راجہ شنکھ منگل سنگھ قوم ٹھاکر کنپوریہ تعلقدار ساہ مؤ و دھانی پور خطاب راجہ جین حیات -
یہ رئیس ہمخاندان و شاخ تعلقہ تلوئی متذکرۂ نمبر ۱۲ کے ہین خاندان راجہ مانک مین بلبہدر ساہ مورث سی یہ ریاست قایم ہی یہ رئیس اوسی خاندان سے ہین ۳۰ موضع جمعی ۔ اضلاع رای بریلی و سلطانپور مین واقع ہین اس خاندان مین اگر

مورث اعلی بلا وصیت فوت ہو جاوی تو بموجب آئین معمولی اشخاص ذیحق وارث ریاست ہونگے۔

(نمبر ۵۱) ٹھاکر بلبھدر سنگھ قوم جنوار تعلقدار میوہ و جہانگیر آباد۔

انکا تذکرہ خاندانی و آغاز ریاست نمبر ۴۲ پر درج ہی یہ تعلقہ اوسی نمبر کا ایک شاخ ہی یہ رئیس خاندان یتیم سنگھ سے ہین سند تعلقہ کی گورنمنٹ انگلشیہ سی بنام گجراج سنگھ ہوئی تھی اونکی بعد ٹھاکر گرور سنگھ اور بعد گرور سنگھ کے یہ تعلقدار قابض ریاست ہوئی اس تعلقہ مین ... موضع اور ... پٹی جمعی ... اضلاع کھیری و سیتاپور مین واقع ہین اور اس خاندان مین رسم گدی نشینی ہی۔

(نمبر ۵۲) بابو رام سہائے قوم کھتری تعلقداران موراوان جبرولی و بنتھرا۔

انکے مورثان نامی ساہوکاران ملک اودھ سی تھی اور عہد سلطنت اودھ مین ہمیشہ عہدۂ چکلہ داری پر سرفراز رہی لالہ چندن لعل نی یہ تعلقہ خرید کیا تھا بعد اونکے گوری شنکر پسر دوم قابض تعلقہ ہوئی اور گورنمنٹ انگلشیہ سی بصلۂ خیرخواہی خطاب راجگی و سند تعلقداری حاصل کرکے پانچ تعلقداران خیرخواہ مین شامل ہوئے جسقدر قدیمی علاقہ اس تعلقہ مین ہی اسکا بندوبست استمراری ہوا بعد وفات اونکے کنہیا لعل پسر چارم راجہ چندن لعل تک ریاست یکجائی رہی پھر بوجہ تنازعات باہمی کل خاندان مین علاقہ تقسیم ہوا خاص آپ کے تعلقہ مین بموجب تقسیم جدید ... موضع و ... پٹی جمعی ... اضلاع اُنام و لکھنؤ مین واقع ہین اور یہ تعلقدار خاندان گنگا پرشاد برادر خورد چندن لعل سے ہین۔ اس ریاست مین اگر مورث اعلی بلا وصیت فوت ہو جاوی تو بموجب آئین معمولی اشخاص ذیحق وارث ریاست ہونگے۔

ضمیمہ نمبر ۵۲ - راجہ رن و شیو پرشاد و بشیشر پرشاد تعلقداران بھٹہ و تھلنڈی اقوام کھتری۔

یہ تعلقدار ایک شاخ اصل تعلقہ نمبر ۵۲ کے ہین جو تقسیم حال مین جدا تعلقہ قرار پایا تعلقہ مین ... موضع جمعی ... اضلاع اونام و رائے بریلی مین واقع ہین۔

ضمیمہ نمبر ۵۲ مادھو پرشاد و دیبی دیال تعلقداران دربٹہ و داما نوان اقوام کھتری۔

یہ تعلقدار ایک شاخ اصل تعلقہ نمبر ۵۲ کے ہین جو تقسیم حال مین جدا تعلقہ قرار پایا تعلقہ مین ... موضع ایک پٹی جمعی ... اضلاع اونام و رائے بریلی مین واقع ہین۔

ضمیمہ نمبر ۵۲ شیو دیال قوم کھتری تعلقدار ڈیومی و کنڈانوان۔

یہ تعلقدار ایک شاخ اصل تعلقہ نمبر ۵۲ کے ہین جو تقسیم حال مین جدا تعلقہ قرار پایا تعلقہ مین ... موضع جمعی ... ضلع رائے بریلی مین واقع ہین۔

(ضمیمہ نمبر ۵۲) رام نرائن قوم کھتری تعلقدار لواسنگھن کھیرہ وتولی وغیرہ ورانجھی۔

یہ تعلقدار ایک شاخ اصل تعلقہ نمبر ۵۲ کے ہین جو تقسیم حال مین جدا تعلقہ قرار پایا تعلقہ مین موضع یک پٹی جمعی [illegible] اضلاع اونام ورائے بریلی وبارہ بنکی مین واقع ہین۔

(ضمیمہ نمبر ۵۲) بالمکند وکالکا پرشاد وچندکا پرشاد تعلقداران الوٹ وبچھراوان وغیرہ۔

یہ تعلقہ دار ایک شاخ اصل تعلقہ نمبر ۵۲ کے ہین جو تقسیم حال مین جدا تعلقہ قرار پایا تعلقہ مین [illegible] موضع جمعی [illegible] اضلاع اونام ورائے بریلی مین واقع ہین۔

(ضمیمہ نمبر ۵۲) موہن لال اقوام کھتری تعلقدار اسپز [illegible] ہسوا وغیرہ۔

یہ تعلقدار ایک شاخ اصل تعلقہ نمبر ۵۲ کے ہین جو تقسیم حال مین جدا تعلقہ قرار پایا۔ تعلقہ مین دو موضع جمعی [illegible] اضلاع اونام ورائے بریلی مین واقع ہین۔

(ضمیمہ نمبر ۵۲) بینی پرشاد قوم کھتری تعلقدار بروا کملان وتلمنڈہ۔

یہ تعلقدار ایک شاخ اصل تعلقہ نمبر ۵۲ کے ہین جو تقسیم حال مین جدا تعلقہ قرار پایا تعلقہ مین [illegible] موضع جمعی [illegible] اضلاع اونام ورائے بریلی مین واقع ہین۔

(نمبر ۵۳) عوض علیخان قوم بھالے سلطان خانزادہ تعلقدار مہونہ۔

چار سو سال ہوئے راجہ نروند سنگھ عرف راو تبار مورث اعلی علاقہ بیسواڑہ سے پرگنہ ایسولی مین آئے اور بعد اخراج اقوام بھرون کے ریاست پر دخل پایا آنکی چند پشتون کے بعد پاہن دیو دہلی مین جاکر مسلمان ہوئے وخطاب راجگی پایا دو سو برس کا عرصہ گذرتا ہے کہ راجہ اللہ داد خان نے قبولیت اس علاقہ کی لکھی جیسے اس خاندان مین قبضہ موروثان کا چلا آتا ہے بعد کو تقسیم ریاست ہوکر کئی تعلقہ اس ملکیت کے ہوگئے تعلقہ نمبری ۵۴ و ۲۱۳ - اسی خاندان سے علیحدہ قائم ہین آخر الامر یہ تعلقدار قابض ریاست ہوئے یہ رئیس اپنی قوم مین سردار تصور ہوتے ہین تعلقہ مین [illegible] موضع دو پٹی جمعی [illegible] ضلع سلطانپور مین واقع ہین رسم گدی نشینی اس خاندان مین ہے۔

(نمبر ۵۴) بابو مہیپال سنگھ قوم بھریلیا تعلقدار سورجپور خطاب بابو۔

سنہ ۹۶۴ ہجری مین بعہد سلطنت جلال الدین اکبر بادشاہ دہلی راجہ بلی رام برم سنگھ مورث علاقہ قنوج سے رسالدار ہوکر اس ملک مین آئے بعد چندے راجہ بھیکم سنگھ پسر راجہ موصوف نے بحکم شاہ دہلی زور خان تعلقدار سورجپور بھریلیہ کو قتل کرکے انتظام علاقہ کا کیا بجلدوے اس خیرخواہی کے لہ سواضعات مع تعلقہ سورجپور خاص راجہ بھیکم سنگھ کو سرکار شاہ دہلی سے مرحمت ہوے اسوقت سے یہ ریاست قائم ہے اور اسی خاندان سے یہ تعلقدار ہین اور اپنے قوم کے سردار تصور ہوتے ہین اس تعلقہ مین [illegible] موضع سہ پٹی جمعی [illegible] ضلع بارہ بنکی مین واقع ہین اس خاندان مین رسم گدی نشینی ہے۔

(نمبر ۵۵) ٹھاکر رنجیت سنگھ قوم جانگڑہ راجپوت تعلقدار عیسی نگر و اینٹھی و دیوہ یا نا و منگوریا و مدھواپور۔

مسمی اگھراج سنگھ سورث اعلی قوم سنگھدھا چوہان ساکن اجمیر بحکم جہانگیر شاہ بادشاہ دہلی جہت انتظام ملک اس نواح مین آئے بہوجہ بھوجہ نبیرہ اگھراج سنگھ بحکم شاہ براے مقابلہ راجہ وکھن مامور ہوئے جسوقت بعد فتحیابی حاضر دربار شاہی ہوئے جہانگیر شاہ نے انتقال کیا تھا اور شاہجہان بہادر تخت نشین سلطنت تھے پیشگاہ شاہ ممدوح سے بجلدوے فتحیابی راجہ وکھن ۱۰۳۶ فصلی مین چتربھوجداس کو علاقہ و خطاب راجہ جنگ انگیز خاقانی مرحمت ہوا جسکا مخفف رفتہ رفتہ جانگڑہ مشہور ہی چترбھوجداس کے پانچ لڑکے ہوئے اور آنمین ریاست تقسیم ہوئی یہ تعلقدار خاندان شامل جی پسر دوم چترбھوجداس سے قابض اس ملکیت کے ہین اور گورنمنٹ انگلشیہ سے سند تعلقداری حاصل کی اور تعلقہ مین ۶۰ موضع جمعی ... اضلاع کھیری و سیتاپور و بہرائچ مین واقع ہین رسم گدی نشینی اس خاندان مین ہی۔

(نمبر ۵۶) ملکر ندسنگھ قوم بیس تعلقدار رام پور بچھولی تندولی و کتھولیا۔

سات سو سال ہوئے دو و دو را و قوم ٹھاکر چوہان سکنہ مین پوری خاص انٹو بخہ مسونہ کو برات لیکر جاتے تھے راستہ مین اسی موضع کی سرحد مین آنکا جھگڑا اسباب کا لٹ گیا اور چند آدمی زخمی ہوئے بعد واپسی انھون نے مین پوری سے جماعت ہمہ پہونچا کر اس تعلقہ کو جو بہ قبضہ اقوام بھر کے تھا بہ جدل و قتل حاصل کیا اس خاندان سے یہ ملکیت ۱۲۲۳ فصلی مین بذریعہ بیع راجہ صوبہ سنگھ کے نام منتقل ہوئی بعد وفات صوبہ سنگھ آپ قابض تعلقہ ہین اس تعلقہ مین ۱۶ موضع دو چک جمعی ... اضلاع اونام و لکھنؤ مین واقع مین اولاد اکبر اس خاندان مین مالک ریاست ہوتی ہی۔

(نمبر ۵۷) کنور ہرنام سنگھ منیجر بونڈی قوم سکھ۔

آپکا مفصل تذکرہ نمبرا پر درج ہی آپ خاندان مہاراجہ صاحب والی کپورتھلہ سے ہین اور ریاست نمبرا کے منیجر ہین۔

(نمبر ۵۸) کپتان گلاب سنگھ و سردار اوتار سنگھ و سردار نرائن سنگھ تعلقدار بہیرا گوبند پور و کھورٹی و بیلا بہیلا اقوام سکھ خطاب سردار۔ یہ صاحبان رئیس معزز پنجاب کے ہین بصلہ خیرخواہی ایام غدر ۱۸۵۷ع یہ ملکیت منضبطہ ازاں منی الدھو بخش باغی گورنمنٹ انگلشیہ سے آنکو عطا ہوئی ہی تعلقہ مین ... موضع جمعی ... ضلع راے بریلی مین واقع ہین۔

(نمبر ۵۹) راے جگموہن سنگھ و راے بشیشر بخش قوم ٹھاکر بچگوتی تعلقدار راے پور بچھور خطاب راے حین حیات۔

تذکرہ خاندانی قوم بچگوتی کا نمبر ۳۰ پر درج ہی یہ تعلقداران خاندان چکر سنگھ سے ہین جنسے آغاز اس قوم کا ہوا چند پشتون کے بعد پرتھی پال سنگھ مالک اس ریاست کے ہوئے جنہون نے سند تعلقداری گورنمنٹ انگلشیہ سے حاصل کی بعد وفات آنکے وگیھ سنگھ و راے بشیشر بخش صاحبزادگان متوفی حسب وصیت وارث ریاست ہوئے اب بجائے بیجے سنگھ جگموہن سنگھ و بشیشر بخش خود قابض ریاست ہین تعلقہ مین ... موضع جمعی ... ضلع پرتاب گڈھ مین واقع ہین رسم گدی نشینی اس خاندان مین ہی۔

راے جگموہن سنگھ بدحواس مجنون ہین۔

(نمبر ٦٠) راے مادھو پرشاد سنگھ تعلقدار ادھار گنج دلیپ پور قوم بجگوتی خطاب راے معین حیات۔

تذکرہ خاندانی انکا نمبر ۳۰ پر درج ہی یہ رئیس خاندان جگر سنگھ سورث سے قابض اس ریاست کے ہین اور اس تعلقہ سے تعلقہ نمبری ۲۰۰ قائم ہو اس تعلقہ مین ۳ موضع جمعی سالانہ ضلع پرتابگڈھ مین واقع ہین اس خاندان مین رسم گدی نشینی ہی۔

(نمبر ٦١) مہنت ہرچرنداس قوم نانک شاہی خطاب مہنت تعلقدار مسواسی وہمراج داہجی وبسنت پور رانی پور واکبر پور دکگرای

آپ نانک شاہی فقیر گدی نشین مہنت گور نرائن صاحب کے ہین جنھون نے اس ریاست کو پیدا کیا تھا حسب وصیت بعد وفات آنکے آپ قابض ریاست ہین اور بہ ایام طفولیت جب علاقہ زیر اہتمام کورٹ تھا آپ نے کننگ کالج مین تعلیم پائی ہی ریاست مین ۱۲۷ موضع ہیں پٹی جمعی سالانہ اضلاع اونام ولکھنو وگونڈہ وبہرائچ وہردوئی وسیتاپور وکھیری مین واقع ہین رسم گدی نشینی اس خاندان مین ہی۔

(نمبر ٦٢) راے سر بجیت سنگھ قوم بسین تعلقدار بھدری خطاب راے۔

تذکرہ خاندانی وآغاز ریاست انکا نمبر ۵ پر درج ہی اولاد راے رام پال سے آغاز خاندان قوم بسین کا ہوا ہی اسی خاندان سے یہ رئیس قابض تعلقہ ہین سوموضع جمعی سالانہ ضلع پرتابگڈھ مین واقع ہین رسم گدی نشینی اس خاندان مین ہی۔

(نمبر ٦٣) چودھری مرتضی حسین وبیچو النسا قوم شیخ تعلقدار بہلول وسکندرپور۔

یہ موضع بہلول بہیلا نامے قوم پاسی کا ہی جسنے بہ مرور عرصہ سات سو سال قوم بھر سے حاصل کیا تھا اور یہ تعلقہ موضع تھا جسکو مالک آدم سورث نے بجلدوے تنبیہہ اقوام بھر جو بہت شورش کرتی تھی سرکار شاہی سے بطور انعام پایا تھا آنکی چند پشتون کے بعد چودہری لطف اللہ قابض ریاست ہوے آنکے بعد چودھری سرفراز احمد داماد آنکے وارث تعلقہ ہوے یہ رئیس معززین تعلقداران اودھ مین تصور ہوتے تھے بعد وفات چودھری صاحب مقدمہ دائر عدالت ہوکر تقسیم ریاست ہوئی نصف علاقہ زوجہ چودھری صاحب اور نصف علاقہ آنکے حقیقی چھوٹے بھائی چودھری مرتضی حسین کو ملا بعد وفات چودھرائن صاحبہ آنکے حصہ پر رفیع الزمان نواسہ آنکے حسب وصیت چودھری سرفراز احمد صاحب مالک ہوگئے اور چودھری مرتضی حسین صاحب بوجہ خیرخواہی گورنمنٹ انگلشیہ محاصرہ باغیان مین بمقام بونڈی مقید رہے چنانچہ لبعوض خیرخواہی وتکلیف مقیدی تعلقہ سکندرپور جسمین سہ موضع جمعی للعہ سالانہ کے ہین گورنمنٹ انگلشیہ سے عطا ہوا۔ اس تعلقہ مین مع ملکیت عطیہ سوموضع ہے پٹی جمعی سالانہ اضلاع بارہ بنکی ورے بریلی مین واقع ہین اس خاندان مین رسم گدی نشینی ہی۔

(نمبر ۶۴) ٹھکراین شیوپال کنور بیوہ جگناتھ بخش قوم بیس تعلقدار سمری وٹپنا واسی۔

آپکا تذکرہ خاندانی نمبر ۴ پر درج ہی اور یہ تعلقہ ایک شاخ نمبر ۲۶ کا ہی منسکھ رائے مورث اعلی تعلقہ نمبر ۲۶ سے علحدہ ہوکر اس مقام پر آئے اور جنگل کٹواکر موضع سمری آباد کیا اور تعلقہ اسی نام سے قائم کیا جبسے قبضہ مورثان برابر چلا آتا ہی۔ منسکھ رائے کی نوین پشت مین آپ قابض ریاست ہین تعلقہ مین لوسے موضع اور ایک چک جمعی عہ ۱۸ اسامیان ضلع رائے بریلی واونام مین واقع ہین رسم گدی نشینی اسی خاندان مین ہی۔

(نمبر ۶۵) ٹھکراین دریاو کنور بیوہ ٹھاکر بسنت سنگہ قوم بیس تعلقدار سمر پہا۔

آپکا تذکرہ خاندانی نمبر ۴ پر درج ہی یہ تعلقہ ایک شاخ تعلقہ نمبر ۱۴ کا ہی راناشنکث سنگہ کی دوسری لڑکی رودہ بیاہ کو وقت علحدگی کھجور گانون سے جب یہ ریاست ملی اسوقت آنکے ادھیاری مکندرائے نے موضع سمر پہا کو جو پانچسو برس سے ویران پڑا تھا از سر نو آباد کرکے اس نام سے تعلقہ قائم کیا آنکے دو پوتے ہندو سنگہ و پرتھی راج ہوے ہندو سنگہ تعلقہ نمبر ۱۲۹ اکے وارث ہوے پرتھی راج اس ریاست پر قابض ہوے آنکی نوین پشت مین لالجی نے اس ریاست پر قبضہ پایا اور انھون نے ایک بازار وسیع متصل سمر پہا بنوایا ہی آنکے دو بیٹے بکرمان جیت و فتح بہادر ہوے دونون لاولد فوت ہوے ۱۲۴۲ فصلی مین زوجہ بکرمان جیت نے ٹھاکر بسنت سنگہ کو راس نشین کرکے مالک ریاست کیا بعد وفات آنکے یہ رئیسہ زوجہ آنکی قابض ریاست ہین اور انھون نے شمشیر بہادر سنگہ کو راس نشین اپنا کیا ہی مگر قبضہ دخل علاقے پر اپنا رکھا ہی ۔۔۔ موضع جمعی ۔۔۔ ضلع رائے بریلی مین واقع ہین۔ رسم گدی نشینی اس خاندان مین ہی۔

(نمبر ۶۶) چندر پال سنگہ قوم بیس تعلقدار کور ہرستاون۔

آپکا تذکرہ خاندانی نمبر ۴ پر درج ہی یہ تعلقہ ایک شاخ تعلقہ کھجور گانون نمبر ۱۴ کا ہی عرصہ تین سو برس کا ہوا خاندان عالم ساہ مورث مین بہادر سنگہ مورث نے بوقت علحدگی یہ ریاست حاصل کی تھی جبسے قبضہ مورثان برابر چلا آتا ہی ۲۳ موضع جمعی ۔۔۔ ضلع رائے بریلی مین واقع ہین رسم گدی نشینی اس خاندان مین ہی۔

(نمبر ۶۷) ٹھکراین اچل کنور بیوہ شیوپال سنگہ قوم بیس تعلقدار گوراکسیٹی۔

تذکرہ خاندانی آپکا نمبر ۴ پر درج ہی اور یہ تعلقہ ایک شاخ نمبر ۱۴ کا ہی رانا ڈوسن دیو کی اولاد مین دولہ رائے مورث نے ۹۰۰ فصلی مین بوقت علحدگی کھجور گانون سے اس ریاست کو قائم کیا تھا آنکی چھٹی پشت مین رام بخش مورث مالک ریاست ہوے آنکی چند پشتون کے بعد آخری رئیس ٹھاکر شیوپال سنگہ تھے بعد وفات آنکے یہ رئیسہ قابض ریاست ہین اور تعلقہ نمبری ۱۲۷ اس ریاست کی ایک شاخ ہی ۔۔۔ موضع جمعی ۔۔۔ ضلع رائے بریلی مین واقع ہین رسم گدی نشینی اس خاندان مین ہی۔

(نمبر ۶۸) ٹھاکر پرتاپ بہادر سنگھ قوم بکوا تعلقدار رام پور متھرا - وبیکم پور -

انکا تذکرہ خاندانی و آغاز ریاست نمبر ۹۱ پر درج ہی خاندان سال دیو مورث اعلیٰ ہین یہ ریاست وسونت سنگھ مورث سے قائم ہی جنھون نے وقت تقسیم پائی تھی پھر چند پشتون کے بعد گیت سنگھ مالک ریاست ہوے بعد وفات انکے سنہ ۱۲۷۱ فصلی مین انکی زوجہ نے بوجہ لاولدی خود مادھو سنگھ کو متبنیٰ کیا بعد مادھو سنگھ کے گمان سنگھ قابض تعلقہ ہوے اور گورنمنٹ سے سند تعلقداری حاصل کی انکے بعد آپ قابض ریاست ہین یہ موضع پٹی جمبی ضلع سیتاپور وبارہ بنکی مین واقع ہین رسم گدی نشینی اس خاندان مین ہی

(نمبر ۶۹) رن بجے بہادر سنگھ قوم بچگوتی تعلقدار پٹی سیف آباد حصہ ½ خطاب دیوان موروثی -

تذکرہ خاندانی انکا نمبر ۶۰ پر درج ہی یہ رئیس اولاد جگر سنگھ سے ہین جو اقوام بچگوتی کے مورث تھے آخری وارث وحقدار اس ریاست کے امر سنگھ ہوے جنھون نے چند عرصے تک دخل اپنا اس علاقہ پر رکھا بعدہ زبر سنگھ اپنے چھوٹے بھائی کو مالک ریاست کرکے آپ ریاست سے دستبردار ہوگئے بعد وفات ہردو صاحبان متذکرہ بالا سربدون سنگھ خلف امر سنگھ مالک ریاست ہوے جب سربدون سنگھ نے لاولد وفات پائی اسوقت گلاب کنور زوجہ امر سنگھ وبلاس کنور زوجہ زبر سنگھ مین تنازع باہمی بابت ریاست کے برپا ہوا و تقسیم باہمی ریاست کی اسطور سے ہوئی گلاب کنور کو حصہ ½ وبلاس کنور کو حصہ ½ ملا گلاب کنور نے دیوان رنجیت سنگھ کو بذریعہ تبنیت مالک ریاست حصہ اپنے کا کیا وبلاس کنور نے دیوان رندھیر سنگھ کو بذریعہ ابن نشینی وارث ملکیت حصہ اپنے کا کیا اب بعد وفات رنجیت سنگھ آپ قابض اس تعلقہ کے ہین اور بجاے دیوان رندھیر سنگھ اجیت کنور زوجہ انکی قابض تعلقہ نمبری ۷۰ ہین اس تعلقہ مین ۱ موضع جمبی ضلع پرتابگڈھ مین واقع ہین - اس خاندان مین اولاد اکبر وارث ریاست ہوتی ہی -

(نمبر ۷۰) اجیت کنور زوجہ دیوان رندھیر سنگھ قوم ٹھاکر بچگوتی تعلقدار پٹی سیف آباد حصہ ½ -

تذکرہ خاندانی انکا نمبر ۶۹ پر درج ہی اور حال آغاز ریاست نمبر ۶۹ پر تحریر ہوے ہین تعلقہ مین موضع جمبی ضلع پرتابگڈھ مین واقع ہین اس خاندان مین اولاد اکبر وارث ریاست ہوتی ہی -

(نمبر ۷۱) ٹھکراین جانکی کنور قوم بسین تعلقدار پوانسی ڈھکوس -

تذکرہ خاندانی وآغاز ریاست انکا نمبر ۵ پر درج ہی آخری رئیس اس تعلقہ کی سماۃ کیلاس کنور ہوئین سند تعلقداری گورنمنٹ انگلشیہ سے انکے نام مرحمت ہوئی بعد وفات انکے یہ رئیسہ دختر انکی قابض ریاست ہوئین موضع جمبی ضلع پرتابگڈھ مین واقع ہین رسم گدی نشینی اس خاندان مین ہی

(نمبر ۷۲) راجہ ملاپ سنگھ قوم جانگرہ راجپوت تعلقدار شاہ پور و مجگٹن خطاب راجہ موروثی -

پہلے سے یہ ریاست زمیداری اقوام باچھل کی تھی - جب انھون نے عدول حکمی شاہ وقت کی اسوقت راج مانجی و راج بھابجی پسران اکھراج سنگھ مورث جنکا تذکرہ نمبر ۵ پر درج ہی پیشگاہ جہانگیر بادشاہ سے واسطے

گرفتاری باچھلون کے مقرر ہوے اُن لوگون نے یہان آکر باچھلون کو ریاست سے خارج کرکے اپنا قبضہ کرلیا اور مواضعات مجھگئین وغیرہ پیشگاہ شاہ وقت سے آنکو حاصل ہوئی اسوقت سے آغاز اس ریاست کا ہے اور سورتان تعلقدار قابض چلے آتے ہین اب یہ تعلقدار خاندان راج مانجی سے قابض تعلقہ ہین سند تعلقداری گورنمنٹ انگلشیہ سے بنام راجہ گنگا سنگہ وساد ھو سنگہ وبریار سنگہ وابلاد سنگہ مرحمت ہوئی تھی اب بعد وفات آنکے یہ تعلقدار صاحبان قابض ریاست ہین اور باہمی تقسیم ریاست کرلی ہے اس تعلقہ ساہ پور مجھگئین کے یہ رئیس مالک ہین اور تعلقہ مین مدے سے موضع مدے سے پٹی جمعی لعہ سے ضلع کھیری مین واقع ہین۔ اس ریاست مین اگر مورث اعلی بلا وصیت فوت ہوجاوے توبموجب آئین معمولی اشخاص ذیحق وارث ریاست ہونگے ۔

گمان سنگہ ۔قوم راجپوت جانگرہ تعلقدار رام نگر دولت پور

یہ تعلقدار شاخ تعلقہ متذکرہ نمبر صدر کے ہین تعلقہ مین لاعہ سے موضع ہے پٹی جمعی مدے سے ضلع کھیری مین واقع ہین۔

گوبردھن سنگہ ۔قوم راجپوت جانگرہ تعلقدار بجوا ونگھاسن ۔

یہ تعلقدار شاخ تعلقہ راجہ ملاپ سنگہ متذکرہ نمبر ۲، کے ہین اس تعلقہ مین مدے سے موضع مہ پٹی جمعی للعہ سے کے ضلع کھیری مین واقع ہین۔

ڈلی پت سنگہ ۔ قوم راجپوت جانگرہ تعلقدار بجوربہ وجگدیو پور ۔

یہ تعلقدار شاخ تعلقہ راجہ ملاپ سنگہ متذکرہ نمبر ۲، کے ہین تعلقہ مین معہ سے موضع للعہ پٹی جمعی مدے سے ضلع کھیری مین واقع ہین۔

(نمبر ۴۳) بابو اودریس سنگہ وچندریس سنگہ قوم راجکمار تعلقداران میوپور دوھہ داومنڈیرہ

تذکرہ خاندانی قوم راجکمار کا نمبر ۲ پر درج ہے خاندان بریار سنگہ مورث اعلی مین ایشری سنگہ کی اولاد سے دلسنگہ کے پوتے سنگرام سنگہ وسبلوان سنگہ ہوے انمین قریب نٹ برس کے ہوا ریاست تقسیم ہوئی سنگرام سنگہ کے دو لڑکے ہوے رنجیت سنگہ وسربدھن سنگہ رنجیت سنگہ سے آپ ہین اور دوسرے سے نمبر ۴۴، کے تعلقدار ہین اور سبلوان سنگہ سے نمبر ۹۵ و ۱۵۵ کے تعلقدار ہین اس تعلقہ مین مالعہ موضع اور مالعہ پٹی جمعی مدے سے اضلاع فیض آباد وسلطانپور مین واقع ہین اولاد اکبر اس خاندان مین وارث ریاست ہوتا ہے۔

(نمبر ۴۴) بابو امریس سنگہ قوم راجکمار تعلقدار میوپور بڑاگانون ۔

تذکرہ خاندانی آپکا نمبر ۲ پر درج ہے یہ تعلقہ نمبر ۴۳، کا ایک شاخ ہے سربدھن سنگہ پسر دوم سنگرام سنگہ سے

یہ ریاست علیحدہ قائم ہوئی جبسے قبضہ مورثان کا چلا آتا ہی ۱۵ موضع ۳۱ پٹی جمعی [illegible] اضلاع فیض آباد و سلطانپور مین واقع ہین اولاد اکبر اس خاندان مین وارث ریاست ہوتا ہی۔

(نمبر ۷۵) میر غضنفر حسین و میر باقر حسین قوم سید تعلقدار پیرپور

عرصہ ڈیڑھ سو سال کا ہوتا ہی مرزا محمد علی بیگ خراسان سے بمقام فیض آباد بعہد شجاع الدولہ بہادر آئے اور نواب آصف الدولہ بہادر کی ملازمت کرکے مواضعات پیرپور وغیرہ خرید کرکے تعلقہ قائم کیا اسوقت مین سید محمد حفیظ چودھری تعلقہ سمید اون کے کوئی اولاد نہ تھی جو انتظام ریاست کرتا انکی زوجہ نے مرزا محمد علی بیگ کو اپنا جانشین کرکے مالک ریاست اپنے کا کردیا اور میر قاسم علی اپنے نواسہ عمر چار سالہ کو انکی گود مین دیا محمد علی بیگ نے ہر دو علاقجات شامل کرکے ایک تعلقہ قائم رکھا بعد وفات محمد علی بیگ میر قاسم علی مالک ریاست ہوئے سنہ ۱۲۲۴ فصلی مین میر قاسم علی نے انتقال کیا اسوقت انکی زوجہ نے علاقہ سپرد میر کلب حسین اپنے داماد کے کیا سنہ ۱۲۶۰ فصلی تک وہ منتظم علاقہ رہے سنہ ۱۲۶۱ فصلی مین میر باقر حسین پسر میر کلب حسین و غضنفر حسین داماد دوم میر قاسم علی قابض ریاست ہوئے اسوقت سے اب تک قبضہ چلا آتا ہی تعلقہ مین [illegible] موضع [illegible] پٹی جمعی [illegible] اضلاع فیض آباد و سلطانپور مین واقع ہین اولاد اکبر اس خاندان مین وارث ریاست ہوتا ہی۔

(نمبر ۷۶) بابو اگردت سنگھ قوم ٹھاکر بجگوتی تعلقدار بھٹی نبایک پور۔

انکا تذکرہ خاندانی نمبر ۷ پر درج ہی اور یہ تعلقدار ہمخاندان اور شاخ تعلقدار تذکرہ نمبر ۳۱ کے ہین عرصہ ایک سو سال کا ہوا بابو بال ساہ مورث اعلی کو بر وقت علیحدگی بطور گذارہ یہ ریاست حاصل ہوئی تھی بعد کو اور ترقی ملکیت ہوئی۔ تعلقہ مین ۵ موضع [illegible] پٹی جمعی [illegible] اضلاع فیض آباد و سلطانپور مین واقع ہین اس خاندان مین اولاد اکبر وارث ریاست ہوتا ہی۔

(نمبر ۷۷) رودر پرتاب سنگھ قوم ٹھاکر کنپوریہ تعلقدار سیونی سیوان۔

مفصل تذکرہ خاندانی انکا نمبر ۱۲ پر درج ہی سنہ ۱۲۶۴ ف مین راجہ مدن سنگھ مورث نے اقوام بیس و رگھوبنسی سے اس ریاست کو بزور تیغ حاصل کیا تھا انکی اولاد مین سے جسونت سنگھ مورث نے اور ماندھاتا سنگھ نے اس ریاست کو باہمی تقسیم کرلیا جسونت سنگھ قابض اس تعلقہ کے ہوئے اور ماندھاتا سنگھ مورث تعلقدار چندا پور نمبری ۲۹ کے ہوئے چند پشتون کے بعد یہ رئیس قابض تعلقہ کے ہین۔ اس تعلقہ مین [illegible] موضع جمعی [illegible] ضلع رائے بریلی مین واقع ہین۔ رسم گدی نشینی اس خاندان مین ہی۔

(نمبر ۷۸) ۱-سیتلا بخش -۲-لال بہادر سنگہ -۳-کالکا بخش سنگہ -۴-اودت نرائن سنگہ ۵-ناگیسر بخش سنگہ، چوہارجہ بخش سنگہ اقوام بچگوتی تعلقداران مدہ پور-

تذکرہ خاندانی انکا نمبر ۷ پر درج ہی یہ تعلقہ ایک شاخ بٹی سیف آباد نمبری کا ہی بعد دبی سنگہ کے دھنا سنگہ انکے بھائی نے اس علاقہ کو اپنے چھہ بیٹون کو تقسیم کر دیا چنانچہ بمشارکت سب صاحبان قابض تعلقہ ہین- تعلقہ مین ۵ موضع جمعی ۱۰۰۰ع ضلع پرتابگڈھ مین واقع ہین اور اس خاندان مین اگر مورث اعلی بلا وصیت فوت ہو جاوے تو بموجب آئین معمولی کے اشخاص ذیحق وارث ریاست ہونگے-

(نمبر ۷۹) بابو ہرت سنگہ قوم بچگوتی تعلقدار سمرت پور و چک مویا و سمرت پور-

تذکرہ خاندانی انکا نمبر ۷ پر درج ہی اولاد جگر سنگہ مورث اعلی اس خاندان سے یہ ریاست قائم ہوئی جیسے قبضہ اس خاندان مین چلا آتا ہی اور یہ تعلقدار ہمخاندان و شاخ تعلقہ کوڑ وار ستذکرہ نمبر ۱۳ کے ہین ۷ موضع ۸ پٹی جمعی ۱۲ع اضلاع سلطانپور و فیض آباد مین واقع ہین اس خاندان مین اولاد اکبر وارث ریاست ہوتا ہی-

(نمبر ۸۰) گنیش کنور زوجہ جگناتھہ بخش قوم کنپوریہ تعلقدار جامو-

تذکرہ خاندانی انکا نمبر ۱۲ پر مفصل درج ہی یہ ریاست راج ساہ مورث اعلی پسر چہارم بلبھدر ساہ سے علیحدہ قائم ہوئی جیسے اس خاندان مین نسلاً بعد نسل قبضہ چلا آیا آخر الامر جگناتھہ بخش قابض تعلقہ ہوے بعد وفات انکے یہ رئیسہ زوجہ انکی قابض ہین اور اس ریاست سے تعلقہ نمبری ۴ ۱۶ علیحدہ قائم ہوا اس تعلقہ مین ۳ع موضع جمعی ۱۱ع ضلع سلطانپور مین واقع ہین رسم گدی نشینی اس خاندان مین ہی-

(نمبر ۸۱) ٹھاکر شنکر بخش قوم بیس تعلقدار پاہو و گولہا-

انکا تذکرہ خاندانی نمبر ۳ پر درج ہی یہ تعلقہ ایک شاخ تعلقہ کھجور گانون نمبر ۱۴ کا ہی عرصہ آٹھہ سو سال کا ہوا رانا ڈومن دیو کے تیسرے لڑکے ستر جیت نے بوقت علیحدگی اس ریاست کو حاصل کیا تھا اسوقت سے اس خاندان مین برابر قبضہ چلا آتا ہی بندوبست سرسری بنام بھوپ سنگہ باپ تعلقدار کے ہوا تھا بعد وفات انکے یہ تعلقدار قابض ریاست ہوے ۱۲ع موضع جمعی ۱۲ع اضلاع بریلی و اونام مین واقع ہین رسم گدی نشینی اس خاندان مین ہی-

(نمبر ۸۲) ملک ہدایت حسین قوم شیخ تعلقدار رسمن پور خطاب ملک

عرصہ پانچ سو سال کا ہوتا ہی احمد قتال مورث اعلے نے اس ریاست کو پیدا کیا تھا جیسے قبضہ مورثان چلا آتا ہی آخرالامر چند پشتون کے بعد ملک تفضل حسین نے اس ریاست پر قبضہ پایا اور سند تعلقہ گورنمنٹ انگلشیہ سے حاصل کی جب اُنھون نے لاولد وفات پائی یہ تعلقدار چھوٹے بھائی اُنکے قابض ریاست ہوے تعلقہ مین ۱۹ مالک موضع اور ۲۶ پٹی جمعی [illegible] کی ضلع فیض آباد مین واقع ہین رسم گدی نشینی اس خاندان مین ہے۔

(نمبر ۸۳) بکرمان جیت سنگہ و اننت پرشاد قوم بچگوتی تعلقدار رام پور و مکند پور و سادی پور کوٹوا

اُنکا تذکرہ خاندانی نمبر ۷ پر درج ہی عرصہ ڈھائی سو برس کا ہوا امر سنگہ مورث اعلے نے بوقت علیحدگی اپنے خاندان سے یہ تعلقہ علیحدہ قائم کیا جیسے قبضہ مورثان برابر چلا آتا ہی گورنمنٹ سے سند تعلقہ بنام کارگذاش ہوئی تھی بعد اُنکے یہ تعلقداران قابض ریاست ہین [illegible] موضع اور [illegible] پٹی جمعی [illegible] ضلاع سلطانپور و راے بریلی مین واقع ہین — اس ریاست مین اگر مورث اعلے بلا وصیت فوت ہو جاوے تو بموجب آئین عمولی اشخاص ذیحق وارث ریاست ہونگے۔

(نمبر ۸۴) نونہال سنگہ خلف گوپال سنگہ قوم باتم تعلقدار محمد آباد گوپال کھیرہ

یہ ریاست قدیم ہی مورثان تعلقدار سلطنت ہندوستان مین عہدہ قانونگوئی و چودھرایت سے ممتاز رہے محکم سنگہ مورث نے محمد آباد خاص اقوام افغانان سے خرید کرکے بنام محمد آباد تعلقہ قائم کیا آخرالامر چودھری گوپال سنگہ قابض ریاست ہوے اور گورنمنٹ انگلشیہ سے سند تعلقداری حاصل کی اُنکو اختیارات آنریری مجسٹریٹ و اسسٹنٹ کلکٹری اپنے علاقے مین حاصل تھے بعد وفات اونکی یہ رئیس مالک ریاست ہین اور انکو بھی اختیارات پدری حاصل ہین تعلقہ مین ۲۲ موضع جمعی [illegible] ضلع اونام مین واقع ہین اولاد اکبر اس خاندان مین مالک ریاست ہوتا ہی۔

(نمبر ۸۵) بابو مہندر ادت سنگہ قوم بچگوتی تعلقدار کھجرہٹ

انکا تذکرہ خاندانی نمبر ۷ پر درج ہی یہ تعلقہ ایک شاخ تعلقہ نمبر ۱۳ کا ہی شنکر سنگہ مورث نے بوقت علیحدگی تعلقہ کوڑوار سے چند دیہات بطور گذارہ پائے تھے بعد کو بذریعہ بیع ترقی دیکر تعلقہ قائم کیا اسوقت سے اس خاندان مین یہ ریاست چلی آتی ہی — اس تعلقہ مین ۳۸ موضع او ۳۴ پٹی ضلع فیض آباد مین جمعی [illegible] واقع ہین اولاد اکبر اس خاندان مین وارث ریاست ہوتا ہی—

(نمبر ۸۶) چودھری خصلت حسین قوم شیخ تعلقدار لگرائی واروی رحمان پور واسایش وچنیا ڈکیت گنج وگوندا مؤ خطاب چودھری موروثی — پہلے مورث آپکے عرب سے فاریاب مین آگئے تھے پھر تیمور شاہ بادشاہ دہلی سے بمنصب چودھرائی سندیلہ خاص ممتاز ہوے اور عہد اکبر شاہ مین شیخ فیروز چودھری بخطاب خان موسوم ہوے عہد نواب سعادت علیخان مین آپ کے مورثان کو بجاے علوفہ حق چودھرائی دس ہزار روپیہ سالیانہ نانکار اور دیہات معافی سلطنت اودھ سے مقرر ہوئی آخر الامر چودھری منصب علی صاحب جد امجد نے سرکار اودھ مین ذی وقار ہوکر ریاست کو بہت وسعت دی اور تعلقدار کہلائے ۱۸۵۸ع مین آپکے والد چودھری حشمت علیخان صاحب نے بمقام جوار پرگنہ سندیلہ گورنمنٹ انگلشیہ کو امداد رسد وغیرہ پہونچائی وفرو بلوہ وسرکوبی باغیان مین مع اپنے سپاہیان کے شریک معرکہ ہوکر اصلاح ملک مین شریک صلاح حکام رہے اور بتالیف قلوب تعلقداران غیر حاضر کو بھی اپنے اطمینان سے فرمانبرداری سرکار مین حاضر کرایا ایام غدر ۱۸۵۷ع مین ایک بیش قیمت املاک محلسراے وکوٹھی وغیرہ جسمین ہر طرحکا سامان موجود تھا صدمۂ آتش زدگی ہاتھہ احمد اللہ شاہ باغی سے تلف ہوئی جس سے لاکھون روپیہ کا نقصان ہوا اُسکے عوض مین چودھری صاحب کو گورنمنٹ انگلشیہ سے حق مالکانہ تعلقہ اسایش واروی رحمان پور کا جس مین [illegible] موضع ایک ٹپی واقع ہین مع خلعت فاخرہ مرحمت ہوا اُنکے بعد آپ قابض ریاست ہین اور بنظر وفور لیاقت گروہ اعظم تعلقداران نے آپکو منتخب فرماکر انصرام عہدۂ سکرٹری انجمن ہند کے واسطے آپ سے التجا کی چونکہ سب فرقہ کا بہبود اس سے متعلق تھا لہذا آپ بار انصرام اس عہدہ کے متحمل ہوئی اور آپ اپنی ریاست مین آنریری مجسٹریٹ واسسٹنٹ کلکٹر ہین اور چودھری محمد عظیم صاحب آپکے ولیعہد ریاست جنکی لیاقت قانونی واستطاعت علمی ولیاقت رئیسانہ کا ایک عالم ثناخوان ہے امتحان وکالت مین کامیاب ہو چکے ہین پرگنہ ملاوان حصہ ریاست مین وہ بھی آنریری مجسٹریٹ ہین — تعلقہ مین ۹۵ مواضعات [illegible] جمعی [illegible] سالانہ مع عطیہ اضلاع ہردوئی واونام ولکھنؤ وسیتاپور مین واقع ہین رسم گدی نشینی انکے خاندان مین ہے

(نمبر ۸۷) بھارتھہ سنگھہ قوم ٹھاکر نیکوم تعلقدار اٹوا نصیر پور

جنگر ساہ مورث اعلے تعلقدار کے الور تجارا سے مقام سوراج پور علاقہ سانڈی مین بوجہ رشتہ داری آئے تھے چونکہ راجہ وہانکا بحکم شاہ دہلی مقید نوح تھا اونکے مورثان نے اوس راجہ کو کسیطرح سے رہائی دی بجلدوی اسکے راجہ مذکور نے علاقہ بلبا مورثان تعلقدار کو دیا اُسوقت سے ریاست قائم ہوئی پھر سمبت ۱۵۵۰ مین شیوپال سنگھ مورث نے علاقہ کو ترقی دی شیوپال سنگھ کی چوتھی پشت مین نوازساہ گوبندرای گجا سنگھ کشن سنگھ یہ چار بھائی ہوسے اور انمین ریاست تقسیم ہوئی نوازساہ وکشن سنگھ بروا مین گئے اور گوبندراے

وگجا سنگھ اسی ریاست مین رہے گونبد رای کی اولاد مین یہ تعلقدار صاحب قابض ریاست ہین انھون نے ایام غدر کی خیرخواہی مین ملکیت تعلقہ نصیرپور حاصل کرکے ریاست کو ترقی دی ۔ تعلقہ مین ۴۰ موضع ۵ پٹی جمعی [illegible] سوماسے ۔ مع ملکیت عطیہ ضلع ہردوئی مین واقع ہین اس خاندان مین رسم گدی نشینی ہے ۔

(نمبر ۸۸) ٹھاکر شیو بخش سنگھ تعلقدار کٹیسر وخانی پور قوم ٹھاکر گور

سنہ ۱۱۱۹ ہجری مین بعہد عالمگیر بادشاہ جب سلطنت مین بدنظمی واقع ہوئی اُسوقت درگھ پال و تربھون ساہی موڑشان نے اقوام برہمن ملقب چودھری مالکان چاندوپور کے سر کاٹ لیے اور اُنکی نعش مدفون کرکے اُسی جگہ گڈھی بنوائی اور کٹیسر نام رکھا جس نام سے یہ تعلقہ مشہور ہے اور اُنکی ریاست پر قبضہ کرلیا جبسے یہ ریاست قائم ہوئی پھر باہم ہر دو موڑشان مین علاقہ تقسیم ہوا درگھ پال کی اولاد سے یہ تعلقدار قابض ریاست ہین اور اس تعلقہ مین [illegible] موضع [illegible] پٹی ضلع سیتاپور وکھیری مین جمعی [illegible] واقع ہین اور اس خاندان مین رسم گدی نشینی ہے ۔

(نمبر ۸۹) ۱- ٹھکراین بھجناتھ کنور ۲- چھترپال سنگھ ۳- سورج پال سنگھ ۴- چندرپال سنگھ اقوام بسین تعلقداران کونڈراجیت ۔ تذکرۂ خاندانی وآغاز ریاست اُنکا نمبر ۵ پر درج ہے خاندان رای ہوم پال مورث اعلےٰ مین جب ریاست تقسیم ہوئی اُسوقت موڑثان تعلقدار کو یہ ریاست ملی سند تعلقداری گورنمنٹ سے بنام ٹھکراین صاحبہ مرحمت ہوئی تھی لیکن اُنھون نے اس علاقہ کو چار حصے کرکے ایک اپنے قبضہ مین رکھا اور تین حصے نمبر ۲ و ۳ و ۴ - اپنے قرابت دارونکو دیکر نام ہر سہ صاحبان مندرج سند کرادیے اب مجموعی دیہات علاقہ کے [illegible] موضع جمعی [illegible] ضلع پرتاپ گڈھ مین واقع ہین ۔ اس خاندان مین اگر مورث اعلیٰ بلا وصیت فوت ہوجاوے توبموجب آئین معمولی کے اشخاص ذیحق وارث ریاست ہونگے ۔

(نمبر ۹۰) ۱- درگاپرشاد ۲- وزیرچند اقوام کایستھ تعلقداران سرون بڑاگانون وسرسوا بلہرہ وتلھی لہرو ۔ موضع سرون جنکے نام سے تعلقہ مشہور ہے تین سو برس ہوے سرون سنگھ قوم ٹھاکر ریکوار کا آباد کیا ہوا ہے عہد سلطنت شاہی مین ہمیشہ چکلہ داریان کرتے رہے عرصہ ایک سو سال کا ہوا رای جبیکھہ رای صاحب مورث نے موضع سرون ونیز دیگر دیہات سرکار شاہی سے حاصل کرکے بنام سرون تعلقہ قائم کیا بعد کو دھنپت رای وفتح چند موڑثان نے بجلدوی حسن خدمات ایام غدر ۱۸۵۷ء گورنمنٹ انگلشیہ سے تعلقہ سرسوا بلہرہ وتلھی لہرو عطیہ حاصل کیا بعد وفات اُنکے یہ تعلقداران قابض ریاست ہین اور باہم ہر دو صاحبونکی علاقہ منقسم ہے حصۂ درگاپرشاد زیر اہتمام کورٹ ہے تعلقہ مین مع ملکیت عطیہ [illegible] موضع

چھہ ٹی جمعی [illegible] ضلاع کھیری وبہردوئی واونام مین واقع ہین رسم گدی نشینی اس خاندان مین ہی —

(نمبر ۹۱) اننت بہادر سنگھہ تعلقدار کھپراڈیہہ قوم ٹھاکر گرگ بنسی

تخمیناً سو برس ہوے نہال سنگھہ و گنگا پرشاد مورثان اعلی نے جو اپنی قوم کے سردار تصور ہوتے تھے تعلقہ سہی پور وکھپراڈیہہ بذریعہ بیع بالاشتراک پیدا کیا تھا پھر نہال سنگھہ نے چند دیہات اپنی قوت بازو سے حاصل کرکے شامل تعلقہ کیے دونون صاحبونکی حیات تک ریاست یکجائی رہی بعد وفات ہر دو صاحبان یہ تعلقہ کھپراڈیہہ رام سروپ پرپوتہ گنگا پرشاد کو ملا اور تعلقہ سہی پور متذکرہ نمبر ۹۴ مسماۃ رگھناتھہ کنور زوجہ نہال سنگھہ نے پایا بعد وفات گنگا پرشاد یہ تعلقدار ترکہ پدری پر قابض ہین اور اس تعلقہ مین [illegible] موضع [illegible] پٹی جمعی [illegible] اضلاع سلطانپور وفیض آباد مین واقع ہین اولاد اکبر اس خاندان مین وارث ریاست ہوتا ہی —

(نمبر ۹۲) دان بہادر پال سنگھہ قوم ٹھاکر سوم بنسی تعلقدار وانڈی کاچھہ

یہ تعلقہ ایک شاخ نمبر ۱۱ کا ہی مفصل تذکرہ اوسی نمبر پر درج ہی گورنمنٹ انگلشیہ سے سند تعلقداری بنام بابو سری پت سنگھہ ہوئی تھی بعد وفات انکی یہ رئیس داماد اونکی حسب وصیت قابض ریاست ہین [illegible] موضع جمعی [illegible] ضلع پرتاپ گڈھہ مین واقع ہین رسم گدی نشینی اس خاندان مین ہی —

(نمبر ۹۳) بابو بشناتھہ سنگھہ قوم ٹھاکر بیس تعلقدار گنگڈھہ

تذکرہ خاندانی آپکا نمبر ۱۴ و ۱۶۱ پر درج ہی آپ حقیقی چچا رانا شنکر بخش صاحب تعلقدار کھجور گانون متذکرہ نمبر ۱۱ کے ہین بصلہ خیر خواہی ایام غدر ۱۸۵۷ء یہ ملکیت بابو صاحب کو گورنمنٹ انگلشیہ سے منجملہ علاقہ منضبطہ بینی مادھو بخش سنگھہ باغی کے مرحمت ہوئی اس تعلقہ مین [illegible] موضع جمعی [illegible] ضلع رای بریلی مین واقع ہین اولاد اکبر اس خاندان مین وارث ریاست ہوتا ہی —

(نمبر ۹۴) بشیشر بخش سنگھہ قوم ٹھاکر گرگ بنسی تعلقدار سہی پور وغیرہ

انکا مفصل تذکرہ نمبر ۹۱ پر درج ہی یہ تعلقہ ایک شاخ اوسی نمبر کا ہی یہ تعلقدار بجای مسماۃ رگھناتھہ کنور زوجہ نہال سنگھہ کے قابض ریاست ہین تعلقہ مین یکصد [illegible] موضع اور [illegible] پٹی جمعی [illegible] ضلاع فیض آباد وسلطانپور مین واقع ہین اس خاندان مین اولاد اکبر وارث ریاست ہوتا ہی —

(نمبر ۹۵) بابو للو ساہ قوم راجکمار تعلقدار میوپور ڈہلا وکروم مدھوبن وایک ثلث حصہ جائداد شہرا پور و میوپور وغیرہ بشراکت ایشراج سنگھہ نمبر ۱۵۵ — آپکا تذکرہ خاندانی نمبر ۷ پر درج ہی اور حال آغاز ریاست نمبر ۳۱ پر لکھا ہی یہ ریاست پہلوان سنگھہ نے سنگرام اپنے بھائی سے ہنگام تقسیم علیحدہ حاصل کی تھی پھر آپ نے وایشورج سنگھہ نے اس تعلقہ کو باہمی تقسیم کرلیا آپ اس ریاست پر قابض ہین اور ایشورج سنگھہ

آپکے بھائی تعلقہ نمبر ۹۵ کے وارث ہوئے ۱۱ موضع جمع ریاست ۔ ضلاع سلطانپور و فیض آباد مین واقع ہین اولاد اکبر اس خاندان مین وارث ریاست ہوتا ہی۔

(نمبر ۹۶) نوازش علیخان قوم قزلباش تعلقدار نواب گنج علیا آباد

بعہد نادرشاہ سردار علیجان مورث ترکستان سے قندھار مین آئے اور حاکم قندھار رہے پھر بعہد احمد شاہ درانی مین سردار ہدایت خان خلف سردار علیجان کابل مین مسکن گزین ہوے اور پہلے معرکہ کابل مین آنکے چھ بیٹے محمد حسین و محمد حسن و حاجی محمد جان و علی رضا خان و محمد رضا خان و محمد تقی خان نے گورنمنٹ انگلشیہ کو ہر قسم کی مدد دی جب فوج سرکار ہندوستان مین واپس آئی علی رضا خان بھی ہمراہ آئے اور بجلدوی خیرخواہی محاربہ کابل آٹھ سو روپیہ ماہوار یکی پنشن گورنمنٹ انگلشیہ سے حاصل کی اور ۱۸۴۶ء مین مع ایک بھائی کے ہنگام بلوہ بمقام کانگڑا شریک سرکار رہے اور لڑائی فیروزشہر مین بھی اعانت سرکار کی اور غدر ۱۸۵۷ء مین بمقام کاسگنج محمد تقی خان معرکہ باغیان مین جانثار گورنمنٹ انگلشیہ ہوے اور محمد رضا خان زخمی ہوے چنانچہ محمد رضا خان کو دو سو روپیہ ماہواری کی پنشن اور تمغہ بہادری علی رضا خان کو اور یہ ملکیت منضبطہ تعلقہ چہردھا گورنمنٹ انگلشیہ سے مرحمت ہوئی بعد وفات علی رضا خان آپ قابض تعلقہ ہین۔ اور تعلقہ مین ۱۵ موضع جمع ریاست ضلع بہرائچ مین واقع ہین اولاد اکبر اس خاندان مین وارث ریاست ہوتا ہی۔

(نمبر ۹۷) بھیا اودی پرتاپ سنگھ قوم تبیین تعلقدار بھنگا و دلو تھا

یہ ریاست بہت قدیم قوم جنوار کی تھی بھوانی سنگھ قوم تبیین برادر خرد راجہ گونڈہ کی شادی ساتھ ہمشیرہ للت سنگھ قوم جنوار مالک اس ریاست کے ہوئی جب بوجہ سرکشی اقوام بنجارہ للت سنگھ علاقہ سے بیدخل ہو گئے اسوقت للت سنگھ نے کل علاقہ اپنا سپرد بھوانی سنگھ کر دیا بھوانی سنگھ نے بزور خود بنجارہ ہا کو ذبح کر کے قبضہ و دخل اپنا علاقہ پر کر لیا جب سے علی الاتصال اس خاندان مین یہ ریاست قائم ہی تعلقہ مین ۱۵ موضع و پٹی جمع ریاست ۔ اضلاع گونڈہ مین واقع ہین رسم گدی نشینی اس خاندان مین ہی۔

(نمبر ۹۸) بابو بھوبن رنجن مکرجی قوم بنگالی برہمن تعلقدار شنکرپور

بصلۂ خیرخواہی ایام غدر ۱۸۵۷ء یہ تعلقہ منجملہ ملکیت منضبطہ رانا بینی مادھو بخش سنگھ باغی گورنمنٹ انگلشیہ سے بابو دکھنا رنجن کو مع خطاب راجگی مالکانہ مرحمت ہوا تھا بعد آنکے یہ تعلقدار آنکے پوتے قابض ریاست ہین۔ تعلقہ مین ۱۴۲ موضع جمع ریاست ۔ ضلع رای بریلی مین واقع ہین اس خاندان مین اولاد اکبر وارث ریاست ہوتا ہی۔

(نمبر ۹۹) ٹھاکر ٹشاتھہ بخش قوم بیس تعلقدار رسنا پور و بہادر نگر

انکا تذکرہ خاندانی نمبر ۴۱ پر درج ہی یہ تعلقہ ایک شاخ تعلقہ نمبر ۲۶ کا ہی خاندان کرن رای مورث اعلے مین عجب سنگھ مورث نے اس ریاست کو تعلقہ نمبر ۲۶ سے بطور گذارہ پاکر علیحدہ تعلقہ قائم کیا چند پشتون کے بعد

سنہ ۱۲۴۷ فصلی مین ٹھاکر بخش وارث ریاست ہوی بعد وفات انکی یہ تعلقدار قابض ریاست ہین لعہ ۲۱ موضع جمعی سالانہ ضلع رای بریلی مین واقع ہین رسم گدی نشینی اس خاندان مین ہی۔

(نمبر ۱۰۰) بابو سر بجیت سنگہ تعلقدار ٹیکاری و بھاگوپور و اینٹھا وغیرہ و پورہ جمعی و اینٹھی قوم ٹھاکر کنپوریہ — یہ تعلقدار بہ خاندان و شاخ راجہ تلوئی متذکرۂ نمبر ۱۲ کے ہین سمبت ۱۸۵۰ مین راجہ گلال سہاہ مورث اعلی کو ریاست تلوئی سے یہ تعلقہ ٹیکاری گذارہ ملا تھا اسوقت سے قبضۂ مورثان چلا آتا ہی اور بصلہ خیرخواہی ایام غدر ۱۸۵۷ع بابو سر بجیت سنگہ نے گورنمنٹ انگلشیہ سے دیہات تعلقہ بھاگوپور وغیرہ عطیہ حاصل کیے اور راجہ مادہو سنگہ تعلقدار گڈہ امیٹھی متذکرۂ نمبر ۸ نے اپنی کل جائداد سپرد بابو سر بجیت سنگہ تعلقدار حال کر دی اب سب ملکیت تعلقدار صاحب کی مع عطیہ وغیرہ سالانہ موضع اور تین پٹی جمعی ۔ اضلاع رائے بریلی و پرتاب گڈھ و سلطانپور مین واقع ہین اولاد اکبر اس خاندان مین مالک ریاست ہوتا ہی۔

(نمبر ۱۰۱) سیتلا بخش و شنکر بخش قوم ٹھاکر بسین تعلقدار رومن گڈھ

انکا تذکرۂ خاندانی نمبر ۵ پر مفصل درج ہی اولاد رای ہوم پال سی جو تعلقہ ڈھگوس بروقت تقسیم علحدہ قائم ہوا یہ ریاست اوسی تعلقہ کی ایک شاخ ہی تعلقہ مین موضع جمعی ضلع پرتاب گڈھ مین واقع ہین اور اس خاندان مین اگر مورث اعلی بلا وصیت فوت ہو جاوے تو بموجب آئین معمولی کل اشخاص بحق وارث ریاست ہونگے

(نمبر ۱۰۲) بابو کشن پرشاد سنگہ قوم ٹھاکر بنوار تعلقدار چاندی پور برہر

قریب پانچسو سال کے ہوتا ہی سکہراج دیو مورث اعلی ضلع اعظم گڈھ سے آکر راج بہر و مین آئے اور بہت اختیار حاصل کیا جب زمانہ بہر وں کا منقلب ہوا اسوقت سا دو موضع پر اپنا قبضہ کر کے مالک ریاست ہو گئے اور وقتاً فوقتاً دیگر مواضعات پر بھی اپنا قبضہ کرتے رہی چند پشتوں کے بعد اس خاندان مین بلٹن سنگہ و لشکری سنگہ ہوی عرصہ دوسو برس کا ہوتا ہی کہ ان دونون مین ریاست تقسیم ہوئی بلٹن سنگہ کے خاندان سے یہ تعلقدار و تعلقہ نمبر ۱۰۳ قائم ہے اور لشکری سنگہ کے خاندان سے تعلقداران نمبر ۱۰۴ و ۱۰۶ اکی تعلقداران ہین۔ اس تعلقہ مین ۳۰ موضع اور سالانہ پٹی جمعی ضلع فیض آباد مین واقع ہین اس خاندان مین اولاد اکبر وارث ریاست ہوتا ہی۔

(نمبر ۱۰۳) بابو ہردت سنگہ قوم بنوار تعلقدار برہر چاندی پور بہسوا

یہ تعلقہ ایک شاخ تعلقہ نمبر ۱۰۲ کا ہی حال خاندانی و آغاز ریاست اسی نمبر پر درج ہی خاندان سکہراج دیو مورث اعلے مین یہ ریاست بلٹن سنگہ مورث سے علحدہ قائم ہوئی جبسے اس خاندان مین قبضہ چلا آتا ہی تعلقہ مین ۲۴ موضع ۳۲۰ سالانہ پٹی جمعی ضلع فیض آباد مین واقع ہین اولاد اکبر اس خاندان مین وارث ریاست ہوتا ہے۔

(نمبر ۱۰۴) شمشیر بہادر بابو شیو پرگاش سنگھ قوم بنوار تعلقدار بربہر راج سلطانپور

یہ تعلقہ ایک شاخ تعلقہ نمبری ۱۰۲ کا ہی مفصل تذکرہ خاندانی و آغاز ریاست اوسی نمبر پر درج ہی خاندان سکھراج دیو مورث اعلی مین لشکری سنگھ مورث سے یہ ریاست قائم ہوئی جبسے اس خاندان مین قبضہ چلا آتا ہی تعلقہ مین نو موضع اور دو سو پٹی جمعی مبلغ ـــــ ضلع فیض آباد مین واقع ہین - اولاد اکبر اس خاندانمین وارث ریاست ہوتا ہے -

(نمبر ۱۰۵) ٹھکراین دلیل کنور بیوہ چیندکا پرشاد قوم بیس تعلقدار لہرات پور

ڈھائی سو سال ہوی سلطنت دہلی سے ایک وسیع رقبہ کئی ہزار بیگھہ اراضی غیر مزروعہ کا جو بڑا جنگل ہیری افتادہ تھا مورثان تعلقدار کو مرحمت ہوا تھا اُنھون نے جنگل کو کٹوا کر آبادی کرائی اور بنام زبردوا تعلقہ قائم کیا عہد شاہی تک قبولیت بنام بردوا ہوتی تھی اب بنام لہرات پور تعلقہ مشہور ہی آخرالامر سند تعلقداری گورنمنٹ انگلشیہ سے بنام چیندکا بخش مرحمت ہوئی تھی بعد وفات اونکی یہ رئیسہ قابض ہین اور تعلقہ مین ۱۱ موضع ۲ پٹی جمعی مبلغ ـــــ ضلع ہردوئی مین واقع ہین رسم گدی نشینی اس خاندان مین ہی -

(نمبر ۱۰۶) شیو درشٹ نراین سنگھ خلف بابو مہیپ نراین سنگھ قوم بنوار تعلقدار ٹبہر

یہ تعلقہ شاخ تعلقہ نمبر ۱۰۲ کا ہی مفصل تذکرہ خاندانی و آغاز ریاست اُسی نمبر پر درج ہی خاندان سکھراج دیو مورث اعلی مین لشکری سنگھ سے یہ ریاست قائم ہی جبسے اس خاندان مین قبضہ چلا آتا ہی اور ان تعلقدار نے اپنی ریاست مقبوضہ سے تعدادی ــــ جمع مالگذاری کی جائداد اپنے پانچ بیٹیونکو منتقل کردی ہی اپنے قبضہ مین صرف دو موضع اور ــــ پٹی جمعی ــــ کی رکھی ہین جو ضلع فیض آباد مین واقع ہین - اس خاندان مین اولاد اکبر وارث ریاست ہوتا ہی -

(نمبر ۱۰۷) گنیش کنور بیوہ ارجن سنگھ قوم کنپوریہ تعلقدار ریٹھی

انکا تذکرہ خاندانی و آغاز ریاست نمبر ۲۱ پر درج ہی یہ ریاست بلبھدر ساہ دوسری لڑکی سالباہن سے علحدہ قائم ہوئی جبسے نسلاً بعد نسل قبضہ چلا آیا تعلقہ مین ۱۲ موضع جمعی ــــ ضلع سلطانپور مین واقع ہین رسم گدی نشینی اس خاندان مین ہی -

(نمبر ۱۰۸) احمد حسین و واجد حسین قوم شیخ تعلقداران گدیہ وگوبلیا بستولی

سنہ ۹۹۵ ہجری مین قاضی علاء الدین انصاری مدنی نے اقوام بھرون سے بزور تیغ اس ریاست کو حاصل کیا تھا جبسے قبضہ مورثان چلا آیا سنہ ۱۲۵۰ فصلی مین شیخ زین العابدین والد تعلقداران حال ورثہ نانہالی پر قابض اس ریاست کے ہوسے بعد وفات اونکی یہ تعلقداران قابض ریاست ہین اور قوم شیخ قدوائی اولاد قاضی قدوہ سے

معروف ہین شیخ احمد حسین صاحب ملازمت سرکار مین بعہدۂ تحصیلداری ممتاز ہین - تعلقہ مین ۱۴ موضع مع پٹی جمعی ۔۔ اضلاع لکھنؤ و بارہ بنکی مین واقع ہین اس ریاست مین اگر مورث اعلی بلا وصیت فوت ہوجاوے تو بموجب آئین معمولی کے اشخاص ذیحق وارث ریاست ہونگے —

(نمبر ۱۰۹) ٹھاکر بلدیو بخش خلف سردار جھبا سنگہ قوم ٹھاکر جنوار تعلقدار پرسینی واکوہری گوپال کھیرہ و پرسینی گوٹھا چک بھپارارانی پور — انکے مورث پہلے سے جزو ملکیت دار تعلقہ پرسینی کے تھے سردار جھبا سنگہ والد تعلقدار حال نے بصلہ خیرخواہی ایام غدر ۱۸۵۷ء تعلقہ اکوہری گوپال کھیرہ ملکیت منضبطہ ہندپال سنگہ کو مع خطاب سردار بہادر گورنمنٹ انگلشیہ سے عطیہ حاصل کر کے شامل تعلقہ کیا تعلقہ پرسینی کا بندوبست استمراری ہی اور یہ ریاست منجملہ پانچ تعلقداران خیرخواہ کے ہے بعد وفات سردار جھبا سنگہ آپ قابض تعلقہ ہین - اور تعلقہ مین ۱۲ موضع ایک پٹی جمعی ۔۔ اضلاع لکھنؤ ورای بریلی و اونام مین مع ملکیت عطیہ واقع ہین اس خاندان مین اولاد اکبر مالک ریاست ہوتا ہی —

(نمبر ۱۱۰) ٹھاکر لالتا بخش قوم گور تعلقدار کھجریرہ و بھروا

گیارہ سو برس ہوی رگھوناتھ سنگہ مورث اعلی بذریعہ چاکری عاملانہ راجہ جےچند والی قنوج نارکلیجر سے اس جوار مین آئے بعد آسکے بکینگا سنگہ اپنے باپ کی جگہہ عامل مقرر ہوے انھون نے یہ ملکیت اقوام تھتھرہ کی جو راجہ قنوج سے منحرف ہوگئی تھی بحکم راجہ بعد قتل واخراج اقوام تھتھرہ راجہ قنوج سے حاصل کی جبسے آغاز اس ریاست کا ہی پھر مورثان تعلقدار نے بذریعہ بیع و رہن ترقی دیکر صورت تعلقہ قائم کی سند تعلقہ بنام ٹھاکر دال سنگہ ہوئی تھی بعد آنکے اب یہ رئیس قابض ریاست ہین ۔۔ موضع ۲ پٹی جمعی ۔۔ اضلاع ہردوئی و سیتاپور مین واقع ہین اولاد اکبر اس خاندان مین وارث ریاست ہوتا ہی —

(نمبر ۱۱۱) سید وصی حیدر قوم سید تعلقدار بھوگتا پور

سنہ ۱۴۰۰ ہجری مین محمد صغرا مورث ہمراہ سلطان شمس الدین اپنی ولایت سے ہند مین آئے اور دیہات پرگنہ بلگرام بجلدوی فتحیابی سری راجہ مالک سری نگر جو اب بلگرام مشہور ہی دربار شاہ سے انکو عطا ہوئے پھر اولاد محمد صغرا نے جنگل کٹواکر بھوگتا پور آباد کرایا جس نام سے تعلقہ مشہور ہی گورنمنٹ انگلشیہ سے سند تعلقداری بنام سید محمد ابراہیم انکے بڑے بھائی کو مرحمت ہوئی تھی حسب وصیت آنکے بعد یہ تعلقدار قابض ریاست ہین - تعلقہ مین ۲۱ موضع ایک پٹی جمعی ۔۔ ضلع ہردوئی مین واقع ہین رسم گدی نشینی اس خاندان مین ہی —

(نمبر ۱۱۲) ۱- چودھری محمد اشرف ۲- محمد زین العابدین ۳- محمد فاضل ۴- محمد ابرار اقوام سید تعلقداران آصف پور و آصف پور بگھاری و درگاگنج و دھوندپور خطاب چودھری مین حیات —

یہ تعلقداران ہمخاندان تعلقدار نمبر ۱۱۱ کے ہین آصف پور جسکے نام سے تعلقہ مشہور ہی سید آصف مورث نے آباد
کیا تھا بعدہ ویران ہوگیا اسی مقام پر سنہ ۱۲۳۲ فصلی مین غازی الدین حیدر شاہ والی ملک اودھ نے رفعت گنج
بنام رفعت علیخان عرف نصیر الدین حیدر شاہ اپنے بیٹے کے نام پر آباد کرایا اور بعد سال تک تحصیل سرکار شاہی کھا
سنہ ۱۲۴۰ فصلی مین مولوی کاظم حسین خان مورث کہ جو سفیر سلطنت اودھ تھے پیشگاہ نصیر الدین حیدر شاہ سے بطور معافی
مرحمت ہوا اسوقت سے قبضہ مورثان برابر چلا آتا ہی سند تعلقداری گورنمنٹ انگلشیہ سے ہر چہار صاحبان کے نام یکجائی
ملی تھی لیکن باہم اسطور سے قابض ریاست ہین چودھری محمد اشرف کو تعلقہ آصف پور رقبہ ۱۱ مواضع جمعی [illegible] مولوی
محمد زین العابدین کو تعلقہ گھباری سے موضع جمعی [illegible] سید محمد فاضل کو تعلقہ درگا گنج ۱۲ مواضع دو ٹپی جمعی
[illegible] سید محمد ابرار کو تعلقہ دھوندپور رقبہ موضع سے ٹپی جمعی [illegible] ۔ یہ تعلقداران ایام غدر مین خیرخواہ
سرکار رہے آسکے صلہ مین گورنمنٹ انگلشیہ سے علاقہ عطیہ مرحمت ہوا اب اس تعلقہ مین مع ملکیت عطیہ [illegible]
مواضع صرف ٹپی جمعی [illegible] ضلع ہردوئی مین واقع ہین اس خاندان مین اولاد اکبر وارث ریاست ہوتا ہی۔

(نمبر ۱۱۳) مرزا محمد علی بیگ قوم مغل تعلقدار اورنگ آباد

بمرور عرصہ دو سو سال مرزا بہادر بیگ ساکن ملک عرب مورث از جانب شاہ اورنگ زیب بادشاہ دہلی
واسطے تنبیہ و تدارک تعلقداران ٹھونچہ وغیرہ جو مالک اس ریاست کے تھے اس جوار مین آئے اور ریاست پر
مالکانہ قبضہ کرلیا اور گڈھی بال پور کو منہدم کرکے ہمنام بادشاہ اورنگ آباد آباد کیا جس نام سے یہ تعلقہ
مشہور ہی چند پشتون کے بعد اونکی اولاد مین محمد بخش و قطبی محمد ہوے آنمین علاقہ تقسیم ہوا نمبر ۱ کی اولاد سے
یہ تعلقدار قابض ریاست ہین اور نمبر ۲ کی اولاد سے تعلقدار قطب نگر نمبری ۱۲۱ کے ہین اس تعلقہ مین [illegible]
موضع ایک ٹپی جمعی [illegible] ضلع سیتاپور مین واقع ہین رسم گدی نشینی اس خاندان مین ہی۔

(نمبر ۱۱۴) کاظم حسین خان خانزادہ تعلقدار بھٹوامئو و دریاپور و حصہ شراکتی

سنہ ۹۰۵ ہجری عہد محمد بابر شاہ مین شیخ ببن مورث اعلی بجلدوی حسن خدمات بعطای جاگیر پرگنہ باڑی و لبوان
و فتحپور و صدر پور اس ملک مین آئے اور بھٹوامئو خاص مین سکونت اختیار کی سنہ ۱۰۱۹ ہجری مین بعہد جہانگیر شاہ
بادشاہ انکے مورثان کو خطاب خانی مرحمت ہوا سنہ ۱۰۶۲ ہجری مین بہادر خان مورث شاہ وقت سے بخطاب
ممتاز الملک ممتاز ہوے چند پشتون کے بعد امام علیخان مورث نے علاقہ کو ترقی دی آخر الامر سند تعلقداری بنام
بادشاہ حسین خان گورنمنٹ انگلشیہ سے مرحمت ہوئی بعد وفات انکے یہ تعلقدار قابض ریاست ہین اور یہ
رئیس ہمخاندان راجہ امیر حسن خانصاحب تعلقدار متذکرہ نمبر ۱ کے ہین عہد سلطنت اودھ مین تجمل حسین خان
و بہادر حسین خان مورثان و نیز یہ تعلقدار بھی عہدہ نظامت و چکلہ داری پر سرفراز رہے ۔ اس تعلقہ مین

مدسیــ موضع سے ٹپی جمعی [illegible] اضلاع بارہ بنکی و سیتاپور مین واقع ہین اس خاندان مین رسم گدی نشینی ہے ــ

(نمبر ۱۱۵) ٹھاکر ہری ہر بخش قوم بنوار تعلقدار سرورہ

کیفیت خاندانی و آغاز ریاست اس قوم کی نمبر ۲۳ پر درج ہے یہ ریاست کرن دیو مورث اعلی سے جنھون نے وقت تقسیم حاصل کیا تھا قائم ہے آنکی اولاد مین ساہ جی نے موضع سرورہ جنکے نام سے تعلقہ مشہور ہے سنہ ۱۱۶۵ فصلی مین آباد کیا آنکی چند پشتون کے بعد سند تعلقداری بنام گنگا بخش گورنمنٹ انگلشیہ سے مرحمت ہوئی بعد وفات آنکے یہ تعلقدار قابض ریاست ہین ــ تعلقہ مین ۳۰ موضع ٹپی جمعی [illegible] اضلاع بارہ بنکی و سیتاپور مین واقع ہین رسم گدی نشینی اس خاندان مین ہے ــ

(نمبر ۱۱۶) ٹھاکر فضل علیخان قوم گور تعلقدار اکبر پور

پہلے سے مالک اس ریاست کے بخت بلی و مہابلی اقوام ٹھاکر گور ہنود تھے جب بوجہ سرکشی خود با پیشگاہ شاہ وقت سے خارج از ملکیت ہوے اور دیانت رای سیٹھہ سکنہ بسوان کو صوبہ اودہ سے یہ ریاست ملگئی اسوقت سنہ ۱۱۸۰ ہجری مین بعہد نواب شجاع الدولہ بہادر بمقام فیض آباد ہر دو شخص مشرف باسلام ہوے اور اپنی ملکیت پر قبضہ پایا جبسے قبضہ مورثان چلا آتا ہے مگر بحالت اسلام اوسی نام سابقہ سے مشہور رہے اکبر پور اکبر علی خلف مہابلی نومسلم کا آباد کیا ہوا ہے یہ تعلقدار اسی خاندان سے ہین تعلقہ مین ۳۶ موضع ٹپی جمعی [illegible] ضلع سیتاپور مین واقع ہین رسم گدی نشینی اس خاندان مین ہے ــ

(نمبر ۱۱۷) ٹھاکر جواہر سنگہ قوم ٹھاکر بیس تعلقدار بسی ڈیہہ و برھولی

آغاز قوم بسیان کا تذکرہ نمبر ۱۴ پر درج ہے سنہ ۱۲۴۳ فصلی مین یہ ریاست ہنگام تقسیم باہمی علاقہ سجولیا جو ملکیت نواز شاہ مورث کی تھی بھوانیدین سنگہ آپکے والد کو ہوئی تھی پھر انھون نے بذریعہ بیع و رہن علاقہ کو بہت ترقی دی بعد وفات اونکی یہ تعلقدار قابض ریاست ہین اور سند تعلقداری بھی گورنمنٹ انگلشیہ سے انھین کے نام مرحمت ہوئی وبصلہ خیر خواہی ایام غدر سنہ ۱۸۵۷ع تعلقہ برھولی گورنمنٹ سے عطیہ حاصل ہوا ــ تعلقہ مین [illegible] موضع اور [illegible] ٹپی جمعی [illegible] مع ملکیت عطیہ ضلع سیتاپور مین واقع ہین اولاد اکبر اس خاندان مین مالک ریاست ہوتا ہے ــ

(نمبر ۱۱۸) ٹھاکر درگا بخش قوم بنوار تعلقدار نیلگانون و جلالپور

یہ تعلقہ ایک شاخ تعلقہ نمبر ۲۳ کا ہے کرن دیو مورث اعلی نے وقت تقسیم تعلقہ نمبر ۲۳ سے چند دیہات حصہ مین حاصل کیے تھے ڈیڑھ سو برس کا عرصہ گذرتا ہے سنبھا سنگہ مورث نے بزور بازو موا ضعات نیلگانون وغیرہ پر جو ملکیت اقوام ٹھاکر و کایستھ کی تھی قبضہ پاکر تعلقہ بنام نیلگانون قائم کیا سنہ ۱۲۲۳ فصلی مین چند دیہات پرگنہ باڑی مین

آباد کرکے افزونی ریاست کی آخر الامر بھوانی دین مالک ریاست ہوئے غدر ۱۸۵۷ء مین خیرخواہ سرکار رہے اور تعلقہ جلالپور مع سند تعلقداری گورنمنٹ انگلشیہ سے عطیہ حاصل کیا بعد انکے یہ رئیس قابض ہین اور تعلقہ مین [illegible] موضع اور دو پٹی جمعی [illegible] مع ملکیت عطیہ ضلع سیتاپور مین واقع ہین رسم گدی نشینی اس خاندان مین ہے۔

(نمبر ۱۱۹) ٹھاکر مہراج سنگہ قوم ٹھاکر بیس تعلقدار کانہہ مئو و بھوریا و داودی پور

انکا تذکرہ خاندانی نمبر ۱۰۴ مین درج ہے اور یہ تعلقدار ہمخاندان و تعلقدار تعلقہ لبی ڈیہہ نمبر ۱۱۷ کے ہین پانچسو برس ہوئے رانا بیر بھان مورث ڈونڈیہ کھیرہ سے آکر بمقام بہرمئو آباد ہوئے اور ۵۲ موضع علاقہ بہرمئو زمینداری کنجرہ پر بزور بازو قبضہ حاصل کیا اسوقت سے قبضہ مورثان چلا آتا ہے آخر الامر بینی سنگہ نے ایام غدر ۱۸۵۷ء کی خیرخواہی مین [illegible] موضع مشمولہ تعلقہ گورنمنٹ انگلشیہ سے عطیہ حاصل کیے بعد وفات انکے یہ تعلقدار قابض ریاست ہین تعلقہ مین مع ملکیت عطیہ [illegible] موضع [illegible] پٹی جمعی [illegible] اضلاع سیتاپور و کھیری مین واقع ہین رسم گدی نشینی اس خاندان مین ہے۔

(نمبر ۱۲۰) رای ابرام بلی قوم کایستہ تعلقدار رام پور خطاب رای موروثی

[illegible] ہجری مین رای پرتھی راو مورث اعلی بعہد سلطنت جلال الدین میران شاہ بادشاہ دہلی عہدہ قانونگوئی پر ممتاز ہوکر ہمراہ صوبہ دار محمود آباد مین آئے کہ یہ مقام صدر نشین حاکمان تھا صوبہ دار اودھ نے حسب صلاح انکے قلع و قمع اقوام بھرکا کرکے اپنی سفارش سے یہ ملکیت رای پرتھی راو کو سلطنت دہلی سے دلوادی جبسے قبضہ مورثان چلا آتا ہے انکی تیرھوین پشت مین یہ تعلقدار قابض ریاست ہین اور انکو اختیارات آنریری مجسٹریٹی و اسسٹنٹ کلکٹری اپنے علاقہ مین حاصل ہین تعلقہ مین [illegible] موضع [illegible] پٹی جمعی [illegible] ضلع بارہ بنکی مین واقع ہین رسم گدی نشینی اس خاندان مین ہے۔

(نمبر ۱۲۱) مرزا احمد علی بیگ قوم سید تعلقدار قطب نگر و کریم نگر

یہ تعلقدار ہمخاندان اور شاخ تعلقہ اورنگ آباد و متذکرہ نمبر ۱۱۳ کے ہین اس ریاست کو قطبی محمد مورث نے ہنگام تقسیم اورنگ آباد سے حاصل کیا تھا آخری رئیس اس تعلقہ کے سبحان علی ہوئے انکی زوجہ نے ابراہیم بیگ کو متبنے کیا بعد وفات انکے یہ رئیس بذریعہ تبنیت وارث ریاست ہوئے تعلقہ مین [illegible] موضع جمعی [illegible] اضلاع سیتاپور و ہردوئی مین واقع ہین رسم گدی نشینی اس خاندان مین ہے یہ علاقہ بوجہ قرضہ کے نیلام ہوگیا۔

(نمبر ۱۲۲) مولوی فضل حسین قوم سید تعلقدار جلالپور و داود پور و کیکٹی و رامپور گرہاون دستوہی و محمد پور بتروند و کٹھورہ یہ گنج — سات سو برس ہوئے مخدوم صاحب مورث اعلی جنکی زیارت سندیلہ مین

ہی یہان آئے اُنکو یہ اراضی بطور معافی سلطنت اودھ سے عطا ہوئی تھی آنکی اولاد مین سے سید جلال نے جلال پور آباد کیا جس نام سے تعلقہ مشہور ہی بیتالیس برس ہوئے چودھری محمد مقیم نے بوجہ لاولدی اپنی سید غلام اشرف اپنے نواسہ کو مالک ریاست کیا آخری رئیس اس تعلقہ کے منشی فضل رسول صاحب انکے والد ہوی جنکے نام سند تعلقہ گورنمنٹ سے مرحمت ہوئی اور انھون نے بصلۂ خیر خواہی ایام غدر ۱۸۵۷ء ملکیت تعلقہ محمد پور وغیرہ گورنمنٹ انگلشیہ سے عطیہ حاصل کی بعد وفات انکے یہ رئیس قابض تعلقہ ہین۔ تعلقہ مین موضع سے بی جمعی ۔ مع ملکیت عطیہ اضلاع ہردوئی واونام وسیتاپور وکھیری ولکھنؤ مین واقع ہین۔ اس خاندان مین اولاد اکبر وارث ریاست ہوتا ہی۔

(نمبر ۱۲۳) قاضی اکرام احمد قوم شیخ تعلقدار سترکھہ

یہ تعلقہ بہت جدید ہی اور اس ریاست مین چند دیہات آبائی واجدادی تھے ۱۲۷۱ فصلی مین قاضی سرفراز علی صاحب نے سترکھہ خاص پر قبضہ پایا اور پھر ملکیت کو یوماً فیوماً ترقی دی بعد وفات انکی آپ قابض ریاست ہین ۔ موضع اور ایک پٹی جمعی ۔ ضلع بارہ بنکی مین واقع ہین اولاد اکبر اس خاندان مین مالک ریاست ہوتا ہے۔

(نمبر ۱۲۴) ٹھاکر رگھوبیر سنگھ قوم کلہن تعلقدار دھنا وان وبھنڈیاری

تذکرۂ خاندانی وآغاز ریاست انکا نمبر ۳۳ پر درج ہی دولہ رای مورث اعلی کے خاندان سے بیاگدت مورث نے یہ ریاست قائم کی جبسے علے الاتصال قبضہ مورثانکا چلا آتا ہی اور تعلقہ نمبر ۱۲۵ شاخ اس تعلقہ کا ہی۔ اس تعلقہ مین موضع بٹی جمعی ۔ اضلاع گونڈہ وبہرایچ مین واقع ہین رسم گدی نشینی اس خاندان مین ہی۔

(نمبر ۱۲۵) ٹھاکر تیج بخش قوم کلہن تعلقدار ساہ پور وکونکا مرتھہ

یہ تعلقہ ایک شاخ تعلقہ دھنا وان نمبری ۱۲۴ کا ہی اور تذکرۂ خاندانی وآغاز ریاست نمبر ۳۳ پر درج ہی انوپ سنگھ خلف بیاگدت تعلقدار دھنا وان مورث نے اس ریاست کو بوقت علیحدگی گذارہ مین پایا تھا جبسے قبضہ مورثانکا چلا آتا ہی تعلقہ مین موضع پٹی جمعی ۔ اضلاع گونڈہ وبہرایچ مین واقع ہین رسم گدی نشینی اس خاندان مین ہی۔

(نمبر ۱۲۶) دیوان ہرمنگل سنگھ قوم بچگوتی تعلقدار اوریا ڈیہہ

تذکرۂ خاندانی انکا نمبر ۷۰ و ۱۴۰ پر درج ہی یہ تعلقدار اولاد جگر سنگھ مورث سے ہین اور یہ تعلقہ ایک شاخ بٹی سیف آباد نمبری ۶۹ و ۷۰ کا ہی اس تعلقہ مین موضع جمعی ضلع پرتابگڈھ مین واقع ہین رسم گدی نشینی اس خاندان مین ہی۔

(نمبر ۱۲۷) ۱۔ بھگونت سنگھ ۲۔ بشیشر بخش سنگھ ۳۔ جگموہن سنگھ ۴۔ اندر تھمن سنگھ اقوام بچگوتی

تعلقداران دریاپور- انکا تذکرہ خاندانی نمبر ۳۹ و ۴۰ پر درج ہی اور یہ تعلقہ ایک شاخ بٹی سیف آباد نمبر ۶۹ و ۷۰ کا ہی تعلقہ مین ۵ عدد موضع جمعی ۵ ہمار ۵ ضلع پرتاپگڈہ مین واقع ہین اور اس ریاست مین اگر مورث اعلی بلا وصیت فوت ہوجاوے توبموجب آئین معمولی کے اشخاص ذیحق وارث ریاست ہوتے ہین -

(نمبر ۱۲۸) حکیم کرم علی قوم سید تعلقدار گوتھیا

یہ تعلقہ پیدا کردہ آپکے مورث کا ہی اور آپ بہت پورانے رئیس ہین آپ اپنے تعلقہ مین حکومت آنریری مجسٹریٹی اور اسسٹنٹ کلکٹری سے ممتاز رہے بعد تصنیف کتاب انھون نے انتقال کیا اس تعلقہ مین ۵ عدد موضع جمعی [illegible] کی ضلع بارہ بنکی مین واقع ہین اس خاندان مین رسم گدی نشینی ہی -

(نمبر ۱۲۹) بابو جدو ناتھ سنگھ قوم بنوار تعلقدار مھگوان جھونہ واودے پور

یہ تعلقہ ایک شاخ تعلقہ انھونجہ متذکرہ نمبر ۲۳ کا ہی مفصل تذکرہ خاندانی اوسی نمبر پر درج ہی چار سو سال ہوئے بھلان دیو مورث پسر دوم دیو ودہ رای کو بروقت تقسیم ریاست حاصل ہوئی تھی جبسے قبضہ مورثان برابر چلا آتا ہی آخرالامر سند تعلقہ گورنمنٹ انگلشیہ سے بنام بابو برتھی پال سنگھ ہوئی تھی بعد وفات انکی آپ قابض ریاست ہوئے اس تعلقہ مین [illegible] موضع جمعی [illegible] اضلاع لکھنؤ و بارہ بنکی مین واقع ہین یہ رسم گدی نشینی اس خاندان مین ہی -

(نمبر ۱۳۰) ۱- محبوب الرحمن ۲- عنایت الرحمن ۳- عبدالرحمن ۴- فضل الرحمن اقوام شیخ تعلقداران برئی واگھیاری - ۸۲۵ ہجری مین بعہد محمد ابراہیم شاہ بادشاہ شرقی خواجہ محمد افتخار ہارونی مورث اعلی ہمراہ تاتار خان صوبہ دار واسطے تنبیہ و اخراج اقوام بھر اس ملک مین آئے اور بعد اخراج اقوام بھر حسب سفارش صوبہ دار بجلدوے حسن خیرخواہی ۵ عدد موضع پتیگاہ شاہ دہلی سے بطور مدد معاش حاصل کیے پھر ۱۱۵۳ ہجری مین بعہد نواب ابوالمنصور خان محمد عظیم مورث نے بذریعہ بیع و رہن ریاست کو ترقی دیکر بنا مزد برئی تعلقہ قائم کیا آخرالامر بعد چند پشتون کے محبوب الرحمن نے بوجہ صغیرسنی اپنی کے سند تعلقداری گورنمنٹ انگلشیہ سے بنام غلام فرید اپنے چچا کے دلوادی لاکن غلام فرید صاحب نے باوصف اسکے کہ رسم تقسیم اس خاندان مین نتھا نصف علاقہ محبوب الرحمن کو و نصف اپنے لڑکون نمبر ۲ و ۳ و ۴ کو تقسیم کرکے نام قابضان مندرج سند کرادیا کل ملکیت اس تعلقہ مین ۱۳ عدد موضع اور ۵ عدد پٹی جمعی ۵ عدد ۲ پائی اضلاع فیض آباد و بارہ بنکی مین واقع ہین اس خاندان مین اگر مورث اعلی بلاوصیت فوت ہوجاوے توبموجب آئین معمولی اشخاص ذیحق وارث ریاست ہونگے -

(نمبر ۱۳۱) محمد نسیم خان قوم پٹھان تعلقدار سہلامؤ

یہ گانون سہلامئو قدیم زمیداری اقوام مسلمان وکایستھہ کا تھا ۱۲۴۱ فصلی مین فقیر محمد خان پدر تعلقدار نے بذریعہ بیع حاصل کرکے بعد افزونی ریاست تعلقہ قائم کیا اور عہد غازی الدین حیدر شاہ مین بعہدہ چکلہ داری ممتاز رہی بعد وفات انکی یہ تعلقدار و احمد خان مالک ریاست ہوے او دہر دو برادران نے باہمی ریاست تقسیم کرلی یہ تعلقدار اس ریاست کے مالک ہوے اور احمد خان کو تعلقہ کسمنڈی متذکرہ نمبر ۱۴۸ ملا - اس تعلقہ مین ۳½ موضع جمعی ۱۴۲۹/ پائی ضلع لکھنؤ مین واقع ہین اس خاندان مین اولاد اکبر مالک ریاست ہوتا ہی -

(نمبر ۱۳۲) میر محمد حسین خان قوم سید تعلقدار راجہ پارہ ہیرا پور

یہ تعلقدار قدیم باشندے ضلع بدایون کے ہین عہد سلطنت اودھ مین بعہدہ کلکٹری فوج اور نظامت کے ممتاز رہے اور اپنی قوت بازو سے بذریعہ بیع ورہن یہ ریاست حاصل کرکے تعلقدار نامزد ہوے اب تعلقہ مین صرف ایک پٹی جمعی ... ضلع سیتاپور مین واقع ہی اور باقی کل علاقہ نیلام ہوگیا - اولاد اکبر اس خاندان مین وارث ریاست ہوتا ہے -

(نمبر ۱۳۳) فدا حسین خان قوم سید تعلقدار اتوا پیر یا و پٹی مڑیاون و پٹی مصر پور کوٹھ

آپ قدیم باشندے ضلع بدایون کے ہین اور تعلقدار نمبر ۱۳۲ کے بھائی ہین عہد سلطنت اودھ مین کپتان فوج تھے اور چکلہ داری کرتے رہے یہ ریاست ایک جزو تعلقہ نمبر ۱۳۱ کی ہی بذریعہ انتقال خانگی آپکے قبضہ مین آئی اور جداگانہ تعلقہ قرار پایا اس تعلقہ مین موضع اور دو پٹی جمعی ... ضلع کھیری و لکھنؤ مین واقع ہین اولاد اکبر اس خاندان مین مالک ریاست ہوتا ہی - یہ علاقہ ڈگری عدالت سول کورٹ سے نیلام ہوگیا -

(نمبر ۱۳۴) بابو سکھراج سنگہ قوم ٹھاکر کلہن تعلقدار راٹا

انکا تذکرہ خاندانی و آغاز ریاست نمبر ۳۳ پر درج ہی یہ تعلقدار خاندان دولہ راے مورث سے ہین - تعلقہ مین موضع پٹی جمعی ... ضلع گونڈہ مین واقع ہین رسم گدی نشینی اس خاندان مین ہی -

(نمبر ۱۳۵) ٹھکرائن اکلاس کنور زوجہ نیپال سنگہ قوم کلہن تعلقدار پسکہ و لیلار

انکا تذکرہ خاندانی نمبر ۳۳ پر درج ہی اور یہ ریاست خاندان دولہ راے سے قائم ہی بندوبست اس تعلقہ کا گورنمنٹ انگلشیہ سے بنام نیپال سنگہ ہوا تھا بعد انکے یہ رئیسہ زوجہ انکی قابض ہین - تعلقہ مین موضع مع پٹی جمعی ... ۳۲۰ پائی اضلاع گونڈہ و بارہ بنکی مین واقع ہین رسم گدی نشینی اس خاندان مین ہی -

(نمبر ۱۳۶) سیٹھ رگھوبر دیال و سیتارام قوم کھتری تعلقداران معزالدین پور و کٹگھرا

والفاصوہ کوبلیہ و وری نگر و اوچہ کھیرہ و زنگو یا — عرصہ چار سو برس کا ہوتا ہی معزالدین پور کو ملک معزالدین نے جنگل کٹواکر بنام اپنے آباد کیا تھا جسکے نام سے تعلقہ مشہور ہی اور پیشگاہ شاہ دہلی سے بطور

معافی حاصل ہوا اُنکی اولاد مین چند پشتون کے بعد خانمحمد قابض ریاست ہوئے ۱۲۲۹ فصلی مین لالجی سیٹھہ مورث تعلقداران کو بعوض زر مانضامنی خانمحمد سے علاقہ پر قبضہ حاصل ہوا پھر لالجی نے بذریعہ بیع و رہن ریاست کو ترقی دیکر تعلقہ قائم کیا ۱۲۳۳ فصلی مین بعد وفات لالجی مرلی منوہر و سیٹھہ ستیارام قابض ریاست ہوئے اب مرلی منوہر کی جگہہ سیٹھہ رگھوبردیال و ستیارام خود قابض تعلقہ ہین مرلی منوہر نے ایام غدر ۱۸۵۷ع مین سرکار کی خیرخواہی کی تھی بجلدوے آسکے چند دیہات بطور عطیہ گورنمنٹ سے حاصل کرکے شامل تعلقہ کیے اور اب علاقہ آپسمین تقسیم ہوگیا سیٹھہ رگھوبردیال حصہ دار ۹ کے ہین و سیٹھہ ستیارام ۷ کے مالک ہین تعلقہ مین مع ملکیت عطیہ موہیت موضع لعہ پٹی جمعی مالگذاری ضلع سیتاپور و کھیری مین واقع ہین اس خاندان مین اولاد اکبر مالک ریاست ہوتا ہی —

(نمبر ۱۳۷) دریاؤ کنور زوجہ ٹھاکر بشناتھہ بخش سنگہ و ٹھاکر اجودھیا بخش سنگہ قوم بیس تعلقدار زمیندار چہار — تذکرۂ خاندانی انکا نمبر ۱۴ پر درج ہی یہ تعلقہ ایک شاخ تعلقہ نمبر ۶ کا ہی سمبت ۱۸۸۵ مین بجرنگ بلی مورث نے رام بخش سے علیحدہ ہوکر یہ موضع جہان پہلے جنگل و چراگاہ مویشیان کا تھا آباد کیا اور چہار نام رکھا اُسوقت سے آغاز ریاست کا ہی اور عرصہ دو سو برس سے یہ موضع بطور معافی سرکار شاہی سے چلا آتا تھا گورنمنٹ انگلشیہ سے بندوبست تعلقداری بنام ٹھاکر اجودھیا بخش سنگہ و بشناتھہ بخش سنگہ کے ہوا تھا بشناتھہ بخش سنگہ کی جگہ اُنکی زوجہ و ٹھاکر اجودھیا بخش سنگہ خود مالک ریاست ہین تعلقہ مین ۱۱ موضع جمعی مالگذاری ضلع رای بریلی مین واقع ہین رسم گدی نشینی اس خاندان مین ہی —

(نمبر ۱۳۸) نواب علیخان قوم شیخ قدوائی تعلقدار میلارای گنج

یہ تعلقدار راجہ فرزند علیخان صاحب کے چچا ہین سنہ ۱۲ ہجری ہین شیخ غلام امیر مورث اعلے نے نواب شجاع الدولہ بہادر والی لکھنؤ سے پٹی میلارای گنج و موضع بھنسریا و درجن پور وغیرہ حاصل کیا تھا زان بعد شیخ حیدرعلی انکے چچا نے ریاست کو بذریعہ خریداری اور ترقی دی جبسے علی الاتصال قبضہ موثان چلا آتا ہی سند تعلقہ گورنمنٹ انگلشیہ سے انھین کے نام مرحمت ہوئی — تعلقہ مین سہ موضع لعہ پٹی جمعی مالگذاری ضلع بارہ بنکی مین واقع ہین رسم گدی نشینی اس خاندان مین ہی —

(نمبر ۱۳۹) ٹھکراین اودی ناتھہ کنور بیوہ ٹھاکر سردار سنگہ قوم بیس تعلقدار میر مئو کولا انکا تذکرہ خاندانی نمبر ۱۴ پر درج ہی یہ تعلقہ ایک شاخ تعلقہ نمبر ۶۵ کا ہی بکندرای مورث کی اولاد مین ہندو سنگہ اپنے بھائی برتھی راج سے علیحدہ ہوکر اس مقام پر جو بھگونت مشہور تھا آئے اور جنگل کٹوا کر دیہات آباد کرکے تعلقہ بنام میر مئو کولا قائم کیا اُسوقت سے قبضہ موثان چلا آتا ہی آخر الامر سند تعلقہ گورنمنٹ انگلشیہ سے

بنام سردار سنگھ مرحمت ہوئی تھی بعد وفات آنکے یہ رئیسہ قابض ہین - تعلقہ مین ؁ موضع جمعی لعہ ؁ ضلع رای بریلی مین واقع ہین - رسم گدی نشینی اس خاندان مین ہی -

(نمبر ۱۴۰) ببجھدر سنگھ و درشن سنگھ قوم بیس تعلقدار گورا وحسین آباد

انکا تذکرہ خاندانی نمبر ۱۲۴ بر درج ہے خاندان کرن رای مین چند نشیتون کے بعد مہربان سنگھ مورث تعلقہ بہار نمبری ۱۹۵ سے علحدہ ہوکر اس مقام پر آئے اور جنگل کٹواکر اقوام گور کو آباد کیا اور گورا نام سے تعلقہ مشہور کیا جبسے قبضہ موثران برابر چلا آتا ہی گورنمنٹ انگلشیہ سے سند تعلقہ بنام ٹھاکر ستیلا بخش مرحمت ہوئی تھی بعد اونکے یہ ہر دو صاحبان قابض تعلقہ ہین - تعلقہ مین ۹ موضع جمعی ؁ ضلاع اونام و رای بریلی مین واقع ہین اس خاندان مین اولاد اکبر مالک ریاست ہوتا ہی -

(نمبر ۱۴۱) سید رضا حسین قوم سید تعلقدار نزولی

۱۲ ؁ ہجری مین محمد صالح مورث اعلی بعہد سلطان ابراہیم شاہ سپہ سالار ہوکر اودھ مین آئے اور بعد معرکہ اقوام بھر بارگاہ سلطان وقت سے ؁ موضع زمینداری بھرون کی عطیہ حاصل کی اور ردولی مین سکونت کرکے جامع مسجد طیار کی پھر عہد سلطان جلال الدین محمد اکبر شاہ دہلی مین سید ابو محمد مورث لقب چودھرایت وخطاب نصرت سلطانی سے موسوم ہوے آخر الامر گورنمنٹ انگلشیہ سے سند تعلقداری بنام چودھری حسین بخش صاحب والد تعلقدار عطا ہوئی تھی بجاے اونکے یہ رئیس قابض ہین تعلقہ مین ؁ موضع ؁ جمعی ؁ ضلع بارہ بنکی مین واقع ہین - رسم گدی نشینی اس خاندان مین ہی -

(نمبر ۱۴۲) فتح سنگھ عرف فتح بہادر خلف چودھری گلاب سنگھ قوم بربار تعلقدار سروسی

عہد ہمایون شاہ مین جب راجہ انونت سنگھ تعلقدار سابق ساوات اونام کے ہاتھ سے قتل ہوا اسوقت یہ ریاست بارگاہ شاہ دہلی سے اقوام دھوبیون کو بطور جاگیر ملگئی جبوقت ہمایون شاہ ایران مین تھے میدنی مل قوم ٹھاکر بتقریب شادی اپنی لڑکی کے اس جوار مین آیا چونکہ زمینداران گرد نواح مداخلت دھوبیان سے نہایت ناراض تھے میدنی مل نے بامداد اون لوگون کے دھوبیون کو قتل کرکے آپ قابض ریاست ہوگیا انکی ساتوین پشت مین ۱ - ساہو ۲ - اسیس ۳ - مانک ۴ پھولیدان یہ چار بھائی ہوے ان مین تین سو سال ہوے ریاست تقسیم ہوئی - ساہو کو گردن - اسیس کو ریاست مانک کو سکرپور وغیرہ پھولیدان کو اکھار - یہ تعلقدار اولاد اسیس سے ہین اور تعلقہ مین ۱۱ موضع جمعی ؁ ضلع اونام مین واقع ہین اس خاندان مین اولاد اکبر مالک ریاست ہوتا ہی -

(نمبر ۱۴۴۳) ٹھاکر اننت سنگھ و جگناتھ سنگھ و گنگا بخش و ہردیو بخش اقوام کالیستھ تعلقداران رامپور و پیراوان و ولی محمد پور
پہلے یہ موضع رامپور بنام نواب پور مشہور تھا اور زمینداری قوم کنجرہ کی تھی سات سو سال کا عرصہ ہوتا ہے راے داس مورث اعلی کو
عہد سلطنت راے پتھورا راجہ دہلی مین یہ موضع معہ [illegible] موضع دیگر بطور جاگیر حاصل ہوا تھا پھر اونھون نے نواب پور کو جو کہ ویران
پڑا تھا از سر نو آباد کر کے بنام رامپور مشہور کیا جس نام سے تعلقہ مشہور ہے بعد چند پشتون کے سنہ ۹۶۳ ہجری مین پیشگاہ اکبر شاہ
سے اسکرن داس مورث کو عہدہ قانون گوئی لسوان مرحمت ہوا سنہ ۱۲۸۶ ہجری مین دریاو سنگھ مالک ریاست ہوئے اور
بذریعہ آبادی دیگر مزرعجات تعلقہ کو وسعت دی اور ایام غدر مین خیر خواہ سرکار رہے بجلدوی اسکے تعلقہ پیراوان وغیرہ
گورنمنٹ انگلشیہ سے عطیہ حاصل کیا اور سند تعلقداری مرحمت ہوئی بعد وفات انکے یہ صاحبان لڑکے انکے قابض ریاست ہین
تعلقہ مین [illegible] موضع چند پٹی جمعی [illegible] معہ ملکیت عطیہ ضلاع سیتاپور و بارہ بنکی مین واقع ہین
اولاد اکبر اس خاندان مین مالک ریاست ہوتا ہے —

(نمبر ۱۴۴۴) ٹھکرائن جے پال کنور بیوہ اندرجیت سنگھ قوم کلہنس تعلقدار مصطفے آباد و چنگریہ وغیرہ —
انکا تذکرہ خاندانی نمبر ۳۲۳ پر درج ہے اور یہ تعلقدار رئیس قدیم وہم خاندان تعلقدار کمیار متذکرہ نمبر ۲۹۴ کی ہین
نوے سال ہوئے یہ ریاست انکی مورثان نے سادات جرول سے خرید کی تھی گورنمنٹ انگلشیہ سے بندوبست تعلقداری
بنام اندرجیت سنگھ ہوا تھا بعد وفات انکے یہ رئیسہ زوجہ انکی قابض ہین — تعلقہ مین ۴۸ موضع [illegible] پٹی جمعی
سمی حاصلہ ۱۳ر ۱۰ پائی — اضلاع بہرائچ و گونڈہ مین واقع ہین رسم گدی نشینی اس خاندان مین ہے —

(نمبر ۱۴۴۵) بابو اعظم علی خان قوم بھالے سلطان خان زادہ تعلقدار دیوگانون و مخدوم پور
انکا تذکرہ خاندانی و آغاز ریاست نمبر ۳۰ پر درج ہے یہ تعلقہ اوسی نمبر ۳۰ کا ایک شاخ ہے آخری رئیس اس تعلقہ کے بابو جمشید علیخان
ہوئے جنھون نے سند تعلقداری گورنمنٹ انگلشیہ سے حاصل کی بعد وفات اونکے یہ تعلقدار قابض ریاست ہین —
تعلقہ مین [illegible] موضع ایک پٹی جمعی لعمہ ۱۲ر — ضلاع فیض آباد و سلطانپور مین واقع ہین رسم گدی نشینی اس خاندان مین ہے

(نمبر ۱۴۴۶) رام نراین قوم کالیستھ تعلقدار مبارک پور — خطاب چودہری حسین جہاب
یہ رئیس قدیم مین کشن سنگھ مورث اعلی نے اس موضع کو جسکے نام سے تعلقہ مشہور ہے آباد کیا تھا بعد کو بذریعہ
بیع و رہن دیگر دیہات حاصل کر کے تعلقہ قایم کیا جب سے اس خاندان مین قبضہ مورثان چلا آتا ہے تعلقہ مین چند موضع
و دو پٹی جمعی [illegible] — ضلع سیتاپور مین واقع ہین — اس ریاست مین اگر مورث اعلے بلا وصیت
فوت ہو جاوے تو بموجب آئین معمولی کے اشخاص ذی حق وارث ریاست ہون گے —

(نمبر ۱۴۴۷) بابو پرتھی پال سنگھ قوم بلوار تعلقدار نگہرا —
موضع نگہرا جسکے نام سے تعلقہ مشہور ہے قدیم ریاست قوم بلوار ستریا کا ہے سنہ ۱۲۲۰ فصلی مین بذریعہ بیع بابو نکرجیت سنگھ

مورث تعلقدار نے خرید کر کے شامل تعلقہ کیا اس تعلقہ مین ۱۳ موضع اور ۱۷ پٹی جمعی ... کی ضلع فیض آباد مین واقع ہین — اولاد اکبر اس خاندان مین مالک ریاست ہوتا ہے -

(نمبر ۱۴۸) محمد احمد خان قوم پٹھان تعلقدار کسمنڈی خورد

یہ تعلقدار ہمخاندان وشاخ تعلقدار نمبر ۱۳۱ - کے ہین یہ موضع کسمنڈی ۱۲۴۹ھ ہجری سے لغایۃ ۱۲۵۹ھ ہجری بدفعات بذریعہ بیع انکے والد فقیر محمد خان کے قبضے مین آیا تھا بعد کو انہون نے اور ترقی علاقے کی کی اور عہد غازی الدین حیدر شاہ اودھ مین بہ عہدہ چکلہ داری ممتاز رہے بعد وفات اونکے یہ تعلقدار حسب تقسیم باہمی مالک اس ریاست کے ہوئے و محمد نسیم خان برادر اونکے تعلقہ سہلامؤ نمبر ۱۳۱ کے مالک ہین اس تعلقہ مین ۱۴ موضع جمعی ... ضلع لکھنؤ مین واقع ہین اس خاندان مین اولاد اکبر مالک ریاست ہوتا ہے

(نمبر ۱۴۹) مہیش بخش سنگھ قوم بسین تعلقدار وبیاوان - خطاب بابو -

رائے ہوم پال مورث اعلے اس گروہ نے جنکا تذکرہ نمبر ۵ - پر مفصل درج ہے جو ریاست حاصل کی تھی اور بعد اوقات مختلف مین ریاست تقسیم ہو کر متعدد ریاستین قایم ہوگئین اوسی ریاست سے یہ تعلقہ ایک شاخ ہے - اس تعلقے کی سند گورنمنٹ سے بنام شیو دت سنگھ مورث کے مرحمت ہوئی تھی بعد وفات انکے آپ قابض ہین اور آپ بہت بڑے مستعد ولایق شخص ہین آپنے علم انگریزی اور قابلیت قانونی سے اپنی جوہر لیاقت کو اسقدر وسعت دی کہ اب علاوہ اس ریاست کے عہدہ اسسٹنٹ کمشنری ملک اودھ پر حکمران ہین ۱۰ موضع جمعی ... ضلع پرتاب گڈھ مین واقع ہین رسم گدی نشینی اس خاندان مین ہے -

(نمبر ۱۵۰) سربجیت سنگھ قوم ٹھاکر بسین تعلقدار شیخ پور چوراسی

انکا تذکرہ خاندانی وآغاز ریاست نمبر ۵ - پر درج ہے یہ تعلقہ ایک شاخ تعلقہ ڈہگوس نمبر ۱۷ - کا ہے آخر الامر مالک اس ریاست کے ٹھاکر دھونکل سنگھ ہوئے جنکے نام گورنمنٹ انگلشیہ سے سند تعلقداری مرحمت ہوئی اور ایام غدر ۱۸۵۷ عیسوی مین خیرخواہ سرکار رہے اوسکے صلے مین ملکیت عطیہ حاصل کر کے ترقی ریاست کی کی بعد دھونکل سنگھ کے یہ تعلقدار قابض ریاست ہوئے — تعلقہ مین معہ ملکیت عطیہ ۱۱ موضع جمعی ... ضلع پرتاب گڈھ مین واقع ہین رسم گدی نشینی اس خاندان مین ہے

(نمبر ۱۵۱) ٹھاکر شیو سہائے قوم بسین تعلقدار سمرانوان ضلع بارہ بنکی —

اس تعلقے مین چودہ موضع آبائی واجدادی تھے اور انکے مورثان نے دیگر دیہات بذریعہ بیع حاصل کر کے شامل تعلقہ کیے اور ریاست کو ترقی دی گورنمنٹ انگلشیہ سے بندوبست تعلقداری بنام ٹھاکر رام سہائے برادر کلان کے ہوا تھا جب انہون نے لاولد وفات پائی یہ تعلقدار قابض ریاست ہوئے

مگر بوجہ بدانتظامی کل تعلقہ فروخت ہوکر بہ قبضہ راجہ فرزند علیخان ورنجیت سنگھ صوبہ دار خیر خواہ سرکار اور بشیشر پرشاد کے ہے۔

(نمبر ۱۵۲) مسماۃ صاحب النسا بیوہ چودھری محمد حسین قوم شیخ تعلقدار کھرگا

عرصہ نوسو سال کا ہوتا ہی مورثان اعلی انکے ہمراہ حضرت سالار مسعود سے شہر غزنین سے اس ملک مین آئے اور اقوام بھرونکا قلع وقمع کرکے موضع کھرگا اونکی ریاست پر اپنا قبضہ کیا یہ موضع کھرگا اوسوقت پر ویران تھا دو سو برس بعد اسی خاندان مین سے کرم علی مورث نے ازسر نو آباد کرکے نام قدیم سے مشہور رکھا پھر وقتاً فوقتاً دیگر مورثان نے ترقی ریاست کرکے ایک تعلقہ بنام کھرگا قایم کیا گورنمنٹ انگلشیہ سے سند تعلقداری بنام کرم علی چچا محمد حسین کے ہوئی تھی سنہ ۱۲۶۵ فصلی مین بعلت بغاوت نام اونکا خارج ہوکر بنام محمد حسین بندوبست علاقے کا ہوا بعد وفات محمد حسین یہ رئیسہ زوجہ اونکی قابض علاقہ ہین تعلقہ مین ۱۰ موضع معہ پٹی جمعی ۱۰۰۰۰ [illegible] ضلع بارہ بنکی مین واقع ہین اولاد اکبر اس خاندان مین مالک ریاست ہوتا ہے۔

(نمبر ۱۵۳) میر بنیاد حسین قوم سید تعلقدار بھان مئو۔

یہ ریاست آبائی واجدادی عرصہ سات سو سال سے قایم ہے اور آپکے مورث نسلاً بعد نسلٍ قابض چلے آئے سند تعلقہ بنام سید اولاد حسین انکے والد کے ہوئی تھی بعد وفات اونکے یہ تعلقدار مالک ریاست ہین تعلقے مین ۳ موضع جمعی [illegible] ضلع نوابگنج بارہ بنکی مین واقع ہین اولاد اکبر اس خاندان مین وارث ریاست ہوتا ہے۔

میر امجاد حسین قوم سید تعلقدار سہیل پور

اس تعلقے مین ۹ موضع اور ایک پٹی جمعی [illegible] کی ضلع بارہ بنکی مین واقع مین رسم گدی نشینی اس خاندان مین ہے۔

(نمبر ۱۵۴) ٹھاکر دیپ سنگھ سوم بنسی تعلقدار سورج پور وسکرن

یہ ریاست قدیم ہے اٹھارہ پشت گذرین راجہ سانتھن مورث اعلے دہلی سے براے اشنان گنگاجی اس نواح مین آئے اور ایک ڈیہہ ویران متصل قصبہ سانڈی واقعہ ضلع ہردوئی کو بنام سانتھن کھیڑہ آباد کرکے سکونت اختیار کی اور دیہات قرب وجوار پر قابض ہوگئے انکی چھٹی پشت مین راجہ سبھج راو سورج پور کو آباد کرکے مقیم ہوئے سبھج راو کی گیارہوین پشت مین راجہ دریاو سنگھ آخری رئیس مالک ریاست ہوئے بعد وفات انکے زوجہ اونکی وارث ریاست ہوئین اور سند تعلقداری گورنمنٹ انگلشیہ سے حاصل کی

اونہون نے ان تعلقدار کو بذریعۂ تبنیت مالک ریاست کیا - تعلقہ مین [illegible] موضع جمعی [illegible] اضلاع ہردوئی وسیتاپور مین واقع ہین رسم گدی نشینی اس خاندانمین ہے -

(نمبر ۱۵۵) بابو ایشور سنگھ قوم راجکمار تعلقدار سیوپور ڈہلا و دو ثلث حصہ قبضہ بشرکت للو سنگھ نمبر ۹۵ - و سرہاپور و سیوپور شراکتی - تذکرہ خاندانی آپ کا نمبر ۷ - پر درج ہے و کیفیت آغاز ریاست نمبر ۳۷ - پر تحریر ہے یہ تعلقہ ایک شاخ نمبر ۹۵ کا ہے اس تعلقہ مین [illegible] موضع [illegible] جمعی [illegible] اضلاع سلطانپور و فیض آباد مین واقع ہین اولاد اکبر اس خاندان مین وارث ریاست ہوتا ہے —

(نمبر ۱۵۶) محمد زمان خان و محمد سعید خان و محمد سلطان خان قوم پٹھان تعلقداران اماوان نورالدین و مصطفےٰ خان مورثان اعلےٰ ہمراہ سلطان محمود غزنوی اس ملک مین آئے اور عہدہ دیوان گری دیہات پرگنہ سلون حاصل کر کے نورالدین پور و مصطفےٰ آباد اپنے نام سے آباد کیے پھر [illegible] ہجری مین بعہد سلطان ابراہیم شرقی محمد امانخان مورث نے اماوان خاص کی اراضی جو بطور جنگل افتادہ تھی بجلدوی حسن خدمات شاہی حاصل کر کے بمناسبت نام اپنی آباد کر کے اماوان نام رکھا و نیز دیگر دیہات بھی آباد کیے اور تعلقہ بنام اماوان قایم کیا چند پشتوں کے بعد سند تعلقداری بنام عبدالحکیم خان و سعادت خان گورنمنٹ انگلشیہ سے مرحمت ہوئی تھی بعد اُنکے یہ تعلقداران قابض ہوئے تعلقہ مین [illegible] موضع جمعی [illegible] ضلع رائے بریلی مین واقع ہین اس خاندانمین اولاد اکبر مالک ریاست ہوتا ہے —

(نمبر ۱۵۷) ذوالفقار خان و کرم علیخان و اسد علیخان و شہامت خان قوم پٹھان تعلقدار تیمو [illegible] چھ سو پچھتر سال ہوئے بینگن خان مورث اعلیٰ ہمراہ شاہ شہاب الدین غوری بنظر قلع و قمع اقوام بھر اس ملک مین آئے اور بعد فتحیابی پیشگاہ شاہ سے چند دیہات معہ خطاب دیوانی عطیہ حاصل کیے پھر اونکی اولاد نے جنگل وغیرہ کٹوا کر اور دیہات آباد کیے کہ بعہد اکبر شاہ تعلقہ قایم ہو گیا جبسے قبضہ مورثان برابر چلا آتا ہے آخرالامر سند تعلقداری گورنمنٹ انگلشیہ سے بنام ہر چہار صاحبان مرحمت ہوئی - تعلقہ مین [illegible] موضع جمعی [illegible] ضلع رائے بریلی مین واقع ہین اس خاندانمین اولاد اکبر مالک ریاست ہوتا ہے -

(نمبر ۱۵۸) بھگوان بخش قوم ٹھاکر بیس تعلقدار اودربرہ و کسمورا

انکا تذکرہ خاندانی نمبر ۴ - پر درج ہے یہ تعلقہ ایک شاخ تعلقہ نمبر ۲۶ - کا ہے - رگھناتہ سنگھ مورث اعلےٰ نے اس ریاست کو تعلقہ کوری سدولی سے علیحدہ قایم کیا جبسے برابر قبضہ چلا آتا ہے آخرالامر سند تعلقداری گورنمنٹ انگلشیہ سے بنام ٹھکراین گلاب کنور عطا ہوئی تھی بعد اونکے آپ قابض ہین - تعلقہ مین [illegible] موضع

جمعی مالگذاری اضلاع راے بریلی ولکھنؤمین واقع ہین رسم گدی نشینی اس خاندانمین ہے۔

(نمبر ۱۵۹) مسماۃ مٹھن کنور بیوہ بلبھدر سنگھ قوم جنوار تعلقدار بہروی ومنڈولی ڈھائی سوبرس ہوے اوگرسین وترندساہ مورث موضع مکونا ضلع بھرایچ سے آکر زمانہ سلطنت تیموریہ مین بمنصب صیغہ داری پرگنہ کھیرون مقرر ہوے اور مواضعات مرزاپور وغیرہ کو مالکانہ حاصل کیا اور بلقب چودھرایت پایا آخرالامر ـــ سال ہوئے رگھناتھ سنگھ کو بجلدوے کارگذاری یہ ملکیت بھروی و دیگر دیہات جسکے نام سے تعلقہ مشہور ہے مع منصب قانون گوئی حکومت اودھ سے عطا ہوئی اور گورنمنٹ انگلشیہ سے بندوبست تعلقداری رگھناتھ سنگھ کے نام ہوا بعد وفات اونکے بلبھدر سنگھ اونکے لڑکے قابض ریاست ہوئی اونکی وفات کے بعد یہ رئیسہ زوجہ اُنکی قابض ریاست ہین۔ تعلقہ مین ـــ موضع جمعی ـــ ضلع رای بریلی مین واقع ہین اس خاندانمین اولاد اکبر مالک ریاست ہوتا ہے۔

(نمبر ۱۶۰) رای رامدین بہادر قوم کرمی تعلقدار پیلا وسکھیتو ونواپور ومحمد آباد خطاب رائی جلین حیات راے تولارام والد تعلقدار کو بجلدوی خیرخواہی ایام غدر ۱۸۵۷ع منجملہ علاقہ منضبطہ راجہ بونی سنگھ تعلقدار متولی گورنمنٹ انگلشیہ سو عطیہ حاصل ہوا تھا اب بعد وفات اونکی آپ قابض ریاست ہوئی اس تعلقہ مین ـــ موضع جمعی مالگذاری ضلع کھیری مین واقع ہین۔ اس خاندان ہین اولاد اکبر وارث ریاست ہوتا ہی۔

(نمبر ۱۶۱) بابو سیتلا بخش سنگھ قوم راجکمار تعلقدار ناناموو رام گڈھ ودہند پور و میرپور سرییان وناناموـــ تذکرہ خاندانی آپ کا نمبر ۷۔ پر درج ہے الیشری سنگھ مورث اعلی اس خاندان کے سلسلہ مین ہرکرن دیو مورث تعلقدار نے یہ ریاست پیدا کی جبسے قبضہ مورثان چلا آتا ہی للعہ موضع لعہ پٹی جمعی ـــ اضلاع سلطانپور وفیض آباد مین واقع ہین رسم گدی نشینی اس خاندانمین ہے۔

(نمبر ۱۶۲) جہانگیر بخش خان قوم بجگوتی خانزادہ تعلقدار گنگیو دبھمر پور وصمد آباد شاہ پور۔ یہ تعلقہ متذکرہ نمبر ۹۔ کا ہے اولاد تلوک چند عرف تاتار خان مین چند پشتو نکے بعد وزیر خان مورث نے تعلقہ حسن پور سے یہ ریاست علیحدہ قایم کی جبسے قبضہ مورثان اس خاندانمین چلا آتا ہے تعلقہ مین ـــ موضع للعہ پٹی جمعی ـــ اضلاع سلطانپور وفیض آباد مین واقع ہین۔ اولاد اکبر اس خاندانمین مالک ریاست ہوتا ہے۔

(نمبر ۱۶۳) کامتا پرشاد وبشناتھ سنگھ قوم راجکمار تعلقدار بھدئیان وفاضل پور ودیوری بیرا پور۔ آپ کا تذکرہ خاندانی نمبر ۷۔ پر درج ہی الیشری سنگھ مورث اعلے اس خاندان کے تھے اونکے سلسلہ مین

پرتھی پت مورث تعلقدار نے یہ ریاست پیدا کی اوسوقت سے قبضۂ مورثان چلا آتا ہی بلعہ موضع لعہ پٹی جمعی پاپانی اضلاع سلطانپور مین واقع ہین اولاد اکبر اس خاندان مین وارث ریاست ہوتا ہی

(نمبر ۱۶۴) سری پال سنگھ قوم کنپوریہ تعلقدار بر ولیا۔

انکا تذکرہ خاندانی و آغاز ریاست نمبر ۱۲ - پر درج ہے راج ساہ کی اولاد مین بر جور سنگھ مورث تعلقدار نمبر ۸۰ - سے بابو شیو پرشاد سنگھ مورث تعلقدار قابض حال نے یہ ریاست حاصل کی تھی اونکی تیسری پشت مین یہ رئیس قابض ریاست ہین تعلقہ مین موضع جمعی ضلع سلطانپور مین واقع ہین رسم گدی نشینی اس خاندان مین ہے۔

(نمبر ۱۶۵) مسماۃ الٰھی خانم قوم بجگوتی خانزادہ تعلقدار مینارپور و مینار پور پاپی و پاپی حصہ یہ تعلقہ متذکرہ نمبر ۹ - کا ہے اولاد تلوک چند عرف تاتار خان مین چند پشتون کے بعد حیات خان مورث سے یہ ریاست قایم ہوئی آخری رئیس اس تعلقہ کے بساون خان ہوئے بعد وفات اُنکے بی بی صغرا دختر انکی جو کہ زوجۂ اول سے تھین وارث ریاست ہوئین بعد انتقال بی بی صغرا اکبر علیخان پسر بساونخان جو زوجۂ ثانی سے تھے بذریعۂ راس نشینی مالک تعلقہ ہوئے جب انھون نے بھی انتقال کیا تو یہ رئیسہ زوجہ اونکی مالک ہوئین۔ تعلقہ مین موضع چھہ پٹی جمعی اضلاع سلطانپور و فیض آباد مین واقع ہین۔ رسم گدی نشینی اس خاندان مین ہے۔

(نمبر ۱۶۶)- ۱ - مسماۃ امتیاز فاطمہ - ۲ - بھاگ بھری اقوام شیخ تعلقداران گوپامئو و برھولا - بعہد تیمور شاہ بادشاہ دہلی شیخ رحیم اللہ صدیقی اصفہانی مورث سلطنت دہلی مین اکبر سپہ سالار و رسالدار فوج ہوئے اونکی اولاد مین نعمت اللہ ہمایون شاہ بادشاہ کے وقت مین قانون گوی پرگنہ گوپامئو کے ہوی اونھون نے سراسے صدیقی آباد کی عالمگیر شاہ کے عہد مین شیخ محمد سعید اولاد نعمت اللہ کو بہت دیہات عطا ہوئے جبسے بنیاد ریاست قایم ہے اور نسلاً بعد نسل قبضہ چلا آتا ہے اور گوپامئو خاص کی آبادی اٹھہ سو سال کی ہے راجہ گوپی ناتھہ نے بنام گوپی مئو آباد کیا تھا کثرت استعمال سے گوپامئو مشہور ہے۔ تعلقہ مین موضع پٹی جمعی اضلاع سیتاپور و ہردوئی مین واقع ہین اس خاندان مین اولاد اکبر وارث ریاست ہوتا ہے۔

(نمبر ۱۶۷) بابو ہنومان بخش سنگھ قوم سوم بنسی تعلقدار ڈومی پور۔

یہ ریاست چھہ سو برس سے قایم ہے مورث اعلےٰ اس خاندان کے راجہ بھر سیتی اس ملک مین

ہوئے جنکا تذکرہ مفصل نمبر ۱۱ - پر درج ہے آپ اُسی خاندان سے ہین آپکی ملکیت مین
ۃ موضع جمعی ہے للعہ ۱۲ ر ۳ پائی ضلع پرتاب گڈھ مین واقع ہین رسم گدی نشینی اس خاندان مین ہے -

(نمبر ۱۶۸) بابو ہردت سنگھ قوم سوم ہنسی تعلقدار پرتھی گنج -

یہ ریاست چھ سو برس سے قایم ہے مورث اعلے اس خاندان کے راجہ بہرسپتی اس ملک مین ہوئے جنکا تذکرہ نمبر ۱۱ - پر درج ہے آپ اوسی خاندان سے ہین آپکے ملکیت مین ہے موضع جمعی ہے للعہ ۵ ضلع پرتابگڈھ مین واقع ہین رسم گدی نشینی اس خاندان مین ہے

(نمبر ۱۶۹) اودے نرائن سنگھ قوم کلہنس تعلقدار بھنی پایر -

مفصل تذکرہ خاندانی وآغاز ریاست کا نمبر ۳۳ - پر درج ہے پہلے راج گونڈہ بھی اسکے شامل تھا مگر وہ جاتا رہا صرف یہ ریاست مورثان تعلقدار کے قبضے مین رہی اور مورثان تعلقدار اسپر قابض چلے آئے سند تعلقے کی بنام رانی سرفراز کنور کے گورنمنٹ انگلشیہ سے مرحمت ہوئی تھی بعد اونکے آپ قابض ہین اور موضع پایر خاص جسکے نام سے تعلقہ مشہور ہے بحق برت یہ قبضہ اولاد برت داران کی ہے باللعہ موضع ایک پٹی جمعی لہ للعہ ۵ ضلع گونڈہ مین واقع ہین رسم گدی نشینی اس خاندان مین ہے -

(نمبر ۱۷۰) اچل رام قوم کچھواہہ تعلقدار بروا -

پرتاب مل سنگھ مورث ضلع گورکھ پور سے اس ملک مین آکر بمقام موضع گوہانی پرگنہ ڈگسر مقیم ہوئے عرصہ ایکسو سات سال کا ہوتا ہے یہ ریاست انکے مورثان کو راج گونڈہ سے بحق برادری حاصل ہوئی جبسے قبضہ اس خاندان مین چلا آتا ہے آخری رئیس اس ملک کے بھیہ پرتھی پال سنگھ ہوئے بعد اونکے ٹھکرائن برج راج کنور دختر اونکی مالک ریاست ہوئین بعد وفات ٹھکرائن مذکورہ یہ تعلقدار شوہر اونکے قابض ریاست ہین تعلقہ مین للعہ موضع للعہ پٹی جمعی لہ للعہ ۵ ضلع گونڈہ مین واقع ہین رسم گدی نشینی اس خاندان مین ہے -

(نمبر ۱۷۱) مرزا فیاض بیگ تعلقہ دار بڑاگانون -

آپکے مورث اعلے مرزا عباس بیگ صاحب اکسٹرا اسسٹنٹ کمشنر ملک اودھ تھے جنہون نے ایام غدر ۱۸۵۷ء مین بصلۂ خیر خواہی گورنمنٹ سے منجملہ علاقہ منضبطہ راجہ متولی یہ تعلقہ حاصل کیا تھا مرزا صاحب ممدوح بڑے نامور تھے بعد عطائے علاقہ و حصول پنشن بقصد تعلیم اپنے برادر زادگان کے ولایت کو بھی تشریف لیگئے اور وہان

تعلیم کرائی بعد والیسی ولایت مرزا صاحب نے جب انتقال کیا تو آپ حسب وصیت نامہ مرزا صاحب وارث تعلقہ قرار پائے اور صاحبزادی مرزا صاحب بھی شریک منافع ہوئین سات موضع جمعی ۱۱۶۵ یہ ضلع سیتاپور مین واقع ہین - اس خاندان مین اولاد اکبر وارث ہوتا ہے -

(نمبر ۱۷۲) بجی بہادر سنگھ تعلقدار شاہ گڈھ قوم بندل گوتی -

یہ تعلقہ ایک شاخ تعلقہ گڈھ امیٹھی نمبر ۹ کا ہے راجہ بکرم ساہی مورث اعلی راجہ مادھو سنگھ اور سلطان ساہی مورث اعلی انکے حقیقی بھائی تھے جب سلطان ساہی اوس ریاست سے علیحدہ ہوئے تو تعلقہ شاہ گڈھ اونکو دیا گیا آخرالامر بابو بلونت سنگھ کے نام سے سند اس تعلقے کی گورنمنٹ انگلشیہ سے مرحمت ہوئی تھی بعد وفات اونکے یہ تعلقدار قابض ہوئے لعہ موضع دو پٹی جمعی ۱۱۶ یہ ضلع سلطانپور مین واقع ہین رسم گدی نشینی اس خاندان مین ہے -

(نمبر ۱۷۳) میر احمد جان قوم پٹھان تعلقدار راگھو پور

یہ ملکیت راجہ شیو داس سنگھ تعلقدار چندا پور کی تھے بوجہ برآمدگی توپ ضبط سرکار ہوکر گورنمنٹ سے بصلہ خیرخواہی ایام غدر ۱۸۵۷ عیسوی مین جعفر علی خان کمیدان کو عطا ہوئی تھی بعد اونکے آپ قابض ہوئے دو موضع جمعی ۱۰۶۵ یہ کے ضلع راے بریلی مین واقع ہین - اور اس خاندان مین اولاد اکبر وارث ریاست ہوتا ہے

(نمبر ۱۷۴) تھیپت سنگھ خلف رنجیت سنگھ قوم سینگر تعلقدار کانتھا -

بمرور عرصہ چار سو اٹھہ سال گوپال سنگھ مورث اعلی بہ عہد تیمور شاہ اس ملک مین آئے اونکی اولاد مین سے جیکرن سنگھ اقوام لودھ کی لڑائی مین مارے گئے دو زوجہ انکی حاملہ باقی رہین اونسے اسکرم دگر بھو سنگھ وآسا رام تین لڑکے پیدا ہوے انھون نے بہ عہد شاہ بابر اقوام لودھ سے جنگ کرکے پھر ملکیت کانتھہ کو حاصل کیا اوسی خاندان سے یہ تعلقدار قابض ریاست ہین ایام غدر ۱۸۵۷ع مین دیگر برادران ہم قوم نے جو شریک ملکیت تھے گورنمنٹ انگلشیہ سے سرکشی کی اونکے حصے کی ملکیت ضبط ہوکر رنجیت سنگھ والد تعلقدار کو جو خیرخواہ سرکار رہے تھے گورنمنٹ انگلشیہ سے مرحمت ہوئی اور سند تعلقداری ملی بعد رنجیت سنگھ یہ تعلقدار مالک ریاست ہوئے - تعلقے مین لعہ موضع تے پٹی جمعی معہ سالعہ ۱۲ یہ ضلع اوناو مین واقع ہین - اس خاندان مین اولاد اکبر مالک ریاست ہوتا ہے

(نمبر ۱۷۵) سلطان سنگھ قوم چندیل تعلقدار گلگلہا مزرعہ پیپر کھیرہ

یہ تعلقدار قدیم قوم ٹھاکر چندیل کا تھا آپکے والد بھی اسمین حصہ دار تھے وہ ایام غدر ۱۸۵۷ء مین خیر خواہ سرکار رہے اور دیگر شرکایان نے سرکشی کی گورنمنٹ انگلشیہ سے اونکی حقیت ضبط ہوکر کل ملکیت ٹھاکر امراو سنگھ آپکے والد کو سرکار سے بصلۂ خیر خواہی ایام غدر مرحمت ہوئی اونکے بعد آپ جانشین تعلقہ ہین اس تعلقہ مین [illegible] موضع [illegible] جمعی [illegible] ضلع اونام مین واقع ہین اس خاندان مین اولاد اکبر مالک ریاست ہوتی ہے

(نمبر ۱۷۶) شیخ نوازش علی قوم شیخ تعلقدار ابھنا پور و پرتاب گنج

پانچسو برس ہوئے مخدوم قاضی قدوہ مورثان تعلقدار ولایت روم سے آکر بحکم بادشاہ دہلی اودھ مین قاضی مقرر ہوئے اور اونکو باون [illegible] مواضعات سرکار شاہ دہلی سے حاصل ہوئے جو قدوارہ ضلع بارہ بنکی مشہور ہے اونکی آٹھوین پشت مین شیخ امیر اللہ کی شادی دختر علی محمد قانونگوے پرگنہ حسام پور سے ہوکر علی محمد سے یہ ریاست امیر اللہ کو حاصل ہوئی جبسے یہ ریاست قائم ہے آپ اولاد امیر اللہ سے ہین [illegible] موضع [illegible] پٹی جمعی [illegible] اضلاع بہرائچ و بارہ بنکی مین واقع ہین رسم گدی نشینی اس خاندان مین ہے

(نمبر ۱۷۷) پانڈے سرنجیت سنگھ قوم برہمن تعلقدار اسدامؤ

یہ تعلقہ پیشتر اقوام ٹھاکر بسین کا تھا [illegible] سال ہوئے مان سنگھ آپ کے دادا نے بذریعہ بیع ریاست کو حاصل کیا اور سلطنت اودھ مین آپ کے والد بہادر سنگھ اور دادا بہ عہدۂ چکلہ داری ممتاز رہے جبسے علی الاتصال قبضہ مورثان چلا آتا ہے آخر الامر آپ مالک تعلقہ ہین اس تعلقہ مین [illegible] موضع [illegible] پٹی جمعی [illegible] کی ضلع بارہ بنکی مین واقع ہین اس خاندان مین رواج گدی نشینی ہے۔

(نمبر ۱۷۸) شیخ عنایت اللہ و انعام اللہ و اکرام علی تعلقداران سیدنپور

[illegible] ہجری مین بہ عہد سلطنت جلال الدین غوری شاہ دہلی سید محمد ابراہیم مورث اعلے کو بجلدوی بجا آوری خدمت اخراج اقوام بھر یہ ریاست عطا ہوئی تھی اوسوقت سے مورثان تعلقدار قابض تعلقہ چلے آتے ہین آخر الامر سند تعلقداری گورنمنٹ انگلشیہ سے بنام شیخ لطافت اللہ و شیخ وجاہت اللہ ہر دو برادران کے عطا ہوئی تھی بعد وفات ہر دو صاحبان شیخ وجاہت اللہ کی جگہہ شیخ عنایت اللہ و شیخ لطافت اللہ کی جگہہ انعام اللہ و اکرام علی پسران ہر دو صاحبان سترہوین پشت مورث اعلی مین قابض ریاست ہین ۔ تعلقہ مین [illegible] موضع اور تین پٹی جمعی [illegible] ضلع نوابگنج مین واقع ہین ۔ اس ریاست مین اگر مورث اعلی بلا وصیت فوت ہوجاوینگے تو بموجب آئین معمولی اشخاص ذیحق وارث ریاست ہونگے

(نمبر ۱۷۹) امیر فخر الحسن قوم سید تعلقدار نبوہرہ

مخدوم شاہ عادل ملک متوطن جونپور مورث اعلی ہمر و عرصہ سات سو سال ہمراہ شاہ ابراہیم و شاہ حسین پسران سلطان ابراہیم شرقی اول بمقام راے بریلی اور اقوام بھر کا قلع و قمع کر کے جنگل کٹوا کر راے بریلی کو بحکم شاہ وقت آباد کیا بجلدوے اس خیر خواہی کے [illegible] مواضعات بی بی پور وغیرہ اونکو سرکار شاہ دہلی سے بطور معافی عطا ہوئی اور سید اکبر الدین پسر کلان کو عہدہ قاضی مرحمت ہوا بعد زوال سلطنت دہلی تھوڑے عرصہ تک یہ ریاست اس خاندان سے ضبط ہو گئی چند پشتون کے بعد اسی خاندان مین میر کرامت حسین و میر حیدر حسین نے بذریعہ ملازمت شاہی بجلدوی حسن خیر خواہی پھر دوبارہ اس ریاست پر قبضہ حاصل کیا جبسے مورثان تعلقدار برابر قابض چلے آتے ہین آخر الامر بندوبست سرسری بنام تعلقدار قابض حال گورنمنٹ انگلشیہ سے ہوا اور تعلقہ مین [illegible] موضع جمعی [illegible] ضلع راے بریلی مین واقع ہین اولاد اکبر اس خاندان مین وارث ریاست ہوتا ہی

(نمبر ۱۸۰) سبحان احمد قوم میواتی تعلقدار عزیز آباد

[illegible] فصلی مین شیخ محمد بچو مورث اعلے انکے پہلے کایستھ تھے مسلمان ہوئے اوسی [illegible] فصلی مین کمال پور سید پیران سعید سے اور [illegible] فصلی مین موضع عزیز آباد خرید کیا پھر یوماً فیوماً ترقی ریاست ہوتی رہی اب [illegible] موضع جمعی [illegible] ضلع راے بریلی مین واقع ہین اولاد اکبر اس خاندان مین وارث ریاست ہوتا ہے۔

(نمبر ۱۸۱) میر ظفر مہدی قوم سید تعلقدار علی نگر خطاب میر

سلطنت سلطان محمد تغلق شاہ دہلی سے سید محمد ذکریا مورث اس خاندان کو بوجہ سرتابی راجہ جرول کل ریاست تعلقہ جرول مالکانہ مرحمت ہوئی اونکی آٹھوین پشت مین علی نقی نے علی نگر شامل تعلقہ کیا اونکی تیسری پشت مین آپ تعلقدار صاحب ہین [illegible] موضع [illegible] پٹی جمعی [illegible] ضلع بہرایچ مین واقع ہین اولاد اکبر اس ریاست مین وارث ہوتا ہے

(نمبر ۱۸۲) میر کاظم حسین قوم سید تعلقدار دیرا قاضی خطاب میر

سید محمد شاہ مورث اعلی اس خاندان کے تھے اونکی اولاد مین چند پشتون کے بعد سید صفدر حسین ہوئے اونکی شادی احمد علیخان تعلقدار جرول کی دختر سے ہوئی [illegible] فصلی مین صفدر حسین کو یہ ریاست ترکہ مسُرالی سے حاصل ہوئی آپ اولاد صفدر حسین سے ہین [illegible] موضع [illegible] پٹی جمعی [illegible] ضلع بہرایچ مین واقع ہین اولاد اکبر اس خاندان مین وارث ریاست ہوتا ہی۔

(نمبر ۱۸۳) سید رمضان علی قوم سید تعلقدار ادنام

سات سو پچاس برس کا زمانہ ہوا ٹھاکر انونت سنگھ قوم بسین متوطن قنوج انجانب والی قنوج اس ملک مین آئے

اور اونام خاص اپنے نام سے آباد کرکے وہان مقیم ہوئے ہر چند دیہات دیگر آباد کرکے رفتہ رفتہ کل دیہات پرگنہ اونام پر قابض ہوگئے اونکو بہاوالدین نے جو خاندان سید ابوالقراش سکنہ شہر واسطی سے تھا بہ عوض انتقام خون اپنے باپ کے جو معرکہ قنوج مین ہاتھہ الونت سنگہہ سے قتل ہوا تھا تہ تیغ کیا بجلدوی اس کارنمایان کے سرکار شاہ دہلی سے اونام خاص جسکے نام سے تعلقہ مشہور ہے مع چند دیہات دیگر بہاوالدین کو بطور جاگیر مرحمت ہوئے اوسوقت سے آغاز اس ریاست کا ہے پھر مورثان تعلقہ دار نے بذریعہ آبادی و بیع وغیرہ ریاست کو ترقی دی آخر الامر ۱۲۸۳ فصلی مین بندوبست تعلقہ کا بنام چودھری دوست علی کے ہوا بعد وفات اونکے یہ تعلقدار بحکم عدالت قابض ریاست ہین۔ تعلقہ مین ۱۲ موضع ۱۲ پٹی جمعی ۱۳۰۰۰ روپیہ ضلع اونام مین واقع ہین اور اس خاندان مین اولاد اکبر وارث ریاست ہوتا ہے۔

(نمبر ۱۸۴) بابو بجرنگ بہادر سنگہہ قوم سوم بنسی تعلقدار بیس پور

یہ ریاست چھہ سو برس سے قائم ہے مورث اعلے اس خاندان کے راجہ بیر ستی اس ملک مین ہوئے جنکا تذکرہ مفصل نمبر ۱۱ پر درج ہے آپ اوسی خاندان سے ہین آپ کی ملکیت مین ۱۰ موضعات جمعی ۱۰۰۰۰ روپیہ ضلع پرتابگڈھ مین واقع ہین رسم گدی نشینی اس خاندان مین ہے۔

(نمبر ۱۸۵) گردھاری سنگہہ برادر خورد کنور بھگونت سنگہہ قوم کایستھہ تعلقدار گوکلپور اسینی وبھنیورہ

یہ موضع اسینی اسکرن نامی قوم برہمن کا آباد کیا ہوا ہے جسکے نام سے تعلقہ مشہور ہے اسکرن کی اولاد مین چودھری بھگوانداس نے بدست کنور بہادر سنگہہ مورث تعلقدار بیع کیا تھا اوسوقت سے انکے مورث قابض چلے آتے ہین تعلقہ مین ۱۰ موضع ۵ پٹی جمعی ۱۰۰۰۰ روپیہ اضلاع لکھنؤ و بارہ بنکی مین واقع ہین اولاد اکبر اس خاندان مین مالک ریاست ہوتا ہے۔

(نمبر ۱۸۶) شیخ منصب علی قوم شیخ تعلقدار سیدا ہار

یہ موضع سیدا ہار قدیم سے شامل قصبہ دیوا تھا اور مورثان تعلقدار قدیم سے تعلقدار دیوا مشہور تھے ۱۲۳۳ فصلی مین بوعلی مورث اعلے نے وراثۃ نانہالی پر بعد اخراج قبضہ کیرت سنگہہ وغیرہ ٹھاکران بیس بحکم کرنیل سلیمن صاحب بہادر دوبارہ اس ریاست و نیز دیگر دیہات مقبوضہ ٹھاکران پر قبضہ پایا اوسوقت سے اس خاندان مین یہ ریاست قائم ہے اور قبضہ مورثان برابر چلا آتا ہے تعلقہ نمبری ۱۹۹ و ۲۳۳ اسی خاندان سے علحدہ قائم ہین۔ اس تعلقہ مین ۱۰ موضع دو پٹی جمعی ۱۰۰۰۰ روپیہ ضلع بارہ بنکی مین واقع ہین اس خاندان مین اولاد اکبر مالک ریاست ہوتا ہے۔ اور اب یہ تعلقہ بالکل فروخت ہوگیا۔

(نمبر ۱۸۷) سیتا رام قوم کھتری تعلقدار بھوپور بسینڈھی دتیگڑا تیکر

سنہ ۱۲۴۳ فصلی مین زمینداری بھجوپور کنہیالال مورث نے بذریعہ رہن حاصل کی تھی اور علاقہ تیکرا ابتکر بصلۂ خیرخواہی ایام غدر سنہ ۱۸۵۷ء تعلقدار قابض حال کو گورنمنٹ انگلشیہ سے مرحمت ہوا لیکن تعلقہ بھجوپور اب ذات مین ہو گیا علاقہ تیکرا ابتکر و بسینڈھی ملکیت قدیم اب باقی ہے جسمین عہ موضع اور عہ پٹی جمعی معمولی [illegible] روپیہ ضلع سیتاپور مین واقع مین اولاد اکبر اس خاندان مین مالک ریاست ہوتا ہے۔

(نمبر ۱۸۸) سید محمد عابد قوم سید تعلقدار پوراسی

سنہ [illegible] ہجری زمانہ سلطنت سلطان شہاب الدین غوری مین سید محمد صالح اسم باسمہ شہر کرمان سے آکر بمقام جونپور بادشاہ سے ملاقی ہوئے اور موضع بھولی بطور معافی جہت مدد معاش شاہ سے حاصل کیا بعد وفات اونکے سید مجاہد اونکے بیٹے نے حسب استدعاے خود آٹھ موضع بطور زمینداری مع خطاب خانی شاہ وقت سے عطیہ پائے پھر چند پشت کے بعد محمد ماہ نے بعرصہ تین سو سال پوراسی خاص خرید کرکے اس نام سے تعلقہ قائم کیا جبسے قبضہ مورثان چلا آتا ہے فی الحال یہ تعلقدار مالک ریاست ہین اور تعلقہ مین چھہ موضع آٹھ پٹی جمعی معمولی [illegible] روپیہ ضلع بارہ بنکی مین واقع ہین اس خاندان مین اولاد اکبر مالک ریاست ہوتا ہے

(نمبر ۱۸۹) محمد امیر و غلام عباس قوم شیخ انصاری تعلقدار شہاب پور

ستر سال ہوئے جبسے انکی ریاست قائم ہے اور فیض اللہ گنج و شہاب پور دو موضع فتح سرای تین دیہات راجہ رزاق بخش مالک تعلقہ جہانگیر آباد سے جنکے اب راجہ فرزند علیخان قائم مقام ہین بذریعہ رہن و بیع مورثان تعلقدار نے حاصل کرکے شامل تعلقہ کیے اب اس تعلقہ مین ۵ موضع اور تین پٹی جمعی معمولی [illegible] روپیہ ضلع بارہ بنکی مین واقع ہین اس خاندان مین اولاد اکبر مالک ریاست ہوتا ہے

(نمبر ۱۹۰) غلام قاسم خان قوم بسین خان زادہ تعلقدار عثمان پور

عرصہ چارسو سال کا گذرتا ہے کہ نسل سنگھ مورث اعلے نے عہد ہمایون شاہ مین بصلہ قلع و قمع اقوام بھر ریاست پرگنہ سدہور پر دخل پایا اونکے کوئی اولاد نہوتی تھی ایک فقیر سے وہ ملتجی اولاد ہوئے اونسے باین شرط دعا دی کہ اگر تمہارے دو لڑکے پیدا ہون تو ایک کو مسلمان کرنا چنانچہ اونکے دو لڑکے پیدا ہوئے لکھن سنگھ و بھگن سنگھ لکھن سنگھ مسلمان ہوئے اور لاکھو خان نام رکھا گیا ڈیڑھ سو برس بعد اونکی اولاد مین ہمت خان و غضنفر خان و بہادر خان ہر سہ برادران نے علاقہ تقسیم کیا غضنفر خان کو یہ تعلقہ عثمان پور ملا آخر الامر منور خان وارث ریاست ہوئے بعد وفات اونکی مسماۃ ظہور النسا اونکی زوجہ اور اونکے بعد روشن زمانخان قابض ریاست ہوئے لیکن بحکم اپیل ولایت وہ بیدخل ہوئے اور علی بہادر خان برادرزادہ منور خان کو تعلقہ ملا بعد وفات علی بہادر خان غلام قاسم خان جانشین ہوئے وہ بھی بعد تصنیف کتاب مر گئے محمد ابراہیم خان اونکا لڑکا بہ عمر دہ سالہ اور مسماۃ رسول النسا اونکی زوجہ مالک تعلقہ ہین لیکن اس

تعلقہ مین ۳ حصہ بذریعہ انتقال خانگی اب بہ قبضہ راجہ فرزند علیخان صاحب ہے - اور تعلقہ مین ۲۱ موضع سعہ پٹی جمعی ۔ ضلع بارہ بنکی مین واقع ہین رسم گدی نشینی اس خاندان مین ہر

(نمبر ۱۹۱) احسان رسول خلف چودھری عنایت رسول قوم شیخ تعلقدار امیرپور

۴۲۲ھ ہجری مین بہ عہد سلطان محمود غزنوی سید حسن رضا مورث اعلے انکے ہمراہ سید سالار مسعود غازی جہت اخراج اقوام بھر کی اس ملک مین آئے اوسوقت امیرپور وغیرہ دیہات اقوام بھرون کے اونکو عطا ہوئے جبسے یہ ریاست قائم ہوئی بعد اسکے عہد سلطنت دہلی سے اس خاندان مین لقب چودھرایت مرحمت ہوا سند تعلقداری گورنمنٹ سے بنام عنایت رسول پدر تعلقدار کے ہوئی بعد اونکے آپ قابض تعلقہ ہین اس تعلقہ مین چھہ موضع ہے پٹی جمعی ضلع بارہ بنکی مین واقع ہین - اس خاندان مین اولاد اکبر مالک ریاست ہوتا ہے -

(نمبر ۱۹۲) نظیر حسن قوم سید تعلقدار اہماموَ وگدمسی چھتیا

تعلقہ اہماموَ جنکے نام سے یہ ریاست ملقب ہے مستاجرانہ داروغہ واجد علی کے قبضے مین تھا بصلۂ خیر خواہی ایام غدر ۱۸۵۷ء گورنمنٹ انگلیشیہ سے بندوبست اسکا بطور عطیہ مالکانہ بنام اونکے ہوا اور جو روپیہ انعاماً سرکار سے حاصل ہوا تھا اوس سے بقیہ ریاست تعلقہ حاصل ہوئی ہے اب بعد وفات داروغہ صاحب آپ قابض تعلقہ ہوئے موضع سے پٹی جمعی کے ضلع لکھنؤ و بارہ بنکی مین واقع ہین - اور اس خاندان مین اولاد اکبر وارث ریاست ہوگا

(نمبر ۱۹۳) بلبھدر سنگھ قوم سوم بنسی تعلقدار سوجا کھر خطاب بابو

یہ ریاست چھہ سو برس سے قائم ہے مورث اعلے اس خاندان کے راجہ ببر بستی اس ملک مین ہوئے جنکا تذکرہ نمبر ۱ پر مندرج ہے آپ اوسی خاندان سے ہین تعلقہ مین موضع جمعی ضلع پرتابگڈھ مین واقع ہین رسم گدی نشینی اس خاندان مین ہے

(نمبر ۱۹۴) امید سنگھ قوم ٹھاکر بجگوتی تعلقدار السن پور

انکا تذکرہ خاندانی نمبر ۲۰۴ پر درج ہے خاندان چکر سنگھ مورث سے یہ تعلقدار قابض اس ملکیت کے ہین تعلقہ مین موضع جمعی ضلع پرتابگڈھ مین واقع ہین اولاد اکبر اس خاندان مین وارث ہوتا ہے

(نمبر ۱۹۵) ٹھاکر ارجن سنگھ و مہیش بخش قوم ٹھاکر بیس تعلقدار پاٹن بہار

انکا تذکرہ خاندانی نمبر ۴ پر درج ہے کرن رای کے خاندان مین بخت بہادر سنگھ مورث نے یہ ریاست وقت تقسیم باہمی حاصل کی تھی جبسے قبضہ مورثان برابر چلا آتا ہے - تعلقہ مین موضع ایک پٹی جمعی ضلع اونام مین واقع ہین - اور یہ تعلقدار رئیس قدیم ہین اس ریاست مین اگر مورث اعلے بلا وصیت فوت ہوجاوے تو بموجب آئین معمولی اشخاص ذیحق وارث ریاست ہونگے .

(نمبر ۱۹۶) مادھو سنگھ قوم کنپوریہ تعلقدار نورالدین پور خطاب بابو

انکا تذکرہ خاندانی نمبر ۱۶ پر درج ہے پانچسو برس ہوئے بہادر سنگھ مورث اعلے نے جوراون سنگھ پسر خورد راجہ کلیان سنگھ کو اپنا راس نشین کر کے مالک ریاست کیا اونھون نے ملکیت کو ترقی دی اور نورالدین پورہ مین سکونت اختیار کی اونکی چھ پشت کے بعد بابو دہن سنگھ نے بوجہ لاولدی خود جاگیسر بخش اپنے بھتیجے کو راس نشین اپنا کیا بعد وفات اونکے ٹھکراین قوم کنوار اونکی زوجہ قابض ریاست ہوئین اونکے بعد یہ تعلقدار وراثتاً قابض ریاست ہین - تعلقہ مین ہرست ۲۱ موضع جمعی ۲۶۰۰۰ سے ضلع رای بریلی مین واقع ہین رسم گدی نشینی اس خاندان مین ہے -

(نمبر ۱۹۷) بھیا اوتار سنگھ قوم سورج بنس تعلقدار رانی مؤ

انکا تذکرہ خاندانی و آغاز ریاست نمبر ۲۵ پر درج ہے یہ تعلقہ اوسی نمبر ۲۵ کا ایک شاخ ہی عرصہ دو سو برس کا گذرا گلال ساہ مورث سے یہ ریاست علحدہ قائم ہوئی جبسے برابر قبضہ اس خاندان مین چلا آتا ہی سند تعلقداری گورنمنٹ انگلشیہ سے آپکو مرحمت ہوئی - تعلقہ مین ۱۸ موضع ۵ پٹی جمعی معہ ۔۔۔ ضلع بارہ بنکی مین واقع ہین اس خاندان مین رسم گدی نشینی ہے -

(نمبر ۱۹۸) بھیا ہررتن سنگھ قوم ٹھاکر بسین تعلقدار مجگوان اوریا ڈیہہ خطاب بھیا

مفصل تذکرہ خاندانی و آغاز ریاست انکا نمبر ۵ پر درج ہے اور آپ کچھ زمیندار سابق بھی تھے بصلہ خیرخواہی ایام غدر ۱۸۵۷ء حق زمینداری اس ملکیت کا آپکو گورنمنٹ انگلشیہ سے مرحمت ہوا ہے اور آپ تعلقدار قرار دیے گئے ہیں موضع ۲ پٹی جمعی ملعمہ ۔۔۔ ضلع گونڈہ مین واقع ہین - اس خاندان مین مورث اعلے اگر بلا وصیت فوت ہوجاوے تو بموجب قاعدہ خاندان کے اشخاص ذیحق وارث ہونگے -

(نمبر ۱۹۹) شیخ ریاست علی قوم شیخ تعلقدار شیخ پور واقع ضلع بارہ بنکی

یہ تعلقہ شاخ نمبر ۱۶۰ کا ہے مفصل تذکرہ حالات اوسی نمبر پر درج ہے اور اب یہ تعلقہ فروخت ہوگیا بطور گذارہ کسیقدر اراضی باقی ہے کچھ ریاست باقی نہین ہے -

(نمبر ۲۰۰) مسماۃ قطب النسا قوم شیخ تعلقدار گوریا کلان

آپکی مورث شاہ رفیع الدین مدینہ سے آکر دہلی مین آباد ہوئے تھے عہد بابر شاہ مین قوم شیخ انصاری اودھ مین آئے اونکی شادی خاندان ملک یوسف مین جو کمان افسر فوج سید مسعود تھے ۱۰۳۰ء مین ہوئی اونکی اولاد مین سے شیخ نظام اور شیخ طاہر تھے شیخ نظام نے نظام پور اور شیخ طاہر نے طاہر پور آباد کیا جب شیخ طاہر قانونگوی پرگنہ کے ہوئے تو موضع گوریا کا حق ملکیت حاصل کیا اور شامل اپنی ملکیت کر کے تعلقہ کی بنا قائم کی اوسوقت سے یہ ریاست قائم ہے مسماۃ موصوفہ بالا بجاے جہانگیر بخش اپنے شوہر متوفے کے قابض تعلقہ ہین اس ریاست مین ۔۔ موضع جمعی

سمہ ۱۰۸ ہے۔ ضلع لکھنؤ مین واقع ہین اور اولاد اکبر اس خاندان مین مالک ریاست ہوتی ہے۔

(نمبر ۲۰۱) نثار علیخان قوم بھٹی تعلقدار نیورہ پرگنہ بسوڈھی

سنہ ششہ فصلی مین امام زبر خان و مصطفے خان ساکنان قدیم بھٹیر بہ عہد سلطان علاو الدین غوری ہمراہ تاتار خان صوبہ دار کے تعلقہ بسوڈھی مین جہت سزادہی اقوام بھر کی آئے بعد فتح کے پرگنہ بسوڈھی و موئی زبر خان کو عطا ہوا اونکی اولاد مین مناجان اور کالیخان تھے مناجان پرگنہ موئی مین اور کالیخان بسوڈھی مین قابض ہوئے جسمے یہ ریاست قائم ہے سند تعلقہ گورنمنٹ سے بنام شیر خان مرحمت ہوئی تھی بعد اونکے آپ اونکے بھتیجے قابض ریاست ہوئے ایک موضع ہے پٹیات جمعی سمہ ۱۲۰۸ ہے۔ ضلع بارہ بنکی مین واقع ہین وارث اس ریاست کا بقاعدہ گدی نشینی قائم ہوتا ہے۔ اور تعلقدار نمبر ۲۴۲ اسی خاندان سے ہین۔

(نمبر ۲۰۲) ٹھکراین دریاو کنور قوم ٹھاکر راجکمار تعلقدار گارب پور

تذکرہ خاندانی آپکا نمبر ۲ پر درج ہے خاندان ایشری سنگھ مورث اعلی مین گارب دیو سے یہ ریاست قائم ہوئی اور قابض حال اولاد گارب دیو سے ہے ۳۱ موضع معہ پٹی جمعی سمہ ۳۹۰۰ ہے۔ ضلع سلطانپور مین واقع ہین اور اولاد اکبر اس خاندان مین وارث ریاست ہوتا ہے۔

(نمبر ۲۰۳) دیاشنکر قوم باجپیئی برہمن تعلقدار کروہالو ہرامؤ

آپکے مورث سلطنت اودھ مین ہمیشہ معززین مقرب شاہان اودھ مین تصور ہوکر بعہدہای نظامت وچکلہ داری سرفراز رہے اور یہ ریاست زرخرید آپکے مورثان کی ہے دوسرے شریک آپکے نے جب لاولد وفات پائی تو وراثتاً وہ ملکیت بھی آپکو منتقل ہوئی سند تعلقہ بھی گورنمنٹ سے آپکو عطا ہوئی ہے اس تعلقہ مین ۲ موضع اور صرپٹی جمعی سمہ ساد ۱۰۰۰ ہے کی ضلع اونام مین واقع ہین۔ اور اس ریاست مین اگر مورث اعلے بلا وصیت فوت ہوجاوے تو وراثت بموجب دستور خاندانی اشخاص ذیحق کو پہونچتی ہے۔

(نمبر ۲۰۴) جاگیسر بخش قوم کنپوریہ تعلقدار بھون ساہ پور

انکا تذکرہ خاندانی نمبر ۲۱ پر درج ہے خاندان رئیس مورث اعلے مین بھون ساہ مورث نے ساہ پور کو اپنے نام پر آباد کیا اور تعلقہ کی بنا قائم کی ۱۲۶۳ فصلی مین مورثان اس ریاست کو موضع جھگوان سلطنت اودھ سے بموجب خون بہا بابو دری گج سنگھ اونکی ایک اولاد کے عطا ہوا زمانہ حال مین سند تعلقداری بنام بابو ستیلا بخش گورنمنٹ انگلشیہ سے مرحمت ہوئی بعد اونکے یہ تعلقدار قابض ریاست ہوئے تعلقہ مین ہے موضع جمعی صمہ ۱۱۲۸ ہے۔ ضلع سلطانپور مین واقع ہین رسم گدی نشینی اس خاندان مین ہے۔

(نمبر ۲۰۵) ٹھاکر فتح محمد قوم شیخ قیراطی تعلقدار پٹڑہا خواب ٹھاکر

بہت عرصہ ہوا میانجی مورث انکے ملک مصر سے آئے اور بحیثیت ملازمی سابق صوبہ دار اودھ کے بعہدہ تحصیلداری پرگنہ بہرائچ مین تعینات ہوئے اور بطور حسن خدمات شیخ ساہی خلعت میانجی کو چتر بموجب قوم برہمن زمیندار موضع پٹڑہا کی ملکیت بطور مالکانہ پیشگاہ صوبہ دار اودھ سے مرحمت ہوئی پھر سالار بخش نے جو بعدہ اولادی مین ہوئے ریاست کو ترقی دی جبسے آپکے مورثان نسلاً بعد نسل قابض چلے آتے ہین تعلقہ مین ۱۸ موضع ایک پٹی جمعی ۔۔۔ ضلع بہرائچ مین واقع ہین رسم گدی نشینی اس خاندان مین ہے

(نمبر ۲۰۶) ٹھاکر نرمان سنگھ قوم گور تعلقدار اٹھا پور عمری دسمرا

یہ موضع جسکے نام سے تعلقہ مشہور ہے اصل زمینداری سادات جرول کا تھا ۱۲۴۲ فصلی مین منر بجیت سنگھ والد تعلقدار حال کو ظفر مہدی وغیرہ سادات جرول سے بذریعہ بیع مع دیگر دیہات حاصل ہوا تھا اوسوقت سے قبضہ چلا آتا ہی اور یہ ریاست جدید ہے تعلقہ مین ۷ موضع ہے پٹی جمعی ۔۔۔ اضلاع گونڈہ وبہرائچ مین واقع ہین رسم گدی نشینی اس خاندان مین ہے۔

(نمبر ۲۰۷) فتح بہادر خان قوم بھرتھوان خان زادہ تعلقدار بہوا

یہ رئیس خاندان راجہ کرن سے ہین کہ جنکا سلسلہ راجہ بکرماجیت سے ملتا ہے تقریباً سات سو برس گذرے کہ راجہ کرن نے یہ علاقہ بطور حصہ دامادی کو دیا تھا اوسی میں سے یہ ریاست ہی اور راجہ کرن کی اولاد گدیوہ ٹھاکر کہلاتے ہین چند پشتون کے بعد اوتار سنگھ دہلی کو گئے اور وہان مذہب اسلام قبول کیا اور نام خان اعظم خان رکھا گیا ابھی پٹھان کہلاتے ہین اوسی خاندان سے یہ تعلقدار قابض ریاست ہین ۱۸ موضع جمعی ۔۔۔ ضلع رائے بریلی مین واقع ہین رسم گدی نشینی اس خاندان مین ہے۔

(نمبر ۲۰۸) ۱- شگوناتھہ کنور - ۲- کھرگ کنور اقوام بچگوتی تعلقداران دسرتھ پور

انکا تذکرہ خاندانی نمبر ۲۰۴ پر درج ہے یہ تعلقہ ایک شاخ تعلقہ نمبر ۲ کا ہی تعلقہ مین ۲۱ موضع جمعی ۔۔۔ ضلع پرتابگڈھ مین واقع ہین رسم گدی نشینی اس خاندان مین ہے۔

(نمبر ۲۰۹) کالکابخش وزوجہ گنگا بخش قوم ٹھاکر جنوار تعلقدار رام کوٹی وحاجی پور

بعہد شہنشاہ عالمگیر کلیان مل مورث اعلے نے پرگنہ رام کوٹ جسکے نام سے تعلقہ مشہور ہی بطور مستاجری حاصل کیا چند عرصہ کے بعد اس خاندان سے یہ ریاست جاتی رہی اور سوبھا رای قوم گور بطور مستاجری قابض ریاست ہوئے اونھون نے فوجی سنگھ پر پوتہ کلیان مل کو متبنی کیا بعد وفات سوبھا رای فوجی سنگھ مالک ریاست ہوئے اور قبولیت

اس علاقہ کی گورنمنٹ اودھ کو لکھدی جبسی یہ ریاست قائم ہوئی بہ عہد نواب سعادت علیخان ہردیو بخش پدر تعلقدار حال نے قبضہ پایا اونھون نے بوجہ لاولدی خود کالکا بخش کو پرورش کیا تھا بعد کو گنگا بخش اصلی لڑکے اونکے پیدا ہوئی جب ہردیو بخش نے انتقال کیا اوسوقت سند تعلقداری بوجہ نابالغی گنگا بخش کالکا بخش کے نام گورنمنٹ انگلشیہ سے مرحمت ہوئی لیکن بندوبست پختہ مین گنگا بخش بھی شریک تعلقہ کیے گئے اب گنگا بخش نے وفات پائی اونکے حصے پر اونکی زوجہ قابض ہین اور کالکا بخش جنکی تصویر شامل ہے اپنے حصے پر قابض ہین تعلقہ مین ۶۰ موضع ۵ پٹی جمعی ۱۲۰۱۹۲ ضلع سیتاپور مین واقع ہین اس خاندان مین اگر مورث اعلیٰ بلاوصیت فوت ہوجاوے وراثت بموجب دستور خاندانی وارث ذیحق کو پہونچتی ہے۔

(نمبر ۲۱۰) ٹھاکر جگموہن سنگھ قوم بیس تعلقدار دیوگنا گردھرپور

انکا تذکرہ خاندانی وآغاز ریاست نمبر ۲۰۹ پر درج ہی ہرہردیو کے خاندان مین اہلاد سنگھ مورث اعلی تعلقہ گوراکوسیٹی تذکرہ نمبر ۲۰۹ سے بلا لینے حصہ کے علحدہ ہوکر موضع کیرت پور مین جوکہ سرکار شاہی سے معاف تھا آکر آباد ہوئی بعد کو مردان سنگھ جد تعلقدار حال نے ملکیت حاصل کرکے بنام گردھرپور تعلقہ قائم کیا اوسوقت سے برابر قبضہ مورثان چلاآتا ہے۔ تعلقہ مین ۲۰ موضع جمعی سمہ ۲۸۵۰۰ ضلع رای بریلی مین واقع ہین اس خاندان مین اولاد اکبر وارث ریاست ہوتا ہے۔

(نمبر ۲۱۱) مسماۃ جگراج کنور قوم کایستھ زوجہ گوری شنکر تعلقدار ہرداس پور

ہرداس مورث اعلیٰ اس خاندان کے تھے بعرصہ قریب سو سال اونھون نے جنگل کٹواکر ہرداس پور جسکے نام سے تعلقہ مشہور ہے آباد کیا رفتہ رفتہ اوس چھوٹے دیہہ کی ترقی سے تعلقہ قائم ہوگیا دسوین پشت مین بیجناتھ کے نام سند تعلقہ گورنمنٹ سے ملی بعد وفات اونکے گوری شنکر لڑکا اونکا قابض ہوا اب یہ رئیسہ ترکہ شوہری پر قابض ہین ۹ موضع جمعی ۱۵۷۰۰ ضلع رائے بریلی مین واقع ہین اور اولاد اکبر اس خاندان مین وارث ریاست ہوتا ہے۔

(نمبر ۲۱۲) مہپال سنگھ قوم ٹھاکر گوتم تعلقدار پارہ

چودہ پشت کا زمانہ گذرا رائے سکندر سنگھ مورث اعلے بہ عہد محمد ابراہیم سلطان شرقی بنظر قلع وقمع اقوام بھر اس ملک مین آئے اور بعد از شکست اس ملکیت اقوام بھر پر قبضہ اپنا حاصل کیا اونھون نے ایک جدید موضع کی بنا ڈالی اور اپنے نام پر اوسکا نام سکندرپور رکھا اور وہان سکونت اختیار کی اونکی تیسری پشت مین رائے خیال سنگھ مورث پارہ خاص مین مکان بناکر سکونت پذیر ہوئے اوسوقت سے یہ ریاست پارہ کے نام سے مشہور ہے اور قبضہ مورثان چلاآتا ہے — تعلقہ مین ۵۱ موضع جمعی ۱۴۴۶۵۷ ضلع رائے بریلی مین واقع ہین — اس خاندان مین اگر مورث اعلے بلاوصیت فوت ہوجاوے تو بموجب وراثت دستور خاندانی اشخاص ذیحق کو پہونچتی ہے

(نمبر ۲۱۳) درگاہی خان قوم بھالی سلطان خانزادہ تعلقدار اونچگاون سہندور وجگ ڈوما۔

اسکا تذکرہ خاندانی وآغاز ریاست نمبر ۲۰۳- پر درج ہی یہ تعلقہ اُسی تعلقہ کی ایک شاخ ہی آخری رئیس اس تعلقہ کے نبی بخش خان ہوے جنکے نام سند تعلقہ عطا ہوئی بعد وفات آنکے یہ تعلقدار قابض ریاست ہین۔ تعلقہ مین چھبیس موضع جمعی [illegible] سالانہ اضلاع سلطانپور ورائے بریلی مین واقع ہین اس ریاست مین اولاد اکبر مالک ہوتا ہی۔

(نمبر ۲۱۴) گیادین سنگھ وسبجت سنگھ قوم ٹھاکر راجکمار تعلقدار ڈھیرہ۔

تذکرہ خاندانی قوم راجکمار کا نمبر ۷- پر درج ہی چھ سو سال ہوے اندرساہ مورث اعلی نے جنگل کٹوا کر اس گانون کو آباد کیا پھر تقسیم باہمی مین گنگا داس مورث کو یہ ریاست ملی آخرالامر سند تعلقداری گورنمنٹ سے بنام ٹھکراین برج کنور مرحمت ہوئی بعد انکے یہ دو رئیس قابض تعلقہ ہین [illegible] موضع سات پٹی جمعی [illegible] سالانہ ضلع فیض آباد مین واقع ہین اولاد اکبر اس خاندان مین وارث ریاست ہوتا ہی۔

(نمبر ۲۱۵) بابو سربدون سنگھ قوم بلکھریا تعلقدار انتو وامرد پور۔

انکا تذکرہ خاندانی وآغاز ریاست نمبر ۲۰۹- پر درج ہی یہ تعلقہ نمبر ۲۰۴- کا ایک شاخ ہی اس تعلقہ مین پانچ موضع جمعی [illegible] سالانہ اضلاع پرتاب گڈھ وسلطانپور مین واقع ہین رسم گدی نشینی اس خاندان مین ہی۔

(نمبر ۲۱۶) فرزند علیخان قوم سید تعلقدار کھٹوارہ۔

یہ تعلقدار ساکن کوٹہ جہان آباد وملازم فوج سرکار شاہی تھی اور معرکہ بیلی گارد مین خیرخواہ گورنمنٹ انگلشیہ رہی بجلدوے اُس خیرخواہی ایام غدر ۱۸۵۷ع یہ ملکیت منجملہ علاقہ منضبطہ رانا بینی مادھو بخش سنگھ گورنمنٹ سے عطیہ حاصل ہوئی لیکن اُنھون نے اب یہ ریاست بنام سید علی اپنے لڑکے کی منتقل کردی ہی تعلقہ مین چار موضع جمعی [illegible] سالانہ ضلع رائے بریلی مین واقع ہین اولاد اکبر اس خاندان وارث ریاست ہوتا ہی۔

(نمبر ۲۱۷) بخشی ہرپرشاد قوم کایستھ سکسینہ تعلقدار بیلولی۔

آغاز اس ریاست کا ۱۲۱۱ ہجری مین بخشی چترسین سے بذریعہ بیع ہوکر رفتہ رفتہ ترقی ہوتی رہی اور مورثان انکے سرکار شاہی مین بخشی فوج ومقربان شاہی سے تھے بعد وفات اُنکے یہ تعلقدار بذریعہ تبنیت اپنے چچا چترسین کے ریاست پر قابض ہوے اور اُنکو گورنمنٹ انگلشیہ نے سند تعلقہ عطا فرمائی- تعلقہ مین آٹھ موضع تین پٹی جمعی [illegible] سالانہ ضلع بارہ بنکی مین واقع ہین- اس خاندان مین اولاد اکبر مالک ریاست ہوتا ہی۔

(نمبر ۲۱۸) شیو رتن سنگھ قوم گمھوہا تعلقدار نہونہ۔

ان تعلقدار کا خاندان جو لقب راوت سے مشہور ہی گروہ ٹھاکران بیس سے ہی اور انکی ریاست قدیم ترین ریاستون مین سے ہی- بہار ساہی انکے مورث اعلے تھے اُنکی اولاد مین بھیرون داس ہوے اُسی خاندان سے

یہ تعلقدار ہین پہلے یہ تعلقہ بہت بڑا تھا مگر تقسیم ہوتے ہوتے اس تعلقہ مین اب آٹھ موضع جمعی صہ ماہ ضلع رائے بریلی مین واقع ہین اس خاندان مین رسم گدی نشینی ہے۔

(نمبر ۲۱۹) دان بہادر سنگھ قوم ریکوار تعلقدار محمد پور۔

یہ ریاست ایک شاخ رام نگر دھمیڑی تذکرہ نمبر ۴۳ - کی ہے چار سو برس ہوئے راماس مورث ذرام نگر دھمیڑی سے علٰحدہ ہوکر یہ ریاست قائم کی پھر مردن سنگھ مورث نے محمد شاہ فقیر کے نام پر اس موضع محمد پور کو آباد کیا جسکے نام سے تعلقہ مشہور ہے اسوقت سے علی الاتصال قبضہ موروثان چلا آتا ہے۔ اس تعلقہ مین تین موضع اور تیئیس پٹی جمعی سمہ ماہ ضلع بارہ بنکی مین واقع ہین اس خاندان مین اولاد اکبر مالک ریاست ہوتا ہے۔

(نمبر ۲۲۰) دگبجے سنگھ قوم بجگوتی تعلقدار اٹھگاوان۔

انکا تذکرہ خاندانی نمبر ۲۰۴ - پر درج ہے یہ تعلقہ اسی نمبر کا ایک شاخ ہے تعلقہ مین سات موضع جمعی ماہ ضلع پرتاب گڈھ مین واقع ہین اس خاندان مین اولاد اکبر وارث ریاست ہوتا ہے۔

(نمبر ۲۲۱) فصل حسین متبنیٰ چاند بی بی قوم رہیان مسلمان تعلقدار کٹوارہ و رام پور گوکل۔

انکا تذکرہ خاندانی نمبر ۲۶۲ - پر مفصل درج ہے یہ تعلقہ ایک شاخ اسی نمبر ۲۶۲ کا ہے ۱۲ فصلی مین مدار بخش خان مورث نے اس تعلقہ پر قبضہ پایا اور یہ تعلقہ موضع کوٹوارہ کے نام سے مشہور ہے اسوقت سے برابر قبضہ چلا آتا ہے سند تعلقہ داری گورنمنٹ انگلشیہ سے بنام چاند بی بی کے ہوئی لاکن انھون نے فصل حسین اپنے نواسہ کو متبنیٰ کیا ہے جنکی تصویر شامل ہے - تعلقہ مین موضع جمعی سمہ ضلع کھیری مین واقع ہین رسم گدی نشینی اس خاندان مین ہے۔

(نمبر ۲۲۲) محمد شیر خان قوم اہیان مسلمان تعلقدار رائے پور ہیریا۔

انکا تذکرہ خاندانی نمبر ۲۶۲ - پر مفصل درج ہے یہ تعلقہ اسی نمبر ۲۶۲ - کا ایک شاخ ہے اور یہ موضع رائے پور جسکے نام سے تعلقہ مشہور ہے ۱۲۰۹ فصلی مین بہ قبضہ جلال الدین مورث آیا تھا اسوقت سے برابر قبضہ اس خاندان مین چلا آتا ہے - اس تعلقہ مین موضع جمعی سمہ ضلع کھیری مین واقع ہین اور اولاد اکبر اس خاندان مین وارث ریاست ہوتا ہے۔

(نمبر ۲۲۳) مہپال سنگھ قوم کنپوریہ تعلقدار امرار

انکا تذکرہ خاندانی نمبر ۱۲ پر درج ہے خاندان راجہ مانک مین اولاد سمس مورث اعلیٰ سے یہ تعلقدار ہین۔ تعلقہ مین چھ موضع جمعی سمہ ضلع پرتاب گڈھ مین واقع ہین اس خاندان مین اولاد اکبر مالک ریاست ہوتا ہے۔

(نمبر ۲۲۴) میر اشرف حسین قوم سید تعلقدار گٹریا۔

عرصہ دو سال سے بذریعہ خریداری مورثان انکے قابض اس ریاست کے ہوئے جبسے قبضہ اس خاندان مین برابر چلا آتا ہے آخرالامر میر کرامت حسین مالک ریاست کے ہوئے جنکے نام گورنمنٹ انگلشیہ سے سند تعلقہ داری مرحمت ہوئی بعد وفات اونکے یہ تعلقدار قابض ریاست ہین۔ تعلقہ مین سات موضع اور سات پٹی جمعی [illegible] ضلع فیض آباد مین واقع مین اس خاندان مین اولاد اکبر وارث ریاست ہوتا ہے۔

(نمبر ۲۲۵) وصی الزمان قوم شیخ تعلقدار میان گنج۔

یہ گنج آباد کیا ہوا میان الماس خواجہ سرا کا تھا بعد وفات آنکے سرکار شاہ اودہ مین نزول قرار پایا سنہ ۱۲۶۴ فصلی مین بعد انتزاع سلطنت اودھ بندوبست بنام بھوانی بخش قوم کایستھ کے ہوا تھا اب بعد غدر ضبط سرکار ہوکر گورنمنٹ انگلشیہ سے مولوی حبیب الرحمن کو بصلہ خیرخواہی ایام غدر ۱۸۵۷ء مرحمت ہوا پھر مولوی صاحب نے ترقی ریاست کی کی بعد وفات مولوی صاحب یہ تعلقدار قابض تعلقہ ہین۔ تعلقہ مین سات موضع آٹھ پٹی جمعی [illegible] ضلع اونام مین واقع مین اس خاندان مین اولاد اکبر وارث ریاست ہوتا ہے۔

(نمبر ۲۲۶) شیو امبر سنگھ قوم کنپوریہ تعلقدار راجہ پور۔

انکا تذکرہ خاندانی نمبر ۱۲ پر درج ہے خاندان راجہ مانک مین اولاد سمس مورث سے یہ تعلقدار ہین تعلقہ مین نو موضع جمعی [illegible] ضلع پرتاب گڈھ مین واقع ہین اس خاندان مین اولاد اکبر وارث ریاست ہوتا ہے۔

(نمبر ۲۲۷) سردار ہیرا سنگھ قوم سکھ تعلقدار جدان۔

سردار جی سنگھ صاحب قوم کھتری رئیس پنجاب کو بجلدوے خیرخواہی ایام غدر ۱۸۵۷ء گورنمنٹ انگلشیہ سے یہ ریاست منجملہ ملکیت منضبطہ تعلقہ چردھا کے مرحمت ہوئی تھی بعد آنکے یہ رئیس قابض ریاست ہین تعلقہ مین اکیس ۲۱ موضع ایک پٹی جمعی [illegible] ضلع بہرایچ مین واقع ہین اس خاندان اولاد اکبر مالک ریاست ہوتا ہے۔

(نمبر ۲۲۸) سردار بگھیل سنگھ قوم سکھ تعلقدار بھنگا

یہ ریاست پہلے اقوام بنجارہ کی تھی بعد کو اقوام جنوار کے قبضہ مین آکر شامل تعلقہ بھنگا ہوئی پھر بجرم بر آمدگی توپ گورنمنٹ انگلشیہ مین ضبط ہوکر سردار شیر سنگھ مورث کو بجلدوے خیرخواہی ایام غدر ۱۸۵۷ء مرحمت ہوئی بعد انکے یہ رئیس قابض تعلقہ ہین۔ اس خاندان مین اولاد اکبر وارث ریاست ہوتا ہے۔ تعلقہ مین پانچ موضع دو پٹی جمعی [illegible] ضلع بہرائچ مین واقع ہین۔

(نمبر ٢٢٩) سید سردار علی قوم سید تعلقدار سی سی سلون و ابیتاپور۔

آپکے والد سید محمد شاہ کمیدان فوج تھے بصلہ خیر خواہی ایام غدر ١٨٥٨ع گورنمنٹ انگلشیہ سے یہ ملکیت انکو عطیہ ہوئی تھی بعد وفات انکے آپ قابض علاقہ ہوے اور آپنے ایک جز و اس تعلقہ کا جو بنام سی سی سلون موسوم تھا پاس سردار ہیرا سنگھ کے بذریعہ بیع منتقل کردیا پانچ موضع دو پٹی جمعی الـ [illegible] ضلع بہرایچ مین واقع ہین۔ اولاد اکبر اس خاندان مین وارث ریاست ہوتا ہے۔

(نمبر ٢٣٠) ١- محمد علی خان ٢- حسین علی خان ـ اقوام سید تعلقداران اوبخ گانون۔

مورثان تعلقدار پہلے سے کسیقدر ریاست کے زمیندار تھے چند عرصہ سے مشمول ریاست قدیم یہ تعلقہ جدید قائم ہوا گورنمنٹ انگلشیہ سے سند تعلقداری بنام اسید علی پدر تعلقدار مرحمت ہوئی تھی بعد وفات انکے یہ تعلقدار قابض ملکیت ہین تعلقہ مین پانچ موضع جمعی [illegible] ضلع اونام مین واقع ہین۔ اس خاندان مینا اولاد اکبر وارث ریاست ہوتا ہے۔

(نمبر ٢٣١) شمس النسا قوم شیخ تعلقدار جسمرا ملو کیور و سرائے شیخ۔

یہ تعلقہ عرصہ تک جسونت راے و دولت راے چودھریان لکھنؤ کے قبضہ مین رہا ١٢٥٩ فصلی مین آپکے شوہر شیخ مظفر علی نے موضع جسمرا کو جسکے نام سے تعلقہ مشہور ہے خرید کیا تھا اب بعد وفات انکے آپ قابض تعلقہ ہین اس تعلقہ مین چھ موضع دو نٹی جمعی [illegible] کی اضلاع لکھنؤ و بارہ بنکی مین واقع ہین اس خاندان مین اولاد اکبر مالک ریاست ہوتا ہے۔

(نمبر ٢٣٢) محمد حسین قوم شیخ صدیقی تعلقدار غازی پور و گنورہ و گوبری فورد۔

یہ تعلقہ موروثی شیخ احمد بخش کا ہے جنکے مورث بوقت ہمایون شاہ لکھنؤ مین آئے اور شیخ کامیاب ملازم محمد شاہ کی شادی شیخ ابو القاسم لکھنوی کی ہمشیرہ سے ہوئی ابو القاسم خان سے بوقت نکاح یہ جائداد جہیز مین ملی شیخ کامیاب کی اولاد مین سے آپ ہین گیارہ موضع ایک پٹی جمعی [illegible] ضلع لکھنؤ و بارہ بنکی مین آپ کی ملکیت کے واقع ہین اور اولاد اکبر اس خاندان مین مالک ریاست ہوتا ہے۔

(نمبر ٢٣٣) مرزا جعفر علی خان قوم شیخ تعلقدار بھٹہ دھونریرہ۔

مرزا جعفر علی خان تعلقدار بھٹہ خاندان حکیم مہدی علیخان و نواب منور الدولہ سے ہین اور حکیم مہدی علیخان و نواب منور الدولہ وزیر بادشاہ اودھ کے تھے خواجہ شفیع کشمیری امیر کہ جنھون نے نوکری کی تھی آصف الدولہ پانچوین نواب اودھ کی دو اولاد چھوڑ کر مرے حکیم مہدی ہادی علی اول نے قضا کی بلا اولاد اور دوسرے کے یہان احمد علی نواب منور الدولہ ہوے

یہ دادا مرزا جعفر علی خان موجودہ تعلقدار کے تھے جعفر علی خان نے ایک ملکیت جسمین دو مواضع واقع ضلع بجنور ہین حاصل کی انمین سے ایک موضع کا نام بھٹہ ہے کہ جس سے نام تعلقہ کا مشہور ہے کل اس تعلقہ مین ہے — موضع جمعی [illegible] کی ضلع لکھنؤ مین واقع ہین — اور اس ریاست مین اگر مورث اعلےٰ بلا وصیت فوت ہوجاوے تو وارثت بموجب دستور خاندان اشخاص ذی حق کو پہونچتی ہے —

(نمبر ۲۳۴) شیخ طالب علی خلف چودھری مصاحب علی و کریم بخش تعلقدار دین پناہ —

ایک ہندو ٹھاکر بیس موضع سیلامین جو اس زمانہ مین اہل منوار کے قبضہ مین تھا آیا اور بطمع زمینداری مذہب اسلام اختیار کرکے مواضعات کھنڈسرہ وغیرہ پر قبضہ پایا اور پھر اپنے نام پر ایک بار مین دین پناہ کو آباد کیا تھا جنکے نام سے یہ تعلقہ موسوم ہے مالکان موجودہ اہل خاندان چودھریان گرھی سو ہین اب یہ تعلقہ بذریعہ رہن منتقل ہوتا جاتا ہے اس تعلقہ مین پانچ موضع ایک پٹی جمعی [illegible] کی ضلع بارہ بنکی مین واقع ہین اور اولاد اکبر مالک ریاست اس خاندان مین ہوتا ہے —

(نمبر ۲۳۵) مہپال سنگھ خلف دنیا سنگھ قوم بیس تعلقدار ملونہ —

انکا تذکرہ خاندانی و آغاز ریاست نمبر ۳ سے ہے جو بیچ ہے کرن رلے کی تیسری پشت مین بھان ساہ مورث اعلےٰ نے ملونہ خاص آباد کیا تھا جبسے یہ ریاست قائم ہے اور قبضہ اس خاندان کا چلا آتا ہے گورنمنٹ انگلشیہ سے سند تعلقہ بنام دنیا سنگھ پدر تعلقدار موجود مرحمت ہوئی تھی بعد اونکے رئیس موجودہ قابض ریاست ہین — تعلقہ مین پانچ موضع ایک پٹی جمعی [illegible] ضلع اونام مین واقع ہین اس خاندان مین اگر مورث اعلےٰ بلا وصیت فوت ہوجاوے تو بموجب دستور خاندانی اشخاص ذی حق کو وراثت پہونچتی ہے —

(نمبر ۲۳۶) رومکمن کنور زوجہ ٹھاکر سنگھ تربیدی قوم برہمن تعلقدار تربیدی گنج و ٹکنور آباد و تربیدی پور وسعید پور بہیلہ —

شوہر انکے عہد حکومت شاہان اودھ مین معززین افسرون مین سے تصور ہوتے تھے انھون نے اپنی ذات خاص سے یہ ریاست تربیدی گنج حاصل کی اور بصلہ خیرخواہی ایام غدر ۱۸۵۷ء ملکیت ٹکنور آباد و تربیدی پور وسعید پور عطیہ گورنمنٹ سے حاصل ہوئی اور حسب وصیت نامہ اپنے شوہر کے یہ رئیسہ قابض تعلقہ ہین اس ریاست مین سات موضع اور ایک پٹی جمعی [illegible] کی اضلاع بارہ بنکی و اونام و رائے بریلی مین واقع ہین اس خاندان مین اولاد اکبر وارث ریاست ہوتا ہے

(نمبر ۲۳۷) محمد نصیر الدین قوم شیخ تعلقدار میرپور —

یہ تعلقدار اور تعلقہ خاندان اور تعلقہ نمبر ۱۷۶ سے ہین اس تعلقہ مین چھ موضع اور سات پٹی جمعی [illegible] کی ضلع بارہ بنکی مین واقع ہین — اور اس خاندان مین اگر مورث اعلےٰ بلا وصیت فوت ہوجاوے تو بموجب وراثت دستور

خاندانی کے اشخاص ذی حق کو پہونچتی ہے۔

(نمبر ۲۳۸) پرتھی پال سنگھ قوم اسیتھیا تعلقدار رام نگر۔

یہ تعلقدار اور تعلقہ خاندان اور تعلقہ نمبر ۱۲ سے ہین راجہ رام سنگھ مورث اعلےٰ کی چوتھی پشت مین دیورائے نے پوکھرا انصاری سے علیحدہ ہوکر یہ ملکیت حاصل کی اسی خاندان سے یہ تعلقدار قابض ریاست ہین سند تعلقہ گورنمنٹ سے بنام بابو چندی بخش چچا تعلقدار حال کی ہوی تھی یہ وراثتاً رئیس قابض علاقہ ہوے۔ تعلقہ مین آٹھ موضع اور ایک پٹی جبمی معہ بارہ لاکھ سے ضلع بارہ بنکی مین واقع ہین اولاد اکبر اس خاندان وارث ریاست ہوتا ہی۔

(نمبر ۲۳۹) بابو لعل بہادر قوم اسیتھیا تعلقدار اکیھا پور۔

یہ تعلقہ ایک شاخ تعلقہ پوکھرا انصاری متذکرہ نمبر ۲۱ کا ہی سند تعلقداری بنام بیسکم ساہ گورنمنٹ انگلشیہ سے مرحمت ہوئی یہ تعلقدار وراثتاً قابض ریاست ہین۔ تعلقہ مین تین ۳ موضع جمعی ۱ معہ ساہ لاکھ سے ضلع بارہ بنکی مین واقع ہین اولاد اکبر اس خاندان مین وارث ریاست ہوتا ہی۔

(نمبر ۲۴۰) وزیر علیخان قوم بھٹی تعلقدار برولی پرگنہ بسودھی۔

یہ تعلقہ ایک شاخ تعلقہ نمبر ۲۰ کا ہی مفصل تذکرہ اسی نمبر پر درج ہی اولاد زبر خان مین سے مہاجان نے پرگنہ سوائی کا قبضہ نمبر ۲۰ سے حاصل کیا اور جب سے قبضہ برابر اس خاندان مین چلا آتا ہی۔ تعلقہ مین پانچ موضع سینتیس ۳۷ پٹی جمعی معہ جامع ہے ضلع بارہ بنکی مین واقع ہین رسم گدی نشینی اس خاندان مین ہی۔

(نمبر ۲۴۱) بابو کشن دت قوم بیس تعلقدار پالی۔

قریب پانچ سو برس کے گذرے جب سے یہ ریاست بلحاظ وسعت و دیگر امور بہ حیثیت موجودہ چلی آتی ہی اور سلطنت ہندوستانی مین ہمیشہ مورثان اس ریاست کے بہ لقب تعلقدار موسوم رہے گورنمنٹ انگلشیہ سے بندوبست تعلقہ کا بنام تعلقدار قابض حال ہوا۔ تعلقہ مین ایک موضع جمعی ۱ معہ ما ہے ضلع بارہ بنکی مین واقع ہی اولاد اکبر اس خاندان مین وارث ریاست ہوتا ہی۔

(نمبر ۲۴۲) دیوان کشن کنور قوم کھتری سکھ تعلقدار یعقوب گنج۔

یہ ملکیت زمانہ عہد شاہی مین یعقوب علیخان خواجہ سرا شاہ اودھ کی تھی گورنمنٹ انگلشیہ مین ضبط قرار پائی اور دیوان حاکم رائے صاحب مورث کو بطور عطیہ مرحمت ہوئی دیوان حاکم رائے صاحب مہاراجہ رنجیت سنگھ والی لاہور کے دیوان اعظم تھے تعلقدار حال انکے جانشین ہین تعلقہ مین ایک موضع جمعی ۱ معہ لاکھ ہے ضلع بارہ بنکی مین واقع ہی اس خاندان مین اولاد اکبر وارث ریاست ہوتا ہی۔

(نمبر ۲۴۳) مولوی مظہر علی تعلقدار سھیوا قوم شیخ ـــ

یہ ملکیت راجہ لونی سنگہ تعلقدار متولی کی بوجہ سرکشی ایام غدر ۱۸۵۷ء ضبط ہوکر بحق صدقہ گذاری سرکار گورنمنٹ انگلشیہ سے رئیس حال کو مالکانہ طور پر عطا ہوئی ہی دو موضع جمعی ۲۲۱۵ روپیہ ضلع سیتاپور مین واقع ہین۔ اس خاندان مین اولاد اکبر وارث ریاست ہوتا ہی۔

(نمبر ۲۴۴) کالکا بخش قوم ٹھاکر گور تعلقدار سعادت نگر۔

بصلہ خیر خواہی ایام غدر ۱۸۵۷ء رگھوناتھ سنگہ آپکے مورث کو یہ تعلقہ گورنمنٹ انگلشیہ سے مرحمت ہوا تھا بعد انکے آپ قابض ہین بارہ موضع پانچ بیگہ جمعی ۱۰۴۰ روپیہ ضلع سیتاپور مین واقع ہین۔ اس خاندان مین اولاد اکبر وارث ریاست ہوتا ہی

(نمبر ۲۴۵) ٹھاکر رگھوراج سنگھ قوم بیس تعلقدار راجپور۔

انکا تذکرہ خاندانی نمبر ۴۲ - پر درج ہی یہ رئیس رانا بینی مادھو بخش سنگہ باغی تعلقدار شنکرپور کے صاحبزادہ ہین بعد ضبطی اصل تعلقہ کے سرکار نے بنظر مراحم خسروانہ انکی پرورش وگذارہ کو یہ علاقہ منجملہ علاقہ منضبطہ راجہ جہلاری بعلت بغاوت مرحمت فرمایا جسمین اٹھارہ موضع جمعی ۱۶۰۰۰ روپیہ ضلع سیتاپور مین واقع ہین اس خاندان مین اولاد اکبر وارث ریاست ہوتا ہی۔

(نمبر ۲۴۶) ٹھاکر سربجیت سنگھ قوم گوکہندی بیس تعلقدار پوایان وسہرورہ

یہ تعلقدار و تعلقہ خاندان و تعلقہ نمبر ۱۰ - سے ہین اتسکہ خلف رامچند مورث کی اولاد سے یہ تعلقدار قابض اس ریاست کے ہین اور عہد نواب منصور علیخان حاکم اودہ مین یہ ریاست منصور گڈھ نام سے موسوم تھی۔ تعلقہ مین دس موضع جمعی ۵۶۰۰ روپیہ اضلاع ہردوئی و لکھنؤ مین واقع ہین اس خاندان مین اولاد اکبر وارث ریاست ہوتا ہی۔

(نمبر ۲۴۷) صفدر حسین خان تعلقدار بھاناپور قوم پٹھان۔

یہ رئیس ملک اودہ ضلع راے بریلی مین صدر الصدور ہین اور یہ ملکیت بصلہ خیر خواہی ایام غدر گورنمنٹ انگلشیہ سے بحکم ڈاکٹ نمبری ۴۱۵ - مورخہ ۱۴ - جنوری ۱۸۶۰ء مین آپکو عطا ہوئی ہی دو موضع جمعی ۱۱۱۰ روپیہ ضلع ہردوئی مین واقع ہین اور اس ریاست مین اگر مورث اصلی بلاوصیت فوت ہو جاوے تو وارث بموجب دستور خاندانی اشخاص ذوی حق کو پہونچتی ہی۔

(نمبر ۲۴۸) لالہ اننت رام قوم کایستھ تعلقدار رسولپور۔

یہ ملکیت راجہ عباس علی تعلقدار ٹانڈہ بالزام بغاوت ایام بلوہ ضبط ہوکر بصلہ خیر خواہی ایام غدر ۱۸۵۷ء چھ موضع مسلم گورنمنٹ انگلشیہ سے آپکو مرحمت ہوے اور پھر تعلقدار نے ترقی املاک کی اب ریاست مین دس موضع اور تین پٹی جمعی ۱۱۱۰۰ روپیہ

ضلع فیض آباد مین واقع ہین اس خاندان مین اولاد اکبر وارث ریاست ہوتا ہے۔

(نمبر ۲۴۹) شیوراج کنور قوم راجکمار تعلقدار سلطانپور ومودرا وامرتھن دیوریہ۔

تذکرہ خاندانی آپ کا نمبر [illegible] پر درج ہے یہ تعلقہ راو بریار سنگھ کو بصلہ خیر خواہی ایام غدر ۱۸۵۷ء گورنمنٹ انگلشیہ سے مرحمت ہوا تھا بعد انکی یہ رئیس جانشین ہوے بتیس موضع تین پٹی جمعی [illegible] ضلع سلطانپور مین واقع ہین اس خاندان مین اولاد اکبر وارث ریاست ہوتا ہے۔

(نمبر ۲۵۰) ہرنراین رام قوم برہمن پانڈے تعلقدار اکبرپور نرورا۔

یہ تعلقدار خاندان راجہ کرشن دت رام تعلقدار سنگھان چندہ متذکرہ نمبر ۳۲ سے ہین منفصل تذکرہ خاندانی و آغاز ریاست اُسی نمبر پر درج ہے سنہ ۱۲۶۱ فصلی مین یہ ملکیت اکبرپور جسکے نام سے تعلقہ مشہور ہے بہادر رام پانڈے نے راجہ گمان سنگھ تعلقدار گونڈہ قوم بسین سے خرید کی تھی اُسوقت سے برابر قبضہ چلا آتا ہے آٹھ موضع چارپٹی جمعی [illegible] ضلع گونڈہ مین واقع ہین اولاد اکبر اس خاندان مین وارث ریاست ہوتا ہے۔

(نمبر ۲۵۱) بھواین انند کنور قوم استھیا تعلقدار اوساہ

انکا تذکرہ خاندانی نمبر ۱۷۰ پر درج ہے یہ تعلقہ ایک شاخ تعلقہ نمبر ۲۲ کمہران کا ہے چار سو برس کا زمانہ ہوا بابو مان سنگھ مورث نے بوقت علحدگی دیہات متعلقہ اوساہ اپنے حصہ مین پاکر اوساہ خاص مین سکونت اختیار کی آخر الامر بابو شیو امر سنگھ قابض ریاست ہوے بعد وفات اُنکے یہ رئیسہ زوجہ انکی قابض ریاست ہین تعلقہ مین چھ موضع جمعی [illegible] ضلع راے بریلی مین واقع ہین رسم گدی نشینی اس خاندان مین ہے۔

(نمبر ۲۵۲) مہراج بخش قوم ٹھاکر بیس تعلقدار پلکھا

انکا تذکرہ خاندانی نمبر ۴ پر درج ہے تربھون شاہ پسر چہارم راجہ ڈومن دیو مورث اعلے کھجور گانون سے علحدہ ہوکر جگت پور مین آباد ہوے انکی آٹھوین پشت مین موہن سنگھ مورث تعلقدار نے جنگل پلوکٹوا کر اس موضع کو آباد کیا اور پلکھا نام رکھا جسکے نام سے یہ تعلقہ مشہور ہے سند تعلقداری بھی گورنمنٹ انگلشیہ سے انھین تعلقدار کو مرحمت ہوئی مگر یہ تعلقہ بطور بھیا چارہ ہے تعلقہ مین چار موضع جمعی [illegible] ضلع راے بریلی مین واقع ہین اس ریاست مین اگر مورث اعلے بلا وصیت فوت ہوجاے تو وراثت بموجب دستور خاندانی اشخاص ذی حق کو پہونچتی ہے

(نمبر ۲۵۳) سیتارام کورمی تعلقدار سہ گانون وپچھم گانون۔

بعہد اکبر شاہ بادشاہ دہلی نبایک رام وپال جی رام مورث اعلے بحیثیت ملازمی شاہ دہلی پچھم گانون مین آئے انکی اولاد مین کاجین سنگھ نے سنہ ۱۲۰۹ فصلی مین ایک موضع نبایک پور مورث اعلی نمبر ۱ کے نام پر اور دوسرا موضع پلیا سورث

نمبر ۲۔ کے نام پر ۹۵ فصلی مین آباد کیا اور پچھم گانون کی آبادی کو اسقدر ترقی دی کہ سوا ضعات خانپور و پورب گانون کے تعلقہ باہم ملگئے بدینوجہ تین گانون ملکر اُسکا نام سہ گوان مشہور ہوا جس نام سے اب تعلقہ مشہور ہے سند تعلقداری گورنمنٹ انگلشیہ سے بنام ٹھاکر سنگھ پدر تعلقدار حال ہوئی تھی جو کہ معرکہ بلی گارد مین خیرخواہ سرکار رہے بعد انکے یہ تعلقدار قابض ہین اور یہ تعلقہ بھیاچارہ ہے سب حصہ دارون کی مقدار حصہ معین ہے۔ تعلقہ مین تین موضع جمعی للعہ ضلع راے بریلی مین واقع ہین اس خاندان مین اولاد اکبر وارث ریاست ہوتا ہے۔

(نمبر ۲۵۴) بلبھدر سنگھ قوم ٹھاکر بیس تعلقدار کھجوری

انکا تذکرہ خاندانی نمبر ۴۔ پر درج ہے اور یہ تعلقہ شاخ تعلقہ نمبر ۶۵۔ کا ہے یہ ریاست بکرماجیت مورث کو لال ساہ خلف برجور ساہ مورث تعلقدار سمرپہا متذکرہ نمبر ۶۵ سے بوقت علیحدگی تقسیم مین حاصل ہوئی تھی جبسے قبضہ اس خاندان مین برابر چلا آتا ہے۔ تعلقہ مین چار موضع جمعی ۱۲۱۳ ضلع راے بریلی مین واقع ہین اس خاندان مین اولاد اکبر وارث ریاست ہوتا ہے۔

(نمبر ۲۵۵) ٹھاکر بخش قوم بیس ٹھاکر تعلقدار کسروا

انکا تذکرہ خاندانی نمبر ۴ - پر درج ہے عرصہ ایکسو سال کا گذرتا ہے قلندر سنگھ و پرتاب سنگھ مورثان اعلےٰ نے بھوپت ساہ مورث تعلقدار گوراسے یہ ریاست حصہ مین حاصل کی تھی جبسے قبضہ اس خاندان مین چلا آتا ہے۔ تعلقہ مین چار موضع جمعی للعہ ضلع راے بریلی مین واقع ہین اس خاندان مین اولاد اکبر وارث ریاست ہوتا ہے۔

(نمبر ۲۵۶) بابو بختاور سنگھ قوم امیٹھیا تعلقدار دہلی۔

انکا تذکرہ خاندانی نمبر ۲۱- پر درج ہے اور یہ تعلقہ شاخ تعلقہ نمبر ۲۲۔ کا ہے ستر سال کا عرصہ ہوا بیجے سنگھ مورث نے اس ریاست کو راجہ اٹار و سنگھ برادر کلان خود مورث تعلقدار کمہراوان سے بطور گذارہ حاصل کرکے علیحدہ تعلقہ قائم کیا جبسے اس خاندان مین قبضہ چلا آتا ہے تین موضع جمعی للعہ ضلع راے بریلی مین واقع ہین اس خاندان مین اولاد اکبر وارث ریاست ہوتا ہے۔

(نمبر ۲۵۷) گنگا بشن معصر قوم برہمن تعلقدار مینا ہار کٹرہ

سنہ ۱۲۶۳ فصلی مین راجہ مہربان سنگھ سے شیو راج بلی ولد راجہ ہیرا لال مصر ناظم نظامت دلمو و بریلی نے اس ریاست کو خرید کیا تھا جبسے قبضہ چلا آتا ہے ایک موضع جمعی للعہ ضلع راے بریلی مین واقع ہے اور اس ریاست مین اگر مورث اعلی بلا وصیت فوت ہو جاوے تو وراثت بموجب دستور خاندانی اشخاص ذیحق کو پہونچتی ہے۔

(نمبر ۲۵۸) محمد محسن و محمد شفیع اقوام سید تعلقدار علی پور چکائی۔

یہ علاقہ منجملہ علاقہ منضبطہ رانا بینی مادھو بخش سنگھ باغی کے بصلۂ خیر خواہی ایام غدر ۱۸۵۷ع سید عبد الحکیم صاحب والد تعلقداران حال کو گورنمنٹ انگلشیہ سے مرحمت ہوا تھا اور سید صاحب اکسٹرا اسسٹنٹ ملک اودھ تھے بعد حصول پنشن اونھون نے وفات پائی اب بعد اونکے یہ صاحبان قابض ریاست ہین اور محمد شفیع صاحب عہدۂ نائب سررشتہ داری ضلع بارہ بنکی مین ملازم سرکار ہین تعلقے مین ۔ صہ ۔ موضع دو پٹی جمعی سمہ ملمالہ عہ ۵ ضلع رائے بریلی مین واقع ہین اس خاندان مین اگر مورث اعلی بلا وصیت فوت ہو جاوے تو وراثت بموجب دستور خاندانی اشخاص ذیحق کو پہونچتی ہی۔

(نمبر ۲۵۹) بینی پرشاد قوم چھتری تعلقدار دھگانوان ماتحت گانون ہردوئی۔

یہ ملکیت بصلۂ خیر خواہی ایام غدر ۱۸۵۷ع گجراج سنگھ انکے والد کو گورنمنٹ انگلشیہ سے منجملہ ملکیت منضبطہ رانا بینی مادھو بخش سنگھ باغی کے عطا ہوئی تھی بعد وفات اونکے آپ قابض ہین ایک موضع جمعی ملماللہ عہ ۵ ضلع رائے بریلی مین واقع ہے اور اس ریاست مین اگر مورث اعلی بلا وصیت فوت ہو جاوے تو وراثت بموجب دستور خاندانی کے اشخاص ذیحق کو پہونچتی ہی

(نمبر ۲۶۰) شیو شنکر سنگھ وارجن سنگھ قوم رجواڑ تعلقدار پرتاب پور وسادی پور کوٹوا نصف حصہ۔

انکا تذکرہ خاندانی و آغاز ریاست نمبر ۔ پر درج ہی اولاد بریار سنگھ مین کھوکھی سنگھ مورث انکے تھے اونکی چند پشتون کے بعد موہن ساہی کو یہ ریاست وقت تقسیم باہمی خاندان سے حاصل ہوئی تھی جب سے قبضہ مورثان اس خاندان مین برابر چلا آتا ہی۔ تعلقے مین دو موضع ۔عہ۔ پٹی جمعی لعمہ لاوللعہ ۵ ضلع سلطانپور ورائے بریلی مین واقع ہین اس ریاست مین اگر مورث اعلی بلا وصیت فوت ہو جاوے تو وراثت بموجب دستور خاندانی اشخاص ذیحق کو پہونچتی ہی۔

(نمبر ۲۶۱) شیو گوبند تیواری قوم برہمن تعلقدار بھٹہ بھوانی۔

عرصہ تیس سال کا ہوا غریب سنگھ چودھری سابق مالک ریاست اور ہیرا لال مورث اعلی تعلقدار قابض حال سے قرابت داری ہوئی اوسی ذریعہ سے مورثان انکے گوشائین کھیرہ سے اس مقام پر آکر آباد ہوے پھر برہا دین اولاد ہیرا لال کی نارنبند مین الیشر دین خلف غریب سنگھ نے یہ ملکیت برہا دین کو عطا کی جب سے آغاز اس ریاست کا ہی اور مورثان تعلقدار قابض چلے آتے ہین تعلقے مین ۔عہ۔ موضع دو پٹی جمعی للعمہ جاہد عہ ۵ سر ضلع اونام مین واقع ہین اولاد اکبر اس خاندان مین وارث ریاست ہوتا ہی۔

(نمبر ۲۶۲) زوجۂ نعمت اللہ خان قوم اہیان مسلمان تعلقدار مرزا پور وجلال پور۔

مسمیان گوکلی وسولی مورثان اعلی جوار دکھن سے اس ملک مین آئے اور بزور بازو زمینداران سابقہ سے لڑائیان کرکے ریاست پیدا کی اونکے خاندان مین نرسنگھ دیو اور راؤجی بھان ساہ دو بھائی ہوے نرسنگھ دیو گدی نشین راج متولی ہوے جنکے خاندان سے راجہ لونی سنگھ باغی تھے جنکا تعلقہ ضبط ہوگیا اور راؤجی بھان ساہ نے موضع کٹوارہ مین

قیام کرکے نوسی نواسی دیہات گرد نواح ہیرپز و رباز و قبضہ پاکر تعلقہ بنام بھوڑوارہ قایم کیا اونکی تیسری پشت مین جہان شاہ ہوے اونکے دو لڑکے ہلبیہ و گھاسی نے سمت ۱۴۴۵ مین بعہد تیمور لنگ مذہب اسلام قبول کرکے سند زمیداری نوسو نواسی مواضعات کی شاہ سے حاصل کی چنانچہ ہلبیہ کی اولاد سے جملہ اہیان مسلمان ہین اور گھاسی لاولد مرگیا سنہ [illegible] فصلی عہد جہانگیر شاہ مین یہ ریاست اس قوم کی قبضے سے جاتی رہی تھی پھر سنہ ۱۱۰۲ فصلی مین حکام شاہی سے چند مواضعات اس خاندان کو بطور معافی حاصل ہوئی بعد کو مورثان نے ترقی ریاست کی جب سے آغاز ریاست ہوکر برابر قبضہ چلا آتا ہے پھر تقسیم باہمی مین چند تعلقہ اس ریاست کے خاندان مین ہوگئے چنانچہ نمبر ۲۱ و ۲۲ و [illegible] کے تعلقداران اسی خاندان سے علیحدہ قائم ہوئے تھے اس تعلقے مین آخر الامر سند تعلقداری گورنمنٹ انگلشیہ سے بنام نعمت اللہ خان مرحمت ہوئی تھی بعد وفات اونکی یہ رئیسہ وجہ اونکی قابض ریاست ہین اور تعلقہ مین عدد موضع جمعی [illegible] ضلع کھیری مین واقع ہین رسم گدی نشینی اس خاندان مین ہے۔

(نمبر) نواب محمد باقر علیخان قوم مغل تعلقدار کنوان کھیرہ خطاب نواب موروثی۔

خواجہ شفیع کشمیری امیر ملازم نواب آصف الدولہ بہادر حاکم اودھ کے تھے اونکی دوسری پشت مین نواب منور الدولہ بہادر ہوئے جو عرصہ تک وزیر سلطنت اودھ رہے بنا اس ریاست کی نواب صاحب ممدوح کی ذات سے بذریعہ رہن و بیع کے ہوئی پھر نواب محمد علیخان صاحب خلف نواب صاحب موصوف نے ترقی ریاست فرمائی بعد اونکے آپ قابض ہین عدد موضع عدد پٹی جمعی [illegible] ضلع سیتاپور مین واقع ہین رسم گدی نشینی اس خاندان مین ہے۔

(نمبر) میجر ای پی آر صاحب قوم یورپین تعلقدار لودھواری۔

آپ ملک اودھ مین قبل ایام بغاوت بعہدہ ڈپٹی کمشنری ضلع رائے بریلی مین حکمران تھے بصلہ خیر خواہی ایام غدر سنہ ۱۸۵۷ع مین یہ تعلقہ گورنمنٹ انگلشیہ سے آپ کو مرحمت ہوا وجہ تسمیہ لودھواری کی یہ ہے کہ قوم لودھا اس تعلقہ مین پیشتر آباد ہین عدد موضع جمعی [illegible] ضلع رائے بریلی مین واقع ہین انکا علاقہ کل فروخت ہوگیا۔

(نمبر) ایل ڈی ہارسی صاحب قوم یورپین تعلقدار کیما بزرگ گووند پور روانی مڑہ و مری جاگیر سیتل پور۔

یہ تعلقہ کپتان ولیم ہارسی صاحب کو منجملہ ملکیت منضبطہ راجہ لونی سنگہ تعلقدار متولی باغی گورنمنٹ انگلشیہ سے مرحمت ہوا تھا عدد ۲۳ موضع دو پٹی جمعی [illegible] ضلع کھیری مین واقع ہین۔ اس خاندان مین اولاد اکبر وارث ریاست ہوتا ہے

(نمبر) شہزادہ شہدیو سنگہ قوم سکھ خطاب شہزادہ تعلقدار بنڈری گنیش پور سوبنیتی و گوکل پور وغیرہ۔

شاہ معزول کے خاندان کی فہرست دربار مین ان شہزادہ کا نام درج ہے بنڈری گنیش جسکے نام سے یہ تعلقہ مشہور ہے آباد کردہ گنیش قوم برہمن تیواری کا ہے جو شامل تعلقہ بینی مادھو بخش باغی تعلقدار شنکرپور کے تھا بعد ضبطی تعلقہ بینی مادھو بخش پیشگاہ گورنمنٹ سے آپ کو مرحمت ہوا آپ مہاراجہ رنجیت سنگہ صاحب بہادر حاکم پنجاب کے پوتے ہین

ے موضع ہے پٹی جمعی ۔۔۔۔ ضلع راے بریلی مین واقع ہین اولاد اکبر اس خاندان مین وارث ریاست ہوتا ہے۔

(نمبر) الگزنڈر س گلس آر صاحب قوم یورپین تعلقدار ایرا۔

تعلقہ ایرا ونگرا و تیرا لوجھی مسٹر آر و مسٹر رور صاحب کو بجلدوی حسن خدمات ایام غدر منجملہ علاقہ منضبطہ باغیان ۱۸۵۷ع کے گورنمنٹ انگلشیہ سے مرحمت ہوا تھا اب تعلقہ ایرا پر آپ قابض ہین ۔۔۔ موضع جمعی ۔۔۔ ضلع کھیری مین واقع ہین اولاد اکبر اس خاندان مین وارث ریاست ہوتا ہے۔

ضمیمہ پولین اناسی آر صاحب تعلقدار نگرا۔

یہ تعلقہ ایک شاخ تعلقہ متذکرہ بالا کا ہے ۔۔۔ موضع جمعی ۔۔۔ ضلع کھیری مین واقع ہین۔

ضمیمہ لو یوز انفی آر صاحب تعلقدار چیرا لوجھی۔

یہ تعلقہ ایک شاخ تعلقہ متذکرہ صدر ایرا کا ہے ایک موضع جمعی ۔۔۔ ضلع کھیری مین واقع ہے۔

(نمبر) راجہ جگناتھ بخش سنگھہ قوم گور خطاب راجہ موروثی تعلقدار وزیر نگر۔

آپ کا تعلقہ فروخت ہوگیا لیکن آپ ضلع شاہجہانپور ممالک مغربی و شمالی مین بھی علاقہ دار ہین۔

(نمبر) راجہ شیو ناتھہ سنگھہ قوم برہمن کشمیری خطاب راجہ حین حیات تعلقدار بتیھر۔

یہ ملکیت چند کا بخش تعلقدار بتیھر کی تھی جو بوجہ سرکشی ایام غدر دایم الحبس ہوا اوسکے تعلقے مین سے کچھ علاقہ راجہ گور شنکر متذکرہ نمبر ۲۵ کو اور ایک مزرعہ اس موضع بتیھر کا بلدیو سنگھہ رسالدار کو اور بتیھر خاص آپ کو گورنمنٹ انگلشیہ سے مرحمت ہوا اس تعلقے مین دو موضع جمعی ۔۔۔ ضلع اوناو مین واقع ہین اس خاندان مین اولاد اکبر وارث ریاست ہوتا ہے۔

(نمبر) ایجگجوت سنگھہ ۔۲ پچھمن کنور اقوام سکھہ خطاب سردار تعلقہ داران۔ چھاری و سکرورہ۔ شاہ معزول کے خاندان کی فہرست مین یہ سردار ہین۔ آپ خاندان مہاراجہ رنجیت سنگھہ بہادر رئیس لاہور سے ہین گورنمنٹ انگلشیہ سے سردار فتح سنگھہ اور سردار جگت سنگھہ کو یہ ملکیت عطیہ ہوئی تھی اب آپ صاحبان وراثتاً قابض ہین ۔۔۔ موضع جمعی ۔۔۔ اضلاع گونڈہ و بہرایچ مین واقع ہین۔ اس خاندان مین اولاد اکبر وارث ریاست ہوتا ہے۔

(نمبر) بینی مادھو بخش سنگھہ قوم ٹھاکر بیس تعلقدار اکبر پور ضلع اوناو۔

آپ کا تعلقہ بالکل بیع و رہن ہوگیا اور آپ بیدخل ہین ۔۔۔ بیگہ اراضی گذارے کے واسطے آپ کے قبضہ مین ہے۔

(نمبر) مہپال سنگھہ قوم ٹھاکر چندیل تعلقدار رجا جامو ضلع اونام۔

اس تعلقدار کے سب حقوق بحکم عدالت دیوانی لینڈ مارٹگیج بنک واقع لکھنو کے ہاتھہ فروخت ہوگئے جا جامو خاص کی اراضی مین صرف ۔۔۔ بیگہ سیر بہ قبضہ تعلقدار باقی ہے۔